구본형의
그리스인 이야기

■ 일러두기

1 인명과 지명을 포함한 외래어, 신화 속의 신과 영웅의 이름은 국립국어원의 〈외래어 표기 용례집〉과 《두산 백과》 등을 참고했습니다.

2 이 책의 도입부에는 아일랜드 작가인 제임스 조이스의 《율리시스》가 인용되어 있습니다. 율리시스는 《오디세이아》의 주인공인 오디세우스의 라틴어식 표기이자 영어식 표기입니다.

3 이 책에 실린 모든 도판의 저작권을 확인하고 출처를 밝히려고 노력을 기울였습니다. 그럼에도 미처 확인하지 못한 도판의 저작권은 연락을 부탁드립니다. 추후에 협의하겠습니다.

구본형의 그리스인 이야기

─── 신화가 된 영웅들의 모험과 변신, 그리고 사랑 ───

이야기

구본형 지음

생각
정원

이름 없는 사람들,
자신의 세상을 갖지 못한 사람들,
아직 긴 모험을 떠나지 않은 사람들에게 이 책을 바친다.

신화란 자신을 찾아 떠나는 위험한 모험을 선동하는 북과 나팔이다.
그러므로 이 위험한 대화를 기억하라.

"너는 왜 아버지의 집을 떠나왔느냐?"
"불행을 찾아서지요."

— 제임스 조이스, 《율리시스》 중에서

고대 그리스인처럼 모험하라

· 1 ·

위대한 문명조차 칠흑 같은 원시를 품고 있다. 모든 문명은 모두 원시로부터 시작되었기 때문이다. '그리스 중의 그리스'인 아테네에서도 원시인에게서 나 볼 수 있는 엽기적 풍속이 여전히 성행했다. 혹독한 겨울이 지나고 봄이 오면 축제가 벌어졌다. 최고 집정관은 아테네의 혈통을 가진 처녀 중에서 여왕을 직접 고르고, 그들의 여왕은 염소나 소의 모양으로 깎은 디오니소스 Dionysos 신과 하룻밤을 보내게 된다. 그저 상징적인 첫날밤이 아니라 시민들의 열렬한 관심 속에서 실제로 나무로 만든 신과 몸을 섞는다. 그렇게 하면 그해 과실이 풍성해지고 포도밭에 햇볕이 가득해지고 모든 가정과 군대가 번성한다고 믿었던 것이다. 2월 말에는 꽃의 축제가 벌어진다. 첫날은 가족끼리 포도주를 마시고, 둘째 날에는 포도주 마시기 대회가 벌어진다. 단번에 가장 빨리 도수 높은 포도주 항아리를 비우는 자가 이긴다. 셋째 날은 죽은 자들을 위한 날이다. 그들은 눈에 보이지는 않지만 죽은 자들이 거리를 활보

한다고 믿었다. 시민들은 다들 집으로 들어가 문을 걸어 잠그고, 문지방 위에 온갖 곡식을 휘저어 만든 수프를 내놓았다. 이때 산 자들은 거리를 활보하면 안 되었다.

앙드레 보나르Andre Bonnard 같은 문학가는 "진정한 원시는 문명 속에 있다"고 말한다. '자유를 위한 숭고한 투쟁'으로 일컬어지는 살라미스 해전은 강력한 전제주의 국가인 페르시아에 대항한 그리스 민족의 독립 전쟁이었다. 이 해전이 벌어지던 역사적인 날 아테네의 총사령관 테미스토클레스Themistocles는 인간의 생살을 뜯어먹는 신 디오니소스에게 세 사람을 제물로 바쳤다. 금빛 보석으로 치장한, 잘생긴 이들은 아테네 최고 집정관의 친조카들이었다. 테미스토클레스는 군사들이 보는 앞에서 세 사람의 목을 졸랐다. 그들은 산 사람을 제물로 보내고 싸움길에 올랐던 것이다. 문명은 이렇게 원시와 몸을 섞으면 자라왔다.

· 2 ·

그리스인들에게는 가혹한 날씨와 거친 토양이 있었다. 그래서 그들은 가난했고 배고팠다. 그와 동시에 그들에게는 가장 안전한 바다, 즉 에게 해가 있었다. 어디서나 60킬로미터 이내에 육지가 있는, 이 잔잔한 바다는 한 번도 배를 탄 적이 없는 이 사람들이 배고픔을 해결하기 위해 배를 타고 바다로 나갈 수 있는 용기를 주었다. 정착민으로 뿌리를 내리고 살기에는 너무도 척박한 토양과 더불어 마음만 먹으면 한 번 도전해볼 수 있는 가장 안전한 내해를 가진 그리스인들은 바다로 나갔다. 그리스 문명을 이해하는 데 가장 중요한 요소는 바로 에게 해를 중심으로 산지사방에 퍼져 있는 그리스 식민 도시들이다. 그들은 그 당시에 이미 그리스 본토에 갇혀 있는 대신 세계의 끝까지 나가보려는 글로벌 마인드를 가지고 있었다. 가난이 그들을 떠나게 했고 적당한 도전이 그들을 성공하게 했다.

인류의 역사 속에는 거짓말하는 능력이 그 사람을 사랑하게 하는 특별한 매력이었던 때가 있었다. 바로 호메로스Homeros의 시대였다. 찬란한 크레타 문명이 지고 그리스 본토에는 아카이아인들의 시대가 열렸다. 예술은 빈약한 반면 행동은 신속하고 활발한 시대였다. 이 시대의 영웅 중 한 명이 바로 오디세우스Odysseus였다. 아카이아인들은 까닭 없는 살육과 약탈을 자행했고, 거짓말에 능란하고 뻔뻔스러웠다. 오디세우스는 그 극치에 이른 대가였다. 그는 하는 말마다 모두 거짓이었고, 배신을 밥 먹듯이 했다. 그리하여 그 시대의 아카이아인들은 오디세우스를 부러워하고, 시인은 그를 가장 멋진 영웅으로 칭송했다. 이상한 시대였다.

그렇다. 이 시대는 신사적이고, 관대하고, 절제하고, 근면하고, 정직한 사람이 훌륭한 사람이 아니라 단순하고 용감한 사람이 훌륭한 사람이었다. 술고래에 거짓말을 하고 살인을 하고 배신을 하는 사람이 나쁜 사람이 아니라 비겁하고 소심하며 나약한 인간이 나쁜 사람이었다. 최고의 미덕은 용맹이고 무자비한 지능이며 남자다움이었던 것이다. 초기 그리스인들에게 해적질은 생계의 수단이었기 때문이다. 니체가 태어나기 한참 전인 이 미숙한 야만의 시대에 이미 니체주의자들이 그리스를 지배하고 있었던 것이다. 트로이 전쟁은 조직화된 해적들끼리의 약탈과 전쟁과 세력 다툼이었다. 여기에 그들이 만들어낸 신들까지 편을 갈라 두 패로 나뉘어 쌈박질을 했다. 이렇게 인류의 문명은 야만과 원시 속에서 시작되었다. 그래서 모든 문명은 원시를 품고 있는 것이다.

반대로 원시와 야만 속에도 고귀한 것들이 빛나고 있었다. 전사들조차도 가족과 친족에게는 관대하고 자애로웠다. 오디세우스는 아내와 아들의 얼굴과 어깨에 다정스레 입을 맞추었고, 하인들에게는 더없이 친절했다. 트로이 전쟁의 또 하나의 영웅 아가멤논Agamemnon은 하도 눈물이 많아 호메로스는 "그가 울면 바위 위에 시냇물이 쏟아지는 것 같았다"고 노래했다. 파트로클로스Patroklos에 대한 아킬레우스Achilleus의 우정이 너무 깊어, 지금도 우리의 마음이 아플 정도다. '모든 나그네와 거지들은 신들이 변장하고 찾아온 것'이기 때문에 아카이아인들은 그들에게 숙식을 제공하고 선물까지 하면서 친절하게 대했다.

· 3 ·

거친 해적의 시기를 거쳐 오면서 그리스는 점차 세련되어졌다. 그리스는 인류 문명의 위대한 유산이 되었다. 묵묵하고 아름다운 이야기들이 인류의 역사 속에 전설과 신화로 계속 더해졌다.

탈레스Thales는 고대 그리스의 일곱 현인 중 첫 번째 인물이다. 아리스토텔레스Aristoteles는 그를 '철학의 아버지'라고 불렀다. 어떤 역사가는 그가 일식을 예언한 기원전 585년 5월 28일을 '그리스 철학이 시작된 날'이라고 부르기도 했다.

그에 대한 가장 유명한 에피소드는 다음과 같다. 천문학에 빠져 있던 그는 어느 날 하늘을 쳐다보며 걷다가 그만 웅덩이에 빠지고 말았다. 그러자 여자 노예가 그를 비웃었다.

"발밑에 있는 것도 보지 못하는 자가 하늘의 일을 알려 하다니!"

얼마나 그럴 듯한 비난인가! 플라톤Platon이 탈레스를 두둔하고 나섰다.

"이런 비웃음은 철학하는 모든 사람들에게 보내진 것이다. 철학자는 가장 가까운 친척이나 이웃이 무엇을 하는지, 자기가 인간인지 다른 존재인지조차 알지 못한다. 철학자는 노예들뿐만 아니라 법정에서나 다른 사람들에게도 비웃음을 살 것이다. 웅덩이뿐만 아니라 온갖 어려움에 빠질 정도로 서툰 행동을 하기도 한다. 그러나 철학자란 인간이 무엇인지, 무엇을 해야 하는지를 알기 위해 노력하는 사람들이다."

탈레스에 대한 또 하나의 에피소드는 그가 그렇게 현실적으로 한심한 인간이 아니라는 것을 증명해주기도 한다. 한 번은 누군가가 "철학이란 아무짝에도 소용없으며, 철학자는 모두 가난뱅이"라고 조롱했다. 천문학에 능한 탈레스는 다음 해 올리브나무가 대단한 풍작을 맞이할 것을 알고, 밀레토스와 키오스 인근의 착유기를 미리 다 선점해버렸다. 과연 이듬해 가을 올리브 풍년이 들자 사람들은 기름을 짜기 위해 착유기를 빌리려 했다. 그는 자신이 원하는 가격에 착유기를 빌려주었다. 이 일화에 대해 아리스토텔레스는 이렇게 말했다.

"그는 마음만 먹으면 부자가 될 수 있었다. 그러나 학문의 목적이 부자가 되는 데 있지 않다는 것을 보여주었다."

탈레스에 대하여 남아 있는 완전한 기록은 없다. 모두 단편적인 것들이 이어져 내려오는데, 그중 많은 것들이 2500년이 지난 지금도 여전히 재미있고 싱싱하다. 만년에 그는 만장일치로 소포스Sophos, 즉 현인이라는 칭호를 얻게 되었는데, 여러 사람들이 몰려들어 가지가지의 질문들을 퍼부은 모양이다. 그중에 이런 대화도 남아 있다.

"무엇이 가장 어려운가?"

"당신 자신을 아는 것."

"그럼 무엇이 가장 쉬운가?"

"조언하는 것."

"신은 무엇인가?"

"시작도 끝도 없는 존재."

"가장 가치 있고 정의로운 삶은 무엇인가?"

"다른 사람을 비난할 때 그 비난당한 삶을 스스로 살지 않는 것."

아폴론 신전이 있는 델포이에는 그가 했다는 말이 기둥에 새겨져 있다. 바로 "너 자신을 알라". 이 말을 널리 퍼뜨려 세상에서 가장 유명한 말이 되게 한 것이 바로 소크라테스였다.

탈레스의 이야기와 버금가게 아름답고 묵묵한 이야기가 또 있다. 글을 모르는 한 사내가 아리스티데스Aristides에게 다가와 깨진 도자기 위에 '아리스티데스'라고 써달라고 부탁했다. 이 도자기 파편은 '도편추방제ostracism'에 쓰이는 일종의 투표 용지였다. 당시 아테네는 누구든 시민들이 도자기 조각에 추방하고 싶은 정치가의 이름을 적어 투표하면 이름이 가장 많이 나온 사람을 10년간 도시로부터 추방했다. 아리스티데스는 자신을 추방하고 싶어 하는 사내에게 아리스티데스가 그에게 무슨 잘못을 했는지 물어보았다. 그러자 그 사내가 대답했다.

"아무 잘못도 하지 않았소. 사실 난 그가 누구인지도 모르오. 하지만 모든 사람이 그가 정의로운 사람이라더군요. 나는 그게 지겨웠소."

그는 사내가 내민 도자기 파편에 자신의 이름을 묵묵히 써주었다.

《플루타르코스 영웅전》에 등장하는 아리스티데스는 기원전 5세기 아테네의 정치가이자 장군이었다. 실제로 그는 기원전 482년에 도편추방을 당했다. 기원전 480년 페르시아와 전쟁이 발발하자 그는 다시 돌아와 테미스토클레스와 함께 전쟁을 승리로 이끌었다. 그는 테미스토클레스와는 달리 청렴하고 정의로운 정치가였다. 오늘, 묵묵히 자신의 이름을 적어주던 그의 손길과 마음결이 긴 시간을 건너고 바다를 지나고 대륙을 넘어 내게 전해진다. 도자기 조각에 제 이름을 쓰느라 길가에 쭈그린 그의 넓은 등판이 든든해 보인다. 이것이 바로 문명의 힘이다.

· 4 ·

그리스인의 이야기는 위대한 비극 작가들에 의해 훌륭하고 정교하게 다듬어졌다. 그리스인의 이야기는 인간의 마음속 무의식의 세계를 드러내 보이는 멋진 텍스트와 모델이 되어주었다. 나는 그리스인의 신화를 읽으면서 내가 동양인도 서양인도 아닌, 인류의 한 사람임을 절감했다. 진정한 글로벌 인간인 셈이다. 언제 어디서 태어났든 우리 안에는 인류의 원시와 고대 그리고 중세가 이 시대와 함께 공존한다. 오늘 그리스인의 이야기에서 그 행간을 읽어낼 수 있다면 우리 안에서 가장 위대한 힘을 이끌어내 스스로의 삶을 영웅의 행적으로 끌어올릴 용기와 방법을 찾아내게 될 것이다. 끊임없이 우리를 끌어올리는 힘, 즉 '엑셀시어Excelsior의 정신'은 우리를 도약하게 한다.

21세기를 살고 있는 우리에게는 물리적으로 점령해야 할 땅은 남아 있지 않다. 그러나 수없이 많은 사적인 세계들이 여전히 우리가 점령해주기를 기다리고 있다. 하나의 기업을 만들어내는 것은 하나의 나라를 세우는 것과 같다. 하나의 분야에서 독보적인 존재가 되는 것도 나의 세계 하나를 창조하는 것과 다름 아니다. 짐 굿나이트Jim Goodnight는 노스캐롤라이나의 작은 도시 캐리에 가장 특별하고 차별적인 SAS 인스티튜트라는 기업을 창립했다. 그곳은 그의 가치관이 지배하는 글로벌 제국이다. 세계에서 가장 일하고 싶은 기업이며, 가장 존경받는 기업 중 하나다. 그곳에서 일하는 직원들은 35시간 이상 일하지 않도록 권장받는다. 나머지 시간에 가족과 자신의 인생을 즐긴다. 그럼에도 불구하고 이 회사는 1976년 창사 이후 한 번도 적자를 낸 적이 없다. 기술적 경쟁력도 비즈니스 인텔리전스 분야에서 최고다. 모두 만족한 직원들이 만들어낸 성과들이다. 직원들은 회사를 좋아하고 짐 굿나이트를 따른다. 그는 기업의 세계에 가장 이상적이고 가장 존경받는 자신의 제국 하나를 만들어 냈다.

신화학자 조셉 캠벨Joseph Cambell은 비교종교학과 신화학 분야에서 특별한 정신적 제국을 만들어냈다. 그는 어떤 조직을 만들어내지 않았지만 그의 해석과 통찰은 수많은 사람들에게 영향을 주었고, 생각을 통해 그 생각이 지배하는 자신의 지적 세계를 만들어냈다. 나 역시 그의 지적 세계에 영향을 받은 그의 정신적 제국의 일원이다. 내가 마음대로 할 수 있는 나만의 세상은 크든 작든 그렇게 만들어지는 것이다.

3000년이 지나 우리는 가지가지의 문명들이 혼합된 글로벌 시대에 와 있다. 우리의 의식 세계는 문명의 세계에 살고 있지만 우리의 무의식은 아직도 문명에 의해 순치되지 않은 신화의 세계에 살고 있다. 의식과 무의식의 조화, 그것이 자기 경영의 본질이다. 그래서 신화는 보이지 않는 곳에 숨어 있는 내면의 어둠으로 내려가는 사다리며 통로가 되는 것이다.

나의 신화를 만들어간다는 것은 나의 세계가 없는 평범한 삶에서 자신이 마음대로 할 수 있는 나의 세계 하나를 창조해내는 것이다. 자주적 삶의 방식도 없고 정신적 독립성도 없는 대중의 자리에서 벌떡 일어나 자신의 삶을 찾아나서는 것이다. 마침내 세상에 자신의 작은 왕국 하나를 건설해가는 이야기다. 성공과 실패가 하나의 물결처럼 서로를 교환하는 것, 승리의 환희와 패배의 모멸이 온몸을 휩싸는 일에 뛰어드는 것, 모든 신화는 바로 이 무수한 모험을 우리에게 보여주는 것이다. 이 책은 단순한 신화 읽기를 위해 쓰인 것이 아니다. 그런 류의 책들은 너무도 많다. 이 책은 모험의 선동을 위해 쓰였다. 모험에의 초대, 이것이 내가 이 책을 쓴 이유다.

1부

원시의 인류에게 자연은 생존을 위협하는 것이었다. 그러나 마음속 두려움 속에서 상상되는 최초의 신들은 기괴하고 산처럼 커다란 괴물들의 모습을 하고 있었다. 100개의 팔과 50개의 머리를 단 괴물들, 산만 한 덩치에 수레 같은 눈 하나를 이마 한가운데 달고 천둥으로 울고 번개로 내리치는 괴물들은 이렇게 상상 속에서 만들어졌다. 기괴한 신들이 서로 뒤엉켜 싸우던 원시의 시대를 지나 드디어 천신크로노스의 여섯 번째 아들 제우스가 어머니와 형제자매들의 도움으로 아비를 쫓아내고 하늘의 패권을 장악했다. 하늘은 평정되었고, 세상은 새로운 신들에 의해 질서가 부여되었다.

신화가 된 인간

트로이 문명

에게 해

델포이   테베

아테네

미케네 문명  미케네

이오니아해

크레타 문명

크노소스

페스투스

처음 세상은 헤아릴 수 없이 광활한 심연이었으니 그것은 카오스, 즉 혼돈이었다. 폭풍우 몰아치는 바다처럼 난폭하고 빛 하나 없는 어둠으로 텅 비어 있는 우주에는 아무것도 살지 않았다. 밤과 어둠이 전부였다. 이 속에서 가장 아름다운 것이 태어났다. 그리스의 희극 시인인 아리스토파네스 Aristophanes는 이 창조의 순간을 어둠 속에서 돌연 터져 나오는 웃음처럼 묘사했다.

칠흑 날개 달린 밤이
어둡고 깊은 에레보스Erebus의 품으로 날아드니
바람에 실린 알이 하나 툭,
세월이 흘러 흘러 알이 깨져
황금 날개 찬란히 빛나는
사랑이 팡 터져 나왔네.

밤의 여신 닉스Nyx가 어둠의 신 에레보스와 사랑을 나누어 그 사이에서 알이 하나 생겨났다. 닉스는 밤을 의인화한 여신이다. 에레보스는 지하의 어둠, 즉 사람이 죽어 눈이 감겼을 때 처음 느끼는 죽음의 어둠을 의인화한 것이다. 모두 카오스의 자식들이며, 서로 남매지간이었으나 부부가 되었다.

생명은 심연 속의 어둠, 즉 지하 세계의 죽음으로부터 나온다는 생각은 신화의 중요한 모티프다. 이것은 죽음, 지하 세계로의 하강 그리고 재탄생의 농업적 주기를 상징화한 것이다. 하나의 씨앗이 죽어 썩어지니 땅속의 암흑에서 수십 배, 수백 배의 낟알이 싹터 부활한다. 그러니 알로 상징된 생명이 밤과 어둠의 결합으로부터 탄생되었다는 것은 매우 자연스러운 생각이었다. 오랜 세월이 지나 그 알이 부화하여 껍질을 깨고 황금의 날개를 달고 날아오르니 그것이 바로 사랑이었다. 사랑은 존재하는 것들끼리 서로 짝짓게 만들었다. 사랑이 태어나자 암흑의 혼돈을 거두어가기 시작했다. 사랑은 빛과 함께 낮을 만들어냈다. 이윽고 대지가 만들어지고 하늘이 생겨났다. 호메로스 이래 가장 독특한 또 한 명의 그리스 시인이었던 헤시오도스Hesiodos는 《신통기Theogony》 속에서 만물의 생성에 대해 상상력을 발휘하여 이렇게 써 내려갔다.

넓은 가슴을 가진 풍요로운 대지가 일어섰네.
대지는 만물의 굳건한 발판이니
아름다운 대지는 자신의 짝으로
별이 가득한 하늘을 가장 먼저 낳았다네.
다시 하늘은 대지를 품 안에 가득 안고
축복받은 신들이 머무는 영원한 거처가 되었다네.

먼저 풍요로운 대지가 하늘을 낳고, 그 하늘을 다시 지아비로 하여 둘의 사랑으로 세상의 만물들이 생겨났다. 그리스인들에게 천지창조의 신화는 없다. 신이 우주를 만든 것이 아니라 우주가 신들을 만들어냈다. 하늘과 땅이 남편과 아내가 되어 신들을 만들어냈으니 삼라만상이 모두 의인화된 크고 작은 신들이 되었다.

원시의 인류에게 자연은 생존을 위협하는 것이었다. 그러니 마음속 두려움 속에서 상상되는 최초의 신들은 기괴하고 산처럼 커다란 괴물들의 모습을 하고 있었다. 100개의 팔과 50개의 머리를 단 괴물들, 산만 한 덩치에 수레 같은 눈 하나를 이마 한가운데 달고 천둥으로 울고 번개로 내리치는 괴물들은 이렇게 상상 속에서 만들어졌다.

기괴한 신들이 서로 뒤엉켜 싸우던 원시의 시대를 지나 드디어 천신天神 크로노스Kronos의 여섯 번째 아들 제우스Zeus가 어머니와 형제자매들의 도움으로 아비를 쫓아내고 하늘의 패권을 장악했다. 하늘은 평정되었고, 세상은 새로운 신들에 의해 질서가 부여되었다.

· 1장 미케네 ·

모험의 시작

프로메테우스 :
최고신 제우스에 맞서다

인간은 신들의 질서 속에서 세상에 태어났다. 제우스는 프로메테우스
Prometheus와 에피메테우스Epimetheus, 두 형제에게 이 세상에 사는 동물들을
만들게 했다. '나중에 생각하는 자' 에피메테우스가 상상력에 따라 가지가
지 동물을 만들어내고 동물에 따라 되는 대로 그 특별함을 주었다. 민첩함을
주기도 하고, 날개를 달아주기도 하고, 딱딱한 껍데기로 스스로를 보호하게
도 해주었다.

　그는 마지막으로 인간의 남자를 만들어내게 되었는데, 이미 재료를 다 쓰
고 남은 것이 없었다. 당황한 에피메테우스는 '미리 생각하는 자' 인 현명한
형 프로메테우스에게 달려가 난감함을 호소했다. 프로메테우스는 신처럼
두 발로 걸을 수 있는 고귀하고 우아한 모습으로 인간의 형상을 만들어주었
다. 그리고 태양으로부터 불을 훔쳐와 인간에게 주었으니 인간을 자연의 위
협으로부터 구해주는 요긴한 무기로 불만 한 것이 없었다.

　천상의 신 제우스는 프로메테우스의 지나친 인간 편애에 분노했다. 더욱
이 예지력이 뛰어난 프로메테우스는 제우스도 모르는 비밀 하나를 알고 있

었다. 그것은 제우스가 언젠가 아들에게 권력을 찬탈당하고 쫓겨나리라는 것이었다. 신도 어찌할 수 없는 운명을 알게 된 제우스는 프로메테우스에게 그 아들을 낳게 될 여인의 이름을 말하라고 다그쳤다. 어머니를 없애 아이가 태어나지 못하게 하기 위해서였다. 그러나 프로메테우스는 침묵했다.

그러자 제우스는 그를 잡아다 코카소스 산의 바위에 묶어두었다. 제우스는 자신의 전령신인 헤르메스Hermes를 시켜 그를 설득하게 했으나 프로메테우스는 조개처럼 입을 다물어버렸다. 제우스는 그에게 매일 독수리가 간을 파먹

프로메테우스의 간을 파먹는 독수리(귀스타브 모로, 1868년)

는 고통을 주었다. 파먹힌 간은 다음 날 다시 생겨나 매일 똑같은 고통이 반복되게 했다. 그러나 프로메테우스는 굴복하지 않았다.◆

◆ 프로메테우스는 그 후 신들도 두려워하는 영웅 헤라클레스Herakles에 의해 이 지독한 형벌에서부터 구출되었다. 제우스가 이를 용인한 것을 보면 그의 마음이 변했다는 것을 알 수 있다. 왜 마음을 바꾸었는지는 모른다. 그 또한 운명을 받아들이게 되었을지도 모른다. 프로메테우스 역시 그와 화해하여 풀려나면서 그 비밀을 알려주었을지도 모른다. 누구도 이 일에 대해서는 말하지 않았다. 아비를 쫓아낸 제우스가 언젠가 다시 그 자손에게 쫓겨나리라는 것은 영원한 무의식의 강박으로 남게 되었다. 이것은 아버지의 세대는 언젠가 반드시 지나가고 자식의 시대가 오며, 그 자식은 또 그 자식에게 세상을 물려주어야 한다는 상징이다. "모든 것은 지나가리라. 이 또한 지나가리라." 이것이 시간의 비극이며 또한 축복이다.

불행과 저주가 세상에 나오고, 희망은 상자 속에 남다
(G. F. 와츠, 1885년)

프로메테우스를 징계한 제우스는 프로메테우스의 작품인 인간에게도 형벌을 주었다. 그 방법이 지극히 그리스적이다. 먼저 제우스는 인간의 여자를 만들어 올림포스 신들에게 그 신이 가진 특별함을 선물하게 했다. 각각의 신들로부터 그 신만이 가진 가장 특별한 특성을 부여받은 이 여인의 이름은 판도라Pandora였다. 판도라는 '모든 선물'이라는 뜻이다. 판도라는 신들로부터 모든 것, 즉 강점과 약점, 저주와 축복 모두를 받은 여자가 되었다. 제우스는 한 사람 안에 너무도 많은 대립적 요소들을 넣어두면 그것들이 서로 부딪치고 갈등해서 하루도 고통과 번민으로부터 자유로울 수 없다는 것을 잘 알고 있었다. 그렇게 하여 모순, 갈등, 패러독스, 딜레마가 바로 태초의 인간의 조건이 되었다.

미의 여신 아프로디테Aphrodite로부터 아름다움을 선사받은 판도라는 멍청이 에피메테우스에게 보내졌다. 그녀가 너무 예뻤기 때문에 에피메테우스는 신으로부터 어떤 선물도 받지 말라는 형의 말을 따를 수 없었다. 그는 신처럼 아름다운 판도라를 얼른 아내로 맞아들였다. 그녀는 천상의 신들로부터 절대로 열어보지 말라는 상자 하나를 받아왔는데, 어느 날 호기심을 참지 못하고 그 뚜껑을 열고 말았다. 상자에 담겨 있던 모든 불행과 저주가 세상 속으로 날아가 버렸다. 오직 희망만이 그 상자 속에 남아 있게 되었다. 이후 악과 불행이 세상을 지배하게 되었을 때도 인류는 희망만은 버리지 않으며 살게 되었다. 제우스의 뜻대로 되었다.

세상은 갈수록 사악해져갔다. 황금의 시대를 살 때 인간은 선량하고 평화로웠으나 은의 시대로 접어들면서 서로 질투하여 싸우기 시작하더니, 청동의 시대에는 끝내 서로 떼를 지어 전쟁을 하게 되었다. 잠시 전쟁에서 공을 세운 영웅의 시대를 맞더니, 끝내 철의 시대에 이르렀다. 사악함이 세상을 뒤덮고 인간은 고생과 슬픔으로부터 하루도 벗어날 길이 없었다. 힘이 정의가 되었고, 선량한 사람은 약한 자가 되어 더욱 살기 어려워졌으며, 범죄를 보고도 분노하는 자가 없었고, 누구도 가엾은 사람에게 선을 베풀지 않았다.

제우스는 홍수로 세상을 쓸어버렸다. 아흐레 밤낮을 가리지 않고 비가 퍼부었고, 가장 높은 산인 파르나소스 꼭대기만이 겨우 남아 있었다. 미리 홍수의 대재앙을 알고 있었던 프로메테우스는 아들인 데우칼리온Deucalion에게 단단하고 커다란 나무 상자를 준비하고 먹을 것을 저장해두라고 일렀다. 비가 쏟아지자 데우칼리온은 에피메테우스와 판도라의 딸인 피라Pyrrha와 함께 상자 속으로 들어갔다. 홍수가 끝나자 세상에는 아무런 생명의 흔적도 찾을 수 없었다. 두 사람은 살아난 것을 신들에게 감사하고 도움을 청하는 기도를 올렸다. 그러자 "어머니의 뼈를 등 뒤로 던지라"는 목소리가 들렸다. 그들이 대지의 뼈인 돌멩이를 등 뒤로 던지자 땅에 떨어진 돌들이 인간의 모습을 갖추어 수많은 새로운 인간이 만들어졌다. 드디어 돌의 종족의 시대가 열렸다. 그들은 굳건하고 참을성이 많은 종족이었다. 이렇게 인류는 다시 시작하게 되었다.

시인은 노래한다.

생명은 어둠 속에서 태어난다.
낱알 하나가 죽어 수십 배의 생명으로 솟아나듯
죽음의 어둠을 거치지 않은 탄생은 없는 법.
해는 아침마다 어둠의 밤과 산에서 떠올라
한 번도 새로운 날의 약속을 어긴 일이 없으니, 다시 시작하라.

'미리 생각하는' 위대한 프로메테우스가
신의 우아한 형상으로 남자를 빚고
'모든 선물'의 여인 판도라가 최초의 여인이 되니
우리는 모두 대지의 뼈로 만들어진 존재.
불행 속에서도 뼈가 아직 부러지지 않았다면 언제나 희망은 있는 법.

아르고스의 페르세우스 :
그리스 최고의 모험을 시작하다

몇 년간 틈틈이 신화를 읽고 생각하는 시간을 보낼 때 나는 무사이(뮤즈)의
아홉 여신들이 달빛 같은 맨발로 헬리콘 산의 나무 사이를 바람처럼 뛰어다
니며 노래하고 춤추는 것을 느낀다. 가끔 그들은 내 집의 뒷산을 춤추듯 오
르내리기도 한다. 아주 먼 옛날 시인의 영혼에 깃들어 인간과 신들의 이야기
를 시로 지어 노래 불렀듯이 지금도 시인에게 찬란한 영감으로 찾아들고, 그

렇게 만들어진 시인의 노래가 되돌아 인간을 감동시킨다.

　시인뿐이 아니다. 작곡가든 미술가든 조각가든 가수든 무용수든 칭하여 예술가라 불리는 모든 사람들 중에서 무사이 여신들이 문득 천둥처럼 찾아와 가슴을 뒤흔들고 내 속의 내가 아닌 또 다른 내가 되어 단 한 번의 손짓으로 심혼을 흔드는 불멸의 대작을 만들어내기를 염원하지 않는 사람은 없으리라. 그렇기에 21세기를 살아가는 우리도 어느 한 부분은 여전히 한 인류로서 중세인이며, 고대인이며, 그리스인이다. 우리의 무의식 속에 인류의 모든 과거가 살아 숨 쉬고 있다가 어떤 야생의 순간에 원시의 순수한 힘으로 우주적 교감을 이루게 될 때 삶과 세상을 바라보는 우리의 정신적 시선은 의식의 혁명을 겪게 된다.

　그리스인들이 만들어낸 원시의 신화 중에서 가장 극적이고, 가장 아기자기하고, 가장 사랑받는 이야기는 단연 페르세우스Perseus의 신화다. 더욱이 그것은 논란의 여지가 없지는 않으나 그리스 영웅들의 최초 모험담이기도 했다. 21세기의 영화관에서도 이리저리 각색되어 심심찮게 상영되는 스토리다. 달콤한 동화적 요소와 경쾌한 마법이 초콜릿처럼 녹아 있을 뿐 아니라 러브 스토리가 있고, 통쾌한 반전과 보복이 풍부한 스토리를 만들어내는 원형 판타지 신화이기 때문이다. 완벽한 극적 재미를 모두 갖추고 비극으로 태어났으나 신들이 그를 돕고 용기가 그를 일으켜 아무런 제한도 없이 마법과 칼로 영웅이 된 사람의 모험으로부터 우리의 이야기를 시작해보자.

　페르세우스는 아르고스의 용사이며, 용사 중의 용사 헤라클레스의 직계 조상이다.◆ 제우스가 아버지다. 반신반인의 영웅답게 평범한 출생을 불허한다. 아르고스의 왕 아크리시오스Akrisios에게는 눈부시게 아름다운 딸이 있었다. 그녀의 이름은 다나에Danae였다. 왕은 공주의 아름다움에 자부심을 가지고 있었으나 왕위를 계승할 아들을 원했다. 그리하여 델포이에 있는 아폴론 Apollon의 신전으로 가서 신탁을 얻게 되었다. 아들의 점지는 없었다. 그 대신 신탁은 치명적이었다. 딸이 아들을 낳을 것이며, 그 아들이 왕을 죽일 것이라는 괘가 나왔던 것이다.

왕은 딸을 죽여 후환을 없애야 했지만 차마 그럴 수 없어 지하에 청동의 집을 짓고 천장 한 부분만 빛과 공기가 통하게 한 뒤 그 속에 다나에를 가두어두었다. 아름다운 그녀는 무덤처럼 외진 방에서 청동의 벽에 하루의 햇빛이 일렁이며 지나가는 모습을 보면서 한숨으로 긴 세월을 견뎌야 했다. 어느 날 그 일이 발생했다. 다나에의 아름다운 모습에 반한 천신 제우스가 황금 소나기로 쏟아져 다나에가 갇혀 있던 방을 가득 채움으로써 그녀의 몸이 자신을 받아들이게 했던 것이다. 다나에는 아이를 가지게 되었다. 그리고 아이를 낳아 이름을 페르세우스라고 지었다. 아이의 탄생을 오래 숨길 수는 없었다. 아크리시오스 왕은 이 사실을 알고 분노했다. 아이가 제우스의 아이라는 사실을 믿으려 하지 않았던 왕은 다나에와 젖먹이를 커다란 나무 상자에 넣고 바다에 던지게 했다. 파도와 바람을 받아 요동치는 나무 상자 속에서 다나에는 두려워하지 않고 아들을 품에 안고 달래주었다.

◆ 서기 2세기경에 살았던 그리스의 여행가이며 지리학자였던 파우사니아스Pausanias에 따르면 그리스인들은 페르세우스가 미케네 왕국을 건설한 역사적 인물이라고 믿었다고 한다. 기원전 5세기 아테네의 웅변가인 이소크라테스Isokrates는 페르세우스가 헤라클레스의 4대조 조상이라고 주장했다. 역사의 시대 구분으로 보면 크레타 문명 다음에 그리스 본토의 미케네 문명이 시작되었다. 크레타 문명이 미노스Minos 왕의 전성기를 지나오는 동안 미케네는 겨우 전설의 시대가 태동되었을 것으로 추정된다. 아테네 같은 도시국가들도 겨우 생겨나기 시작했다. 반은 역사적 인물로 알려진 아테네의 테세우스Theseus는 크레타의 미노스 왕에게 볼모로 잡혀간다. 신화 속에서 크레타의 미노스 왕은 테세우스보다 한 세대쯤 위고, 헤라클레스와는 비슷한 동시대 인물이다. 페르세우스가 헤라클레스의 4대조 조상이라면 미노스 왕보다도 윗세대의 인물이 된다. 그래서 페르세우스를 가장 먼저 다루었다.

상자는 작은 섬에 이르렀다. 그리고 착한 어부에게 발견되었다.♦♦ 어부 부부는 두 사람을 친자식처럼 돌봐주었다. 평화로운 시절이 계속되고 페르세우스는 청년이 되었다. 그러나 지루한 일상의 평화만 있었다면 영웅도 평민으로 살 수밖에 없었으리라.

다나에의 아름다움에 욕정을 품은 그 섬의 왕 폴리덱테스Polydectes는 다나에를 차지하고 싶었다. 이미 늠름한 청년이 되어 어머니를 지키고 있는 페르세우스가 눈엣가시 같았다. 그는 자연스럽게 페르세우스를 제거할 방법을 찾았다.

청동의 집을 짓고 다나에를 가두다 (에드워드 번 존스, 1888년)

♦♦ 다나에가 어린 페르세우스를 안고 도착한 섬의 이름은 세리포스 섬이다. 모자를 구해준 어부의 이름은 딕티스Dictys이며, 교활한 폴리덱테스 왕의 친형제다. 형인지 동생인지 알 수 없다. 왕의 형제라면 존귀한 신분이며 부유한 생활이 가능할 텐데 왜 어부가 되었을까 궁금해하는 사람이 많다. 나도 그중 한 사람이었다. 신화 속에는 유난히 이런 설정이 많다. 왕의 친형제이면서 어부나 농부나 목동인 경우가 허다하다. 그러나 잘 생각해보면 금방 이해할 수 있다. 왕이 되지 못한 형제는 권력의 가능성으로부터 멀리 떠나 있을 때 가장 안전하다. 특히 그 왕이 포악하거나 불안정한 인격의 소유자라면 더욱 그렇다.

왕은 교활했다. 그는 자신이 곧 결혼할 것이라고 알리고 잔치를 열어 그 섬에 사는 친지들을 불렀다. 페르세우스도 초대되었다. 모두들 왕에게 신부를 위한 선물을 바쳤지만 가난한 페르세우스는 그럴 수가 없었다. 젊은 그는 자존심이 상했다. 그래서 그는 왕이 누구에게서도 받을 수 없는 가장 진귀한 선물을 하겠노라고 장담했다. 왕이 웃으며 그것이 무엇인지 묻자 고르곤◆의 머리를 베어 왕에게 선물하겠다고 대답했다. 자존심이 강한 페르세우스는 스스로 젊음의 어리석은 함정에 빠지고 말았다.

폴리덱테스는 페르세우스가 그 약속을 지키지 못한다면 다나에를 차지하겠다고 말했다. 페르세우스는 자신을 격동시킨 폴리덱테스에게 속아 목숨을 건 모험을 떠나지 않으면 안 되게 되었다. 그는 자신의 경솔함을 뉘우쳤으나 이미 늦고 말았다. 영웅은 몸을 일으켜 고르곤을 죽이기 위해 모험의 길을 떠나지 않을 수 없었다. 평민 페르세우스는 이 지점에서 영웅 페르세우스의 길로 접어들게 되었다.

제우스는 경솔한 약속으로 곤경에 빠진 아들 페르세우스를 도와주기 위해

◆ 고르곤Gorgon의 복수형인 고르고네스라고 불리는 세 명의 괴물 자매를 말한다. 고르곤은 '강한 자' 라는 뜻이다. 세 자매의 이름은 각각 '힘' 이라는 뜻을 가진 스텐노Sthenno, '멀리 날다' 라는 뜻을 가진 에우리알레Euryale 그리고 '여왕' 이라는 뜻을 가진 막내 메두사Medusa다. 바다의 신들 중 하나인 포르키스Phorcys와 케토Ceto 사이에서 태어났다. 그리스인들에게 바다는 곧 삶이었다. 항해 중에 만나는 모든 위험은 의인화의 과정을 거치면서 신화로 흡수되었다. 그래서 바다의 신들의 자녀들은 모두 이런 위험을 상징하는 흉측한 괴물들로 투영되었다. 세 명의 고르고네스 중에서 가장 유명한 것이 메두사다. 영어에도 그 자취가 남아 있다. 영어로 'medusa' 는 해파리를 가리킨다. 먹이를 찾아 촉수를 꿈틀대는 해파리는 마치 뱀의 머리카락이 꿈틀대는 메두사의 머리처럼 보인다. 또 '헝클어진 머리채' 를 일컬을 때도 'medusa locks' 라고 한다. 가끔 고르고네스 세 자매 속에 에키드나Echidna를 끼워 넣기도 한다. 헤시오도스의 '신들의 계보' 에 따르면 에키드나 역시 포르키스와 케토 사이에서 난 딸이기 때문이다. 여자의 상체에 뱀의 하반신을 가지고 있는 에키드나는 어두운 동굴에 산다. 페르세우스의 모험을 다룬 시시한 영화 〈타이탄〉에 등장하는 메두사는 사실은 에키드나의 이미지를 영상화한 것으로 보인다. 에키드나는 제우스조차 곤욕을 치렀던 거대한 괴수 티폰Typhon과의 사이에서 기괴한 괴물들을 만들어냈기 때문에 그리스 신화 속에서는 모든 괴물들의 어미로 불린다.

두 명의 신을 보내주었다. 하나는 아테나Athena 여신으로 그녀는 고르곤의 막내 메두사를 죽여야 할 분명한 이유를 가지고 있었다. 아테나는 빛나는 방패를 페르세우스에게 빌려주었다. 메두사의 눈과 마주치면 살아 있는 것들은 모두 돌로 변하기 때문에 반짝이는 방패를 거울 삼아 메두사의 얼굴이 비치게 한 다음 거울 속의 거리와 모습으로 가늠하여 메두사의 목을 치게 했다. 또 하나의 수호신은 헤르메스였다. 천상의 올림포스 열두 주신主神 중에서 가장 어린 막내로서 매우 영리하고 빠릿빠릿하기 때문에 제우스가 가장 귀여워하여 자신의 전령으로 삼은 상업과 도둑의 신이다. 헤르메스는 용의 비늘로 덮인 메두사의 목을 단칼에 벨 수 있는 보검을 빌려주었다. 방패와 보검을 얻게 되자 페르세우스는 용기백배하여 메두사를 찾아 떠났다.

그러나 여신 아테나는 페르세우스가 메두사를 제거하기 위해서는 저녁의 님프들인 헤스페리데스Hesperides 자매에게 맡겨진 세 가지 무기를 더 갖추어야 한다고 말했다. 헤스페리데스가 어디 사는지는 아무도 몰랐다. 그녀들은 서쪽 끝에 있는 헤라Hera의 정원에서 황금 사과를 보살피는 일을 하고 있었다. 페르세우스는 헤스페리데스 자매들이 살고 있는 곳을 알고 있는 사람을 먼저 찾아야 했다. 그래서 페르세우스는 머나먼 서쪽 끝으로 가서 해가 전혀 비치지 않는 어둠 속에 살고 있는 세 명의 노파를 찾았다. 그들은 그라이아이Graiai라고 불렸는데, 이 말은 '빛깔이 희다'라는 뜻을 가지고 있다. 여기서 '백발의 노파들'이라는 뜻을 얻게 되었다. 이 괴이한 여인들은 한 번도 젊었던 적 없이 처음부터 노파로 태어났다. 하나의 눈알을 가지고 셋이서 번갈아 봐야 하고 하나의 이빨로 번갈아 씹어야 하는 가련한 존재들이었다. 그들은 메두사에게 가는 길목을 지키고 있었으며, 메두사를 죽이는 데 꼭 필요한 세 가지 무기가 있는 곳을 아는 유일한 길잡이들이었다. 페르세우스는 한 노파가 하나의 눈알로 망을 보다가 교대하기 위해 다른 노파에게 눈알을 인계할 때 재빨리 그 눈알을 낚아챘다. 하나밖에 없는 눈알을 빼앗기자 노파들은 당황했다. 페르세우스는 메두사를 죽이기 위해 얻어야 하는 세 가지 보물이 있는 곳을 말하지 않으면 눈을 버리겠다고 위협했다. 노파들은 세 가지 보물을 간직하고 있는 저녁의 님프들이 사는 곳을 알려주었다.

페르세우스는 헤스페리데스를 어렵지 않게 찾아냈다. 그들은 마치 세 가지 무기를 보관하고 있다가 진정한 주인이 찾아와 돌려주는 것처럼 선선히 페르세우스에게 그것들을 내주었다. 세 가지 무기는 다음과 같았다. 하나는 날개가 달린 샌들이었다. 신의 전령 헤르메스가 신고 있는 신발과 비슷한 것이다. 또 하나는 메두사를 죽인 다음 그 머리를 담을 키비시스kibisis라는 은으로 만든 배낭이었다. 그래, 머리카락이 굼틀굼틀 모두 뱀이고, 모든 살아 있는 것들을 석화시키는 강렬한 눈빛을 가진 메두사의 머리를 그냥 들고 다닐 수는 없을 테니 말이다. 그리고 또 하나의 보물은 머리에 쓰면 그 사람의 모습을 보이지 않게 하는 하데스Hades의 투구였다. 이 투구를 쓰고 접근하면 메두사는 페르세우스를 감지하지 못할 것이다. 이제 모든 것이 준비되었다. 날개 달린 신을 신은 페르세우스는 하늘을 날아 메두사가 은거한 곳으로 잠입했다.

시인은 노래한다.

어제, 또 어제와 다를 바 없는 평범한 날들,
고요한 일상의 호수에 문득 돌멩이 하나
다른 운명이 여울져 찾아온다네.
어리석고 위험한 젊은이 하나가 불행을 찾아 떠나네,

좌상:
아테나, 페르세우스를 부르다
(에드워드 번 존스, 1877년)
우상:
세 가지 선물을 전하는 헤스페
리데스 자매
(에드워드 번 존스, 1877년)
하단:
어둠 속에 사는 백발의 노파들
(에드워드 번 존스, 1877년)

PERSEA · CONSILIO · PALLAS · MOVET · INSTRVIT · ARMIS ·
LVMINE · PRIVATAE · MONSTRANT · PENETRALIA · GRAIAE ·
NYMPHARVM · HINC · ALES · PLANTAS · CAPVT · OBDITVS · VMBRIS ·
GORGONA · MORTALEM · DE · NON · MORTALIBVS · VNAM ·
ENSE · FERIT · GEMINAE · SVRGVNT · VRGENT · QVE · SORORES ·
SAXEVS · EN · ATLAS · CAESO · QVE · EREPTA · DRACONE ·
ANDROMEDA · ET · COMITES · IAM · SAXEA · CORPORA · PHINEI ·
EN · VIRGO · HORRENDAM · IN · SPECVLO · MIRATA · MEDVSAM ·

그것이 젊음이기에.

험준한 산을 넘고 깊은 계곡에 갇히며

기괴한 노파와 비밀스러운 요정에게 묻고 또 물어

빛나는 방패와 휘어진 칼로

마음속 괴물의 두려운 목을 자르네.

두려움을 이기니 바로 그 일이 진정한 영광.

메두사:
적을 패퇴시키는 전사의 얼굴

기원전 2세기의 그리스 학자인 아폴로도로스Apollodoros에 따르면 메두사는
등에 날개가 달려 있고 온몸에 두꺼운 용의 비늘이 덮여 있어 보통의 칼로는
찌를 수 없었다고 한다. 강력한 청동의 손을 가지고 있고, 입가에는 사나운
멧돼지의 엄니가 달려 있었다. 가장 끔찍한 것은 머리카
락 한 올 한 올이 모두 뱀들로 혀를 날름거릴 뿐
아니라 메두사의 눈빛이 너무도 강해 살아 있
는 모든 것들은 그 눈과 마주치면 돌이 되
고 만다는 점이다. 그리스 신화에 등장하
는 최강의 괴물 중 하나가 바로 고르곤이
다. 고르곤이라는 이름 자체가 '강하다'

혀를 빼문 메두사의 얼굴상

메두사의 목을 단칼에 베는 페르세우스 (에드워드 번 존스, 1881~1882년)

혹은 '굳세다'라는 뜻이다. 그들 중 두 명은 불사의 존재이기 때문에 죽일 수가 없고 유일하게 막내인 메두사만 죽일 수 있었다. 그래서 보통 고르곤은 메두사를 일컫는 말이 되었다. 처음부터 페르세우스의 목표는 메두사였다.

하데스의 투구를 쓰고 몸을 감춘 페르세우스는 고르곤 자매들이 잠들어 있는 곳까지 조용히 숨어들어 아테나의 방패에 비친 그녀의 목을 내리쳤다.

헤르메스의 보검은 너무도 날카로워 용의 비늘로 보호된 단단한 메두사의
목도 단칼에 잘라냈다. 비명조차 지를 틈이 없었다. 번쩍 치뜬 메두사의 눈
빛이 사납게 빛났으나 페르세우스는 그 눈빛과 마주치지 않고 마법의 배낭
을 벌려 뱀들이 넘실대는 메두사의 머리를 담았다. 다른 두 자매가 잠에서
깨어나 페르세우스를 쫓지만 하데스의 투구를 쓴 그는 삼베 바지에 방귀 사
라지듯 흔적도 없이 도주했다.

그러나 메두사를 사랑한 바다의 신 포세이돈Poseidon은 그녀를 그냥 죽게
놔두지 않았다. 메두사의 잘린 목에서 피가 흘렀는데, 그 속에서 천마 페가

소스Pegasos가 태어나 힘차게 울고 하늘로 날아오르게 했다. 말은 포세이돈이 가장 좋아하는 동물이다. 메두사의 목은 페르세우스에게 잘려 페르세우스의 영광을 기리는 장식물이 되고 말았지만 메두사의 영혼은 죽는 순간 하늘의 별이 되어 되살아났다. 아테나가 벌한 것을 포세이돈이 보상해준 것이다.◆

　신화 속의 메두사는 두 개의 대극적 가치를 모두 붙들어 품은 이중적 의미를 가지고 있다. 메두사는 괴물이면서 동시에 매혹적인 여인이다. 죽음이면서 또한 부활이다. 희생된 자이면서 죽인 자와 결코 다르지 않은 동질성을 함께 가지고 있다. 이러한 이중성은 이야기 속에 여러 모습으로 상징화되어 있다. 예를 들어 아테나는 메두사의 목에서 흘러나온 두 종류의 피를 받아두었다가 의신醫神 아스클레피오스Asclepios에게 선물했다. 왼쪽 혈관에서 나온 피는 독약으로 마시면 즉시 죽고 말지만 오른쪽 혈관에서 나온 피는 죽은 것을 되살려내는 신통력을 가지고 있었다. 아스클레피오스는 이 피를 이용하여 죽은 영웅들을 살려내기도 했는데, 이 모습을 지켜보던 제우스는 그가 필멸의 인간 세상에서 질서를 어지럽히고 있다고 판단하여 벼락을 내리쳐 죽게 했다. 같은 몸에서 나온 피가 하나는 독약이고 또 하나는 신령한 생명의 피다. 의술의 힘으로 죽은 자를 살려냈으나 그것이 자신의 죽음으로 갚아야 하는 업보가 되고 말았다. 이런 이원적 대립 장치는 그리스인들이 즐겨 사용

◆ 아테나와 포세이돈은 계보로 보면 숙질간이다. 포세이돈은 제우스의 형제이고 아테나는 제우스의 딸이니, 포세이돈은 아테나의 삼촌이다. 이 둘은 묘한 경쟁 관계에 있기도 하다. 도시국가 아테네가 만들어지기 전에 아티케 지역에는 여러 공동체들이 흩어져 있었다. 이 지역의 지배권을 놓고 아테나와 포세이돈 사이에 경쟁이 붙었는데, 아티케 지방에 가장 적합한 선물을 주는 신을 그 지역의 수호신으로 삼기로 했다. 포세이돈은 삼지창을 내리쳐 아크로폴리스 주변에 아름다운 바닷물 호수를 만들어주었다. 아테나는 척박하여 아무것도 자라지 못하는 그곳에서도 번성할 수 있는 수종인 올리브나무를 자라게 해주었다. 심판관들은 아테나에게 더 많은 점수를 주었다. 그래서 아티케 주민들은 아테나를 수호신으로 삼고, 그녀의 이름을 따서 나라 이름을 아테네라고 지었다. 포세이돈과 아테나는 메두사 사건을 놓고도 입장이 완전히 다르다. 하나는 연인으로, 또 하나는 자신의 신전을 어지럽힌 신성모독의 악녀로 인식하는 불편한 관계를 보이고 있다.

하는 사유체계였다.

메두사 신화의 중의성은 가해자로서의 아테나와 희생자로서의 메두사 사이의 동질성에서도 잘 나타난다. 전승에 따르면 괴물이 되기 전에 메두사는 처녀신 아테나와 미모를 견줄 만큼 매우 아름다운 처녀였다고 한다. 특히 물결치는 머릿결이 대단히 매력적이어서 스스로 자랑스럽게 여겼다. 메두사에게 반한 바다의 신 포세이돈은 그녀를 유혹하여 아테나의 신전에서 사랑을 나눴다. 정사였는지 겁탈이었는지는 분명치 않다. 만일 겁탈이라면 메두사는 신에게 농락당한 가여운 희생자다. 희생은 여기서 끝나지 않는다. 아테나는 자신의 신전을 더럽힌 메두사를 용서할 수 없었다. 포세이돈에게 겁탈당한 메두사는 다시 한 번 아테나의 저주를 받아 참혹한 괴물로 변하고 말았다. 특히 아테나는 물결을 연상시키는 메두사의 아름다운 머릿결을 미워하여 한 올 한 올 모두 혀를 날름거리는 뱀으로 둔갑시켰다. 그리하여 그녀는 비련의 주인공이며, 저주 어린 괴물이 되었다. 메두사는 처음에는 포세이돈에 의해 희생되었고, 두 번째는 아테나에 의해 희생되었다. 두 번 다 가련한 희생물이 되었던 것이다.

신기하게도 희생된 메두사와 그녀를 징벌한 아테나 사이의 유사성은 곳곳에서 발견된다. 우선 메두사의 가장 큰 특징은 넘실대는 뱀 머리카락과 모든 것을 돌로 변하게 하는 석화의 안광이다. 그런데 아테나의 상징성 역시 뱀과 눈빛이다. 아테나를 수호신으로 하는 도시 아테네의 창설자 케크롭스Kekrops는 반은 인간이고 반은 뱀으로 묘사된다. 조각가 페이디아스Pheidias가 파르테논 신전의 감실에 키가 거의 천장에 닿을 만큼 거대한 아테나 여신상을 만들면서 여신의 상징인 거대한 방패 뒷면에 서리서리 뱀을 휘감아두었다. 아테나는 뱀과 떨어질 수 없는 여신이다. 그뿐만 아니다. 메두사와 아테나는 또 하나 결정적인 유사성을 가지고 있다. 메두사의 가장 두려운 점은 그녀의 눈빛이 모든 생물을 돌로 만들어버릴 만큼 주술적으로 강렬하다는 것이다. 아테나 역시 '초록빛의 푸른 눈blue-green eyes'을 가진 여신으로 전쟁에서 분노에 휩싸이면 눈에서 불길을 쏟아낸다. 아테나를 상징하는 새는 부엉이(올빼미)다. 부엉이는 화등잔만 한 눈을 깜빡이지 않고 노려본다. 메두사와 아테나는 핵심적인 요소, 즉 뱀과 눈빛에서 동일하다. 토빈 시버스Tobin Siebers는 《메두사의 거울The Mirror of Medusa》에서 이 유사성을 지적했다. 실제로 페르세우스가 아테나에게서 빌린 방패를 방어용 병기가 아닌, 메두사의 목을 베기 위한 거울로 사용했다는 점 역시 흥미롭다. 아테나와 메두사는 거울의 양쪽에 서 있는 같은 인물이었을까?

고르곤 메두사의 얼굴은 또한 볼 수 없는 죽음을 형상화한 상징물이기도 하다. 헤시오도스의 《신통기》나 호메로스의 《오디세이아》에는 메두사가 두렵고 무서운 밤의 경계나 저승의 입구를 지키는 문지기로 등장한다. 이러한 상징성은 중세를 지나는 동안 단테Alighieri Dante의 《신곡》이나 밀턴John Milton의 《실낙원》에도 그대로 전승되어 죽음과 저승의 문지기인 메두사가 산 것들은 저승의 길목에 들어설 수 없게 그 사나운 얼굴로 막고 있다.

그리스인들에게 메두사의 마스크는 적에게 막강한 위해를 가할 수 있는 부적처럼 쓰였다. 입을 찢어질 듯이 벌리고 무시무시한 머리카락을 올올이 곤두세운 채 격렬한 분노에 휩싸인 메두사의 얼굴은 혀를 빼물고 괴이한 함성을 질러대는 전사의 얼굴로 바뀌어 전쟁터 어디서나 쉽게 볼 수 있는 상징물이 되었다.

페르세우스는 영웅의 여정을 마친 후 메두사의 머리를 아테나에게 바쳤고, 아테나는 자신의 불패의 방패에 이 머리를 달아두었다. 아버지 제우스로부터 물려받은 아테나의 방패는 '아이기스aegis'로 불렸는데 메두사의 머리로 인해 더욱 무서운 위용을 더하게 되었다. 방패를 쳐들어 적이 그 방패의 한가운데 달린 메두사를 보는 순간 돌이 되기 때문이다. 모든 것을 석화시켜 돌로 만들어버리는 메두사의 얼굴은 고대 세계 최고의 병기를 상징했으니, 가장 무서운 괴물을 자기편으로 끌어들여 가장 훌륭한 자기 방어의 수단으로 전환하려는 주술적 기원은 여전히 우리로 하여금 아이기스를 찾게 한다. 그래서 메두사의 머리는 아직도 무적의 군사학교의 상징이나 강력한 무기의 이름으로 남아 있다. 예를 들어 미국이 자랑하는 구축함으로, 일본이 다수를 보유하여 우리에게 위협이 되는 '이지스'는 아이기스의 영어식 표현이다.

메두사는 또한 명품계의 특별한 인물인 지아니 베르사체Gianni Versace의 로고이기도 하다. 베르사체는 어째서 메두사의 머리를 자신의 브랜드 로고로 삼았을까? 보기만 하면 그 시선에 사로잡혀 석화되는 그 마력처럼 자신의 작품에 세계인들이 매혹되어 시선을 돌리지 못하고 굳어지기를 바라는 소망이 담겨 있었을지도 모른다.

메두사의 머리가 남아 있는 뜬금없는 장소 중 하나가 터키 이스탄불의 지하 궁전이다. 아야소피아 사원 바로 옆에 있는 이곳은 비잔틴 제국 1000년간 이 도시의 식수원 역할을 해왔다. 시대가 흐르고 기독교가 로마의 공식 종교가 되면서 수많은 고대 그리스 신전들과 조각상들이 우상으로 몰려 파괴되었다. 폐허가 된 고대 그리스 신전들의 기둥들은 훌륭한 폐건축자재였다. 여기저기서 실어온 300여 개의 대리석 기둥들이 즐비하여 마치 궁전과 같다 해서 지하 궁전이라 불리는 이 저수조 안쪽으로 대리석 기둥 아래 두 개의 메두사 얼굴이 하나는 옆으로 누워 있고 하나는 거꾸로 처박혀 있다. 아마도 메두사의 머리만큼 고대 그리스에서 흔하고 인기 있는 부조도 없었던 모양이다. 그 후의 화가들도 메두사의 머리를 즐겨 그렸다. 특히 르네상스 시대 기이한 화가였던 카라바조Caravaggio 는 자신의 얼굴을 본뜬 메두사를 그렸다.

메두사(카라바조, 1595~1596년)

시인은 노래한다.

그때도 그렇고 오늘도 그렇다.

가해자는 피해자와 늘 닮아 있는 법.

속과 겉, 숨어 있는 것과 드러나는 것,

그것은 언젠가 어디선가 만나는 법.

서로 거울 속 자기라서 깜짝 놀라지.

교실의 왕따, 누가 봐도 지질이.

교실의 깡패, 누가 봐도 문제아.

하나는 괴롭히고 하나는 당하지만 둘 다 같은 사람.

가해자를 처벌한다고 문제는 사라지지 않아.

가운데 침묵하는 다수가 "그러지 마" 라고 외쳐야 해결되지.

카시오페이아와 안드로메다:
어머니의 오만은 딸의 재앙이 되고

고르곤 메두사의 목을 자루에 넣고 하늘을 날아 귀환하던 페르세우스는 밤 새 서쪽으로 날아갔다. 그곳은 서쪽 끝이었기 때문에 하루 종일 태양 수레를 끌었던 천마들이 고삐에서 풀려나 휴식을 취하는 곳이었다. 광대한 서쪽 끝 의 왕국을 다스리는 사람은 바로 거인 아틀라스Atlas였다. 이 나라의 목장에 는 수천 마리의 소와 양들이 있었다. 특히 아틀라스 왕에게는 가지와 잎과 열매가 모두 황금인 황금 사과나무가 있었다.

　페르세우스는 자신이 제우스의 아들임을 밝히고 새벽의 여신이 태양 수레 를 끌어내는 아침까지 쉬어가게 해달라고 말했다. 그러나 아틀라스는 차갑 게 거절했다. 왜냐하면 제우스의 아들 하나가 이 황금 사과를 훔쳐갈 것이라 는 신탁을 들은 아틀라스가 황금 사과를 지키기 위해 제 땅에 오는 길손은 누구나 그 사과나무 근처에 얼씬거리지 못하도록 거대한 뱀더러 지키게 했 기 때문이다. 수상쩍은 나그네인 데다가 제우스의 아들이라고 하니 더욱 도 둑으로 의심되었던 것이다. 차가운 거절과 함께 페르세우스를 쫓아내려고 하자 배알이 뒤틀린 페르세우스는 아틀라스와 신경전을 벌이고 말다툼을 하게 되었지만 이 거인을 당해낼 수 없었다. 그리하여 그는 배낭에서 메두사 의 머리를 꺼내 보여주었다. 메두사의 눈과 눈이 마주치자 이 엄청난 거인은 서서히 돌로 굳어갔다. 머리는 산의 꼭대기가 되고 팔다리는 산의 절벽이 되 고 뼈는 바위가 되었다. 그렇게 신체 각 부위가 점점 굳어져 마침내 거대한 산이 되고 말았다.♦ 신들은 기뻐했다. 천상을 받치는 거대하고 안전한 받침 대가 생겼기 때문이다.

거인 아틀라스를 거대한 산맥으로 만들어버린 페르세우스는 계속 날아가 에티오피아를 지나게 되었다. 여기서 그는 한 번 더 스스로 영웅임을 드러내는 장쾌한 장면을 만들어내면서 바다 괴물을 처치하고 아름다운 안드로메다Andromeda를 구

돌이 되어버린 아틀라스(에드워드 번 존스, 1878년)

출하여 결혼하는 러브 스토리가 전개된다. 안드로메다는 에티오피아의 왕인 케페우스Cepheus와 카시오페이아Cassiopeia 사이에서 태어난 딸이다. 카시오

◆ 페르세우스가 아틀라스를 산으로 만들어버리는 이야기는 후에 나타나는 헤라클레스의 모험 이야기와 서로 맞지 않는다. 왜냐하면 페르세우스보다 네 세대나 후손인 헤라클레스가 살아 있는 아틀라스를 만나기 때문이다. 신화에는 여러 전승과 다양한 버전이 있기 때문에 앞뒤가 맞아떨어지지 않는 부분이 부지기수다. 작가에 따라서, 전승에 따라서, 입장에 따라서 수없이 변형되어 내려올 수밖에 없었기 때문이다. 이야기인즉 이렇다. 헤라클레스의 열두 가지 과업 중 하나는 헤라의 정원에서 황금 사과를 가져오는 것이었다. 헤라클레스는 세상의 서쪽 끝에 있던 이 정원을 물어물어 찾아오게 되었다. 황금 사과는 대지의 여신 가이아가 헤라에게 준 결혼 선물인데, 헤라는 이 사과를 매우 좋아해서 자신의 정원에 심게 했다. 황금 사과를 탐내는 자들이 많았기 때문에 여신 헤라는 머리가 100개 달린 용에게 지키게 하고, 저녁의 요정인 세 명의 헤스페리데스 자매에게 사과나무를 돌보게 했다. 그래서 이 황금 사과는 흔히 '헤스페리데스의 황금 사과'라고 불리게 되었다. 헤라클레스가 이 근처에 왔을 때 어깨로 하늘을 떠받치고 있던 거인 아틀라스를 만나게 되었다. 헤라클레스는 아틀라스가 헤라의 정원에서 황금 사과를 따오는 동안 자기가 대신 하늘을 지고 있으면 어떻겠느냐고 했다. 무거운 하늘 짐으로부터 벗어나고 싶었던 아틀라스는 흔쾌히 동의하고 황금 사과를 땄다. 그는 헤라클레스에게 이 일을 시킨 에우리스테우스Eurysteus 왕에게 자신이 직접 사과를 가져다주고 올 테니 그동안 계속 하늘을 지고 있으라고 했다. 헤라클레스는 동의하는 척하면서 어깨에 방석을 댈 동안만 잠시 쉬게 해달라고 청했다. 아틀라스가 의심 없이 하늘을 받쳐 든 사이에 헤라클레스는 땅에 놓아둔 황금 사과를 들고 냅다 달아나버렸다.

괴물의 제물이 된 안드로메다(에드워드 번 존스, 1884~1885년)

페이아는 외모에 대단한 관심을 가진 왕비로서 딸인 안드로메다가 바다신의 딸들인 네레이스들을 몽땅 합해놓은 것보다 더 아름답다고 자랑했다. 화가 난 바다의 님프 네레이스들(복수는 네레이데스)은 포세이돈에게 억울함을 호소했다. 포세이돈은 바다 괴물을 보내 케페우스 왕의 백성들을 괴롭혔다. 곤경에 처한 왕은 머리에 양의 뿔이 달린 암몬 신◆에게 신탁을 구했다. 결과는 참담한 것이었다. 딸 안드로메다를 바다 괴물에게 제물로 바치라는 것이었다. 신탁의 내용을 알게 된 백성들은 왕에게 신탁을 따를 것을 종용했다. 그리하여 어미의 오만으로 빚어진 빚을 딸이 갚아야 할 운명에 처하고 말았다.

안드로메다는 바닷가 절벽에 묶여 괴물이 나타나기를 기다려야 했다. 하늘을 날던 페르세우스가 본 것은 바로 이 장면이었다. 그는 바닷가 미풍에 아름다운 머리카락이 나부끼는 안드로메다의 비극적인 모습에 매료되었다. 그는 공중에서 처녀에게 물었다.

◆ 에티오피아의 토속신은 휘감긴 뿔을 가진 산양 모습의 암몬Ammon 신이었다. 그래서 케페우스는 암몬 신에게 신탁을 받았던 것이다. 암몬 신은 제우스와 동일시되었다. 여기에는 사연이 있다. 거대한 괴물 티폰과 싸울 때 이 괴물이 너무도 크고 용맹하여 올림포스의 신들이 모두 동물로 변신하고 이집트로 도주했던 적이 있었다. 이때 제우스는 휘감긴 뿔을 가진 산양으로 변하여 도망갔다가 다시 티폰과 맞서게 되었다. 제우스가 변신했던 산양이 바로 암몬 신이다. 이 이야기로 보건대 에티오피아가 그리스의 정복지가 되면서 토속신인 암몬이 제우스와 동일한 신으로 흡수된 것으로 보인다.

"사랑하는 사람들을 하나로 묶는 그런 금빛 사슬에 묶여 있어야 하는 그대에게 이런 쇠사슬은 당치 않습니다. 그대는 누구입니까? 어찌하여 사슬에 묶이게 되었는지 내게 연유를 알려주시지요."

안드로메다는 처음에는 대답하지 못했다. 바닷가 절벽 사슬에 묶여 있는 처지에 씩씩한 청년을 만난다는 것은 부끄러운 일이었다. 그저 커다란 눈 가득 눈물을 흘리는 것이 고작이었다. 페르세우스가 몇 번을 묻자 처녀는 자신의 이름과 이렇게 된 까닭을 겨우 털어놓았다. 안드로메다가 이야기를 마치자마자 바닷물이 요란스럽게 갈라지면서 바다 괴물 케토가 마치 힘 좋은 뱃사공들이 젖는 배처럼 쏜살같이 물살을 가르면서 처녀에게 돌진해오는 것이 보였다. 두려움에 질려 처녀도 울고, 처녀의 부모도 부둥켜안고 울었다. 페르세우스가 왕에게 말했다.

"눈물을 거두십시오. 눈물은 나중에라도 얼마든지 흘릴 수 있습니다. 지금은 괴물과 싸워야 할 때입니다. 나는 제우스의 아들이며, 신들의 도움으로 메두사를 죽인 사람입니다. 다시 신들이 허락한다면 괴물을 죽여 따님을 구해드리겠습니다. 만약 나의 용맹이 따님을 구출한다면 따님과의 결혼을 허락하시겠습니까?"

왕과 왕비는 얼른 승낙했다. 그것은 한 줄기 구원의 빛처럼 보였다. 페르세우스는 날개가 달린 신발을 신고 하늘로 올라갔다가 바다로 급강하하면서 메두사를 단칼에 죽인 휘어진 칼을 수없이 휘둘러 괴물의 몸에 치명적인 상처를 만들어 죽여버렸다. 바닷가에 서서 그 장면을 보던 사람들이 환호성을 질렀다. 그 함성이 하늘에까지 메아리쳤다.

싸움에 이긴 페르세우스는 제단을 쌓고 자신을 도와준 신들에게 제사를 올렸다. 왼쪽에는 헤르메스, 오른쪽에는 아테나, 그리고 중앙에는 제우스를

페르세우스, 괴물과 싸워 이기다(에드워드 번 존슨, 1884~1885년)

위한 제단이 만들어졌다. 그는 아테나에게는 암소를, 헤르메스에게는 송아
지를, 제우스에게는 늠름한 황소 한 마리를 바쳤다. 그리고 안드로메다를 맞
아 결혼식을 올리게 되었다. 괴물을 물리친 통쾌한 일이 벌어지고 그 영웅이
아름다운 공주와 결혼식을 올리게 되었으니 기쁜 일이 두 번 겹쳐 바닷가 도
시는 기쁨으로 출렁거리는 듯했다. 오비디우스Publius Naso Ovidius는《변신 이야

기》속에서 이 결혼식을 이렇게 묘사했다.

> 사랑과 혼인의 여신이 신랑과 신부 앞에서 횃불을 흔들었다. 향이 아낌없이 불길
> 속으로 들어가 피어오르고, 지붕에서 바닥까지 온통 꽃다발이었다. 도처에서 수
> 금소리, 피리소리, 노랫소리가 울려 퍼져 하객들의 기분은 날아갈 듯했다. 성문은
> 활짝 열어젖혀졌고 황금의 궁전 문들도 남김없이 열렸다. 에티오피아의 귀족들은
> 모두 화려하게 차려입고 왕실이 준비한 호화로운 파티에 참석했다. 그리고 하객
> 들은 마음껏 저 바쿠스의 은혜인 포도주에 취했다.

그러나 이 아름다운 결혼식은 이내 난장판이 되고 말았다. 안드로메다에
게는 페르세우스 이전에 약혼자가 있었는데 바로 왕의 아우인 피네우스
Phineus였다. 피네우스는 약혼녀가 엉뚱한 이방인과 결혼하게 되자 음모를 꾸
미며 패거리를 모아 난동을 부리게 되었다. 오비디우스는 《변신 이야기》속에
서 이 난동에 대해 여러 페이지에 걸쳐 지루하리만큼 상세히 서술하고 있다.
피네우스가 패거리를 데리고 와서 약혼자를 훔쳐간 떠돌이를 처단하러 왔
다고 소리를 지르며 페르세우스에게 창을 던지려 하자 형인 케페우스 왕이
나서서 꾸짖었다.

> '네가 도대체 무슨 짓을 하자는 것이냐! 안드로메다를 앗아간 것은 바다에서 솟아
> 나 내 살을 말리고 내 피를 말리던 저 바다의 괴물이지 페르세우스가 아니다. 안드
> 로메다가 너를 떠나간 것은 죽음을 앞둔 바로 그때였다. 그 아이의 삼촌이자 약혼
> 자인 너는 그 아이가 사슬에 묶여 있을 때 무엇을 했느냐! 멀거니 서서 바라본 것
> 밖에 한 것이 더 있더냐! 그 아이를 위한다면 그 아이의 목숨이 명재경각이었던 그

순간에 그 절벽에서 구했어야 하지 않았느냐? 그때 네가 나서서 그 아이의 약혼자라고 주장했어야 했다. 신들이 내 딸에게 괴물의 제물이 되는 기구한 운명을 선언했을 때 인간의 약속은 취소되었다. 죽음에 의해 모든 약속이 취소되듯이 말이다. 아무도 무서워 나서지 않았을 때 페르세우스가 나섰다. 그 사람이 목숨을 걸었기 때문에 그 아이의 목숨이 살아났다. 그래서 남편으로 선택된 것이다. 물러가라. 창 피하지 않느냐?"

피네우스는 이 말에 대답하지 않았다. 분노와 부끄러움이 솟아오르자 그는 있는 힘을 다해 페르세우스를 향해 창을 던졌다. 싸움은 그렇게 시작되었다. 케페우스 왕의 궁전 대청에서 벌어진 페르세우스와 피네우스 패거리들의 싸움에서 페르세우스는 죽여도 죽여도 몰려드는 반군들에게 마침내 메두사의 머리를 치켜들고 고함을 질렀다. "내 편인 사람들은 모두 고개를 돌리고, 내 적들은 모두 여기를 보라." 그러자 메두사의 눈을 본 사람들은 모두 돌로 변하기 시작했다. 창을 던지려던 자가 그대로 굳어 석상이 되고, 큰 소리로 함성을 지르며 달려오던 자가 그대로 멈춰 섰다. 어떤 자는 공포로 일그러진 얼굴 그대로 돌로 굳어졌다.

싸우기 전에는 페르세우스에게 가장 위험했던 메두사의 머리가, 일단 페르세우스가 승리하여 그의 전리품이 되자 적들을 물리치는 결정적이고 강력한 무기가 되었다. 그 머리는 페르세우스의 영광이 되었다. 위험이 명예가 되고 가장 강력한 후원자가 된 것이다. 피렌체 시뇨리아 광장에는 메두사의 머리를 들고 있는 페르세우스의 청동상이 있는데, 첼리니Benvenuto Cellini의 작품이다. 이 작품을 보면 메두사가 아름다운 여인의 얼굴에 여인의 나신으로 페르세우스 발밑에 죽어 있다. 신기하게도 페르세우스와 메두사의 얼굴이 대단히 흡사하다.

시인은 노래한다.

남자가 있고 여자가 있
는 곳, 그곳은 사랑.
씩씩한 청년과 눈이 맑
은 여인은
서로 찾아 그리워하는
예쁜 짝.
그러나 용감한 자만이
사랑을 얻는 법.
오직 사랑만이 목숨을
걸 만한 것.

페르세우스와 안드로메다, 그리고 메두사 (에드워드 번 존스, 1885년)

무엇을 가지지 못하면
불편하고
사람을 얻지 못하면 삶 자체가 허무.
세상의 보물 딱 하나만 들라면 단연코 사랑이지.
목숨을 건 것이 목숨을 살리는 법.
그걸 잡으려면 온 삶을 다 걸어야지.

티린스의 페르세우스:
신탁은 이루어지고 영웅은 별이 되다

비록 난장판이 되긴 했으나 페르세우스는 안드로메다와 결혼하여 그녀를 데리고 어머니가 기다리는 세리포스 섬으로 향했다. 가는 동안 리비아의 사막 지대를 지나게 되었는데, 메두사의 목에서 스며 나온 피가 방울방울 사막에 떨어져 모래 독사를 만들어냈다. 사막의 독사들은 메두사의 후예들인 셈이다. 페르세우스는 드디어 그리던 집에 도착했다. 그러나 오랫동안 살았던 딕티스의 집에는 아무도 살지 않았다. 페르세우스가 메두사의 목을 얻기 위해 모험을 떠난 다음 폴리덱테스 왕은 다나에에게 청혼을 했으나 거절당했다. 화가 난 왕이 그녀를 강제로 차지하려 하자 딕티스는 다나에를 데리고 왕의 손이 닿을 수 없는 불가침의 신전으로 피신해서 살고 있었다.

페르세우스는 먼저 왕을 제거하기로 마음먹었다. 페르세우스는 왕과 그의 심복들이 연회를 열고 있는 궁전으로 들어갔다. 왼손에는 아테나의 빛나는 둥근 방패를 들어 가슴을 보호하고, 오른손에는 은으로 된 자루를 들고 페르세우스가 들어서자 모든 사람들이 그를 쳐다보았다. 페르세우스는 사람들이 다른 곳으로 고개를 돌리기 전에 얼른 메두사의 머리를 쳐들었다. 그러자 왕을 비롯한 신하들은 각양각색의 포즈와 표정으로 돌로 굳어갔다. 어머니 다나에와 딕티스를 찾아낸 페르세우스는 딕티스를 왕으로 추대했다. 폭정에 시달리던 백성들은 새로운 왕을 환영했다.

페르세우스의 모험은 이제 끝을 향해 다가가고 있었다. '손자가 할아버지를 죽일 것'이라는 신탁 때문에 할아버지 손에 죽을 뻔한 기구한 운명으로 시작한 그의 삶은 신들의 도움으로 영웅의 삶으로 반전되었다. 이제 그는 아내와 어머니 다나에와 함께 비극이 시작되었던 할아버지의 나라이자 고향인 아르고스를 향했다. 그러나 할아버지 아크리시오스는 이미 아르고스를 떠나 라리사라는 나라에 가 있었다. 마침 그 나라 왕의 아버지가 죽었기 때문에 죽은 아버지를 기리는 운동 경기가 열리게 되었는데, 페르세우스도 선수로 참가하게 되었다. 자신의 차례가 되자 페르세우스는 힘껏 원반을 던졌다. 그러나 실수로 관중석에 날아간 원반은 마침 그 경기에 참석하고 있던 아크리시오스를 맞혀 그 자리에서 죽게 하고 말았다. 그의 신원을 알게 된 페르세우스는 슬퍼하면서 성대히 장사를 지내 라리사의 성 밖에 묻어주었다. 세월이 흘렀으나 신탁은 이루

운명의 굴레(에드워드 번 존스, 1875~1883년)

어졌다. 전승에 의하면 페르세우스는 아르고스에 돌아가 왕위를 계승하는 대신 티린스의 왕이었던 사촌과 서로 나라를 맞바꾸어 다스렸다고 한다. 어

머니가 할아버지에 의해 청동의 방에 갇히고, 결국 자신이 할아버지를 죽이게 된 비극의 땅에서 왕 노릇을 하고 싶지 않아서였을까? 어찌 되었든 그 사촌이 아르고스를 다스리고 페르세우스는 티린스의 왕이 되었다. 티린스는 미케네 문명의 중심 도시 중의 하나가 되었다.

파우사니아스에 따르면 미케네에서 아르고스로 가는 길에 페르세우스를 기리는 신전이 있어 당시 사람들은 그를 실존 인물로 추앙하고 있었다고 한다. 종종 페르세우스를 미케네 문명의 창시자라고 주장하는 사람들도 있다. 기원전 1400년경에 미케네의 성벽을 쌓은 것이 바로 페르세우스라는 것이다.◆ 오랜 세월이 흘렀지만 거대한 성벽이 남아 있고 성벽의 한쪽 구석에는 유명한 사자의 문Lion Gate이 있다. 바로 이 사자의 문 근처 좁은 구역에서 고고학자 하인리히 슐리만Heinrich Schliemann은 왕족들의 인골과 수많은 유물을 발견했다. 황금 가면을 쓴 남자 해골이 있었고, 황금 왕관을 쓴 뼈만 남은 여인들이 나왔다. 슐리만은 이곳을 미케네 아트레우스Atreus 왕의 보물 창고라고 불렀다. 아트레우스는 트로이 전쟁의 총사령관이었던 아가멤논의 아버

◆ 기원전 1400년경이면 미케네 문명이 크레타 문명을 압도하여 영향력을 발휘하기 시작할 때다. 대략 이때쯤이면 그리스 본토의 영웅들이 신화의 페이지들을 장식하게 된다. 영웅들의 이야기는 그 속에 역사적인 배경과 추이를 상징적으로 담아내고 있다. 미케네의 페르세우스가 일어나 영웅의 모험을 시작하고, 그 직계 후손인 헤라클레스의 열두과업이 이어진다. 이내 아테네의 테세우스가 등장하면서 크레타의 황소 괴물 미노타우로스Minotauros를 죽이게 된다. 이것은 그리스 본토의 신생 도시국가들이 급격히 몰락하는 크레타 문명을 대신하면서 권력의 구도가 바뀌어가는 것을 반영한다. 전성기를 누리던 크레타의 미노스 문명은 급격히 몰락하게 되고 그리스 본토 남서쪽에 위치한 펠로폰네소스 반도의 아르고스, 티린스, 미케네 등의 도시국가들을 중심으로 한 미케네 문명이 흥기하기 시작한다. 미노스 문명은 미케네 문명보다 앞서지만, 늙어 사라지는 별이며, 미케네는 떠오르는 샛별이었다. 미케네 문명의 창시자로 알려져 있는 페르세우스의 모험은 성장의 정점에서 몰락하는 미노스 왕 이야기보다 시대적으로 앞선 신화다. 내가 페르세우스의 모험을 가장 앞에 소개하는 이유이기도 하다. 참고로 크레타 문명은 대략 기원전 2500년~기원전 1400년, 미케네 문명은 기원전 1600년~기원전 1150년 사이에 존재했던 것으로 추정된다. 두 문명이 흥망을 교환하는 교체기인 기원전 1600년~기원전 1400년 사이 200년이 주로 초기 영웅들의 활동 시기가 될 것이다. 그리고 기원전 1200년경에 트로이 전쟁이 발발한 것으로 추정된다. 그러나 신화는 역사가 아니라 상징이기 때문에 역사적 상상력을 통해서가 아니라 시적 상상력을 통해 이해되어야 한다.

지다.**

한편 페르세우스는 모든 모험을 마치고 아름다운 안드로메다와 오래도록 행복하게 살다가 별이 되었다. 무수한 영웅들이 죽어서 하늘의 별이 되었지만 페르세우스 신화 속에 등장하는 인물들처럼 무더기로 별자리 하나씩을 차지한 경우는 많지 않다. 페르세우스 신화가 그리스 영웅 신화의 태두여서 사람들은 처음 시작할 때의 관대함으로 하늘의 별들을 이 신화에 듬뿍 담아 두었다.

당연히 페르세우스도 죽어 별이 되었다. 사람들은 여전히 메두사의 머리를 들고 있는 페르세우스를 상상했다. 메두사는 페르세우스를 벗어날 수 없고 페르세우스는 메두사를 벗어날 수 없다. 이 둘은 마치 하나처럼 서로 연결되어 있다. 점성술사들은 메두사의 잘린 머리를 들고 있는 페르세우스 별자리 중에서 메두사의 머리에 해당하는 곳에 위치한 알골Algol 별을 우주에서 가장 불길한 별이라고 믿어왔다. 이 별은 이등성이기 때문에 천문학자들은 베타 페르세이Beta Persei라고 부른다. 그리스어 알파벳으로 beta는 두 번째라는 뜻이다. 이 알골 별은 매우 특이하다. 이틀하고 반나절이 지날 때마다 이 별은 사라져 보이지 않는다. 그리고 다섯 시간이 지나면 다시 나타난다. 현대의 천문학자들은 그 이유를 밝혀냈다. 이 알골 별은 위성을 가지고 있는

** 페르세우스와 안드로메다 사이에서 일곱 아들과 두 딸이 태어났다. 이들로 이어지는 계보를 페르세이테스Perseides, 즉 페르세우스의 후손들이라고 부른다. 미케네의 왕위는 페르세우스로부터 아들인 엘렉트리온Electryon 그리고 그 아들인 에우리스테우스 그리고 아트레우스로 이어지게 되고, 이윽고 트로이 전쟁의 그리스 사령관인 아가멤논으로 이어진다. 기원전 5세기 전후에 소크라테스Socrates와 동시대인으로 활약한 아테네의 변론가 이소크라테스Isocrates에 따르면 헤라클레스는 페르세우스의 일곱 아들 중 하나인 알카이오스Alcaeus로부터 이어져 내려오는 가계로 페르세우스의 4대손에 해당한다고 한다. 페르세우스는 에티오피아에서 지내다가 페르시아의 시조가 되었다는 설도 있다.

데 이 위성이 공전을 하다가 알골 별을 가리면 일종의 일식과 같은 현상이 일어나 보이지 않게 된다는 것이다. 그래서 이런 별들을 식변광성蝕變光星이라고 부른다. 당시 그리스인들은 이 사실을 몰랐기 때문에 일정한 주기로 사라졌다가 다시 나타나는 이 별을 보면서 메두사가 감고 있던 눈을 번쩍 뜨는 것 같은 느낌을 받았다. 그래서 이 기이한 알골 별을 메두사의 머리라고 부른 것은 기막힌 우연이었을 것이다. 점성술사들은 이 메두사의 머리별을 '악마의 별demon star' 이라고 불렀다.

페르세우스 별자리 바로 옆에 안드로메다의 별자리가 자리 잡고 있다. 그리고 그 북쪽으로 카시오페이아자리와 케페우스의 별자리도 보인다. 카시오페이아 별자리를 모르는 사람은 별로 없다. W자로 반짝이는 별 다섯 개는 유난히 밝아 북두칠성과 더불어 누구나 쉽게 찾아내는 별자리지만 남편인 케페우스의 별자리를 이루는 별들은 모두 빛이 흐리다. 신화 속에서 활달하고 말 많고 고집 센 이 여인은 별자리에서도 빛나지만, 좀 멍청하고 공처가이며 우유부단한 왕은 죽어서도 투미하다. 좀 안돼 보인다. 하지만 쥐구멍에도 볕 들 날이 있고, 그저 그런 사람에게도 행운이 찾아오듯이 살아서나 죽어서나 희미했던 케페우스 왕의 명성을 드높일 발견이 현대에 이르러서야 이루어졌다.

천문학자이기도 하고 100여 권의 흥미로운 책을 쓰기도 한 아이작 아시모프Isaac Asimov에 따르면 천문학자들은 케페우스 별자리를 이루고 있는 별 중에서 오른쪽 다리 부분에 해당하는 네 번째 델타 별Delta Cepei이 밝아졌다 어두워졌다 하면서 변하는 것을 관찰하게 되었다고 한다. 알골 별이 잠시 동안 빛이 아주 사라져버리는 것과는 달리 이 별은 빛의 밝기가 주기적으로 변했다. 그래서 천문학자들은 이 별을 변광성變光星이라고 부르게 되었다. 그 후

천문학자들은 이 별처럼 심장이 뛰듯이 맥박 치는 별들을 수없이 발견하게 되었다. 그래서 맥박 치는 변광성들을 모두 케페이드 Cepheid라고 부르게 되었다. 처음 발견한 것을 기념하여 변광성 모두에 케페우스 왕의 이름을 붙여준 것이다. 아내의 안색에 따라 인생이 밝아지기도 하고 어두워지기도 하는 변광성 같은 여린 남자들은 모두 케페우스의 후손들이다.

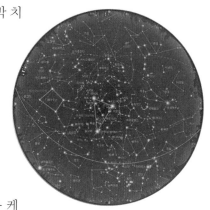

고래자리

그리스인들은 안드로메다를 잡아먹으려고 했던 바다 괴물도 선심을 써서 하늘의 별자리로 올려두었다. 이 자리는 '고래자리Cetus'라고 불린다. 허먼 멜빌Herman Melville의 소설 《백경Moby Dick》은 이 바다 괴물을 잡은 페르세우스가 인류 최초의 포경인whaleman이라고 소개하고 있다. 아마도 이 바다 괴물의 거대한 몸집이 고래를 닮았기 때문인 듯하다. 그런가 하면 메두사의 환생이기도 한 날개 달린 천마 페가소스 역시 별자리로 하늘을 달리게 되었다. 안드로메다의 별자리 바로 옆에 페가소스의 별자리가 있다. 두 별자리가 너무 가까이 있어서 페가소스의 가장 밝은 별 세 개와 안드로메다의 가장 밝은 별 한 개가 합쳐져서 '페가소스의 사각형Square of Pegasus'을 형성하고 있다. 거칠고 야망이 큰 고대의 영웅들은 안드로메다와 같이 아름답고 조신한 아내를 얻는 것과 더불어 페가소스 같은 씩씩한 야생의 말을 타보는 것이 평생의 로망이었다. 페가소스의 사각형은 바로 그런 고대 남자들의 로망을 결합시켜둔 별자리가 아니었을까? 페가소스만은 못하지만 알렉산드로스 대왕의 명마였던 부케팔로스 역시 거친 남자라면 누구나 한 번은 타보고 싶어 하는 말의 대명사였다.

수많은 그리스 영웅들의 행적 속에서 페르세우스처럼 한 여인과 로맨스를 만들어 오직 그 한 사람과 일생을 살아간 영웅은 매우 드물다. 트로이의 용장이며 세기의 훈남인 헥토르Hektor만이 그에 비견될 수 있다. 테세우스는 타고난 바람둥이였고, 이아손Iason은 사랑의 배신자였고, 헤라클레스는 만나는 여인마다 아이를 갖게 했고, 아킬레우스는 이 여자 저 여자를 탐닉했고, 오디세우스는 달려드는 여인들을 피하지 않았다.

시인은 노래한다.

나도 너도 모두 우주의 별이 환생한 것,
삶이 끝나는 날 다시 별이 되어 돌아가지.
무수한 별 무수한 운명.
어두운 밤 속에서 더듬어 찾듯 서로 만나 꽃다운 인연,
손잡아 별자리 되고 무리지어 은하수 되네.

어둠이 깊을수록 별은 빛나고
슬픔이 클수록 사랑도 깊어가네.
우리 모두 맥박 치는 별 변광성,
나 너에 대한 열망으로 밝아지고
나 너에 대한 그리움으로 숨어버리네.

제우스
• Zeus •

　제우스는 세계의 질서를 유지하는 빛과 창공의 신이다. 스토아 철학자들은 제우스가 우주의 질서를 의인화한 신이라고 말한다. 제우스는 크로노스와 레아Rhea의 여섯 번째 막내아들이다. 크로노스는 자식 중 하나가 왕위를 찬탈할 것이라는 신탁을 듣고, 레아가 낳은 아이들을 모두 삼켜버렸다. 여섯 번째 아이만이라도 살리고 싶었던 레아는 강보에 돌을 싸서 크로노스에게 주었다. 크로노스는 그것이 아이인 줄 알고 삼켜버렸다. 제우스는 그렇게 살아났다. 제우스는 크레타 섬에서 태어나서 암염소 아말테이아Amaltheia의 젖을 먹고 자랐다. 암염소가 죽자 그 가죽으로 아이기스라는 방패를 만들어 사용하다가 아테나에게 주었다.

　제우스의 권력 쟁취 과정은 크로노스와 티탄Titan의 연합 세력과의 싸움에서 시작했다. 제우스는 먼저 크로노스가 지하 감옥인 타르타로스Tartaros에 가두어둔 외눈박이 거인 키클롭스Cyclops와 팔이 100개인 거인 헤가톤케이레스를 풀어주어 자신의 세력으로 규합했다. 키클롭스는 제우스에게는 천둥과 벼락을 무기로 주고, 하데스에게는 머리에 쓰면 모습이 사라지는 투구를 주고, 포세이돈에게는 땅과 바다를 뒤흔들 수 있는 삼지창을 만들어주었다. 제우스

제우스

는 아버지 크로노스를 물리치고 신들의 으뜸인 올림포스의 왕이 되었다. 그러나 권위는 곧 다시 도전받게 되었다. 할머니인 대지의 여신 가이아^{Gaia}는 아들 크로노스가 싸움에 져서 타르타로스에 갇히자 화가 났다. 그래서 기간테스^{Gigantes}들을 동원하여 제우스의 형제들에게 맞서게 했다. 그중 티폰과의 싸움이 가장 힘들어 한때 제우스가 사로잡히기도 했으나 결국 에트나 화산을 던져 티폰을 죽이고 승리했다.

지혜의 여신 메티스

제우스에게는 세 명의 아내가 있다. 제우스의 첫 번째 아내는 지혜의 여신 메티스^{Metis}다. 그녀는 크로노스에게 약을 먹여 삼킨 자식들을 모두 토해내게 해서 제우스가 그들과 힘을 합쳐 아버지와의 전쟁에서 이기게 도와주었다. 제우스의 할머니 가이아는 메티스가 첫 딸을 낳고 그다음에 아들을 낳을 터인데, 그 아들이 제우스의 왕위를 빼앗을 것이라고 경고했다. 제우스는 가이아의 충고에 따라 메티스를 삼켜버렸다. 메티스가 스스로 자신을 삼키라고 권유했다는 설도 있다. 그렇게 해서 아테나가 태어났다.

두 번째 아내는 법과 정의의 여신 테미스^{Themis}다. 그녀는 거인족과 싸울 때 제

뱀과 정의의 여신 테미스

우스에게 암염소 아말테이아의 가죽인 아이기스를 갑옷으로 삼으라고 조언했고 신탁, 제의, 법 등을 만들어 제우스를 보필했다. 트로이 전쟁을 구상한 것도 테미스라는 설이 있다. 인구가 너무 많아지는 것을 막기 위해 전쟁을 일으켰다는 것이다. 그리스 비극작가 아이스킬로스^{Aeschylos}에 따르면 인간

을 만든 프로메테우스의 어머니라고 한다.
아폴론에게 신탁을 내리는 비법을 가르쳐
주기도 했다.

　세 번째 아내가 바로 여인들과 가정의 수
호신 헤라다. 그리스인들이 만든 최고의 신
제우스는 끊임없이 여인들과 사랑에 빠지
고 아내에게 자신의 부정을 파렴치한 거짓
말로 무마하는 신으로 묘사된다. 최고의 위

여인과 가정의 여신 헤라

엄을 갖춘 신이 왜 그런 우스꽝스러운 행동을 하게 된 것일까? 학자들은 제우스
의 바람기에 대해 이렇게 말한다. 어떤 지배신이 이미 있는 도시에 그리스인들
이 들어가 영향력이 커지면 제우스 숭배도 함께 퍼지게 되면서 원래의 토속신과
하나로 융화하게 된다. 그러면 그 토속신의 아내 역시 제우스에게 양도된다. 이
과정이 바로 제우스의 끝없는 외도 행각으로 묘사되었다는 것이다.

　특히 영웅들은 자신들의 계보를 신에게 닿게 하고 싶었다. 이왕이면 다른 신
들보다도 제우스의 아들이 되는 것이 가장 영광스러웠다. 그렇게 반신반인^{半神半}
^人이라는 특별한 혈족이 만들어지게 되었다. 그는 헤라의 눈을 피해 짐승이나 자
연의 사물로 변신하여 사랑을 얻는 방법을 가장 많이 썼다. 아주 대표적인 인간
여인들과의 사랑 이야기를 몇 개 예로 들어보자. 우선 황금 비로 합쳐진 다나에
와의 사이에서 페르세우스를 낳았다. 알크메네^{Alcmene}의 남편으로 변신하여 그녀
와의 사이에서 헤라클레스를 낳았다. 황소가 되어 합쳐진 에우로페^{Europe}와의 사
이에서는 크레타의 미노스를 낳았다. 백조가 되어 합쳐진 레다^{Leda}와의 사이에
서는 가장 아름다운 여인 헬레네^{Helene}가 태어났다.

신화 속의 기괴한 괴물들

    티폰과 에키드나 사이에서 태어난 기괴하고 흉악한 자식들 중에서 가장 이름난 괴물은 셋이다. 먼저 이들 괴수의 아비 티폰은 인간과 야수의 중간적 존재로서 대지의 어떤 것보다도 컸다. 크로노스가 제거되고 티탄들이 싸움에서 져서 불행해지자 거인들의 모신母神 가이아는 제우스의 처사가 불만스러웠다. 일설에 의하면 헤라를 불러서 미리 수정된 알을 땅에 묻게 하여 거대한 마신을 만들어냈으니 그것이 바로 티폰이었다고 한다. 그는 어떤 산보다 더 컸기 때문에 머리가 가끔 별과 부딪히기도 했다. 팔을 벌리면 한 손은 동방에 그리고 또 한 손은 서방에 닿았다. 손에는 손가락 대신 100마리 용의 얼굴이 달려 있었다. 허리 아래는 꿈틀대는 독사들로 둘러싸여 있었다. 등에는 날개가 달려 있고 눈에서는 섬광이 일어났다.

    이 괴수가 올림포스를 공격하자 놀란 신들은 동물로 변신하여 이집트와 사막으로 쫓겨 갔다. 아폴론은 솔개, 아레스Ares는 물고기, 디오니소스는 염소, 헤르메스는 부엉이, 헤파이스토스Hephaistos는 황소 등으로 변해 달아났으니 신들의 망신이었다. 제우스 역시 산양으로 변해 도주했다가 다시 티폰과 맞붙게 되었다. 제우스는 번개로 내리치고 강철 낫으로 공격했으나 끝내는 티폰에게 패배하고 팔다리 힘줄이 잘려 동굴에 처박혔다. 티폰은 제우스의 근육과 힘줄을 곰가죽에 싸서 암용 델피네Delphyne에게 지키게 했다. 헤르메스가 힘줄을 훔쳐 다시 제우스의 몸에 붙여주었다.

    티폰과의 두 번째 싸움에서 제우스는 벼락을 때려 그를 패퇴시켰다. 제우스는 시칠리아 바다로 도주하는 티폰에게 에트나 화산을 던져 그 밑에 괴물을 깔아 죽였다. 아직도 에트나 화산에서 나오는 불길은 티폰이 쏟아내는 것이라고도 하고 제우스가 던진 벼락의 잔재라고도 한다. 이런 티폰의 자식들이니 하나하나 그 괴력이 만만치 않다. 웬만한 영웅들은 이 괴물들을 당해내지 못한다. 그리스 최고 영웅 헤라클레스가 잠시 미쳐서 자식을 죽인 것에 대한 속죄로 얼간이 사촌 에우리스테우스 왕의 명령에 따라 열두 가지 과업을 수행하는 과정에서 이 괴물들은 주로 제압되거나 죽임을 당한다.

세 개의 머리를 가진 지옥의 개, 케르베로스

케르베로스Kerberos는 죽음의 세계를 지키는 저승의 신 하데스의 개다. 이 개가 하는 일은 죽은 자들이 저승을 벗어나지 못하게 하는 것이며, 또 산 자가 저승으로 들어오는 것을 막는 일이다. 머리가 세 개이고, 꼬리는 뱀으로 끝에 전갈과 같은 독침을 달고 있으며, 등줄기를 타고 수많은 뱀의 머리들이 솟아나 있다. 헤라클레스에게 주어진 열두 과업 중에서 열한 번째 과업이 이 개를 지상으로 데려가는 것이었다. 헤라클레스가 찾아오자 하데스는 무기를 쓰지 않고 케르베로스를 제압할 수 있다면 지상으로 데려가도 좋다고 허락했다. 헤라클레스는 완력으로 이 개의 목을 졸라 거의 질식시켜 지상으로 끌고 갔다. 이 일을 시킨 에우리스테우스는 이 개를 보자 기겁을 하고 은신처로 숨어버렸기 때문에 다시 개를 하계로 데려갈 수밖에 없었다. 그래서 이 개는 다시 저승을 지키게 되었다.

케르베로스

히드라와 헤라클레스

아홉 개의 머리를 가진 거대한 뱀, 히드라

헤라가 키워서 헤라클레스를 시험하기 위해 써먹은 괴물이다. '물'이라는 뜻을 가진 히드라^{Hydra}는 머리가 여러 개 달린 뱀으로 묘사되는데, 머리의 수는 다섯 개, 여섯 개 혹은 100개로 작가에 따라 다르다. 아홉 개라는 설이 통설 같다. 입으로 내뿜는 독기가 강해서 괴물이 자고 있을 때조차 그 곁에 가면 독에 중독되어 죽게 된다. 더욱이 목을 치면 그 자리에서 두 개의 머리가 솟아나기 때문에 신조차 꺼려하는 대상이었다. 헤라클레스에게 주어진 두 번째 과업이 바로 이 뱀을 죽이는 것이었다.

헤라클레스는 먼저 인근 숲에 불을 질러 나무로 된 불등걸을 만들었다. 조카인 이올라오스^{Iolaus}는 이 불등걸을 들고 있다가 헤라클레스가 날이 흰 검으로 히드라의 목을 치면 얼른 그 자리를 지져 다시 두 개의 머리가 솟아나는 것을 막았다. 가운데 머리는 불사의 머리이기 때문에 헤라클레스는 그 머리를 잘라 땅에 묻은 다음 커다란 바위로 눌러두었다. 헤라클레스는 화살에 히드라의 독을 묻혀 보관해두었다. 오랜 뒤에 헤라클레스는 자신의 아내 데이아네이라^{Deianeira}를 겁탈하려는 반인반마 네소스^{Nessus}를 이 독화살로 쏘아 죽였다. 네소스는 죽으면서 데이아네이라에게 자신의 피가 묻어 있는 셔츠를 보관해두었다가 헤라클레스가 다른 여인을 사랑하게 되었을 때 입히면 자신의 피가 사랑의 묘약이 되어 남편의 사랑이 되돌아올 것이라고 속였다.

훗날 헤라클레스에게 다른 여인이 생기자 데이아네이라는 이 옷을 남편에게 입혔는데, 네소스의 피 속에 남아 있던 히드라의 독이 살로 파고들어 헤라클레스는 결국 죽게 되었다. 네소스와 히드라는 죽어서 결국 자기를 죽인 헤라클레스에게 보복한 셈이다. 히드라의 자취가 남아 있는 영어 관용구로, '해결하려고 노력하면 할수록 더욱더 악화되는 문제나 조건'을 'hydra-headed'라고 표현하는 이유를 알 만하다. 또 '네소스의 셔츠ª shirt of Nessus'라는 관용구가 한 사람의 명예나 미래를 파멸시키는 '치명적 선물'이라는 뜻으로 쓰이는 이유 또한 이 이야기에서 유래한 것이다.

사자의 머리, 염소의 몸통, 뱀의 꼬리를 가진 키마이라

호메로스의 《일리아스》는 키마이라Chimera의 모습을 "인간이 아닌 괴수로 사자의 머리와 뱀의 꼬리를 가지고 있으며 몸통은 염소인데, 입으로 격렬한 불길을 뿜어낸다"라고 묘사한다. 다른 전승들에 의하면 여러 개의 머리가 달려 있는데, 하나는 염소의 머리, 또 하나는 사자의 머리, 또 하나는 뱀의 머리라는 설도 있는 하이브리드 괴수다. 소아시아 남쪽 지역에 있던 리키아의 왕 이오바테스Iobates는 영웅 벨레로폰Bellerophon에게 자신의 영토에 나타나 약탈을 일삼는 키마이라를 죽여달라고 부탁했다. 벨레로폰은 메두사의 환생인 날개 달린 천마 페가소스의 등에 올라타고 하늘에서 활을 쏘아 키마이라를 제압했다. 그런 다음 그는 창끝에 납 조각을 붙여놓고 키마이라가 불을 뿜어 그 열기에 납이 녹아내리게 한 다음 녹은 납으로 키마이라의 생명을

키마이라

거두었다.

키마이라 혹은 키메라는 '하나의 생물체 안에 서로 다른 유전형질을 가진 동종의 조직이 함께 공존하는 현상'을 뜻하는 생물학 용어로 쓰인다. 이 명칭은 하이브리드 괴수인 키마이라의 신화로부터 유래한 것이다. 검은 쥐와 흰 쥐의 키메라로부터 양과 염소가 결합된 키메라 그리고 최근 여섯 개의 게놈이 섞인 키메라 원숭이가 나타나기도 했다. 인위적인 합성이 아니라도 아주 드물게 자연적인 인간 키메라 현상이 나타나기도 한다. 예를 들어 자기 아이가 분명한데 유전자 검사를 해보면 유전적으로 자기 아이가 아니라는 결과가 나온다면 미칠 것이다. 그러나 알 수 없는 이유로 아이의 몸속에 서로 다른 유전자가 공존하기도 한다. 말하자면 간세포의 DNA와 피부세포의 DNA가 다른 것이다.

키메라^{Kimera}라는 한국인 가수가 있다. 1980년대 중반에 〈더 로스트 오페라$^{The Lost Opera}$〉라는 앨범을 냈으며, 주로 스페인과 프랑스에서 활동했다. 그녀는 '팝페라^{popera}'라는 장르의 창시자로 알려져 있다. 한때 매우 참신하여 인기가 있었으나 딸의 납치 사건 이후 활동을 접었다. 얼굴을 원색으로 분장하고 노래하던 이 여인의 모습은 매우 파격적이었다. 예명인 키메라는 자신의 성^{Kim}과 오페라를 합성한 것이며, 팝과 오페라를 합성한 하이브리드 장르로 새로운 틈새를 개척했으니 키마이라적 발상의 성공 사례라 할 수 있다.

스핑크스

테베의 괴물, 스핑크스

"아침에는 네 발로 걷고 오후에는 두 발로 걸으며 저녁에는 세 발로 걷는 동물은 무엇인가?"

이 수수께끼는 이제 누구나 그 답을 아는 썰렁한 질문이 되었다. 이 수수께끼는 역사상 가장 오래되고 가장 유명한 수수께끼다. 그리고 거의 모든 사람들이 그 답을 알고 있기 때문에 더 이상 수수께끼도 아니다. 그러나 한때 많은 사람들이 이 수수께끼의 답을 알지 못해 죽음을 당했다. 누가 낸 수수께끼이며, 누가 최초로 풀어낸 수수께끼일까?

헤라는 이집트의 괴물인 스핑크스Sphinx를 테베로 보냈다. 스핑크스는 여자의 얼굴에 사자의 가슴과 꼬리 그리고 독수리의 날개를 가진 암컷 괴물이다. 스핑크스는 테베 시로 통하는 입구에 자리 잡고 앉아 지나가는 행인들에게 수수께끼를 내서 맞히지 못하면 잡아먹어 버리곤 했다. 오이디푸스Oedipus만이 이 수수께끼를 풀 수 있었다. 수수께끼가 풀리자 낙심한 이 괴물은 스스로 절벽에서 뛰어내려 죽고 말았다.

다른 전승에 따르면 두 번째 수수께끼가 있다고 한다. 두 번째 수수께끼는 다음과 같다.

"두 자매가 있었다. 첫 번째 여인이 두 번째 여인을 낳았고, 그렇게 태어난 두 번째 여인이 다시 첫 번째 여인을 낳았다. 이 자매의 이름은 무엇인가?" 이건 어렵다. 오이디푸스는 이 두 번째 수수께끼도 풀어냈다. 수천 년이 지난 지금 당신에게 기회가 왔다. 답이 뭘까? 답은 이 책의 '오이디푸스' 편에 숨겨두었다.

도검불침刀劍不侵의 가죽을 가진 네메아의 사자
헤라가 키운 사자인데 어떤 무기로도 상처를 입힐 수 없었다. 헤라는 이 사자를 네메아로 보내 그 주민과 가축을 잡아먹게 했다. 헤라클레스에게 맡겨진 열두 가지

네메아의 사자

과업 중에서 첫 번째 임무는 이 사자를 죽이는 것이었다. 화살이 가죽을 뚫지 못하자 헤라클레스는 몽둥이로 이 사자를 동굴로 몰아넣은 다음 목을 졸라 죽였다. 칼이 들어가지 않아 사자의 가죽을 벗길 수 없자 헤라클레스는 잠시 고민했다. 결국 사자의 발톱으로 가죽을 찢어내는 데 성공했다. 그는 사자의 가죽을 벗겨 자신의 겉옷으로 둘러쓰고 다녔다. 훌륭한 갑옷 하나가 생긴 셈이다. 사자의 가죽을 뒤집어쓰고 나타나면 모든 사람들이 두려워했다. 테세우스가 아직 어릴 때 헤라클레스가 사자 가죽 옷을 입고 나타나자 사람들은 무서워 달아났으나 소년 테세우스만은 칼을 뽑아들고 달려들었다. 헤라클레스는 테세우스의 용기에 반하게 되고, 테세우스는 언제나 헤라클레스를 자신의 모델로 가슴에 담아두었다.

· 2장 크레타 ·

탐욕의 끝

크레타인:
그리스 최초의 문명을 건설하다

모든 문명은 원시를 품고 있다. 크레타인들에게 황소는 신성하고 아름다운 것이었다. 그들의 선조인 신 중의 신 제우스는 눈처럼 흰 황소로 변해 에우로페를 유혹했고, 황소는 등에 태운 연인을 크레타에 내려놓았다. 그리하여 크레타인들은 황소의 자손들이 되었다. 크레타의 황소 의식은 현재 스페인의 투우와는 아무런 관련도 없다. 그것은 오히려 늘 크레타의 지축을 흔드는 화산과 지진의 신을 형상화한 것인지도 모른다. 그들은 아무런 두려움 없이 조금도 흔들리지 않는 시선으로 황소를 바라보았다. 동양에서처럼 그들은 황소와 하나가 되고 싶어 했고, 또 그리스인들처럼 황소로부터 해방되고 싶어 했다. 그들의 황소 의식은 황소를 죽이지 않고 더불어 함께 희롱하며 지내는 것이었다.

크레타 출신의 위대한 작가이며 그곳에 자신의 몸을 묻은 작가 니코스 카잔차키스는 크레타인들이 그 옛날부터 황소와의 직접적인 접촉들을 통해 힘을 키웠다고 말한다. 육체가 지닌 유연성과 매력, 활활 타오르면서도 냉정하고 정확한 동작, 욕정의 훈련, 그리고 힘찬 황소에 맞서 싸울 수 있는 샘솟

황소와 함께 즐기는 크레타인들(크레타 유물, 헤라클레이온 고고미술관)

는 정력을 가꾸었다고 말한다. 이렇듯 길들지 않은 야수와의 직접적인 접촉을 통해 인간의 미덕이 두려움에 승리를 거두는 숭고한 놀이로 변형되었다. 크레타인들은 황소를 적이 아니라 동지로 여겼기 때문에 황소를 죽이지 않고도 승리를 거두었다. 만일 황소가 없었다면 크레타인들은 그토록 튼튼하고 매혹적인 육체와 용맹한 정신력을 얻지 못했으리라. 그렇게 위험한 놀이를 견뎌내려면 잠도 못 자는 굉장한 훈련을 하며 담력까지 쌓아야 하지만, 경기의 비법을 체득하면 동작 하나하나가 단순해지고, 확실해지고, 우아해진다. 희망이 없어도 두려워하지 않고 그렇게 황소와 심연을 마주하는 이 영웅적이고 장난스러운 크레타인들의 눈을 그는 '크레타의 시선'이라고 불렀

파리의 여인
(크레타 유물, 헤라클레이온 고고미술관)

다. 그에게 크레타는 어머니의 젖가슴이었고, 끊임없는 영감과 생명을 불어 넣어주는 고향이었다.

1926년 6월 26일 아침 9시 45분 그 일이 일어났다. 아리아드네 빌라에 머물던 아서 에번스Arthur Evans는 침대에 누워서 책을 읽고 있었다. 그때 갑자기 침대가 움직이고 땅이 진동했다. 물건들이 바닥에 떨어져 박살이 났고 물동이가 엎어져 깨지면서 물이 쏟아졌다. 땅은 한숨을 쉬었고 이내 신음 소리를 뿜어냈다. 그것은 신화에 나오는 거대한 황소의 머리를 한 괴물 미노타우로스의 포효 같기도 했다. 땅 밑에서 들리는 황소의 울음이 그치고 진동이 멈추자 그는 크노소스 궁전의 발굴 현장으로 뛰어갔다. 크노소스의 유적들은 다행히 그대로 파괴되지 않고 견뎌주었다. 그러나 그보다 더 큰 지진이나 자연재해였다면 어찌 되었을까?

크레타 문명은 전성기 때 갑자기 사라져버렸다. 누구도 그 이유를 알 수 없다. 다만 갑자기 죽음이 찾아왔다는 증거가 남아 있다. 연장들이 여기저기 흩어져 있고, 끝내지 못한 생활 도구들과 예술 작품들이 남아 있으며, 가사와 일상이 갑자기 중단되었다는 증거가 곳곳에 묻혀 있었다. 21세기에 벌어진 후쿠시마의 비극처럼 4000년 전 언젠가 어딘가에서 거대한 지각 변동이 있었고, 해일이 고대의 이 아름다운 도시를 덮쳤던 것은 아닐까? 1926년의 지진을 겪은 에번스는 거대한 자연 재앙이 크레타 문명을 죽음으로 끝장냈

'여왕의 방'에 그려져 있는 파란색 돌고래들(크레타 유물, 헤라클레이온 고고미술관)

을 것이라고 주장하게 되었다. 학자들은 여전히 분명한 멸망의 이유를 모르지만 에번스의 주장을 중요한 가설 중 하나로 받아들이게 되었다. 크레타에서 북쪽으로 128킬로미터쯤 떨어진 곳, 에게 해의 한가운데에 산토리니 섬이 있다. 티라라고도 불리는 이 섬은 무척 아름다워서 지금도 젊은이들이 선호하는 신혼여행지다.

기원전 17세기 말엽 대규모의 지진이 발생하고 화산이 폭발하여 산토리니 섬의 중심부는 공중으로 치솟아 공중분해되었다. 폭발에 따른 화산재와 거대한 해일이 크레타 문명을 잠재운 것은 아닐까? 그럴지도 모른다. 그러나 우리는 그때 크레타에서 무슨 일이 벌어졌는지 아직 알지 못한다. 다만 그 당시 존재했던 가장 위대한 문명 하나가 갑자기 사라져버렸다는 사실만이 진실이다. 잃어버린 문명, 잃어버린 세계에 대한 인류의 궁금증은 여기서부터 시작되었다.

푸른 옷을 입은 여인들(크레타 유물, 헤라클레이온 고고미술관)

옥스퍼드를 졸업하고 일정한 직업도 없이 떠돌던 작은 키의 아서 에번스는 모험을 즐겼고, 주화를 모았으며, 여기저기서 발굴 작업에 참여했다. 가난했지만 열정적이었다. 다행히 그의 아버지가 제지업으로 돈을 많이 벌었고 아들을 위해 돈을 쓸 준비가 되어 있었다. 여행과 문필 활동이 그가 바라는 삶의 방식이었다. 한때 그는 〈맨체스터 가디언〉이라는 신문의 특파원으로 상황이 날로 험악해지는 발칸반도를 취재하기도 했다. 종종 첩자라는 오명을 쓰기도 했지만 그는 발칸의 분쟁 지역과 잔학 행위들을 찾아 취재하는 일을 즐겼다. 마치 물 만난 고기 같았다. 특별한 이슈가 없을 때는 여기저기 널려 있는 유물들을 모았고, 공동묘지와 버려진 폐허에서 발굴 작업을 하기도 했다. 그는 섬세한 눈썰미를 가지고 있었고, 작은 징후에서 거대한 진실을 읽어내는 통찰력이 뛰어났다. 그는 기자로서 그리고 문필가와 고고학자로서 명성을 쌓아갈 수 있었다.

그러나 정말 그다운 삶은 크레타의 크노소스 궁전을 발굴하는 일에 뛰어든 1900년부터 시작되었다. 그리고 1941년 아흔 살의 나이로 죽을 때까지 그의 삶은 크레타의 문명을 밝히는 데 쓰였다. 그것이 그의 운명이었다. 그는 그 운명을 사랑했다. 트로이를 발견한 슐리만처럼 에번스 역시 크레타에 얽힌 신화를 믿고, 거기에 자신을 다 바쳤다. 크노소스 궁전 발굴은 시작부터 순조로웠다. 첫째 날 벌써 건물과 유물을 발견했다. 둘째 날 퇴색한 벽화가 있는 방을 찾아냈다. 그렇게 단 며칠

백합의 왕자(크레타 유물, 헤라클레이온 고고미술관)

만에 발굴터는 방과 통로와 기초를 갖춘, 진짜 미궁 같은 독특한 궁전으로 변모했다. 그것은 대단히 특별한 양식이었다. 그 궁전은 어떤 축이나 대칭 구조도 없이 기복이 심한 지형 위에 유동적이면서도 극적으로 불규칙한 주랑과 현관을 따라 개방된 공간과 밀폐된 공간이 연속되는 무정부적이고 비대칭적인 구조를 가지고 있었다. 그 궁전 안을 걷는다고 상상하면 사람들은 틀림없이 가다가 막히고 다시 되돌아 터진 공간을 찾아야 하는 미로 속을 걷는 느낌을 받을 수밖에 없었으리라. 프레스코 벽화들은 화려했다. 에게 해의

해상권을 장악하고 있던 크레타는 부의 황금시대를 누렸고 멋진 환락의 생활을 즐겼다. 그것은 퇴폐에 가까운 호사였다. 에번스는 그리스 문명보다 두 배나 오래된 문명이 자신에 의해 부활하는 것을 지켜보며 눈을 감았다. 자, 이제 그를 따라서 잃어버린 위대한 문명 속으로 들어가 보자.

미노스 왕:
탐욕이 재앙으로 이어지다

기원전 2000년을 전후하여 섬나라 크레타가 전성기를 누릴 때 크레타의 대담무쌍한 소형 함대들은 지중해의 섬들을 누볐다. 호메로스는 "검푸른 바다 한가운데 아름답고 풍요로운 땅 크레타가 있으며, 이 섬에는 헤아릴 수 없이 많은 인구와 아흔 개의 도시가 있다"라고 노래했다. 크레타 섬의 크노소스는 트로이 전쟁이 있기 전, 그리스 문명 세계의 경제력을 주도하는 호화롭고 우아한 중심지였다. 크레타 최고 전성기의 왕이며, 또한 급속히 몰락한 시기의 왕이 바로 미노스다. 그의 신화는 이렇게 시작한다.

미노스는 제우스와 에우로페 사이에서 태어났다. 어느 날 에우로페는 시녀들과 함께 시돈의 해변에서 놀고 있었다. 그녀는 웃음이 꽃처럼 퍼지는 들판에서 수선화와 히아신스, 장미꽃과 백리향을 꺾고 있었다. 벼락과 천둥의 신 제우스가 그녀를 보는 순간 그 아름다움에 반하고 말았다.

제우스는 초승달 모양의 새하얀 뿔이 달린 황소로 변해 에우로페에게 다가갔다. 그 소는 아무도 밟지 않은 눈, 남풍에 녹지 않은 백설처럼 희었고 목의 흰 살은 더할 나위 없이 튼튼했으며 뿔은 장인이 공들여 닦아놓은 듯이

황소와 에우로페(티치아노, 1485년)

반짝였고 눈빛은 부드러웠으며 표정은 평화로웠다.

황소는 바닷가의 황금빛 모래 위에 그 흰 몸을 눕히기도 하고 에우로페에게 다가가 슬그머니 머리를 들이밀기도 했다. 처음에는 두려워하던 에우로페가 살짝 손으로 황소를 만져보고 두 뿔에 꽃다발을 걸어주었다. 그러다가 점점 대담해져서 드디어 엎드린 황소의 등에 올라탔다. 그러자 황소는 등을 등에에게 물린 듯이 관능적인 신음 소리를 내며, 바다를 향해 치달렸다. 흰 소는 이내 파도에 휩싸였다. 에우로페는 오른손으로 황소의 뿔을 잡고 왼손으로는 짐승의 몸을 짚은 채 떠나온 들녘을 뒤돌아보지만 심술궂은 북풍의

파시파에와 황소
(귀스타브 모로, 1876~1880년)

신 보레아스Boreas가 입김으로 풋내 나는 처녀의 젖가슴을 흔들며 휘파람을 불어댈 뿐이었다.

황소는 에우로페를 태우고 바다를 헤매다 드디어 크레타에 정착하게 되었다. 에우로페가 황소를 타고 방랑했던 지역이 그녀의 이름을 따서 지금의 유럽Europe이 되었다. 에우로페는 이 섬에서 미노스와 그 형제들을 낳았다. 그후 제우스는 에우로페에게 세 가지 선물을 주고 떠났다. 크레타 섬에 이방인이 상륙하지 못하게 지키는 청동 인간 탈로스Talos◆, 반드시 노획물을 잡고야 마는 사냥개, 그리고 결코 과녁을 빗나가지 않는 창이 그것이다. 그 후 이세 가지 선물은 크레타의 신물로 남게 되었다.

제우스와 에우로페의 아들 미노스는 풍요를 가져다주는 무역로를 지키기

◆ 제우스가 에우로페에게 선물한 탈로스는 청동 인간이다. 불과 대장장이의 신 헤파이스토스가 만든 작품이다. 이 청동 인간은 지치지 않는 주의력으로 매일 무장을 하고 크레타 섬을 세 바퀴씩 돌면서 외부인이 크레타 섬에 침입하는 것을 막았고, 동시에 주민들이 미노스의 허락 없이 섬을 떠나는 것을 경계했다. 그의 주 무기는 커다란 돌덩이였는데, 그는 그것을 멀리까지 던질 수 있었다. 은밀한 자들이 발견되어 체포되면 탈로스는 불 속에 뛰어들어 몸을 빨갛게 달군 뒤에 그들을 끌어안아 데어 죽게 했다. 그의 몸은 불사신이었다. 그러나 종아리 부분에 가느다란 정맥이 있는데, 후에 아르고 호의 전사들이 크레타에 이르렀을 때 가장 위험적인 경비병 탈로스의 종아리 정맥을 마술로 끊어 죽게 한 사람이 바로 이아손을 따라왔던 아름다운 마녀 메데이아Medeia였다.

위해 늘 전쟁을 치르느라 바빴다. 그 사이에 왕비 파
시파에Pasiphae에게 있을 수 없는 일이 생겼다. 왕비의
부정不貞한 행동으로 인간의 몸에 머리와 꼬리는 수소
인 괴물이 태어난 것이다.

크레타의 황소

　어찌하여 그런 일이 벌어진 것일까? 크레타의 왕
자였던 미노스가 형제들과 왕위를 놓고 다툴 때 미노
스는 자신이야말로 신이 왕국을 맡긴 계승자라고 주
장했다. 그 증거로 자신이 하늘에 빌면 신은 무엇이
든 원하는 것을 보내줄 것이라고 호언장담했다. 그는
바다의 신 포세이돈의 신전에 제물을 바쳤다. 그리고 자신이 가장 적합한 왕
의 후계자임을 만인에게 보여줄 수 있는 징표로 위풍당당한 황소를 한 마리
보내주기를 간청했다. 황소를 보내주면 당장 그 소를 잡아 다시 포세이돈에
게 제물로 바칠 것을 약속했다. 바다의 신 포세이돈은 이 기도를 들어주었
다. 모두를 압도하는 신성한 수소를 신의 징표로 미노스에게 보내주었던 것
이다. 합당한 후계자에 대한 신의 선택이라고 믿었던 크레타 사람들은 모두
미노스가 왕이 되는 것을 지지했다. 그리하여 미노스는 형제들을 제치고 마
침내 왕위에 오르게 되었다.

　신이 보내준 황소는 너무도 매혹적이었다. 미노스는 이 위풍당당한 황소
에게 반하고 말았다. 그는 황소를 너무도 아끼는 마음에 바다의 신이 보내준
이 걸물 하나쯤은 자신이 챙겨도 되리라 생각했다. 그래서 그 당당한 황소를
잡아 제물로 바치지 않고 종자를 퍼트리기 위해 자신의 가축우리에 가두어
두었다. 그 대신 그 우리의 소들 중에서 가장 훌륭한 흰 소 한 마리를 제물로
바쳤다. 포세이돈은 약속을 어기고 신을 모독한 미노스에게 분노했다. 그리

뱀을 부리는 여인

하여 미노스 왕이 전쟁을 위해 바다로 나가 있을 때 그 왕비 파시파에가 이 수소에게 참을 수 없는 욕정을 느끼게 했다.

미노스의 아내이며 크레타의 왕비였던 파시파에는 대단한 소유욕을 가진 여인이었다. 그녀는 유명한 마녀 키르케Kirke와 자매지간이었으며 그녀 못지않은 마녀였다. 미노스에게는 수많은 애인들이 있었다. 그는 아버지 제우스를 닮아 세상이 다 아는 바람둥이였고, 파시파에는 남편의 숱한 애정 행각에 분노하고 있었다. 남편에게 수많은 여인이 있다는 것에 몹시 화가 난 파시파에는 그에게 마법을 걸어 그의 온몸에서 뱀이 나오게 했다. 그가 다른 여인과 잠자리를 할 때마다 그의 몸에서 뱀이 나와 그 여인을 잡아먹게 했던 것이다. 미노

◆ 프로크리스의 남편은 케팔로스Kephalos다. 한때 새벽의 여신 에오스Eos가 그를 연모하여 납치한 후 갖은 방법으로 그를 유혹했지만 케팔로스는 아내 프로크리스만 사랑할 뿐이었다. 화가 난 에오스는 그를 놓아주면서 '네 아내도 너처럼 절개가 굳을까?'라는 한마디를 남김으로써 케팔로스의 가슴에 의심의 씨앗을 심어두었다. 문득 아내의 절개를 시험하고 싶어진 그는 얼굴을 고치고 목소리를 바꾼 후 아내에게 다가가 갖은 방법으로 유혹했다. 케팔로스가 돌아오기만을 기다리던 프로크리스는 여러 차례 거절했지만 마침내 집요한 유혹에 넘어가게 되고, 그때 케팔로스는 자신의 정체를 밝히며 아내의 부정을 꾸짖었다. 프로크리스는 수치심과 분노에 떨다가 크레타로 도망치게 되었다. 그 후 그녀는 남편과 화해하고 몇 년을 잘 살았다. 그때 그녀는 미노스에게서 선물로 받은 '결코 표적을 벗어나지 않는 창'을 남편에게 선물했다. 그러나 둘 사이에 마음의 상처가 다 치유되지는 않았다. 이번에는 프로크리스가 남편을 의심하게 되었다. 남편 케팔로스는 늘 사냥을 다녔는데, 그는 사냥에 열중하다가 더워지면 늘 '미풍'을 불러 몸을 식혔다. 프로크리스는 그 미풍이 남편을 사랑하는 숲의 요정이라고 생각했다. 그녀는 남편의 뒤를 밟아 불륜의 현장을 급습하려 했다. 깊은 산속에서 나뭇잎이 흔들리자 케팔로스는 짐승이 나타났다고 생각하고 한 번도 어긋나지 않는 창을 던졌다. 나뭇잎과 덤불 사이에 몸을 숨기고 있던 프로크리스는 자신이 남편에게 선물한 그 창에 찔려 죽게 되었다. 죽기 전에 그녀는 케팔로스가 자신만을 사랑했으며, 미풍은 그저 땀을 식히는 바람에 지나지 않는다는 것을 알게 되었다. 서로 깊이 사랑했으나 서로를 번갈아 의심하던 부부의 운명은 이렇게 갈리게 되었다. 아내를 죽인 케팔로스는 아테네의 아레이오파고스 언덕에서 살인죄로 기소되었다가 추방 판결을 받고 아티케를 떠나게 되었다.

스는 미칠 것 같았다. 그래서 이 저주를 풀어줄 사람을 찾았다. 이 저주를 풀어준 여인이 바로 프로크리스Procris *였다. 그녀는 원래 아테네 여인이었으나 남편과 사이가 나빠지자 크레타로 피신하게 되었는데 미노스가 아름다운 그녀에게 반했던 것이다. 플레이보이 미노스는 그녀에게 잠자리를 요구했다. 프로크리스는 그 대가로 크레타의 3대 보물 중 두 가지를 달라고 했다. 한 번 목표물을 정하면

파시파에가 낳은 미노타우로스(조지 프레더릭 와츠, 1885년)

절대로 놓치지 않는 개와 결코 과녁을 벗어나지 않는 창을 자신에게 줄 것을 요구했던 것이다. 미노스가 두 개의 선물을 약속하자 그녀는 미노스의 여인이 되었다. 프로크리스는 주문을 깨뜨리는 신비한 풀, '키르케의 뿌리'를 써서 파시파에의 저주를 풀어주었다.

　포세이돈은 남편의 외도와 잦은 출타로 외로웠던 파시파에가 황소에 대해 참을 수 없는 욕정을 품게 했고 그녀는 마침 크레타에 와 있던 명장名匠 다이달로스Daidalos에게 수소가 반할 만한 목재 암소를 한 마리 만들게 했다. 주문을 받은 다이달로스는 나무를 깎아 목우木牛를 만들고 사람이 그 목우의 뱃속에 들어갈 수 있게 속을 파냈다. 파시파에는 목우의 뱃속으로 들어갔다. 포세이돈의 황소는 다이달로스의 솜씨에 속아 목재 암소에게 반하고 왕비는 그렇게 수소의 씨를 받았다. 왕비는 그로 인해 괴물을 배게 되었고, 산달이

되어 사람 몸에 소머리를 가진 미노타우로스('미노스의 황소'라는 의미)를 낳게 되었다.

그러나 미노스 왕은 왕비를 비난할 수 없었다. 왜냐하면 신이 징표로 보내준 황소 덕에 왕이 되었으면서도 탐욕으로 그 황소를 숨겨두었으니 먼저 신과의 약속을 어겨 분노를 산 것은 바로 자신이었기 때문이다.

미노타우로스는 점점 커져 위험한 괴물이 되어갔다. 그리고 그것은 왕과 왕비의 부끄러움이었다. 이번에는 미노스 왕이 다이달로스를 불렀다. 그리고 한 번 들어가면 도저히 나올 수 없는 미궁을 만들어줄 것을 명령했다. 다이달로스는 거대한 미궁을 만들었다. 이 미궁이 유명한 라비린토스Labyrinthos다. 미노스의 탐욕과 파시파에의 복수가 만들어낸 아들 미노타우로스는 이 미궁에 가두어 키워졌다.

수많은 스캔들에도 불구하고 미노스는 크레타를 가장 먼저 문명화시켰으며, 정의로 다스렸다. 또한 훌륭한 법을 만들었다. 그 법은 크레타의 동굴에서 9년마다 한 번씩 제우스에게서 직접 받은 것이라고 전해졌다. 제우스는 미노스가 죽은 후 그를 지하 세상의 판관으로 삼아 죽은 자들의 죄상을 보고 그에 합당한 판결을 내려 벌을 주는 일을 맡겼다.◆ 미노스가 저승에서 하는 일에 대해 단테는 《신곡》의 '지옥편' 5곡에서 이렇게 묘사하고 있다.

들어서는 입구에 미노스가 무섭게 으르렁거리며
사람들의 죄를 조사하고 판단하여
제 꼬리가 감기는 대로 보냈다.

그러니까 죄지은 영혼들이

미노스와 미다스
(미켈란젤로의 〈최후의 심판〉
일부, 1534~1541년)

자기 앞에 와서 모든 것을 고백하면

그 죄를 심판하는 자는

◆ 르네상스의 거장 미켈란젤로는 시스티나 성당의 벽화 〈최후의 심판〉 오른쪽 하단에 미노스와 미다스Midas의 얼굴을 결합한 체세나 추기경의 얼굴을 그려두었다. 미다스 왕은 만지는 모든 것이 금으로 변했던 '황금의 손', 그 사람이다. 교황 바오로 3세의 추기경이었던 비아지오 다 체세나Biagio da Cesena는 당시 가장 독선적이고 탐욕스러웠던 인물로, 미켈란젤로의 작품을 "역겹고 이교적인 음란함"으로 가득 찬 그림이라고 힐난했다. 미켈란젤로는 그의 모습을 성당 벽화에 그려 넣어 통쾌한 복수를 했다. 들리는 말로는 체세나가 교황에게 엎드려 자기 얼굴을 이 벽화에서 지워달라고 간청했다고 한다. 그때 바오로 3세는 이렇게 말했다고 한다.

"내 아들아, 주님은 나에게 하늘과 땅을 다스릴 열쇠만 주었다. 지옥에서 나오고 싶다면 미켈란젤로에게 가서 말해라."

그리하여 체세나는 아직도 지옥의 뱀에게 생식기를 물린 채 벌을 받고 있다.

그에게 적합한 지옥의 자리를 판단하여

떨어뜨리고 싶은 등급을 정해

꼬리로 그 숫자만큼 감는 것이다.

이렇게 미노스는 죽어서도 지하 세상의 판관으로 법과 정의를 집행하고 있다.

시인은 말한다.

신의 은총으로 권력을 얻게 되면

더 이상 개인일 수 없는 공인公人,

만인의 재산을 개인의 이익으로 취하지 마라.

서임 의식을 치루는 동안 신의 대리인이라는 겉옷을 입은 것이니

공익을 탐하면 신의 분노로 재앙을 입게 되리라.

이것은 내 것, 저것도 내 것.

탐욕은 황폐의 참상을 낳게 되느니

한때 탐욕으로 얻어 자랑한 것이 뼈아픈 후회가 되리니

미노스가 죽어 저승의 판관이 된 것은

살아서 못한 것을 죽어서 제대로 해보라는 신의 숙제.

잠든 아리아드네(존 워터하우스, 1898년)

아리아드네:
모든 젊음은 미망의 미로에서 이 실을 결코 놓쳐서는 안 되니

그리스의 고대사는 복잡한 연대 구분으로 적잖은 논란이 있어왔다. 그러나 대략 기원전 2500년경에 시작한 크레타 문명은 기원전 1400년경까지 대략 1100년을 이어온 것으로 추정된다. 기원전 1600년경 페르세우스의 신화와 함께 시작하는 미케네 문명은 서서히 힘을 키워오다가 미노스 이후 급속히 저물어가는 크레타 문명을 대신하여 새로운 황금기로 진입하게 되었다. 그러나 기원전 1200년경 철기로 무장한 도리아인이 남하하여 그리스 본토를 장악했다. 화려했던 미케네의 청동기 문명은 멸망하고 새로운 문명은 아직 태동하지 못한 어두운 암흑기로 빠져들기 시작했다. 이윽고 기원전 1000년부터 고풍의 시대 아르카이크 시대가 그리스 본토에 찾아오게 되었다. 테세우스와 아리아드네Ariadne의 이야기는 바로 크레타가 에게 해를 장악하면서 해상 권력의 정점을 차지했던 시기를 지나 그 힘의 우위가 그리스 본토로 넘어가는 미케네 시대의 도래를 반영하는 신화라고 할 수 있다. 그 이야기는 이렇게 전개된다.

크레타의 강력한 통치자 미노스에게는 안드로게오스Androgeus라는 아들이 있었다. 그는 아테네를 방문했다가 무시무시한 황소를 죽이는 원정에 참여하게 되었는데, 그만 그 황소가 도리어 안드로게오스를 뿔로 받아 죽이고 말았다. 아들을 잃고 비탄에 빠진 미노스 왕은 아테네에 책임을 물어 대대적으로 아테네를 침공하여 승리했다. 그리하여 치욕적인 조건을 제시했으니 이때부터 아테네는 9년마다 한 번씩 일곱 명의 청년과 일곱 명의 처녀를 크레타에 공물로 바쳐야 했다.◆ 미노스 왕은 이 공물들을 미노타우로스의 먹이로 던져주었다. 첫 번째 9년과 두 번째 9년은 그렇게 지나가 꽃다운 청춘남녀들이 죽어갔다. 그리고 세 번째 9년이 다가왔다.

이때 아테네에 영웅이 나타났다. 그의 이름이 바로 테세우스였다. 그는 미노타우로스를 죽이기로 마음먹었다. 그리하여 공물 중 한 명으로 자청하여 크레타에 들어갔다. 크레타에 도착한 다음 그들은 미노스 왕을 알현했다. 그 자리에 미노스의 딸 아리아드네―이 여인의 이름은 길지는 않지만 미로와 같이 이상하게 앞뒤가 뒤바뀌어 잘 외워지지 않으니 영문 표기를 눈에 넣어두는 것이 좋다―도 있었는데, 그만 테세우스에게 첫눈에 반해버리고 말았다. 사랑은 늘 섬광처럼 오는 것이다.

◆ 《플루타르코스 영웅전》의 '테세우스' 편에는 '9년에 한 번' 조공을 바치는 것으로 되어 있다. 일곱 쌍의 선남선녀를 뽑을 때도 제비를 뽑는 것이 아니라 미노스 왕이 직접 지목하는 것으로 되어 있다. 일종의 볼모로 생각된다. 그렇다면 당연히 아테네의 왕자였던 테세우스가 1순위로 지목될 수밖에 없었을 것이다.

테세우스는 아테네의 왕 아이게우스Aigeus의 아들이지만 그의 신성한 핏줄 속에는 포세이돈의 피가 흐르고 있었다. 미노스는 테세우스를 시험해보기로 했다. 그는 자신이 제우스의 아들임을 보이기 위해 제우스에게 빌어 번개를 번쩍이게 했다. 그리고 나서 반지를 바다에 던진 다음 테세우스에게 "네가 포세이돈 신의 아들이라면 반지를 찾아오라"고 말했다. 테세우스는 즉시 바다에 뛰어들었다. 그리고 해신의 궁전으로 가 도움을 청하자 바다의 신 포세이돈이 그 반지를 찾아주었다.

그는 어디서나 빛나는 남자였다. 그러니 아리아드네가 용감한 테세우스에게 반한 것은 매우 자연스러운 일이었다. 테세우스 역시 아름다운 그녀에게 사랑을 느꼈다.

사랑에 빠진 아리아드네는 미궁을 설계한 다이달로스에게 달려가 미궁에서 빠져나오는 길을 물었다. 아리아드네는 테세우스에게 보검 한 자루와 실한 타래를 주었다. 테세우스 일행은 미궁에 던져졌다. 미궁은 어디로 가든 미노타우로스가 있는 곳으로 이어져 있었다. 테세우스는 마침내 잠들어 있는 미노타우로스를 만났다. 그리고 괴수를 위에서 타고 눌러 보검으로 찔러 죽였다.

거대한 참나무가 산중턱에서 무너지듯 쓰러져

밑에 깔린 것들을 모두 부서뜨리듯

테세우스도 그렇게 했네. 야수의 거친 생명을

보검으로 거두어가니 야수는 길게 죽어 누워 있네.

머리가 천천히 흔들렸지만 두 개의 큰 뿔은 소용이 없네.

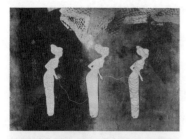

아리아드네의 실

격투는 끝났다. 크레타인은 결코 황소를 죽이지 않지만 아테네인 테세우스는 황소를 죽이고 말았다. 크레타인은 황소와 더불어 살지만 아테네인은 황소를 죽임으로써 황소로부터 해방되었다. 테세우스는 미노타우로스를 죽이고는 들어올 때 풀어둔 실을 따라 미궁을 벗어났다. 그는 그 실을 한순간도 놓치지 않고 따라갔다. 왜냐하면 곧 생명이었으므로. 아리아드네를 사랑한 시인 윌리엄 스태퍼드William Stafford는 〈삶이란 어떤 것인가 하면The Way It Is〉이라는 시에서 절대로 놓아서는 안 되는 실에 대해 이렇게 노래한다.

네가 따르는 한 가닥 실이 있지.
변화하는 것들 사이를 지나는 실.
그러나 그 실만은 변치 않아.
사람들은 네가 무엇을 따라가는지 궁금해하지.
너는 그 실에 대해 설명해야 해.
그렇지만 그 실은 다른 사람들 눈에는
잘 보이지 않아.
그 실을 꼭 잡고 있는 한, 너는 절대 길을 잃지 않아.
살다 보면 슬픈 일도 일어나고,
사람들은 상처를 입거나 죽기도 하지.

너도 고통받고 늙어갈 테지.

네가 무얼 해도 시간이 하는 일을

막을 수는 없어.

그래도 그 실을 꼭 잡고 놓으면 안 돼.

테세우스도 그 실을 꼭 잡고 놓지 않았다. 그리고 드디어 미궁을 벗어났다. 살았다. 그리하여 그는 아리아드네와 젊은이들을 데리고 아테네로 돌아갈 수 있게 되었다. 도중에 그들은 낙소스 섬에서 잠시 쉬었다. 여기서 테세우스는 잠든 아리아드네를 버리고 몰래 아테네로 돌아가 버렸다. 생명의 은인을 저버린 것이다.

왜 영웅 테세우스는 이렇게 배신을 하게 되었을까? 아테네의 주신인 아테나가 꿈에 나타나 원수의 딸을 버리라고 말했다는 설도 있다. 혹은 그들의 결혼은 운명에 의해 허락되지 않았기 때문에 신들의 명령에 따라 헤어졌다는 설도 있다. 물론 플레이보이 테세우스가 다른 여인을 사랑하여 아리아드네를 버렸다는 설도 유력하다. 그가 아리아드네를 감당하지 못해 버릴 수밖에 없었다는 이야기도 있다. 그런가 하면 완전히 다른 일설도 있다. 그들이 귀환할 때 풍랑이 심하게 불어

아리아드네의 실

섬에 기착하게 되었다. 뱃멀미가 심한 아리아드네가 섬에서 쉬고 있는 동안 테세우스는 배를 점검하고 있었는데, 그때 갑작스러운 바람이 불어 배를 바다 가운데로 밀어냈다. 그리하여 아리아드네 홀로 섬에 남게 되었고 테세우스가 다시 돌아왔을 때 그녀는 이미 죽어 있었다. 테세우스는 깊이 슬퍼하며 그녀를 기리는 제사를 지내주었다고 한다. 포도주의 신 디오니소스가 그녀를 사랑하여 밤사이에 납치해 갔다는 설도 있다. 어찌 되었든 사랑을 찾아 아버지를 배신한 아리아드네는 이렇게 테세우스와 헤어지게 되었다.

그 후 그녀는 어떻게 되었을까? 잠에서 깨어난 그녀는 버림받은 것을 깨닫고 슬픔에 잠겼다. 무엇으로도 그녀의 분노와 후회와 상실감을 채워줄 수 없었다. 목숨을 걸고 사랑한 사람이 손 안에 아무것도 믿고 잡을 것이 없는 '나'를 버리고 떠나버렸으니 그 비통함은 이루 말할 수 없었다. 그러나 그녀는 테세우스를 증오하여 자신을 망치는 일을 하지 않았다. 메데이아가 자신을 버린 이아손에게 복수하기 위해 그가 사랑하는 두 아이를 제 손으로 죽이고 스스로 지옥의 길을 걷게 된 것과는 달리 그녀는 이 고통 속에서도 자신을 버리지 않았다.

아리아드네를 사랑한 리하르트 슈트라우스Richard Georg Strauss가 1912년에 작곡한 〈낙소스의 아리아드네Ariadne auf Naxos〉 2막 '고귀한 공주님'에서 희극 배우 체르비네타가 버려져 실의에 빠진 아리아드네를 위로하기 위해 부르는 고난도 아리아 '신과 같이 내게 다가오네, 그의 발걸음에 나는 귀먹었네'는 다음과 같은 내용을 담고 있다.

가장 고귀한 공주님,
당신의 슬픔은 평범한 사랑이 알 수 없어.

나는 오직 한 남자의 여인이기를 꿈꿔왔으나

어찌 그 마음이 그렇게 미로와 같은지 놀라워.

남자들은 신처럼 나타나 내 손에 키스하지.

그리고 나는 신의 죄수가 되어버리니

달콤하고 쓰디쓰구나.

누가 이처럼 고통을 받을 수 있단 말인가.

그러나 나는 남자를 저주하지 않을 거야.

자유가 내 찢어진 가슴을 축복해주나니.

그녀의 찢어진 가슴을 불쌍히 여긴 사랑의 여신 아프로디테는 배은망덕한 인간 대신 신을 애인으로 주겠다고 약속했다. 낙소스 섬은 주신酒神 디오니소스가 좋아하는 섬이었다. 그곳에 버려진 아리아드네를 발견한 디오니소스는 그녀를 위로하여 자신의 아내로 삼았다. 그는 결혼 선물로 보석이 박힌 금관을 주었다.

아리아드네를 사랑한 시인이며 철학자인 니체Friedrich Wilhelm Nietzsche는 《디오니소스 송가Dionysos-Dithyramben》에

아리아드네와 디오니소스(귀도 레니, 1621년)

금관을 던지는 디오니소스(야콥 요르단스, 1648년)

서 고통을 제 운명으로 받아들인 그녀를 위해 이렇게 말한다.

현명하구나, 아리아드네여.

너는 작은 귀를 가졌으며, 너는 나의 귀를 가지고 있으니

그 안에 지혜로운 말 하나를 담아두어라.

자기가 사랑한 것을 자기가 먼저 미워해서는 안 되는 법,

나는 너의 미로이니라.

아리아드네는 테세우스의 미로를 밝혀준 여인이었다. 그러니 그녀는 미궁 속에 길이 있음을 누구보다 더 잘 알고 있었다. 그래서 삶이라는 슬픈 미궁을 미워하지도 저주하지도 않는다. 운명이 주어지면 그것을 따른다. 그것을 삶으로 받아들이고 사랑한다. 그녀는 인생이라는 미로를 사랑했기에, 그 속에 길이 있기에 그 길이 고통스러워도 버리고 파괴하지 않는다.

니체가 디오니소스의 입을 통해 아리아드네에게 전하고 싶은 말 한마디는 '사랑한 것을 미워해서는 안 된다'는 것이었으리라. 그러나 배신하고 떠나는 사랑을 어찌 미워하지 않으리. 그것이 쉬운 일이겠는가? 그러니 인간은 복잡하고 이율배반적이며, 패러독스이고 스스로에게 딜레마인 것이다. 즉 '나는 너의 미로'인 것이다. 아리아드네야말로 미로 탐험 전문가가 아닌가! 아리아드네야말로 사랑이 미로이며, 삶이 미궁이며, 스스로가 미궁임을 잘 알고 있는 현명한 여인이었다. 여기서 니체는 외친다. 아모르 파티amor fati, 운명을 사랑하라.

이제 아리아드네의 미로는 디오니소스가 되었다. 디오니소스는 아리아드네의 발치에 누운 표범이다. 그녀를 사랑한 디오니소스는 후에 그녀가 죽었을 때 손을 높이 들어 아리아드네의 금관을 공중에 던졌다. 그리하여 아리아드네의 금관은 별이 되어 하늘에 남게 되었다.

시인은 노래한다.

모든 영웅이여, 미궁으로 들어서라.
'나를 지나면 슬픔의 도시로 가는 길
나를 지나면 영원한 슬픔에 이르는 길

나를 지나면 길 잃은 무리 속으로 들어가는 길 ◆

그 길을 통과하라.

아리아드네의 실타래를 결코 잊지 마라.

희미한 소명의 길은 미궁과 같으나

어두운 내면을 통하지 않고는 내가 없으니

두려우리라 생각한 곳에서 나를 발견하고

죽으리라 생각한 곳에서 살게 되리라.

다이달로스:
'왜'는 생각하지 않고 '어떻게'에만 몰두한 장인

테세우스와 아리아드네가 도망친 사실을 알고 미노스 왕은 대로했다. 딸은 아버지의 사랑인 법, 가장 사랑스러운 것으로부터 배신을 당하자 아버지는 쓰라렸다. 미로를 빠져나오는 방법을 알고 있는 사람은 다이달로스밖에 없었기 때문에 왕은 곧 다이달로스와 그의 아들 이카로스Icarus를 미궁 라비린토스에 가두어버렸다. 다이달로스는 바다의 절벽으로 둘러싸인 자신의 작품 속에 갇혀버린 것이다.

그러나 언제까지 갇혀 있을 수는 없었다. 방법을 찾아야 했다. 왕은 모든 배를 엄중히 감시했기 때문에 바다로 배를 타고 탈출할 수는 없었다. 상상하

◆ 단테의 《신곡》 중 지옥문에 쓰여 있는 글귀.

기만 하면 뭐든지 만들어낼 수 있는 희대의 장인 다이달로스는 공중을 통해 달아날 길을 찾기 시작했다. 그리하여 자신과 이카로스를 위해 날개를 만들기 시작했다. 조그만 깃털을 합치고 점점 큰 것을 덧붙여 드디어 날개가 완성되었다. 완성된 날개를 실과 밀랍으로 몸통에 붙였다. 마침내 팔을 흔드니 날개가 움직이고, 날개를 움직이니 몸이 날아올랐다. 드디어 탈출의 날이 왔다. 그러나 그

이카로스와 다이달로스(찰스 랜던, 1799년)

것은 위험한 일이었다. 어쩌면 아들과 마지막이 될지도 모르는 모험이었다. 냉정한 다이달로스도 아들을 안고 주의를 주었다.

"아들아, 이 비행에서는 고도가 중요하다. 너무 낮으면 습기가 날개를 무겁게 하여 추락할 것이고, 너무 높게 날면 태양 열에 밀랍이 녹아 날개가 부서질 테니까 말이다. 내 뒤만 따라 오너라."

아버지와 아들은 하늘로 날아올랐다. 처음의 두려움은 이내 하늘을 나는 경이로움으로 바뀌고 둘은 푸른 바다와 초록 섬들 사이로 비행을 즐기게 되었다. 아들 이카로스는 모든 두려움과 아버지의 경고를 잊고 하늘 끝까지 날아올랐다. 아비가 소리쳐 불렀으나 아들은 섬들이 점점이 떠가고 바람이 싱그러운 그 장쾌한 비상에 빠져들었다. 이내 밀랍이 녹아들기 시작했고, 이카로스의 날개는 산산이 흩어져 추락하기 시작했다. 그의 몸은 검푸른 바닷속

으로 떨어지고 말았다. 그 후 이 바다는 '이카로스의 바다' 라 불리게 되었다. 다이달로스는 무사히 시칠리아에 도착했다. 그리고 그곳의 아폴론 신전에 그의 날개를 헌납하여 걸어두었다.

한편 다이달로스가 아들과 함께 탈출한 것을 안 미노스 왕은 그를 다시 잡아들이기 위한 교묘한 계책을 짰다. 나선형 소라 껍데기를 겹겹이 이은 다음 그곳에 실을 꿸 수 있는 사람에게 상을 주겠다는 소문을 퍼트렸다. 시칠리아에 숨어 살던 다이달로스는 이 소문을 듣고 가만히 있을 수 없었다. 이 재미 있는 퀴즈를 절대로 그냥 넘길 수 없는 피를 타고났기 때문에 그는 당장 문제 풀이에 들어갔다. 그는 소라 껍데기 끝에 작은 구멍을 정교하게 뚫었다. 그리고 반대편 구멍에 꿀을 발라두고 개미의 허리에 실을 감아 개미가 소라 껍데기들을 통과할 수 있게 했다. 그는 소라 껍데기들을 모두 실로 꿰어 미노스에게 보냈다.

미노스는 이 문제를 풀 사람은 다이달로스밖에 없다는 것을 알고 있었다. 결국 다이달로스는 숨은 곳을 들키고 말았다. 미노스 왕은 시칠리아 원정에 나섰다. 그러나 그는 이 싸움에서 죽고 말았다. 미노스의 침략에 놀란 시칠리아의 왕이 다이달로스를 넘기겠다는 전갈을 보내왔다. 에게 해를 장악한 자신의 힘에 대항할 자가 없다는 것을 알고 있었던 미노스는 그의 유화책에 속아 초청받은 궁궐의 목욕탕에서 안심하고 목욕을 했다. 그때 다이달로스가 배관을 통해 뜨거운 물을 틀어 넣는 바람에 그는 밀폐된 목욕탕에서 죽고 말았다.

희대의 장인 다이달로스는 대장장이의 신 헤파이스토스의 자손으로 젊어서는 여신 아테나에게서 건축과 발명에 대한 수련을 받았다. 헤파이스토스는 말할 것도 없고, 아테나는 지혜의 여신으로 모든 학술과 기예에 능통했다. 그녀는 플루트, 마차, 쟁기, 배를 만들어낸 장본인이고 자수의 명인이기

이카로스의 추락(허버트 드레이퍼, 1898년)

도 했다.

장인을 찬양한 가장 오래된 노래 중의 하나는 〈호메로스 찬가Homeric Hymns〉다.

뮤즈는 낭랑한 목소리로 그를 노래하는구나. 솜씨가 빼어난 헤파이스토스, 총명한 아테나와 함께 찬란한 기술을 온 세상에 베푸나니. 산속 동굴에서 짐승처럼 살던 사람들이 헤파이스토스에게서 가지가지 기술을 배워 이제는 제 집에서 일 년 내내 편안히 즐기는구나.

다이달로스는 바로 이 두 명의 위대한 기술과 기예의 신으로부터 직접 사사한 직계 제자인 셈이다. 그러나 장인의 대명사인 그는 아이러니하게도 생각이 모자라는 사람이기도 했다. 물건을 만드는 사람들은 누구든 자기 작품의 주인이 아니다. 그들은 주로 주문을 받는다. 헤파이스토스 역시 그랬다. 자신을 위한 기술이 아니라 장차 물건의 주인이 될 사람의 주문에 따를 뿐이다. 그러므로 기술자들은 '왜?'라는 질문은 하지 않는다. 오직 '어떻게?'라는 질문에만 몰두한다. 주문받아 제작된 물건이 어떻게 쓰이는지에 대해서는 관심이 없다. 그건 그 물건의 주인이 알아서 할 뿐이다. 장인은 오직 어떻게 만드는가에 신경을 쓸 뿐이다.

오래전부터 기술자들은 기술이 윤리적으로 중성이라고 생각했다. 인류 스스로를 파멸시킬 물건들 역시 만든 사람의 책임이 아니라 사용한 사람의 책임이라는 것이다. 최초로 핵을 이용한 대량 살상 무기가 만들어질 때 이 프로젝트에 참여했던 로버트 오펜하이머Robert Oppenheimer는 이렇게 말했다.

"무언가 매력적인 기술이 눈에 띄면 우리는 일단 거기에 달려들어 일을 벌인다. 그 기술이 성공한 다음에야 그것으로 무엇을 할 수 있을지 따져본다. 원자폭탄도 이렇게 만들어졌다."

스티브 잡스가 죽었다. 그 역시 시장이 원하는 물건을 만들어냈다. 마치 판도라가 금단의 상자를 열어 모든 죄악을 이 세상에 뿌리듯이 그도 스마트폰을 만들어 세상에 뿌림으로써 '생각 없음'을 인류에게 선물했다. 사람들

다이달로스 동상

은 이것과 함께 일어나고 이것과 함께 잠이 든다. 지하철에서 책 보는 사람들이 사라지고, 그 자리를 스마트폰이 차지했다. 생각이 사라지고 정보가 주가 되면서 오락과 채팅이 그 자리를 대신했다. 사람들과의 연결은 혁명적으로 증진되었으나 앞에 마주 앉은 사람을 버려두고 수시로 스마트폰을 보면서 서로를 모독한다. 사람들은 몰입을 잊어버렸다. 또한 사람들은 기억하려 하지 않는다. 그저 이 작은 기계에게 물어본다. 한 번 갔던 길을 다시 찾을 수 없고 노래 가사를 기억하지 못함으로써 시詩를 잊었다. 결국 메모리를 잊어버렸다. 기억하지 않음으로써 생각할 수 없게 되었다. '생각하지 않는 죄'가 전염병처럼 범람하게 되었다.

제2차 세계대전의 전범 아이히만Karl Adolf Eichmann은 수많은 유대인을 죽였으나 특별한 악인도 악마도 아니었다. 그저 평범하기 이를 데 없는 이웃집

아저씨였을 뿐이다. '악의 평범성', 그 원천은 바로 '생각하지 않는 죄'에서 온다. 시키는 일을 그저 따르는 자들, 그들은 자신이 무슨 짓을 했는지 기억하지도 생각하지도 않는다. 자신의 생각을 갖지 않음으로써 주도적 삶도 사라진다.

다이달로스 역시 전형적인 장인이었다. 그는 이유를 묻지 않는다. 오직 주문받은 것을 가장 잘 만들어내는 기예의 1인자가 되고 싶었을 뿐이다. 그가 아테나 여신의 저주를 받아 평생 세상을 떠돌아다니는 벌을 받게 된 것도 바로 이런 '왜라고 묻지 않는, 생각 없음이 만들어낸 죄' 때문이었다. 그는 자신의 조카를 질투하여 죽였다. 다이달로스가 기술에 있어 더 이상 자신을 대적할 사람이 없다고 자부심에 부풀어 있을 때 그의 누이가 페르딕스Perdix라는 자신의 아이를 다이달로스의 제자로 들여보내 기술을 연마하게 했다. 페르딕스는 매우 뛰어난 젊은이였다. 그는 물고기의 척추 뼈를 보고 철편의 가장자리를 파내 톱을 만들었다. 또 두 개의 철편 한쪽을 못으로 연결하여 컴퍼스를 만들기도 했다.

속이 좁은 다이달로스는 조카의 재주를 시샘했다. 어느 날 그는 높은 탑위에 조카와 함께 올라갔다가 뒤에서 조카를 밀어 떨어뜨렸다. 그러나 페르딕스의 재주를 사랑하고 다이달로스의 음험한 질투를 미워한 아테나 여신이 추락하는 페르딕스를 새로 변신시켜주었다. 그 새의 이름이 페르딕스다. 메추라기 과에 속하는 이 새는 이때의 두려움 때문에 높이 날지도 못하고 나뭇가지 위에 앉지도 않으며 그저 울타리 속에 집을 짓고는 몸을 움츠리고 살게 되었다.

이 사건 이후 다이달로스는 그 벌로 아테나 여신의 명대로 세상을 떠돌며 살게 되었다. 그리고 주인이 주문한 것들을 만들어주었다. 살던 곳을 떠나 크레타로 가서 왕비 파시파에를 위한 목우를 만들고 미노스의 명으로 미로를 지었으나 다시 쫓겨나 미노스의 추격을 받기에 이르렀다. 그의 아들 이카로스의 추락사는 조카 페르딕스의 추락과 닮아 있다. 그는 '왜' 라고 묻지 않은 벌을 받은 것이다. 그래서 자신이 저지른 짓과 똑같은 방법으로 자신이 가장 사랑하는 것을 잃고 말았다.

시인은 노래한다.

뛰어난 재주로 신의 사랑을 받았던 다이달로스,
'정교한 손끝' 으로 무엇이든 척척 만들어내는구나.
기예의 명성만 따랐던 그대,
조카를 높은 탑 위에서 밀어 오직 1인자가 되려 했던
검은 구름 같은 질투.
준 대로 받고, 뿌린 대로 거두는 것.
왕비가 부끄러운 죄를 짓도록 돕더니
마침내 아들을 조카처럼 죽이는구나.
생각 없음이여,
'왜' 라고 묻지 않는 기술은 생명을 거두는구나.

신화 속 기억해야 할 동물들

인도나 이집트와는 달리 그리스의 종교는 의인화되었기 때문에 동물을 신성하게 여기는 일은 훨씬 적었지만 더 오랜 원시의 시대로 가면 그리스인들 역시 신성한 동물을 섬기는 일이 적지 않았다. 동물은 종종 신이 변장한 모습으로 인식되었다. 가장 대표적인 동물이 바로 소였다. 제우스는 신성한 소로 변하여 에우로페를 유혹한 뒤 크레타로 향하고 소는 크레타의 신성한 동물로 추앙되었다. 또 제우스는 이오[10]를 사랑했으나 아내 헤라의 의심을 사자 그녀를 암소로 변하게 했다. 헤라의 저주를 받은 그녀는 등에 떼에게 물리는 고난을 당하며 이오니아 해안을 따라 보스포루스 해협을 건너 이집트에 이르러서야 방황을 멈추고 정착했다. 그녀는 이집트에서 이시스Isis라는 여신으로 숭배되었다는 설도 있다. 이오니아 바다는 그녀의 이름을 딴 것이고 보스포루스는 '암소가 지난 여울'이라는 뜻이다. 제우스의 아내 헤라는 '암소의 눈을 가진 헤라'로 표현되었으니 그녀 역시 한때 신성한 암소였을 가능성이 높다.

이시스

허물을 벗고 새로워지는 뱀은 죽지 않는 동물로 신성시되었다. 크레타에서는 뱀을 부리는 뱀의 여신을 섬겼고, 아테네 역시 신성한 뱀을 섬겼다. 아테네의 창설자인 케크롭스 역시 반은 뱀이고 반은 인간의 모습이었고, 수호신인 아테나 여신의 신전에는 성스러운 뱀이 살고 있어서 매달 꿀로 만든 과자를 뱀에게 올렸다. 아테나 여신의 방패 밑에도 강력한 뱀이 휘감겨 있다. 뱀은 흔히 신전이나

가정의 수호신으로 상징화되었고, 무덤 주위를 배회하는 망자의 혼으로 여겨지기도 했다. 상업과 도둑 그리고 목동의 신이기도 하고, 죽은 자를 하계로 인도하는 신이기도 하며, 신들의 전령이기도 한 헤르메스의 신물 중 하나는 케리케이온Kerykeion이라는 지팡이다. 이 지팡이에는 마주 보는 두 마리의 뱀이 휘감겨 있으며 날개가 달려 있다. 두 마리의 뱀은 죽음과 부활, 생과 사, 빛과 어둠, 긍정과 부정 등 대극적 가치를 나타내며, 두 마리의 뱀이 엉켜서 마주 보는 것은 그 조화를 의미한다. 뱀은 운명 그 자체로서 재앙처럼 느닷없이 나타나고, 복수보다 생각이 깊고, 운명보다 더 알기 어려운 것의 상징이다. 발도 날개도 없이 스미듯 침투하는 영혼을 상징하기도 한다. 의신 아스클레피오스의 지팡이에는 한 마리의 뱀이 휘감겨 있다. 뱀에게 물려 죽은 왕을 치료하는 과정에서 뱀 한 마리가 나타나자 놀란 그는 지팡이로 뱀을 때려죽였다. 그때 또 한 마리의 뱀이 풀잎을 잎에 물고 나타나 죽은 뱀의 입에 물려주자 그 뱀이 살아났다. 아스클레피오스는 그 잎이 약초임을 알고 똑같이 하여 왕을 살려냈다. 그 후 아스클레피오스의 지팡이에는 뱀 한 마리가 휘감기게 되었다. 지금도 구급차에는 아스클레피오스의 지팡이가 그려져 있다.

아스클레피오스

3대 마녀들

　주술과 묘약으로 인간의 혼을 빼놓고 묘한 사건을 만들어내는 마녀들은 모든 신화와 판타지 속에 늘 등장하는 단골손님들이다. 그녀들은 약초를 찌고, 삶고, 섞어서 가지가지 목적을 지닌 마법의 약을 만들고, 그 속에 용의 발톱, 호랑이의 태반, 지네와 전갈의 독을 섞어 불로장생의 약을 만들어내기도 한다. 그들은 대체로 이야기 속의 조연이지만 언제나 이야기에 기괴한 맛을 더하는 훌륭한 향신료의 역할을 해냈다.

　마녀들의 핏줄을 거슬러 오르면 그 끝에 헤카테^{Hekate}가 있다. 그 이름은 '먼 곳에서 움직이는 자'라는 의미를 가지고 있다. 마녀들의 근본이며, 대모다. 《신통기》의 저자인 헤시오도스에 의하면 그녀는 원래 제우스를 주신으로 하는 올림포스 12신 체제가 만들어지기 전 세대였던 티탄족에 속하지만 제우스는 그녀에게 이전의 권력을 유지할 수 있도록 허락했다. 처음 헤카테는 모든 사람에게 호의를 베푸는 잡다한 행운의 여신 같은 역할을 수행했다. 예를 들면 웅변을 잘하고 싶다거나 작은 횡재를 하고 싶다거나 운동 경기에서 우승하고 싶다거나 배를 타고 나가 고기를 많이 잡고 싶다거나 가축을 살찌게 하고 싶다거나 아이들이 탈 없이 잘 크기를 원할 때 사람들은 모두 헤카테에게 빌었다. 그녀는 다른 신들처럼 특정한 영역에 국한되지 않고 모든 영역에 권력이 걸쳐 있는 크로스오버형 여신이었다.

　그러나 후대에 이르러 헤카테의 역할이 달라지면서 마법과 마술을 관장하는 여신으로 여겨졌고 죽음의 세상과도 연결되게 되었다. 사람들은 주로 십자로에 세 개의 몸이나 세 개의 얼굴을 가진 여인의 모습으로 그녀의 신상을 세워두고 봉헌물을 바쳤다. 두 손에는 저승의 어둠을 밝히는 햇불을 들고 있다. 그 이유는 페르세포네Persephone가 하데스에게 납치되는 것을 목격한 그녀가 페르세포네의 어머니인 대지의 여신 데메테르Demeter를 도와 손에 햇불을 들고 저승으로 페르세포네를 찾으러 갔기 때문이다. 종종 암말, 암캐, 늑대의 형상으로 마녀와 마법사들에게 나타났다. 그녀는 주술과 마법의 약으로 유명하다.

그러면 잠깐 셰익스피어William Shakespeare의 〈맥베스〉 4막 1장으로 달려가 헤카테가 마녀들을 거느리고 가마솥 속에서 걸쭉한 마법의 즙을 만드는 레시피를 자세히 들여다보자.

어두운 동굴, 중앙에 펄펄 끓는 가마솥.

마녀 1 : 차디찬 돌 밑에서 낮과 밤 서른 한 번을 자면서 괸 독을 뽑아내는 두꺼비야. 네가 먼저 끓어라. 마법의 솥 속에서.

마녀 2 : 늪에서 잡아온 독사의 토막고기, 불길아, 타올라라. 가마솥아, 끓어라. 부글부글 끓어라. 도롱뇽의 눈깔과 개구리 발톱, 박쥐의 털과 개의 혓바닥, 뱀의 혀와 눈먼 뱀의 독이빨, 도마뱀의 다리와 올빼미의 날개, 지옥의 죽탕처럼 끓어서 무서운 재앙의 부적이 되라.

일동 : 고난은 두 배로, 재앙은 두 배로, 불길아, 타올라라.

마녀 3 : 용의 비늘, 늑대의 이빨, 마녀의 미라, 포식한 상어의 밥통과 창자, 어둠 속에서 캐낸 독당근의 뿌리, 신을 모독하는 유대인의 간장, 산양의 쓸개, 월식한 밤에 가늘게 잘라 썬 소방목 잔가지, 투르크인의 코와 타타르인의 입술, 창부가 개천에서 낳자마자 목 졸라 죽인 갓난애의 손가락, 모조리 집어넣어 진한 국을 끓여라. 거기에다 호랑이 내장까지 더 집어넣어라. 더욱 진한 국물을 만들

헤카테

어내도록……. (이때 헤카테가 다른 마녀 셋을 데리고 등장한다.)

헤카테 : 오, 잘들 했다. 수고들 했다. 여기서 얻은 것을 모두에게 나누어주마. 자, 그러면 솥 둘레를 돌면서 노래를 불러라. 작은 요정, 큰 요정 둘러서서 뛰놀듯이 그리고 집어넣을 물건에다 마술을 걸어라.

헤카테는 마녀들의 멘토였으며, 그녀의 가문에서 가장 탁월한 마녀인 키르케와 메데이아가 태어났다. 키르케는 헤카테의 딸이다. 키르케라는 이름은 '독수리'라는 의미를 가지고 있다. 미노스의 아내 파시파에와 자매간이다. 그녀는 아이아이에 섬에 살았다. 이 섬은 오늘날 이탈리아의 몬테키르케오 반도 근처에 있을 것으로 추측되고 있다. 트로이 전쟁에서 귀환하는 오디세우스의 배가 이 섬에 이르게 되는데, 오디세우스의 부하들은 키르케가 준 음식을 먹고 그녀가 휘두른 마법의 지팡이에 의해 돼지와 개로 변하게 되었다. 오디세우스는 짐승으로 변한 부하들을 찾기 위해 키르케에게 간다. 그때 영웅들의 보호자이며 제우스의 전령인 헤르메스가 나타나 마법을 물리치는 식물 '몰리'를 주고 키르케를 경계하라 일렀다. 키르케는 오디세우스에게도 마법의 독물이 섞인 마실 것과 먹을 것을 주었다. 음식을 다 먹자 키르케는 지팡이로 오디세우스를 툭 쳤지만 그는 짐승으로 변하지 않았다. 몰리를 마실 것에 섞어 마셨기 때문에 그녀의 마법에 걸리지 않았던 것이다. 오디세우스가 칼로 그녀를 위협하여 부하들을 모두 다시 사람으로 변하게 했다. 키르케는 오디세우스를 사랑하여 그를 일

키르케

년 동안 그 섬에 붙들어두었다. 그 사이 꿈같은 세월이 흘러갔다. 키르케와 오디세
우스 사이에는 텔레고노스Telegonos라는 아들이 생겨났다.

　나중에 키르케는 작은 바다의 신 글라우코스Glaucos를 사랑하게 되었다. 오직
스킬라Skylla라는 님프만을 짝사랑하던 글라우코스가 어느 날 키르케를 찾아와
사랑의 묘약을 만들어달라고 했다. 하지만 오히려 글라우코스를 사랑하게 된 키
르케는 그의 마음을 돌려놓으려고 한다. 아무리 애를 써도 글라우코
스의 마음을 돌려놓을 수 없자 키르케는 연적인 스킬라가 목욕하
는 연못에 독초 즙을 풀어 그녀를 괴물로 변하게 해버렸다. 스킬
라는 상반신은 여전히 아름다운 여인이지만 허리 아래는
짖어대는 여섯 마리의 개로 변해버렸다. 스킬라는
시칠리아 해협의 험준한 바위 동굴에 살면서 지
나가는 배를 난파시켜 선원을 잡아먹는 괴물이 되
었다. 오디세우스도 이곳을 통과하다가 여섯 명의
선원을 잃었다.

　그리스 신화를 통틀어 가장 비극적이고 가장 걸출
한 마녀는 메데이아다. 그녀는 키르케의 딸이나 조카
로 알려졌다. 영웅 이아손이 아르고 호를 타고, 황금
양털을 찾으러 나타나자 메데이아는 이아손에게 호
감을 가지게 되었다. 그녀가 자신을 아내로 받아들
인다면 황금 양털을 찾아주겠다고 하자 이아손도
동의했다. 메데이아는 콜키스의 왕 아이에테스Aeetes
의 딸이었다. 그녀의 아버지는 이아손에게
황금 양털을 빼앗기지 않기 위해 그를

메데이아

파멸시킬 만한 험난한 과제들을 주었지만 그녀는 이아손이 그 과제들을 모두 해결하도록 도와주었다. 그녀는 그 과정에서 아버지를 배신하고 친동생을 죽이는 잔악한 죄를 짓게 되었다. 메데이아가 동생을 죽인 죄를 용서받기 위해 고모인 키르케를 찾아갔을 때 키르케는 제단을 쌓고 올림포스의 신들에게 빌어 죄를 사하여주었다. 그러나 나중에 그 사건의 진위를 알게 된 키르케가 메데이아의 악독한 짓에 크게 화를 냈다는 것을 보면 메데이아는 키르케보다 훨씬 독한 마녀임을 알 수 있다.

메데이아는 약초를 끓이는 물에 사람을 담갔다가 꺼내면 젊음을 되찾을 수 있다고 속여서 펠리아스^{Pelias}를 죽였다. 펠리아스는 이아손에게 황금 양털을 찾아오는 위험한 모험을 시킨 자였기 때문에 그녀는 남편 이아손을 위해 복수한 것이다. 그녀는 이아손과의 사이에서 두 아이를 낳았다. 그러나 이아손은 성격이 강한 메데이아에게 환멸을 느껴 사랑의 배신을 하게 되었다. 메데이아는 복수를 결심했다. 그녀는 독초에 담근 옷을 결혼 선물로 신부에게 보냈다. 아무것도 모르는 신부가 그 옷을 입자마자 온몸에 불이 붙어 타 죽고 말았다. 그녀는 더욱 독한 계획을 세웠다. 자신을 배신한 이아손에게 찢어지는 고통을 주기 위해 그가 가장 아끼는 두 아이를 죽여버렸다. 그리스의 비극작가 에우리피데스^{Euripides}는 〈메데이아〉에서 이 비극적 이야기를 자세히 전해준다. 아이를 죽이고 아테네로 피신하여 테세우스의 이야기에 다시 등장하는 메데이아는 아버지를 버리면서까지 도와준 이아손의 배신 때문에 그리스 신화 전체를 통틀어 사랑에 상처받은, 가장 치명적이고 파괴적인 팜므 파탈^{femme fatale}이 되었다. 좀 더 자세한 이야기는 118페이지 '테세우스 편'을 보라.

디오니소스
• Dionysos •

　포도나무 덩굴이 가지를 내뻗기 시작하는 봄이 오면 그리스는 축제에 빠진다. 닷새 동안의 디오니소스 축제가 벌어진다. 일상의 모든 일은 중지되고, 완전한 평화와 즐거움만 있는 나날들이 이어진다. 감옥의 죄수들도 모든 사람들이 즐기는 기쁨을 함께 나누도록 허락된다. 사람들이 모여 신을 경배하는 곳은 극장이며, 신을 섬기는 의식은 바로 비극의 상연이었다. 오직 후세의 셰익스피어만이 견주어질 수 있는 위대한 그리스의 비극들은 이 축제를 위해 쓰였고 박수 속에서 참가자들은 디오니소스에게 영광을 돌렸다.

　모든 이에게 즐거움을 주지만 또한 잔인한 사냥꾼이기도 한 디오니소스는 고통을 체험한 유일한 신이다. 그는 포도나무처럼 매년 가지치기를 당하고 추운 겨울 갈래갈래 껍질이 찢어진 죽은 나무둥치처럼 매년 갈기갈기 찢겨 죽는다. 그러나 디오니소스는 매년 부활한다. 기쁨에 가득 차서 다시 살아나며, 죽어야 할 자들에게 죽음이 희망이라는 믿음을 준다. 그는 부활을 통해 죽음보다 더 강한 생명의 힘을 보여준다. 그는 불멸의 신인 것이다. 디오니소스는 제우스와 테베의 왕녀 세멜레^{Semele}의 아들로 태어났다. 인간의 여인이 낳은 유일한 신이다. 여인에게 더할 수

디오니소스

천상의 빛에 타버린 세멜레(귀스타브 모로, 1895년)

없는 영광이나 세멜레는 제우스의 많은 여인 중에서도 가장 불행한 여인이었다. 불행은 이렇게 시작한다. 제우스의 사랑을 받은 세멜레는 그 사랑을 자랑하고 싶어 안달이 났다. 마침 제우스를 의심하고 있던 헤라는 세멜레의 유모로 변신하여 둘의 관계를 확인하려 했다. 세멜레는 변신한 헤라를 유모로 여기고 제우스와의 사랑을 다 털어놓았다. 그러자 헤라가 교활한 꾀를 내어 유모의 목소리로 말했다.

"그랬군요. 그러나 내가 모른 것을 보면 제우스께서 헤라 여신에게 보여주는 위엄(제우스가 천상에서 입고 있는 광휘의 갑옷)을 당신에게는 보여주지 않은 모양이군요."

다음에 제우스가 찾아왔을 때 그녀는 토라진 얼굴을 하고 있었다. 제우스가 무슨 일이 있었느냐고 물었다. 세멜레가 대답했다.

"당신은 헤라에게 보여주는 위엄을 내게는 보여주지 않는군요."

제우스는 황당했다.

"정신 차려, 이 사람아. 그대는 그것을 볼 수가 없어."

그러자 세멜레가 볼멘소리로 말했다.

"그렇지만 당신은 내가 원한다면 무엇이든 해주겠다고 말했잖아요? 내게 진정한 당신을 보여주세요."

제우스는 할 수 없었다. 이미 그는 스틱스 강에 걸고 세멜레가 원한다면 무슨 일이든 들어주겠다고 약속했고 신이라도 스스로의 약속을 어길 수는 없었다.

"좋아, 그러나 조심해."

제우스가 휘황한 갑옷을 입고 나타나자 인간인 세멜레는 그 천상의 빛을 견딜 수 없어 눈 깜짝할 순간 타버리고 말았다. 일이 이렇게 될 줄 알고 있었던 제우스는 세멜레의 자궁에 들어 있던 태아를 끄집어내 자신의 허벅지를 가르고 그 안에 집어넣어 키웠다. 그리하여 디오니소스는 '두 개의 자궁에서 태어난 자'가 되어 여성적 생명과 남성적 생명을 함께 갖춘 신으로 형성되었다. 달이 차서 디오니소스가 제우스의 허벅지에서 태어나자 헤르메스는 황금 보자기에 아이를 싸서 아름다운 니사 산의 요정들에게 키우게 했다.

청년이 된 디오니소스는 황금의 땅 리디아와 프리기아, 태양의 땅 페르시아, 축복의 땅 아라비아 등지를 방랑하며 젊음을 보냈다. 풍성한 흑발 위로 자주색 망토를 걸치고 가는 곳마다 포도 재배법과 자신을 숭배하는 신비의식을 가르쳤다. 여기저기를 떠돌던 디오니소스는 어느 날 해적들에게 납치되었다. 어느 나라 왕자처럼 보이는 그를 잡아가 몸값을 벌기 위해서였다. 잠자코 따라간 디오니소스는 무례한 해적들을 모두 돌고래로 만들어버리고, 충실한 키잡이 하나만을 데리고 좋아하는 섬 낙소스에 이르게 된다. 바로 거기서 테세우스에게 버림받고 비탄에 빠진 아리아드네를 만나 그녀를 구해주었으며, 이내 그녀를 사랑하게 되어 아내로 맞이했던 것이다.

다정한 디오니소스는 또한 비극 속에 죽은 어머니 세멜레를 잊지 못하고 지하 세계로 내려가 죽음과 싸웠다. 그의 생명의 힘은 죽음을 이겼지만 신의 법도에 따라 어머니를 지상으로 다시 데려오지는 못했다. 그 대신 그는 신들의 거처인 올림포스로 어머니를 데리고 갔다. 세멜레는 비록 인간이었지만 신의 어머니로서 신

병든 바쿠스(카라바조, 1592년)

들의 거처에 함께 살게 되는 영광을 얻었다.

종종 그를 따르는 광신적인 여성 무리인 마이나데스(단수는 마이나스)는 산 위에서 사냥한 염소의 날고기를 피가 흐르는 채로 먹으며 포도주에 취해 춤을 추는 광폭한 향연을 즐겼다. 황홀한 자유와 난폭한 야만이 공존하는 카니발이 바로 디오니소스 축제였다. 이 마이나데스에 의해 가장 비극적인 일이 발생하게 되니, 테베의 왕인 펜테우스Pentheus가 겪은 참혹한 이야기가 바로 그것이다.

펜테우스 왕은 자신의 왕국에서 광신적인 디오니소스의 신도들이 늘어나는 것을 참을 수 없었다. 그래서 그는 군사들을 풀어 디오니소스를 잡아오게 했다. 디오니소스는 도망치거나 저항하지 않고 순순히 잡혀왔지만 족쇄는 채워지지 않고 감옥의 문은 저절로 빗장이 열렸다. 그가 이적을 행하자 병사들은 그가 신이라는 것을 알게 되었지만 펜테우스만은 오직 분노와 경멸로 디오니소스를 대했다. 결국 디오니소스는 펜테우스를 자신의 운명에 맡기기로 했다. 그리하여 끔찍한 비극이 벌어졌다. 펜테우스의 어머니와 이모들은 이미 디오니소스의 신도들이었는데, 디오니소스는 이들을 미치게 하여 펜테우스를 들짐승으로 착각하게 했다. 여인들이 환각 상태에서 달려들어 펜테우스를 갈가리 찢어버리고 말았다. 정신을 차린 펜테우스의 어머니 아가베Agave는 제 손으로 아들을 비참하게 죽였다는 극심한 고통에 몸부림쳤다. 디오니소스는 환희의 불꽃으로 다가오기도 하지만 자신을 비웃는 자들을 먹잇감으로 만들기도 했다. 이것은 술의 이중성이기도 하다.

· 3장 아테네 ·

문명이 꽃피다

테세우스 :
아테네가 가장 사랑한 사나이

아테네인들은 그리스 영웅들 중에서 테세우스를 가장 사랑했다. 테세우스 이전의 아테네는 아직 아무것도 아니었다. 그러나 테세우스 이후에 아테네는 비로소 위대한 아테네가 되기 시작했다. 그래서 아테네인들은 "테세우스 없이는 아무것도 할 수 없다"고 말했다.

아이스킬로스는 그를 두고 이렇게 노래한다.

> 이렇게 거룩한 영웅과 맞설 자가 누구냐.
> 그 어떤 사람을 이 영웅과 맞서게 할 것인가.

《플루타르코스 영웅전》을 쓴 플루타르코스Ploutarchos는 첫 페이지를 테세우스로부터 시작했다. 그는 "음악이 흐르는 아름다운 아테네를 세운 테세우스"라고 불렀다.

테세우스는 아테네의 왕 아이게우스의 아들이다. 내려오는 전승에 따르면 아이게우스는 여러 아내를 얻었으나 자식을 두지 못했다. 자신이 불임일지도 모른다는 사실에 답답해진 그는 델포이의 아폴론 신전으로 신탁을 얻으러 갔다. 신은 그에게 애매한 문구로 응답했다. "아테네에 이르기 전까지는 포도주 부대를 풀지 마라." 이 무슨 해괴한 점괘인가! 아이게우스는 집으로 돌아가는 길에 트로이젠의 왕 피테우스Pitteus를 찾아갔다. 그는 그 당시 가장 현명한 사람으로 알려져 있었다. 아이게우스는 그에게 이 해괴한 신탁에 대하여 이야기했다. 영리한 피테우스는 이 신탁의 뜻을 금방 알아차렸다. 아이게우스가 장차 아테네를 다스릴 아들을 낳을 것임을 알아차린 피테우스는 자신의 후손이 아테네의 왕이 되게 하고 싶었다. 그래서 포도주 부대를 풀어서 아이게우스에게 포도주를 잔뜩 먹여 취하게 한 다음 자신의 딸 아이트라Aithra를 그의 방으로 들여보냈다.

아이게우스는 그녀와 결합하여 아이를 낳았으니 그가 바로 테세우스다. 그러나 그날 밤 꿈에 그녀는 아테나 여신의 명령으로 어떤 섬에 제사를 지내러 갔다가 바다의 신 포세이돈에게 겁탈을 당하게 되었다. 현실에서 잠은 피테우스와 함께 잤으나 꿈속에서는 포세이돈과 관계를 가졌으니 그녀가 낳은 아들은 왕의 아들이며, 또한 신의 아들이었다. 아이게우스가 다음 날 아테네로 떠나버렸기 때문에 테세우스는 할아버지 피테우스의 나라에서

포세이돈의 아들 테세우스

자랐다. 피테우스는 사생아로 태어나 아버지 없이 자라는 테세우스가 포세이돈의 아들이라는 소문을 퍼트렸다. 그래서 사람들은 그를 '포세이돈의 아들 테세우스'라고 불렀다.

아이게우스는 아이트라가 자신의 아이를 낳을 것을 예감했기 때문에 트로이젠을 떠나면서 커다란 바위 밑에 칼 한 자루와 신발 한 켤레를 감추어두었다. 테세우스라는 이름도 테사우로스, 즉 '묻혀 있는 보물'이라는 뜻에서 나온 것이다. 아이게우스는 아이트라에게 아이가 그 바위를 들어 신물을 찾아낼 수 있을 만큼 자라면 아테네에 있는 자신에게 몰래 보내라고 말했다. 그때까지 아들이 없던 아이게우스에게는 팔라스Pallas라는 동생이 있었는데 그는 무려 50명의 자식을 두고 호시탐탐 왕위를 노렸기 때문이다. 세월과 함께 테세우스는 무럭무럭 자랐다. 그는 용기가 남다른 아이였다. 그가 일곱 살이 되던 해 사촌인 헤라클레스가 트로이젠을 방문하게 되었다. 헤라클레스가 머리통이 달린 사자 가죽을 옆에 내려놓자 아이들은 진짜 사자인 줄 알고 놀라 비명을 지르며 도망쳤다. 그러나 테세우스는 옆에 서 있던 하인의 칼을 뽑아들고 사자를 향해 덤벼들었다. 이것이 헤라클레스와 어린 테세우스의 첫 만남이었다. 헤라클레스와 어린 테세우스는 이렇게 서로 끌리게 되어 많은 나이 차이에도 불구하고 좋은 친구가 되었다. 그 당시 사촌형인 헤라클레스는 여러 나라를 떠돌며 잔혹한 도둑들과 강도들을 물리쳤다. 사촌형의 무용담은 어린 테세우스의 가슴을 흔들어놓았고, 그를 깊이 존경하게 만들었다. 그는 늘 헤라클레스를 생각했고, 그를 자신의 우상으로 삼았다.

열여섯 살이 되던 해 그는 이미 씩씩한 청년이 되어 있었다. 어머니 아이트라는 그에게 출생의 비밀을 알려주고 바위를 들어 그 밑에 숨겨진 칼과 신발을 찾게 했다. 테세우스는 아버지의 나라 아테네를 향해 떠났다. 젊은 테세우스의 모험이 시작된 것이다. 펠로폰네소스 반도에 있던 트로이젠에서 아테네로 가기 위해 거쳐야 하는 코린토스 지역에는 무수한 악당들이 출몰하여 행인을 죽였기 때문에 할아버지는 그에게 바닷길을 선택하라고 했다. 그러나 테세우스에게 악당들과 싸워 그들을 제압하는 것은 신나는 모험이었기 때문에 그는 육로를 선택했다. 그는 처음으로 찾아가는 아버지에게 악당들의 피 한 방울 묻지 않은 칼과 신발을 아들의 징표로 가져가는 것을 부끄러운 일이라고 생각했다.

페리페테스

테세우스가 처음 만난 악당은 페리페테스Peripetes였다. 그는 절름발이인 대장장이의 신 헤파이스토스가 인간의 여인과 결합하여 낳은 아들이었다. 아버지를 닮아서인지 하체는 약했으나 팔 힘은 엄청난 괴인이었다. 그는 아버지 헤파이스토스가 만들어준 무쇠 철퇴를 휘둘러 나그네들을 무자비하게 때려죽이곤 했다. 그래서 사람들은 그를 '철퇴장군'이라고 불렀다. 테세우스는 페리페테스를 죽이고, 그의 무쇠 철퇴를 빼앗아 자신의 무기로 삼았다. 헤라클레스가 자신이 잡은 거대한 사자 가죽을 어깨에 걸치고 돌아다닌 것처럼 테세우스도 이 철퇴를 자신의 승리에 대한 전리품으로 가지고 돌아다녔다.

스키론

스키론Skiron이라는 강도는 행인을 잡아 무릎을 꿇고 자신의 발을 씻기게 했다. 행

시니스

프로크루스테스

인이 무릎을 꿇고 그의 발을 씻기면 발로 차서 낭떠러지 밑으로 떨어뜨려 죽였다. 그렇게 떨어져 죽은 행인들은 그 낭떠러지 밑에 살고 있던 거북의 밥이 되었다. 테세우스는 스키론을 잡아 그가 행인을 죽일 때 썼던 것과 똑같은 방법으로 죽여서 거북의 밥이 되게 했다. 또 시니스Sinis라는 강도는 땅까지 잡아 늘인 두 그루의 소나무 사이에 행인을 묶은 다음 소나무를 다시 놓아 그 탄력으로 찢어 죽였는데, 테세우스도 똑같은 방법으로 시니스를 죽였다. 사람을 괴롭힌 악당들을 그들의 방식으로 죽여 되갚아주는 것도 역시 사촌형 헤라클레스에게서 배운 것이었다.

테세우스가 죽인 가장 특이한 강도는 프로크루스테스Procrustes라는 자였다. 프로크루스테스는 강가에 집을 짓고 나그네를 유혹해서 죽였다. 그의 집에는 철침대가 있었는데 나그네는 그 침대에 눕혀졌다. 나그네의 키가 침대보다 길면 남는 만큼 절단해 죽이고, 나그네의 키가 침대보다 짧으면 모자란 만큼 잡아 늘려서 죽였다. 프로크루스테스라는 이름은 '잡아 늘이는 자' 혹은 '두드려서 펴는 자'라는 뜻이다. 테세우스는 이 강도를 잡아 그의 침대에 눕히고 그가 '나그네에게 썼던 방법 그대로' 그를 죽였다. 다만 잡아 늘이는 방법을 썼는지, 자르는 방법을 썼는지는 확실히 밝혀지지 않았다. '프로크루스테스의 침대Procrustean bed'로 종종 회자되는 이 짧고 유명한 이야기는 자기가 세운 일방적 기준에 다른 사람의 의견을 억지로 꿰맞추고 재단하는 독선과 편견을 뜻하는 관용구가 되었다.

시인은 노래한다.

옛날 아테네의 강가에
사람을 죽이는 강도가 있어
침대 위에서 사람을 죽였지.
작은 사람은 침대만큼 늘여 죽이고
큰 사람은 침대에 맞게 잘라 죽였지.

아직도 프로크루스테스의 침대 위에서
고정관념이라는 철제 침대에 맞춰 살고 있는 우리,
그대로 되먹여 치기를 당하듯이
우리가 세상을 보는 그대로 세상도 우리에게 보답하나니
자기 혁명은 현실보다 우리가 더 강하다는 것을 보여줄 때만 이루어지는 것.

아테네에 도착하기도 전에 테세우스는 이런 골칫거리 강도들을 소탕한 영웅으로 이미 자자한 명성을 누렸다. 테세우스가 아버지 아이게우스의 궁전을 찾아갔을 때 아이게우스는 메데이아를 아내로 맞아 함께 살고 있었다. 이아손과 비극적인 결별을 한 메데이아는 약초로 아이게우스의 불임을 고쳐주었다. 고생하여 겨우 테세우스를 낳았지만 자손이 극히 귀했던 아이게우스는 늘 불임이 주는 모멸감과 싸워야 했다. 메데이아의 묘약 덕분에 그는 그녀와의 사이에서 메도스Medos라는 아들을 낳았다. 영리한 메데이아는 테세우스가 아이게우스를 찾아오자 그가 아이게우스의 아들이며 적합한 왕위 계승자라는 것을 단박에 알아보았다. 자신의 아들 메도스가 왕위를 잇게 할 생각을 하고 있던 그녀에게 뜻밖의 방해자가 나타난 것이다. 그녀는 테세우스를 죽여야겠다고 마음먹었다. 그래서 아이게우스를 설득하여 테세우스는 왕에게 결코 득이 되는 사람이 아니며, 왕위를 찬탈할 수 있는 위험한 인물임을 믿게 했다.

왕은 늙었고, 아우 팔라스는 50명의 아들들과 함께 왕위를 노렸고, 도둑들은 들끓었기 때문에 아이게우스 역시 모든 사람을 의심하고 믿지 못했다. 메데이아는 아이게우스를 설득하는 데 성공했다. 그리하여 테세우스를 독살하기 위한 연회가 마련되었다. 메데이아는 바곳이라는 독초로 독약을 제조했다. 이 독초는 저승의 문을 지키는, 머리가 셋 달린 개 케르베로스의 침으로부터 자라나는 풀이었다. 헤라클레스가 열두 과업의 하나로 이 개를 잡아올 때 목을 감아 잡

미노타우로스와 테세우스
(안토니오 카노바, 1782~1783년)

았기 때문에 머리를 흔들며 몸부림을 치는 동안 개의
입에서 나온 침이 바위를 적셨는데, 그 바위에 뿌
리를 박고 자라는 풀이 있었다. 단단한 바위 위에서
만 자란다고 하여 바위꽃이라는 이름을 가진 바곳은
지독한 독초였다.

아무것도 모르는 테세우스는 즐거운 마음으로 초대
에 응했다. 왕은 테세우스를 불러 악당들을 퇴치
한 것을 치하했다. 그리고 바곳의 독이 든 술잔을
권했다. 테세우스는 아버지가 자신을 알아
볼 수 있도록 아버지의 신물인 칼을 꺼내
고기를 썰었다. 아이게우스는 그 칼을 알
아보았다. 그는 당장 독이 든 술잔과 음식
들을 엎어버리고 아들을 껴안았다. 그리고

미노타우로스를 제압하는 테세우스
(Étienn Jules Romey, 1826년)

씩씩한 테세우스가 자신의 아들임을 온 아테네에 알렸다. 아들의 용맹함은
그 아버지를 기쁘게 했다.

음모가 탄로 난 마녀 메데이아는 도망쳐버렸다. 그러나 팔라스는 그리 만
만하게 물러설 수 없었다. 늙은 아이게우스가 죽으면 자신의 아들 중 하나가
아테네의 왕이 될 것이라 기대했던 그는 50명의 아들들과 함께 아이게우스
를 공격했다. 테세우스는 그들을 모두 퇴치했다. 그리고 아테네는 그의 영향
력 아래에서 점차 안정되어갔다.

아버지 아이게우스를 만난 다음 테세우스가 한 가장 유명한 모험이 바로
미노스 왕의 미로에서 미노타우로스를 죽인 일이다. 크레타에 바친 일곱 쌍
의 선남선녀 중 한 사람으로 자청하여 떠나게 된 테세우스는 모험을 시작하

기 전에 아버지와 서로 약속을 했다. 만일 미노타우로스를 죽이고 젊은이들을 데리고 되돌아오게 된다면 흰 돛을 달고 올 것이고, 실패하여 죽게 된다면 검은 돛을 달고 오겠다고.♦ 아이게우스는 흰빛과 검은빛으로 만들어진 두 폭의 돛을 배에 싣게 했다. 모험길 속의 미래는 어두운 암흑처럼 그 어떤 것도 보여주지 않기 때문에 아테네를 떠날 때 테세우스는 검은 돛을 달게 했다. 아버지는 아들을 떠나보낸 다음부터 아크로폴리스의 언덕에서 바다를 응시하곤 했다. 여러 날이 지난 다음 드디어 저 멀리 아들을 싣고 크레타로 떠났던 배가 들어오고 있었다. 그러나 그 배에는 검은 돛이 걸려 있었다. 아들이 죽었다고 믿은 아버지는 절망했다. 아들을 잃은 아버지는 높은 절벽에서 바다로 몸을 날려 죽고 말았다. 아이게우스가 빠져 죽은 그 바다는 그 후부터 에게 해라 불리게 되었다.

그러나 사실 테세우스는 미노타우로스를 죽이고 승리하여 돌아오고 있었으니 아버지의 죽음은 안타까운 일이 되고 말았다. 어째서 테세우스는 흰 돛으로 바꾸어 달기로 한 그 중요한 약속을 잊었을까? 어째서 그가 떠난 후 아버지가 매일 바다를 바라볼 것이라는 사실을 깨닫지 못했을까? 어쩌면 승리가 그를 도취하게 만들었을지도 모르고, 오만이 약속을 잊게 했을지도 모른다.

또 한 가지 유력한 정황이 있다. 그는 아리아드네를 낙소스 섬에 남겨두고 떠나라는 아테나의 신탁을 따르면서 배신감과 자괴감에 깊이 상심했을 수도 있다. 정말 그랬을까? 그렇다면 자신을 사랑하고, 자신이 사랑한 여인을 버려야 했던 비탄이 실수로 아버지를 죽이게 되는 또 다른 비극으로 이어졌

♦ "시는 이야기하는 그림"이라고 말한 고대 그리스의 서정시인 시모니데스Simonides에 따르면 이때 아이게우스가 건네준 것은 흰 돛이 아니라 "붉은 꽃 수만 송이로 물든 붉은 돛"이었다고 한다. 이것을 살아 돌아올 때의 표시로 정했다고 한다.

음을 알 수 있다. 테세우스의 비탄은 여기서 그치지 않는다. 마치 아리아드네의 실타래처럼 하나의 슬픔이 다른 슬픔으로 이어지고 하나의 비극이 또다른 비극의 원인이 되었다. 테세우스가 가는 곳마다 수많은 영웅적인 행동들로 그의 영광은 더욱더 빛났지만 그와 함께 비탄도 보이지 않는 곳에서 점점 더 크게 자라나고 있었다.

시인은 노래한다.

미궁에서 목숨을 구해준 사람을
버리고 떠나야 하네.
사랑조차 지키지 못하는 사내,
만인이 환호하는 영웅이 되었으나
한 사람도 사랑할 수 없는 불임의 영웅.

아비를 배신하고 사랑을 선택한 여인,
잡아야 할 손은 자신의 손밖에 없는
그 손을 남몰래 놓아버리고
검은 돛을 단 채 제 아비를 죽이고 말았구나.
한 번 사랑한 것은 먼저 미워할 수 없으니 네 운명을 사랑하라.

아이게우스의 뒤를 이어 테세우스는 아테네의 왕이 되었다. 그는 큰 사업을 구상했다. 여기저기 흩어져 서로 전쟁을 일삼는 여러 부족을 모아 하나의 도시국가로 통일하는 사업을 시작한 것이다. 테세우스는 여러 마을을 돌며

테세우스의 미로(키프로스의 파포스 고고 유적)

테세우스의 저택(키프로스의 파포스 고고유적)

자신의 뜻을 전했다. 평민과 가난한 사람들은 그의 뜻을 지지했으나 권력이 있는 사람들은 달가워하지 않았다. 테세우스는 새로운 제도가 왕을 두지 않는 민주정치라고 그들을 설득했다. 자신도 전쟁과 법률에만 관여하고 다른 분야에는 평민처럼 참여하게 될 것이라고 선언했다. 사람들은 테세우스가 두려워서 혹은 그의 뜻에 진심으로 찬동해서 그를 지지했다. 테세우스는 현명하고 공정한 왕이 되었다. 그는 백성 위에 군림하기를 원치 않았다. 각 마을에 있던 공회당이나 행정청들을 없애고 아크로폴리스에 공동의 공회당을 지었다. 그리고 도시의 이름을 아테네로 정하고 공동의 제사를 지냈다. 시민들이 투표할 수 있는 의회를 짓고 공화국을 만들었다.

그는 도시를 확장하기 위해 평등을 조건으로 외지에서 적극적으로 인구를 유입시켰다. "모든 민족이여, 이 땅으로 오라." 이것이 그의 기치였다. 아리스토텔레스가 말한 것처럼 "민주정치를 펴기 위해 왕의 자리를 내던진 인물"이 바로 테세우스였다. 다른 도시국가들이 한 사람의 절대군주 밑에 머리를 조아리는 체제를 구축해갈 때 아테네는 모든 나라와 도시 중에서 가장 자유롭고 번영하는 도시가 되었다. 테세우스는 국민들이 스스로 통치하는 위대한 나라의 초석을 놓았다.

메데이아:
자식을 죽여서 남편에게 복수하다

테세우스 독살에 실패한 메데이아는 아테네에서 쫓겨나 다시 고달픈 인생을 이어가야 했다. 도대체 이 여인은 어찌하여 가혹한 인생의 거친 길을 걷게 되었던 것일까? 원래 그녀는 흑해 동쪽 나라 콜키스의 왕 아이에테스의 딸이었다. 태양신 헬리오스Helios의 손녀이며 유명한 마녀 키르케의 조카딸이다. 그러나 다른 전승에 의하면 모든 마녀의 여주인인 헤카테의 딸이라고도 한다. 어찌 되었든 그녀의 피 속에는 마녀의 피가 진하게 흐르고 있었다.

기원전 1세기에 활동했던 그리스의 역사가 디오도로스 시켈로스Diodorus Sikelos가 《세계사Bibliotheca historica》에서 전하는 후대의 전승에 따르면 그녀는 처음에는 매우 인간적으로 결이 고운 여인이었다. 이방인들을 닥치는 대로 잡아 죽이는 아버지 아이에테스의 야만적 정책에 반대하다가 감옥에 갇히기도 했다. 마술사인 그녀에게 감옥이란 언제나 빠져나올 수 있는 곳이었지만 말이다. 마녀가 많이 등장하지 않는 그리스 신화 속에서 메데이아는 다른 주인공의 스토리에 곁다리로 끼어드는 조연이 아니라 악독한 마녀로서 스스로 자신이 주인공이 되는 특별한 위상을 차지하고 있다. 그래서 그리스의 비극 작가인 에우리피데스는 '메데이아'라는 특이한 캐릭터를 창조했던 것이리라. 그의 작품에 등장하는 수다스러운 유모의 말에 의하면 메데이아는 "사나운 영혼이며 정말 무서운 사람"이었다.

그날, 이아손이 이끄는 아르고 호의 용사들이 자신의 나라 콜키스에 도착하던 날, 메데이아의 삶은 돌아올 수 없는 갈림길 중 하나를 선택하게 되었다. 그녀는 난폭한 아버지를 버리고 그들 이방인과 운명을 같이하기로 결심

아르고 원정대의 귀환(귀스타브 모로, 1891~1897년)

했다. 그녀는 이아손에게 황금 양털을 손에 넣게 해주는 대신 자신과 결혼하여 더 넓은 세상으로 자신을 데려가줄 것을 요청했다. 그녀의 도움이 절실했던 이아손은 이 제안을 흔쾌히 받아들였다.

만일 메데이아가 없었다면 이아손은 콜키스의 황금 양털을 얻지 못했을 것이다. 이아손은 콜키스 왕 아이에테스에게 황금 양털*의 반환을 요구했다. 아이에테스는 놋쇠 발을 가진 헤파이스토스의 황소들에게 쟁기를 지워 밭을 갈고, 거기에 용의 이빨을 뿌릴 수 있다면 황금 양털을 내주겠다고 말했다. 이아손은 왕의 제안을 받아들였다. 그러나 그것은 대단히 위험한 모험이었다. 황소들은 두 콧구멍으로 불을 뿜어내면서 누구든 제 등 위에 멍에를 지우려는 자들은 불로 태워버렸기 때문이다. 메데이아는 황소들이 내뿜는 불길로부터 보호받을 수 있도록 마법의 고약을 이아손에게 발라주었다. 밭에 용의 이빨을 뿌리면 그 자리에서 백골의 용사들이 튀어나와 씨를 뿌린 자를 공격하게 되어 있었다. 밭에 뿌려진 용의 이빨에서 튀어나온 용사들이 이아손을 공격하는 대신 서로 싸워 자멸하도록 이아손에게 부적을 준 사람도 다름 아닌 메데이아였다. 황금 양털을 지키는, 잠들지 않는 용에게 마법을 걸어 잠들게 한 것도 그녀였다.

그녀는 황금 양털을 손에 넣은 다음 이아손과 함께 달아났다. 아버지 아이에테스가 배를 타고 추격하자 그녀는 동생인 압시르토스Apsyrtos를 죽여 여러 토막으로 나눠 바다에 던져버렸다.

그들은 아이에테스가 아들의 시신을 거두느라 배를 세우자 그 틈을 타서 도주해버렸다. 신

이아손에게 마법의 약을 만들어주는 메데이아(존 워터하우스, 1907년)

들은 그녀의 잔악한 행위에 분노했다. 신들의 방해로 바다가 거칠어지고 항해가 어려워지자 그녀는 고모인 키르케를 찾아가 신들의 노여움을 풀어달라고 애원했다. 키르케는 제단을 쌓고 신들에게 빌어 그녀의 죄를 사해주었다. 그리하여 그녀는 무사히 이

◆ 테살리아의 아타마스Athamas 왕은 네펠레Nephele와 결혼하여 남매를 낳게 되었다. 왕비에 대한 사랑이 식은 아타마스 왕은 왕비와 헤어지고 후처를 얻었다. 후처의 이름은 이노Ino다. 후처는 전처의 아이들을 미워하여 제우스에게 인신 공양을 하도록 왕을 설득했다. 계모 밑에서 학대받을 것을 염려한 네펠레는 두 아이를 계모의 손이 닿지 않는 곳으로 피신시키려고 했다. 제우스는 이 모정을 동정하여 헤르메스를 시켜 황금 털을 가진 숫양 한 마리를 보내주었다. 양은 두 아이를 태우고 쏜 살같이 동쪽으로 날아갔다. 유럽과 아시아를 잇는 해협을 건널 때 어린 소녀 헬레Helle가 양의 등에서 떨어져 바다에 빠지고 말았다. 이 바다는 소녀의 이름을 따서 '헬레의 바다', 즉 헬레스폰투스Hellespontus라고 불리게 되었는데, 지금의 다르다넬스해협이다. 황금의 숫양은 흑해 동쪽에 있는 콜키스 왕궁에 도착했고, 소년 프릭소스Phrixos는 콜키스 왕의 환대를 받아 그 딸과 결혼했다. 프릭소스는 양을 제우스에게 감사의 제물로 바친 후 자신을 환대해주고 사위로 삼아준 콜키스의 왕 아이에테스에게 황금 양털을 선물했다. 아이에테스는 그 황금 양털을 신성한 숲에 걸어두고 잠자지 않는 용에게 지키게 했다.

아버지의 추격을 뿌리치기 위해 남동생을 바다에 빠뜨리는 메데이아(허버트 드레이퍼, 1904년)

아손의 나라에 도착하게 되었다.

이아손과 결혼한 메데이아는 이아손을 위해 무슨 일이든 다하는 헌신과 열정을 보여주었다. 이아손의 아버지는 그 아들과 이름이 비슷한 아이손Aison이다. 이아손은 아버지가 연로해지는 것을 걱정하여 자신의 나이를 덜어 아버지를 회춘시키고 싶어 했다. 어느 날 이아손이 말했다.

"나의 아내여, 그대의 마력이 위대한 힘으로 나를 돕는 것을 나는 여러 번 목격했소. 그 마력으로 나를 한 번 더 도와주시오. 내 부탁은 다른 것이 아니오. 내 생명에서 몇 년을 빼내 아버지의 수명을 늘려달라는 것이오."

메데이아가 웃으며 대답했다.

"당신의 수명을 희생하지 않아도 됩니다. 수명을 단축시키지 않고도 아버님의 수명을 늘릴 수 있으니까요."

메데이아는 마법의 약초액을 만들어냈다. 그녀는 약초를 달이기 전에 정성을 다했다. 보름이 되자 하늘에 둥근 달이 떠올랐다. 바람 한 점 없고 만물은 고요했다. 메데이아는 달과 별들을 바라보며 헤카테에게서 배운 주문을 외웠다. 그러자 별빛은 더욱 빛났다. 그때 공중에서 뱀들이 끄는 이륜차가 내려왔다. 그녀는 그 이륜차를 타고 먼 곳으로 가 9일 밤 동안 약초를 구해 돌아왔다. 그리고 두 개의 제단을 만들었다. 하나는 마녀들의 여왕 헤카테를 위한 것이었고 또 하나는 청춘의 여신 헤베Hebe를 위한 것이었다. 그리고 그녀는 청춘의 묘약을 만들기 시작했다.

그럼 잠깐 그녀가 회춘액을 만드는 레시피를 들여다보도록 하자. 먼저 큰 솥에 쓴 즙이 나오는 마초를 넣고 동방의 돌과 해안에서 가져온 모래를 넣었다. 그다음에 달밤에 수집한 하얀 서리를 넣고 올빼미의 머리와 날개, 늑대의 내장을 넣었다. 그리고 오래 장수하는 동물인 거북의 뼈와 뿔이 커다란 사슴의 간장을 넣었다. 여기에 인간보다 아홉 배를 더 산 까마귀의 머리와 부리를 첨가했다. 그리고 올리브나무로 잘 휘저었다. 조금 있다가 용액이 부글거리며 끓자 그녀가 가을의 풀 위에 이 용액을 한 방울 떨어뜨렸다. 그러자 마른 풀들이 봄날의 풀처럼 연두색으로 바뀌었다. 그녀는 만족했다. 그녀는 아이손을 침상에 누이고 목을 칼로 그어 모든 피를 빼냈다. 그리고 회춘액을 그 구멍으로 부어 넣었다. 그러자 40년 전의 젊은 청년으로 되돌아간 아이손이 살아났다. 이아손 부자는 대단히 기뻐하며 메데이아에게 감사했다.

당시 이 왕국은 이아손의 숙부인 펠리아스Pelias가 다스리고 있었다. 아버지 아이손이 왕이라는 지루한 인생을 참지 못하고, 동생에게 이아손이 자랄 때까지만 왕위를 맡아달라고 했던 것이다. 그러나 한 번 왕이 된 펠리아스는 그렇게 쉽게 이아손에게 왕위를 물려주지 않았다. 처음에는 황금 양털을 찾아오면 왕위를 돌려주겠다고 했지만 약속을 지키지 않았다. 펠리아스가 나이가 들어 기력이 쇠하자 걱정하던 그의 딸들은 아이손이 회춘했다는 말을 듣고 귀가 솔깃해졌다. 메데이아는 똑같은 마술로 펠리아스를 젊어지게 해주겠다고 그의 딸들을 꾀었다. 펠리아스의 딸들은 메데이아를 믿게 되었고 그 제안에 감사했다.

왕위를 찬탈한 숙부에게 복수할 절호의 기회가 온 것이다. 메데이아는 이아손의 바람이 무엇인지 알고 있었다. 그녀는 이 기회에 딸들의 손을 빌려 펠리아스를 죽이기로 마음먹었다. 먼저 딸들을 안심시키기 위해 회춘의 방법을 그들 앞에서 시연해 보여주었다. 늙은 양을 죽여서 마법의 약즙에 담가 그 속에서 젊은 양이 튀어나오는 장면을 보여주면서 똑같은 방법으로 펠리아스를 회춘시키겠다고 약속했다. 드디어 그날이 왔다. 펠리아스의 딸들은 펄펄 끓는 가짜 약초를 다린 물에 아버지를 넣었다. 펠리아스는 살아나지 못했다. 결국 메데이아는 딸들을 속여 아버지를 삶아 죽이게 했다.

펠리아스를 죽이기는 했지만 이아손은 왕이 되지 못했다. 오히려 이 사건이 있은 후 이아손과 메데이아는 코린토스로 도망갔다. 그들은 거기서 그럭저럭 10년간을 살았다. 그러나 이아손의 마음에는 왕이 되지 못한 회한이 있었다. 그러던 어느 날 드디어 마지막 기회가 왔다. 코린토스의 왕이 자신의 딸 크레우사Creusa(혹은 글라우케Glauce라고도 불린다)와의 결혼을 제안한 것이다. 자신의 왕국에서 왕이 되지 못하고 청춘이 지나가 버리는 것이 안타까웠던 이아손은 코린토스의 왕녀를 얻어 왕의 후계자가 되고 싶었다. 왕녀 크레우사와의 결혼 조건은 전처인 메데이아를 아이들과 함께 코린토스에서 추방하는 것이었다. 그는 조건에 동의했다.

메데이아는 배신당한 것이다. 남편에게 버림받고 갈 곳도 없이 쫓겨나야 하는 그녀는 비탄에 빠졌다. 그리고 배신당한 분노가 끓어오르자 마음속에서 마녀의 본성이 이글거리며 되살아났다. 어려움에 처해 도움이 절실했던 사람을 사랑한 것이 얼마나 큰 함정이었는지 비로소 그녀는 알게 되었다. 필요가 없어지는 날 사랑처럼 보이는 것들은 사라지고 그동안 쏟았던 모든 헌신들 또한 헛되어지니, 배신감은 열 배 백 배가 되어 가슴을 찔러왔다. 이때 그녀의 분노와 비탄을 에우리피데스는 〈메데이아〉에서 유모의 입을 통해 이렇게 전한다.

"차라리 저 아르고 호가 콜키스에 오지 않았다면……. 우리 메데이아 아가씨도 이아손 서방님을 만나지 않았을 것을, 펠리아스의 공주들을 꾀어 부왕을 살해하게 하고 이 코린토스 땅으로 오지도 않았을 것을……. 가엾게도 매정한 냉대에 메데이아 아가씨는 이아손 서방님이 이럴 수 있느냐고, 그 맹세들은 다 어디 갔느냐고, 오른손을 굳게 잡았던 그 맹세들은 이제 허사인가 하고 슬피 외치며 신들이 굽어 살피시기를 기원하고 계시지. 식음을 전폐하고 버림받은 많은 날들을 눈물에 젖어 애간장을 태우고……. 간혹 백설 같은 고개를 돌리고 몰래 그리운 아버지여, 고향이여, 내 집이여 하고 탄식을 하시지. 불행을 당하고야 고향 땅의 소중함을 아시게 된 거야……. 아이들까지도 보기 싫어하시지. 무슨 끔찍한 일이 벌어지지나 않을까? 워낙 성미가 급하신 분이라 가혹한 수모를 참고 견딜 분이 아니지……. 걱정되어 못 견디겠구나. 추억의 이부자리가 깔려 있는 침실로 몰래 들어가 날카로운 칼날로 가슴팍을 찌르지나 않을까? 아니면 왕과 이아손 서방님을 살해하고, 아가씨는 더 혹독한 변을 당하지는 않을까? 워낙 무서운 분이라……."

이아손은 얼음처럼 냉랭했다. 그는 아무것도, 누구도 사랑하지 않았다. 그는 지독한 이기주의자이며 철저한 계산자로 무대에 등장한 것이다. 그의 논리는 소피스트들의 수법으로 냉소적이었다. 그는 메데이아의 도움을 받았다는 것을 인정한다. 그러나 자신도 그만큼은 돌려주었다고 말한다. 특히 거칠고 사나운 야만이 지배하는 콜키스로부터 정의가 지배하는 그리스로 그녀를 데리고 왔다는 말이 그의 입술에서 흘러나왔다. 자, 이제 내 인생에서 사라져주시지. 물론 돈과 추천장도 만들어줄 테니 타지로 떠나란 말이야. 내 행복에 짐이 되어서는 안 되니까. 이것이 이아손의 논리였다. 반면 메데이아는 불길처럼 타오르는 열정의 인간이다. 그녀는 여전히 이아손을 사랑했다. 그러나 그 사랑은 배신당했다. 그녀는 분노와 증오로 불타올랐다.

> "그래, 여자는 비겁해질 수도 있지. 칼을 들이대면 벌벌 떨지. 그러나 잠자리를 지킬 권리를 빼앗긴 여자보다 더 피에 굶주린 영혼은 어디서도 찾을 수 없을 거야."

그녀는 이아손의 배신을 응징하기로 마음먹었다. 모든 계획은 그녀의 머릿속에서 진행되었다. 그녀는 먼저 연적인 이아손의 새 신부 크레우사를 죽였다. 신부가 결혼식에 입을 아름다운 옷을 아이들을 통해 선물하자 독물에 담근 옷인 줄도 모르고 그 아름다움에 빠진 크레우사가 그 옷을 걸친다. 그러자 옷 속에서 불길이 치솟아올라 신부를 태워 죽이고 그 불이 번져 궁전을 불태워버렸다. 하인 하나가 나타나 이아손의 새로운 부인이 될 어린 공주의 참혹한 비극을 전하자 메데이아는 소름 끼치는 전율의 기쁨으로 그 이야기를 듣는다. 이제 연적은 죽었다. 다음은 아이들이다.

상황을 자신에게 유리하게 이끄는 데 남다른 감을 가지고 있는 메데이아는 얼음 같은 이아손이 그래도 아이들에 대한 애착을 가지고 있는 것을 간파

했다. 메데이아는 이아손의 마음에 자신이 입은 상처보다 더 심한 상처를 주고 싶었기 때문에 그가 아끼는 가장 소중한 보물들인 아이들을 죽이기로 작정했다. 자신의 아이들이기도 했으나 아이들을 모두 죽여 이아손에게 고통을 주고 그를 비탄에 빠뜨려 보복하고 싶었던 것이다. 그러나 아이를 죽여야 하는 어미의 심정은 깊고 깊은 어둠이었다. 에우리피데스는 〈메데이아〉에서 이 마음을 이렇게 표현한다.

"아이들을 내 손으로 없애고 빨리 여기를 떠나야 해. 우물쭈물하다가 이 아이들이 더 혹독한 사람의 손에 죽게 해서는 안 돼. 이 아이들은 어차피 죽은 목숨이야. 그렇다면 차라리 어미 손에 죽는 것이 행복하다 할 수 있지. 마음을 돌같이 먹고……. 무얼 주저하는 것이냐. 자, 불쌍한 이 손. 아, 칼을 잡아라. 쓰라린 삶의 출발점으로 돌진하는 것이다. …… 아아, 이 세상에 나같이 불행한 여자가 또 있을까."

메데이아는 흔들린다. 다시 마지막 최후의 전투가 메데이아의 가슴속에서 벌어진다. 아이들을 마지막으로 만난다. 그러고는 쓰라린 작별을 한다.

"오, 예쁜 손, 고운 입술…… 너희 둘 다 행복하거라. 그곳에서 말이다. 아, 이 부드러운 포옹, 부드러운 살결, 향기로운 내 아이들의 입김. 자, 가거라! 가거라!"

금방 증오가 찾아와 사랑을 덮어버린다. 모성애와 복수의 악마가 긴 결전을 치른다. 사랑이 승리를 거둔다. 그러나 잠시 후 증오가 승리한다. 사랑이 그리고 다시 증오가 되풀이되며 번갈아 메데이아의 마음을 움켜쥔다. 결국 메데이아는 아주 유명한 다음의 시구로 자신의 갈등을 정리한다. 그것은 마음속에 깃든 악마의 분노였으며, 살인적인 증오였다.

"나의 분노는 나의 결심보다 강하다네."

격노한 메데이아(들라크루아, 1826년)

이 대사에 꼭 맞는 그림이 바로 들라크루아Eugène Delacroix의 그림이다. 두 아이를 죽이기 위해 비수를 든 여인. 자신의 생을 지옥으로 몰아넣게 될 행위를 하기 직전의 여인. 사랑하는 것들을 죽여야 하는 그녀의 얼굴은 분노 너머의 절망과 허무를 담고 있다. "내가 죽이지 않으면 누군가에 의해 죽게 될 내 사랑들." 아이를 보호할 수 없는 상황에 몰린 어미의 모습. 그녀가 고개를 돌려 뒤를 보는 것은 처음 잘못된 사랑을 시작한 자신의 젊은 과거를 되돌아보고 있는 것이리라. 왕이 되고 싶었으나 되지 못한 불운한 남자를 사랑한 여인, 그리하여 왕의 후계자가 될 수 있다는 마지막 유혹에 져서 모든 것을 버리고 사랑한 여인마저 배신한 남자에 대한 복수 외에는 아무것도 남지 않은 여인.

메데이아가 더불어 사랑한 것은 그 아이들이었다. 그 아이들의 '빛나는 시선'을 마주할 때는 마음이 뒤집어지곤 했었다. 품에 안고 있을 때도, 심지어 그 아이들을 죽일 때도 못 견디게 아이들을 사랑했다. 그러나 분노와 복수심이 사랑을 삼켜버렸다. 분노는 의지보다 강해 스스로 삭힐 수도 없고 통제할 수도 없이 뻗쳐 나갔다. 우리는 그 악마적 힘에 대항할 수 없으며, 그힘이 우리를 철저하게 파괴한다. 메데이아가 복수에 성공하는 순간, 바로 그승리의 순간에 그녀는 완전히 파괴되어버린다. 악마가 영혼을 쥐고 흔든다. 상황은 끝났다.

에우리피데스는 스스로 불행을 만들어간 두 남녀의 싸움을 이렇게 종결지었다.

이아손 : 인간의 여자가 아닌 암표범, 꺼져버려라. 자식을 죽인 피에 젖은, 비열한인간아. 나는 내 운명을 혼자 슬퍼할 뿐이니.

메데이아 : 나에게 어떤 은혜를 입었는지, 그 갚음으로 당신이 어떤 행동을 했는지제우스께서 모르실까. 나와의 인연은 헌신짝처럼 버리고 나를 조롱거리로 만들고는 자기는 즐거운 생활을 보내려 들다니…… 암표범? 날 마음대로 불러요. 당신을 마음껏 때려 부숴놓았으니.

이아손 : 그렇게 말하는 그대 또한 슬프고 불행하리니.

메데이아 : 기꺼이 괴로워하겠어요. 당신에게 조롱만 받지 않는다면.

이아손 : 아아, 내 아이들아, 어찌 이런 혹독한 어미를 만났느냐.

메데이아 : 아비의 죄로 죽음을 당한 거예요, 이 애들은.

(메데이아의 수레가 천천히 움직인다. 둘은 서로를 저주하며 헤어진다.)

이아손 : 이 천하에 고약한 계집.

메데이아 : 집에 가서 새 아내나 묻어주시지.

이아손 : 두 아이를 잃은 몸…….

메데이아 : 진정한 슬픔은 늙어서야 뼈에 사무칠걸.

이아손 : 아아, 소중한 내 자식들아.

메데이아 : 소중히 여긴 것은 나예요.

이아손 : 그렇다면 왜 죽였단 말인가?

메데이아 : 당신을 괴롭히기 위해서.

이아손 : 아이에게 입을 맞추고 부드러운 살을 만지게 해주오.

메데이아 : 안돼요. 사정해도 소용없어.

악독한 짓을 한 메데이아는 아이들의 시신을 태운 채 신비한 헬리오스의 마차를 타고 하늘을 날아 도망쳤다. 《메데이아, 또는 악녀들을 위한 변명 Medea, Stimmen》을 쓴 독일의 작가 크리스타 볼프Christa Wolf는 메데이아를 현대적으로 해석했다. 악녀, 용서받지 못할 독부, 반이성적인 살해자가 아니라 주도적으로 행동하는 자유인, 꼿꼿한 인간, 헌신적인 사랑을 하는 여인, 신통력을 가진 선지자로 말이다. 그녀는 이방인이었지만 귀부인처럼 꼿꼿했다. 그녀는 자신의 운명을 예감하고 있었다. 그녀는 선각자였고 예지자였으므로 자신의 무서운 미래가 먹구름으로 다가오는 것을 예감하고 있었다.

코린토스를 떠난 메데이아는 테세우스의 아버지인 아이게우스 왕이 다스리는 아테네로 곧장 가서 그의 아내가 되었다. 아이게우스는 아이를 잘 낳지 못했기 때문에 그에게 접근해 아이를 낳아주겠다고 설득하여 그의 아내가 된 것이다. 청년 테세우스가 늠름한 모습으로 아버지를 찾아오자 메데이아는 테세우스가 누구인지 아직 모르던 아이게우스를 설득하여 그를 죽이라고 시켰다. 아이게우스는 테세우스에게 독이 든 술을 권하다가 그가 자신의 신물을 가진 아들임을 알아차리고 독주가 든 술잔을 엎어버렸다.

음모가 발각된 메데이아는 도피하여 엘리시온으로 갔다.◆ 한 전승에 의하면 그녀는 그곳에서 아킬레우스와 결혼했다고 한다. 가장 센 남자와 가장 센 여자가 만난 것이다. 쯔다 이아손 정도로는 그녀의 사랑을 채울 수 없다. 아마도 메데이아만 한 불같은 여인을 품을 수 있는 사내는 아킬레우스 정도는 되어야 한다고 생각한 후대 사람들이 지어낸 이야기가 아닐까? 아니면 불쌍한 그녀의 영혼은 엘리시온 안에서 구원된 것일까?

나는 메데이아가 아이들을 죽이는 순간, 복수에 성공하는 순간, 철저히 파괴되는 순간 괴테Johann Wolfgang von Goethe와 성 아우구스티누스를 다시 만나게 된다. 괴테가《파우스트》에서 승리의 기쁨에 충만한 순간 외치는 "멈추어라 시간아, 너 참 아름답구나"는 여기서도 등장한다. 바로 이때 악마는 우리의 영혼을 넘겨받게 되어 있다. 악마에게 영혼이 넘어가는 순간 신은 영혼을 악마의 손에서 구원한다. 그레첸 역시 그랬다. 파우스트에게 버림받고 미쳐서 제 손으로 제 자식을 죽이고는 가장 비참한 나락에 떨어졌을 때 신은 그녀를 구원해주었다. 신은 인간의 바닥에 존재한다.

성 아우구스티누스는 이것을 달콤한 죄악 "오 펠릭스 쿨파O felix culpa"라고 표현했다. 이것은 철저하게 하나의 동물적 존재가 죽고 영적 생명이 태어나

◆ 엘리시온Elysion은 엘리시움이라고도 불리는데 고대 그리스인들이 생각하고 있던 특별한 사후 세계의 개념이다. 엘리시온은 보통 사람이 죽어서 가는 저승 세계, 즉 하데스와는 다르다. 그곳은 특별한 자격을 갖춘 사람들, 즉 신이 선택한 영웅들이 죽어서 가는 사후의 거주지로서 축복되고 행복한 삶이 이어지는 곳이다. 메데이아 역시 영웅이 되어 엘리시온에 머문다는 것은 신들에 의해 구원받았다는 뜻이다. 이아손도 죽어서 엘리시온에 갔을까? 나는 '어림없다'에 한 표. 헤시오도스는 엘리시온이 서쪽 바다 끝에 있는 행운의 섬이라고 생각했다. 보통 햇빛이 따사롭게 비치는 평원으로 묘사된다. 단테가《신곡》에 묘사한 '림보limbo'는 엘리시온의 중세적 개념이었을 것이다. 그리스도 이전에 살았던 사람들로, 가톨릭의 신앙을 가질 수 없었던 선한 자들과 현인들은 천국에 이르지 못하고, 그렇다고 지옥의 형벌로 고통스러운 곳도 아닌 림보에 머물게 된다. 그들은 평화롭지만 한숨 속에 지낸다. 단테를 이끌던 스승 베르길리우스Publius Vergilius Maro도 림보에 있다가 베아트리체에 의해 단테를 이끄는 길잡이가 되었다. 그리스인들은 엘리시온에 수많은 영웅들이 살고 있다고 믿었지만 중세를 거쳐 오는 동안 영웅들 대신 신을 모르는 선한 자들이 그 자리를 차지하게 된 셈이다.

사랑에 배신당한 메데이아
(프레더릭 샌디스, 1866~1868년)

는 것을 의미한다. 그리스도교의 시선으로 보면 옛 아담이 새 아담으로 바뀌는 것이다. 바로 원죄다. 인간은 영원한 기쁨의 에덴동산에서 쫓겨나 타락한다. 그러나 그 타락이 없었다면 구세주도 없었을 것이다. 이때 이 승화는 그냥 낙원에 머물 때의 의식보다 더 높은 의식의 수준에 도달하게 한다. 그 타락이 없었다면 더 높은 영혼으로의 승화도 없었을 것이다. 그러니 그 죄악이 얼마나 달콤한 타락인가! 죄악, 바로 육체의 죽음 없이는 정신적 존재로의 재생도 없다. 선불교의 스승 육조 혜능慧能은 그리하여 기가 막힌 명언 하나를 남겨두었다.

"우리의 순수한 정신은 타락한 정신 속에 있다."

시인은 노래한다.

나이가 들면 자신의 세상을 가져야 해.
부모의 세상은 너무 좁아.
황금 마차를 타고 불행을 찾아 아버지를 떠나
한 번도 보지 못한 사람과 새로운 세상을 언약하지,
오직 사랑과 신뢰만으로.

사랑의 배신은 그러나
불같은 여인을 냉혹한 마녀로 만들고 말지.
마음의 상처가 너무 깊어
그를 찌른 칼이 다시 나를 찌르게 되지.
그의 심장을 찌를 수만 있다면 나의 심장쯤이야, 오 달콤한 죄악.

파이드라와 히폴리토스:
사랑이 증오가 되어 죽음을 낳다

테세우스의 모험은 계속되었다. 그는 여전사들의 나라인 아마존으로 가서
그 여왕을 납치해왔다. 여왕의 이름은 안티오페Antiope라고 하기도 하고, 히
폴리테Hippolyte라는 설도 있다. 어찌 되었든 테세우스는 그녀와의 사이에서

히폴리토스와 파이드라, 그리고 테세우스(pierre narciss, 1802년)

히폴리토스Hippolytos라는 아들을 얻게 되었다. 히폴리토스는 멋진 청년으로 자라게 되었고, 특히 사냥과 축제의 여신인 아르테미스Artemis를 지극 정성으로 숭배했다. 반면 변덕스러운 사랑의 여신 아프로디테를 비웃었다. 이를 괘씸하게 여긴 아프로디테는 복수의 기회를 찾고 있었다. 드디어 그 기회가 서서히 다가오고 있었다.

안티오페가 죽자 테세우스는 미노스 왕의 딸로서 아리아드네의 자매인 파이드라Phaedra와 결혼하게 되었다. 아리아드네를 버린 테세우스가 하필 그녀의 자매를 아내로 얻은 것은 그녀를 잊지 못해서인지, 그밖에 다른 이유가 있어서인지는 분명치 않다.◆ 어찌 되었든 이 결혼으로 테세우스는 결정적인 비극 속에 빠지게 된다. 계모인 젊은 파이드라가 의붓아들인 히폴리토스에 대한 절망적인 사랑에 빠져들게 되었기 때문이다.

파이드라는 불륜의 사랑에 수치심을 느끼면서도 마음을 걷잡을 수 없었다. 그러나 히폴리토스는 파이드라에게 무심했으며, 그녀의 사랑조차 알지 못했다. 이 어두운 짝사랑 뒤에는 히폴리토스에게 복수하려는 아프로디테

◆ 미노타우로스의 죽음, 테세우스의 승리, 공물로 바친 선남선녀의 귀환, 아리아드네의 유기 그리고 그녀의 자매인 파이드라와의 결혼은 서서히 크레타 섬의 지배력이 끝나가고 그리스 본토의 지배자들이 크레타를 멸망시켜가는 과정이 이야기 속에 상징적으로 녹아든 것으로 짐작된다. 아마존을 정복하고 안티오페를 납치해오듯 아테네는 크레타와의 싸움에서 크레타 왕녀 파이드라를 전리품으로 빼앗아온 것일 수도 있다.

슬픔에 잠긴 파이드라(Alexandre Cabanel, 1880년)

의 부추김과 음모가 도사리고 있었다. 파이드라에게는 충실한 유모가 있었다. 유모는 나날이 야위어가는 파이드라를 걱정하다가 우연히 파이드라가 히폴리토스에 대한 짝사랑으로 죽어가고 있다는 사실을 알게 되었다. 유모는 히폴리토스를 찾아가 이 사실을 알려주었으나 그는 더욱더 이 불륜의 사랑을 추악한 것으로 몰아붙였다. 파이드라는 절망했다. 그녀는 스스로 그 사랑을 견디지 못해 자살하고 말았다. 그러나 사랑이 증오로 바뀌었기 때문에 그녀는 죽음으로 히폴리토스를 파멸시키고자 했다. 그녀가 죽고 테세우스의 손에는 그녀가 마지막으로 남긴 유서가 쥐어져 있었다. 유서에는 히폴리토스가 자신을 유혹하고 겁탈했기에 자결할 수밖에 없다는 내용이 담겨 있었다. 테세우스는 절규한다.

> "이 편지가 크게 외치는구나. 낱말들이 말을 하고 그것들에게도 혀가 달려 있구
> 나. 내 아들이 내 아내를 범했구나. 오, 포세이돈이시여, 아들을 저주하는 제 말을
> 들으소서. 이 저주가 이루어지게 하소서."

　격분한 테세우스는 히폴리토스를 추방했다. 억울한 분노와 쫓겨난 침울함
으로 히폴리토스는 마차를 몰고 아테네를 떠났다. 그때 갑자기 바닷속에서
물결이 산처럼 일어나고, 그 꼭대기가 갈라지면서 홀연 거대한 황소가 나타
나더니 커다란 콧구멍으로 바닷물을 토해냈다. 말이 기겁을 하고 놀라 뛰자
마차는 바위에 산산이 부서지고, 히폴리토스는 온몸이 거대한 상처가 되어
죽고 말았다. 바다의 신 포세이돈이 테세우스의 저주를 들어주었던 것이다.
'말에 의해 찢긴 자'라는 뜻의 '히포-리토스Hippo-lytos'라는 이름을 가진 그는
결국 그 이름에 상응하는 운명이 되어 죽고 말았다. 비탄에 빠진 테세우스
앞에 아르테미스 여신이 나타나 사건의 진상을 알려주었다. 유서가 거짓이
며, 사랑을 품고 그것을 증오로 바꾸어 히폴리토스를 음해한 것은 바로 파이
드라였음을 밝힌 것이다. 테세우스는 사랑의 배신과 아들의 죽음에 다시 절
규한다.

　만년에 이르러 이런 실수들로 인해 쇠락한 테세우스는 아테네에서 추방당
해 친구인 스키로스의 리코메데스Lycomedes 왕에게 몸을 의지하게 되었다. 처
음에는 테세우스를 돌보아주던 리코메데스는 후에 테세우스를 죽이게 되는
데 그 이유는 알려지지 않았다. 일설에 의하면 리코메데스가 절벽에서 그를

밀어 떨어뜨렸다고도 하고, 그가 저녁을 먹고 산책을 하다가 절벽에서 실족하여 죽었다고도 한다. 어찌 되었든 영웅 테세우스는 그렇게 조국 아테네에서 쫓겨나 분명치 않은 이유로 죽고 말았다. 아버지 아이게우스의 자살, 아내 파이드라의 자살, 아들 히폴리토스의 억울한 죽음에 이어 자신의 죽음에 이르기까지 테세우스의 인생은 영광과 비극으로 가득 차 있었다.

아테네인들은 어느 누구보다도 테세우스를 사랑하고 추앙했다. 그리고 그의 유해를 아테네로 옮겨와서 테세이온 신전에 안치했다. 세월이 흘러 아테네가 페르시아인들과 마라톤에서 격전을 벌일 때 엄청나게 큰 용사가 선두에서 지휘했는데, 아테네인들은 그가 바로 테세우스라고 믿었다. 페르시아 전쟁이 끝나고 테세우스의 유해를 수습하여 아테네에서 장사 지내라는 델포이의 신탁이 있었다. 키몬Kimon은 이 신탁을 존중하여 스키로스 섬을 정복했다. 그는 그곳에서 독수리 한 마리가 언덕에 앉아 발톱으로 흙을 파고 있는 것을 보게 되었다. 그 둔덕을 파헤치자 엄청나게 큰 용사가 들어 있는 관과 함께 청동 창과 칼이 나왔다. 모든 사람들이 그 관의 주인공은 바로 테세우스라고 믿었다. 키몬은 그 유해와 무기들을 챙겨 아테네로 돌아왔다.

테세우스는 죽음 자체는 불우했으나 살아 있을 때와 마찬가지로 죽은 후에도 그리스인들 중 가장 사랑받는 영웅으로 남게 되었다. 테세우스가 아테네인들의 마음을 사로잡고, 그의 조국 아테네가 번성한 데는 그럴 만한 축복이 있었기 때문이다. 죽기 전 테세우스는 인간으로서 가장 불행하고 동시에 가장 장엄한 영혼이 더 이상 떠돌지 않게 가슴으로 받아들였다. 그와 그의 조국 아테네는 가장 장엄한 인간, 오이디푸스 왕의 유해를 거두어들임으로써 신탁에 따라 신의 축복을 받게 되었다. '오이디푸스의 축복', 그것은 무엇일까?

시인은 노래한다.

파시파에의 딸이 유혹하여
아비의 침상을 더럽히자는 것을 뿌리쳤다네.
증오가 된 사랑이 죽어가면서 꾸민 덫,
아비는 절규하며 아들을 쫓아내니
여신만이 청년의 억울한 진실을 알려주었네.

거대한 바다 물덩이가 산같이 부풀어 오르다
꼭대기 물결이 갈라져 한 마리 크레타 황소가 울부짖자
말들이 미친 듯이 날뛰고
마차는 바위에 부딪혀 산산이 부서지니
히폴리토스는 몸 전체가 거대한 상처가 되어 죽고 말았네.

아스클레피오스: 필멸의 인간을 되살리고 대신 죽다

달과 사냥의 여신 아르테미스는 히폴리토스의 죽음을 애도했다. 그러나 그녀는 그것으로 그치지 않고 어떻게든 그를 되살려내고 싶었다. 그리하여 그녀는 의술의 신으로 명성이 자자한 아스클레피오스를 방문했다. 여신은 아스클레피오스에게 계모를 사랑했다는 억울한 누명을 쓰고 죽은 히폴리토스를 되살려달라고 요청했다. 아스클레피오스는 히폴리토스의 끔찍한 시신을 추슬렀다. 로마의 시인 오비디우스의 표현에 의하면 히폴리토스의 사체는 "마차가 바위에 부딪히는 바람에 살아 있는 내장은 튀어나오고, 힘줄은 나무뿌리에 걸려 끊어지고, 뼈는 부러지고, 사지는 따로 놀아서 어느 것 하나도 예전의 그 사람임을 알아볼 수 없게 된, 육신이 전부 그저 거대한 하나의 상처였다"◆고 한다.

의신 아스클레피오스는 그의 사체를 붙이고 이어 되살려냈다. 죽어야 할 운명을 타고난 인간에게 있을 수 없는 일이 일어났다. 다시 살아난 히폴리토스가 신들의 시기와 벌을 받지 않도록 아르테미스는 그의 나이를 늘려주고 얼굴을 알아보지 못하게 성형해주었다. 그의 이름도 '말에 의해 찢긴 자'인 히폴리토스가 아니라 비르비우스Vir-bius, 즉 '두 번 산 자'라 불리게 되었다. 그리고 그는 영원히 아르테미스의 추종자가 되어 그녀의 보호를 받게 되었다. 그러나 신들을 속일 수는 없었다. 신들은 분노했다. 영원한 생명은 인간에게 허락된 것이 아니기 때문이다. 그러나 올림포스의 계율에 따라 '어느 신이 한 것을 다른 신이 되돌려놓을 수 없기 때문'에 아르테미스에 의해 살아난 히폴리토스를 다시 죽일 수는 없었다. 그 대신 제우스는 벼락을 내리쳐 하늘의 법을 어긴 아스클레피오스를 죽여버렸다. 다른 사람을 살려냈다는 이유로 자신은 죽임을 당한 것이다.

시인 핀다로스Pindaros는 안타까운 마음으로 그의 죽음을 애도했다.

"아, 나의 영혼이여, 불멸의 삶을 갈구하지 마라. 그 대신 너에게 주어진 운명에 지치도록 탐닉하라. 어찌하여 불가능한 일을 탐하는가? 발 앞에 일을 직시하라. 발

◆ 에우리피데스의 비극 〈트로이의 여인들〉 중에서.

앞에 놓인 인간의 운명, 죽어야 할 우리의 조건을 잊지 마라."

필멸의 인간을 살려냈다는 이유로 대신 죽임을 당한 아스클레피오스는 도대체 누구일까?

테살리아의 라리사에는 코로니스Coronis라는 아름다운 처녀가 살고 있었다. 그녀의 아름다움이 너무 눈부셨기에 태양의 신 아폴론이 그녀를 사랑하게 되었다. 그러나 코로니스는 신보다는 사람을 좋아했다. 늙지도 죽지도 않는 영원한 청춘의 애인이 언젠가 늙어야 하는 육체의 인간을 버릴지도 모른다는 두려움 때문이었는지 알 수 없으나 코로니스는 신의 충실한 애인이 되기보다는 자신의 낭만을 따랐다.

그녀는 언제나 모르는 사람들에게 반했다. 특히 인간이라는 피조물 중에도 가장 허영심이 많은 자, 그러니까 시인 핀다로스의 표현을 빌리면 "자기 앞에 있는 것을 돌보지 않고 실현될 수 없는 희망을 좇아 유령을 따라다니는 자"들에게 반했다. 그리하여 그녀는 뱃속에 순수한 신의 씨앗을 품고 있으면서도 바람처럼 라리사를 지나가는 테살리아의 젊은이를 더 사랑하여 잠자리를 같이했다.

아폴론이 늘 데리고 다니는 신조神鳥인 큰까마귀가 이 사실을 알게 되었다. 그리고 아폴론에게 고자질했다. 진노로 낯빛이 변한 아폴론의 머리에서 월계관이 흘러 떨어졌고, 그의 손에서는 수금을 켜는 채가 떨어졌다. 늘 쓰는 무기인 활을 찾아 들고 절대로 피할 수 없는 화살을 먹여, 잊을 수 없는 부드러움을 간직한 코로니스의 젖가슴을 향해 깍지를 놓았다. 코로니스는 화살을 맞고 쓰러졌다. 희고 긴 손가락은 피로 물들었다. 죽어가며 그녀는 부르짖었다.

"아폴론이여, 나를 죽이시더라도 당신의 아이나 낳고 난 다음에 죽이실 것을……. 화살 하나에 두 명의 목숨이 끊어집니다."

아폴론은 곧 후회했다. 벌이 너무 가혹했다고 생각했지만 이미 너무 늦고 말았다. 죽어 식어가는 애인은 신도 어쩌지 못했다. 코로니스의 아름다운 몸은 장작더미 위에 올려졌다. 활활 타오르는 불꽃이 넘실거리며 막 그녀를 덮칠 때 아폴론은 황급히 불길에게 명령했다. 그러자 불길이 좌우로 갈라졌다. 아폴론은 코로니스에게 다가가 그녀의 배에서 자신의 아이를 꺼내 따로 기르게 되었다.

이 비극적 살인이 끝나자 아폴론은 큰까마귀의 말을 듣고 분노로 앞뒤 가리지 못한 자신을 꾸짖었다. 자신의 활, 그리고 그 활을 당긴 자신의 손이 미웠다. 더욱이 코로니스의 부정을 고자질하여 자기에게 씻을 수 없는 잘못을 저지르게 한 큰까마귀는 미워 견딜 수가 없었다. 고자질을 하고 큰 상을 기다리던 충실한 큰까마귀는 아폴론의 저주를 받았다. 눈처럼 흰 깃털은 검게 바뀌고, 큰까마귀는 더 이상 흰 새들의 무리에 낄 수 없게 되었다.

시인은 이 까마귀를 비웃어 노래한다.

사랑을 하면 배신을 하지 말고
비밀을 보았거든 입을 덮어 바위가 되라.
비밀이 자라 곧 피처럼 붉은 불행이 되리니
그 비밀에서 멀리 도망쳐라.
숨겨둔 어두운 곳은 언젠가 밝은 곳이 되는 법.

결코 불행을 전하는 전령이 되지 말지니

케이론이 아스클레피오스와 아킬레우스를 가르치다

사랑할수록 미움도 크고
복수가 지나칠수록 후회도 크니
언젠가 분노 속에서 저지른 일을 뉘우칠 때
그 일을 전한 자를 가장 미워하리라.

화염 속에서 코로니스의 배를 갈라 아이를 꺼낸 아폴론은 제자인 케이론
Cheiron에게 이 아이를 맡겼다. 케이론은 하체는 말이고 상체는 사람인 켄타
우로스Kentauros였다. 아폴론에게 의술을 배우고 아르테미스에게 사냥을 배운
현인이었다. 케이론은 이 아이를 의사로 키웠다. 이 아이가 자라서 의신 아
스클레피오스가 되었다.

고통을 없애주는 상냥한 장인,

지독한 아픔을 덜어주는 이,

건강을 되찾아주는 기쁨의 원천.

이것은 의술의 신 아스클레피오스에게 돌려진 영광의 노래다. 아스클레피오스는 위대했으나 그 출생도 죽음도 모두 비극이었다. 그리스의 펠로폰네소스 반도 북동 해안의 고대 도시인 에피다우로스 계곡에는 아스클레피오스의 성소가 있다. 성스러운 마을로 불리던 이 신역은 각지에서 병든 자들이 몰려들어 새롭게 건강한 삶을 살게 되리라는 희망이 벅차오르는 땅이었다. 치료는 치료소인 아바톤Abaton에서 이루어진다. 사제가 아스클레피오스의 이름으로 힘껏 격려하면 고무된 환자는 아바톤에서 잠을 청한다. 그러면 꿈속에서 자신에게 꼭 맞는 치료법을 보게 되는데 그대로 하면 건강한 몸으로 회복된다. 꿈속에 신이 현몽하여 기적적으로 치유가 이루어진다는 말을 믿지 못했던, 애꾸눈 여인의 이야기가 전해져온다.

> 아테네에 암브로시아라는 애꾸눈 여인이 살고 있었다. 이 여자는 장님과 절름발이가 아스클레피오스 신전에 찾아가서 잠을 자다가 꿈을 한 번 꾸고 난 후에 건강한 몸으로 돌아갔다는 말을 듣고 비웃었다. 그러다가 여인은 신전에서 잠이 들게 되었는데, 꿈속에서 신이 다가와 애꾸눈을 고쳐주겠다고 말했다. 그러나 여인은 신성을 비웃은 죄를 청산해야 하기 때문에 신전에 은으로 만든 돼지를 바쳐야 한다고 말했다. 그리고 나서 신은 꿈속에서 여인의 병든 눈을 째고 약을 넣어주었다. 다음 날 여인은 말끔히 나아 신전을 떠났다.

아스클레피오스가 죽은 후로도 수백 년 동안 사람들은 병과 고통을 치유받기 위해 제물을 마련하여 그의 신전에서 기도를 드렸다. 그가 꿈에 나타나 치유법을 알려준다고 믿었기 때문이다. 특히 바다 색처럼 푸른 눈을 가진 뱀들은 아스클레피오스의 신성한 종으로 여겨졌다. 의신 아스클레피오스에게는 히기에이아Hygieia라는 딸이 있었다. 일설에 의하면 그의 아내라고도 한다. 히기에이아는 건강의 여신으로 아스클레피오스와 함께 숭배되었으며, 그녀의 상징 동물 역시 뱀이었다. 뱀은 재생과 불멸의 상징성을 갖는 동물이다. 매년 커지기 위해 허물을 벗어야 하고, 허물은 과거의 것이니 허물을 벗는 행위는 해마다 새롭게 태어난다는 상징이다. 또한 뱀은 자신의 꼬리를 물면 원이 된다. 원은 돌고 돌아 끊이지 않는다. 즉 영원이다. 아직도 우리는 구급차에 아스클레피오스의 지팡이와 이를 감싸고 있는 뱀의 문양이 그려져 있는 것을 발견할 수 있다. 신화는 인간의 무의식과 문명의 상징체계 속에서 면면히 이어진다.

히기에이아의 두상 (아테네 박물관)

시인은 의신의 죽음을 안타까워하며 노래한다.

아쉽구나, 신의 분노 속에서 태어나고
다시 신의 분노로 운명을 다하는구나.
현실을 아는 자들은 신이 그에게 허락한 것을 즐길 줄 알고,
그 천직의 즐거움이 삶임을 믿는다.

일 외에 다른 더 큰 즐거움이 없을 때
일은 놀이가 되나니.
 운명을 따르라. 투덜거리지 마라.
그러나 높은 하늘을 지나는 바람은 수
시로 그 행로를 바꾸니
무엇이 운명인 줄 어찌 알겠는가.
다만 인간으로 할 수 있는 일을 다 하고
하늘의 뜻을 기다릴 뿐.

시인은 마음을 다 털어내지 못하여 다
시 노래한다.

자신의 일을 하다 죽기 바라네.
태어난 운명대로 길을 가고
그 길 위에서 늙으리니.
죽을 때까지 해야 하는 일이 바로 천직이니
천직을 다한 사람은 죽어서 별이 되나니.

다른 사람이 시키는 일을 그만두고,
평생 가야 할 길로 들어선 자는
황금의 시기를 맞이하리니
그들에게 퇴직은 없다.
죽음이 바로 퇴직이므로.

히기에이아 (클림트, 1901년)

아폴론
• Apollon •

아폴론은 제우스와 레토^{Leto}의 아들이며, 달의 여신 아르테미스와 쌍둥이 남매간이다. 올림포스 12신 중 하나로 태양의 신이다. 의술의 신이며, 음악과 시의 신이기도 한 그는 헤르메스가 선사한 리라를 잘 연주한다. 은궁^{銀弓}을 잘 쏘아서 겨냥하면 놓치는 법이 없다. 트로이 전쟁에서는 그리스군의 사령관 아가멤논이 아폴론 신전의 사제인 크리세스^{Chryses}의 딸을 범하자 분노하여 아흐레 동안 쉬지 않고 시위를 먹여 은빛 화살을 퍼부었다. 화살은 역병이 되어 그리스군을 쓰러뜨렸다. 그를 상징하는 나무는 월계수이며, 백조와 흰 까마귀가 그의 신조^{神鳥}다.

제우스의 아내 헤라는 레토가 제우스 다음 가는, 젊고 강력한 신을 둘이나 낳으리라는 것을 알고 그 출산을 막기 위해 큰 뱀 피톤^{Python}을 시켜 쉬지 않고 레토를 추격하여 햇빛이 닿은 어디에서도 아이를 낳지 못하게 했다. 모든 땅이 헤라의 저주를 두려워했기 때문에 레토는 아이를 낳을 자리를 찾지 못했다. 정처 없이 떠돌다가 오르티기아 섬에 당도하자 바다의 신 포세이돈이 섬 위로 파도를 솟구치게 하여 잠시 햇빛을 막아주었다. 햇빛이 없는 동안 레토는 얼른 아이 하나를 분만했다. 동생 아르테미스가 먼저 나왔다. 아르테미스를 낳은 레토는 남은 아이 하나

아폴론

를 더 낳기 위해 이웃에 있는 델로스 섬으로 갔다. 이번에는 헤라가 분만의 여신 에일레이티이아Eileithyia를 붙잡아 레토의 해산을 방해했다. 분만의 여신의 도움을 받을 수 없게 되자 레토는 아흐레 동안 괴로워했다. 무지개의 여신 이리스Iris가 보다 못해 황금 목걸이로 에일레이티이아를 매수했다. 이리스와 에일레이티이아는 비둘기로 변해 레토의 해산을 도와주었다. 이렇게 태어난 아이가 아폴론이다.

아폴론은 제우스의 명령에 따라 델포이로 가서 줄곧 어머니 레토를 괴롭혔던 큰 뱀 피톤을 화살로 쏘아 죽여버렸다. 아름다운 〈벨베데레의 아폴론〉 상은 피톤을 죽인 이 신의 모습을 조각한 것이다.

큰 뱀 피톤을 죽인 그는 그 땅을 차지하여 자신의 신전으로 삼았다. 파르나소스 산의 남서쪽 중턱에 위치한 델포이 아폴론 신전은 그 신탁의 영험함 때문에 고대 그리스 신전 중에서 가장 번창한 성소가 되었다. 헤로도토스Herodotos는 자신의 저서 《역사Historiae》에서 리디아의 왕 크로이소스Kroisos가 세계 각지에 있는 성소들의 신탁을 비교하여 그 영험함을 시험해보았는데, 그중에서 "델포이 아폴론 신전의 피티아Pythia들이 전하는 신탁이 최고"라고 말했다고 전한다.

델포이는 땅의 배꼽인 옴파로스Omphalos가 놓여 있는 장소이기도 하다. 제우스가 세상의 남쪽과 북쪽 끝에서 각각 독수리를 날려 보냈는데, 델포이에서 서로 만났기 때문에 이곳을 '세상의 배꼽'이라고 불렀다. 원래 이곳은 척박하기 그지없는 땅이었다. 코레타스라는 양치기가 델포이 신전 자리를 지나다가 어떤 향기에 취해 황홀경에 빠졌기 때문에 이 궁벽한 장소가 처음 알려지게 되었다. 황홀경에 빠지는 것을 일종의 신탁을 받은 것으로 여겨 여러 신들을 모신 신전들을 여기에 세웠으나 최종적으로 아폴론 신전으로 정착하게 되었다. 특히 신탁을 전해주는 장소를 아디톤adyton이라고 부르는데, 그 안에서는 종종 향긋한 냄새가 흘러나왔다. 플루타르코스는 이 알 수 없는 향기를 프네우마pneuma라고 불렀다. 이

아폴론과 다프네
(안토니오 델 폴라이올로, 15세기)

것은 일종의 바람 같은 영혼의 기운으로 여겨졌다. 플루타르코스는 델포이 인근의 보이오티아 출신이다. 델포이 아폴론 신전의 신관으로 피티아들이 전하는 신탁을 옮겨 적는 일을 맡아했다. 그가 《플루타르코스 영웅전》을 쓸 수 있었던 것도 신탁을 듣기 위해 신전을 찾아온 많은 유력자들을 만날 수 있었기 때문이다. 피티아 여사제들이 삼각 다리를 가진 의자에 앉아 작은 구멍을 타고 올라오는 프네우마에 취해 무아지경에서 중얼거리는 신탁을 신관들이 운문으로 옮겨 의뢰인에게 알려주었다. 프네우마의 정체가 무엇이었는지는 알 수 없다. 화산 가스의 일종이라고도 하고, 단층면에서 올라오는 에틸렌 가스라고도 한다. 물론 사기였다는 주장도 만만치 않다. 아무튼 델포이 아폴론 신전의 피티아들이 전해주는 신탁에 의해 효험을 본 부유한 의뢰인들은 감사의 대가를 지불했기 때문에 한때 델포이의 보물 창고는 진귀한 보물들로 가득했다.

아폴론은 올림포스 12신뿐만 아니라 그 하위의 무수한 신들과 비교해보아도 가장 잘 생기고 아름다운 청년으로 그려졌다. 그에게 많은 사랑 이야기가 따라다닌 것은 자연스럽다. 그럼에도 불구하고 그는 염복艶福이 많은 신은 아니었다. 그는 합리적인 이성의 신인데, 사랑은 머리로 하는 것이 아니기 때문에 많은 여인들이 그를 피한 것은 아닐까? 냉정한 아폴론의 첫사랑은 다프네Daphne였다. 에로스Eros의 짓궂은 장난으로 이 사랑은 시작되었다. 어느 날 어린 에로스가 활과 화살을 가지고 노는 것을 본 아폴론은 갓 피톤을 이긴 승리감에 젖어 에로스를

아폴론과 다프네(존 워터
하우스, 1908년)

놀려주었다. 그러자 에로스는 두 개의 화살을 날렸다. 금촉을 가진 뾰족한 사랑의 화살은 아폴론에게 그리고 납빛 거부의 무딘 화살은 물의 신 페네이오스Peneios의 딸 다프네의 가슴을 향해 쏘았다. 그러니 아폴론은 다프네를 향한 사랑으로 그녀를 쫓고, 다프네는 아폴론을 피해 도망 다니게 되었다. 그 뒤를 쫓으며 아폴론이 외친다.

"기다려요. 나는 늑대가 아니라오. 내가 그대를 쫓는 것은 사랑하기 때문이오. 나는 시골뜨기도 무식한 농사꾼도 아니오. 나는 델포이의 왕이며 내 아버지는 제우스요. 나는 미래의 모든 것을 알 수 있소. 나는 노래와 리라의 신이오. 나의 화살은 표적을 놓치지 않는다오. 아, 그러나 나의 화살보다도 더 치명적인 화살이 나의 가슴을 맞혔다오. 나는 약의 신이며, 모든 약초의 효능을 알고 있소. 그러나 아, 나는 내가 앓고 있는 이 병을 어떠한 약으로도 고칠 수 없구려."

아폴론이 다프네를 거의 다 추격하여 그녀의 머리카락 위로 헐떡이는 숨결을 내쉴 때 다프네가 외쳤다.

"아버지, 나를 살려주세요. 땅을 열어 나를 숨겨주시든지, 이와 같은 처지로 나를 몰아온 내 모습을 바꿔주세요."

그러자 다프네의 모습이 변하여 서서히 보드라운 피부는 거친 껍질로 덮이기 시작하고 치렁거리던 머리카락은 가지와 잎으로 변하기 시작했다. 아폴론은 변해가는 그녀를 안고 키스를 퍼부었다. 그리고 슬피 말했다.

"그대는 이제 나의 아내가 될 수는 없으니 나의 나무가 되게 하리라. 그대를 나의 왕관으로 쓰리라. 그대를 가지고 나의 리라와 화살통을 장식하리라. 위대한 정복자들이 개선할 때 그 머리 위에 그대의 잎으로 엮은 승리의 관을 쓰게 하리라. 나는 영원한 청년이니 그대 또한 영원한 상록수가 되게 하리라. 그리하여 그대의 잎이 시들어 떨어지지 않게 하리라."

그러자 다프네는 머리를 숙여 고마움을 전했다. 이렇게 아폴론의 첫사랑은 끝났으나 그의 사랑 이야기는 영원히 남아 전해지게 되었다.

코로니스와의 사랑 역시 비극으로 끝났다. 또 나폴리 근처의 그리스 식민지였던 쿠마이의 무녀 시빌라^{Sibylla}와의 사랑도 씁쓸하게 끝나고 말았다. 아폴론에게 1000년의 수명을 얻었으나 영원한 젊음을 함께 달라는 것을 잊었던 그녀는 늙고 추해진 다음에는 어서 죽기만을 바랐다. 아폴론에게는 또 하나의 불쾌한 사랑이 있었다. 아폴론은 트로이의 왕 프리아모스^{Priamos}와 왕비 헤카베^{Hekabe} 사이에서 태어난 카산드라Cassandra를 사랑했다. 그녀는 그 사랑의 징표로 미래를 예언할 수 있는 능력을 달라고 청했다. 아폴론은 그녀에게 예언의 능력을 주었다. 그러나 그녀는 아폴론의 사랑을 거절했다. 이 배신에 화가 난 아폴론은 카산드라의 입 안에 침을 뱉어 그녀의 허로부터 예언을 설득시킬 수 있는 능력을 빼앗아버렸다. 그 후 카산드라는 누구보다도 뛰어난 예언을 할 수 있었지만 아무도 그녀의 말을 믿지 않는 고통을 당하게 되었다.

아폴론은 그리스인들에게 가장 널리 숭상된 영향력 있는 신이었다. 그들은 아폴론을 사랑하여 포이보스Phoebos라고 부르기도 했다. '밝다' 또는 '순수하다' 라는 뜻이다. 오직 제우스와 레토만이 태양신 아폴론의 존재를 견딜 수 있었다. 그에 대한 두려움과 그의 권위는 그가 가지고 다니는 활로 나타났고, 그의 부드러움은 리라로 표현되었다. 그가 음악과 시와 의술의 신으로 추앙받는 이유는 세 가지 기능의 불가분성 때문인 것 같다. 시인이자 의사인 존 암스트롱은 이 연결성을 이렇게 설명한다.

"음악은 온갖 기쁨을 드높이고 모든 슬픔을 진무한다. 모든 병을 몰아내고 고통을 어루만져주니, 예부터 고대의 현자들은 의술과 음악과 시가를 떼놓지 못하고 함께 숭상했다."

델포이는 아테네에서 서북쪽으로 약 180킬로미터 떨어져 있다. 바닷길로는 코린토스 북쪽에 있는 코린토스 만을 건너 이테아 포구에 내리면 불과 20킬로미터밖에 되지 않는다. 지금은 옛날의 영화를 반영한 기둥들이 신전 유적으로 남아 있을 뿐이다. 그러나 약 5000명 정도를 수용할 수 있는 극장은 잘 보존되어 있다. 또한 4대 범그리스적인 경기 중 하나인 피티아 경기회Pythia games가 4년마다 델포이에서 열리곤 했다. 피티아 경기회가 열렸던 경기장 역시 비교적 잘 보존되어 있다. 옴파로스 바위는 델포이의 박물관에 보관, 전시되어 있다.

아테나
• Athena •

아테나는 제우스가 자가생식으로 낳은 딸이다. 그래서 특히 제우스의 신뢰를 많이 받는 여신이다. 아테나의 어머니는 신과 인간 중에서 가장 아는 것이 많은 지혜로운 메티스다. 그러나 아테나는 제우스의 머릿속에서 자가생식하여 자란 것이니 메티스가 배 아파 낳은 딸이 아니다. 어느 날 제우스는 심한 두통으로 쩔쩔 매고 있었다. 참다못한 그는 대장장이의 신 헤파이스토스를 불러 도끼로 머리를 내려치라고 말했다(프로메테우스에게 시켰다는 설도 있다). 헤파이스토스가 도끼로 힘껏 머리를 내려치자 머리가 쪼개지면서 그 속에서 투구를 쓰고 창과 방패로 완전 무장한 아테나가 소리를 지르며 튀어나왔다. 그 소리가 하도 커서 하늘과 땅이 뒤흔들릴 만했다. 제우스의 두통은 깨끗이 사라졌다. 아테나는 결혼은 해본 적이 없는 처녀신이지만 아프로디테나 헤라와 견주어 뒤떨어지지 않는 미모를 가지고 있다. 창과 방패와 투구로 무장한 그녀는 전쟁의 여신이기도 하지만 평화 시에는 여인들에게 실을 잣고 베를 짜고 수를 놓는 법을 가르쳐주기도

아테나

했으니, 어머니를 이어 지혜의 여신으로도 불리게 되었다.

아테나와 헤파이스토스의 관계는 특별하다 할 수 있다. 사실 이 둘 사이에 재미있는 이야기가 전해져 내려온다. 사랑의 여신 아프로디테를 아내로 맞은 추남 헤파이스토스는 아내에게 늘 상처를 받았지만 그 역시 마음속에 연정을 품은 여신이 있었다. 바로 아테나였다. 어느 날 아테나가 헤파이스토스에게 무기를 주문하기 위해 그의 대장간을 방문했다. 평소에 아테나에게 좋은 감정을 가지고 있던 그는 그날따라 그 욕망을 참지 못하고 풀무가 시뻘겋게 달구어놓은 화덕에서 타오르는 불을 구경하고 있던 아테나를 덮쳤다. 깜짝 놀란 아테나가 몸을 빼는 순간 너무도 급한 그는 그녀의 넓적다리에 사정을 하고 말았다. 아테나가 황급히 올리브 잎으로 닦아냈으나 그중 한 방울이 땅에 떨어져 엉뚱하게 대지의 여신 가이아가 아이를 가지게 되었다.

이렇게 태어난 아이는 인간의 몸에 뱀의 꼬리를 가지고 있었다. 억울하게 남의 아이를 낳아버리게 되자 분노한 대지의 여신이 아이를 키울 수 없다고 양육을 거부했다. 할 수 없이 아테나가 데려다 키우게 되었다. 아테나는 이 아이에게 에릭토니오스Erichthonios라는 이름을 붙여주었다. 그녀는 이 아들을 다른 신들 모르게 길러 불멸의 존재로 만들고 싶었다. 아테나는 이 아이를 궤에 넣고 뱀 한 마리도 함께 넣어 아이를 보호하게 했다. 그리고 이 궤를 아테네 왕가를 건국한 케크롭스의 딸들에게 맡겼다. 케크롭스 역시 반은 인간이고 반은 뱀이었다. 케크롭스로부터 몇 대째의 왕이 이어진 후 에릭토니오스는 아테네의 왕이 되었다. 뱀을 신성시한 아테네인들의 의식을 엿볼 수 있다.

부엉이는 지혜의 여신 아테나를 상징하는 신조神鳥다. 아테나는 로마 신화 속의 미네르바Minerva다. 부엉이 역시 지혜를 상징한다. 부엉이는 원래 레스보스 섬의 왕 에포페우스Epopeus의 딸인 닉티메네Nyctimene였다. 아버지와 통정하고 근친상

미네르바의 부엉이   헤겔

간의 수치심 때문에 숲으로 들어가 숨어버렸다. 아테나가 그녀를 가엾게 여겨 부엉이(올빼미)로 변신하게 해주었다. 그래서 부엉이는 낮이 끝나고 어둠이 깔려 부끄러움이 보이지 않을 때 활동하기 시작한다. '미네르바의 부엉이'라는 말은 헤겔Georg Wilhelm Friedrich Hegel이 《법철학》 서문에서 한 말, 즉 "미네르바의 부엉이는 황혼이 저물어서야 그 첫 날개를 편다"라는 말에 의해 유명해졌다. 무슨 뜻일까? 이 문장에 이어지는 《법철학》 서문의 문맥을 조금 더 살펴보도록 하자.

철학은 늘 너무 늦게 도착한다. 철학은 세계의 사상인 이성(절대정신)이 그 형성과 정을 끝내고 난 뒤에 비로소 철학의 시간 속에 나타난다……. 철학이 회색에 다시 회색을 덧칠할 때 삶은 이미 늙어버린 모습이 되어 있다. 잿빛에 잿빛을 덧칠하면 그 삶의 모습은 젊음을 다시 찾지 못하고 단지 인식될 뿐이다. 미네르바의 부엉이는 황혼이 저물어서야 그 첫 날개를 편다.

철학은 지혜에 대한 사랑이다. 그러나 헤겔에게 철학은 앞날을 예측하게 하는 새벽의 학문이 아니다. 이미 이루어진 역사적 조건 아래서 비로소 그 뜻이 분명해지는 저녁의 학문이다. 자유는 모든 것과 거리를 유지하는 것이며, 진리는 자유로운 상태에서 사물을 파악하는 사유다. 국가의 권위나 종교적 도그마에 얽매인 사유로는 진리에 접근할 수 없다. 역사적으로 규정된 사유는 자유로운 사유가 아니기 때문에 진리가 아니다. 진리란 무지와 몽매와 왜곡과 편견에서 인간을 자유롭게 풀어주는 것이다. 따라서 지혜는 우리를 묶어두는 역사적 조건이 사라진 다음에야 찾아온다. 철학은 이미 일어난 일을 해석하여 지혜를 얻는 것이므로 발걸음이 늦을 수밖에 없다. 대략 이런 뜻이 아닐까? 그러나 헤겔은 오독_{誤讀}의 철학자다. 어렵고 모호하고 희미하다. 그래서 영어에서 'sound like Hegel'이라고 말하면 '얘 또 뭔 소리를 하는겨?' 라는 뜻이 된다.

이야기가 나온 김에 조금 더 가보자. 미네르바의 부엉이에 맞서는 개념이 카를 마르크스^{Karl Marx}의 '갈리아의 수탉'이다. 서양인들은 갈리아 지역(지금의 프랑스)이 닭의 원산지라고 알고 있었다. 그래서 닭을 '갈리아의 새'라고 불렀다. 갈리아인들은 고대부터 수탉을 새벽의 새로 신성시했다. 수탉은 갈리아의 신으로 숭상되기도 하고 갈리아 군대의 기장으로 사용되기도 했다. 현재 프랑스를 상징하는 동물도 수탉이다.

'갈리아의 수탉'은 마르크스가 헤겔을 비판하기 위해 만들어낸 맞불 개념인데, 수탉은 아침에 울어 세상을 깨운다. 철학은 새벽의 학문이라는 것이다. 현실적이고 실제적인 것들에 앞서 그것들을 선도하는 역할을 해야 한다는 것이다. 늘 현실이 다 지나간 다음에야 따라오는 늙은이의 지혜가 아니라 실천과 행동에 의해 세상을 변화시키는 것이 중요하다는 뜻이다. 유명한 〈포이어바흐에 관한 테제〉 속에서 마르크스는 이렇게 말한

갈리아의 수탉과 마르크스

다. "지금까지 철학자들은 세상을 해석만 해왔다. 중요한 것은 세상을 변화시키는 것이다." 철학자의 사명은 현실을 해석하는 것이 아니라 현실을 바꾸는 것이다. 혁명적인 냄새가 물씬 풍긴다. 역시 갈리아의 수탉이 등장하는 전후 문맥으로 살펴보자.

종교적 비참은 현실적 비참의 표현이자 현실적 비참에 대한 항의다. 종교는 곤궁한 피조물의 한숨이며, 무정한 세계의 감정이며, 또 정신없는 상태의 정신이다. 종교는 인민의 아편이다……. 철학이 프롤레타리아트 속에서 그 물질적 무기를 발견하듯이 프롤레타리아트는 철학 속에서 그 정신적 무기를 발견한다…… 모든 내적 조건들이 충족된다면 독일 부활의 날은 '갈리아의 수탉'의 울음소리에 의해 고지될 것이다.

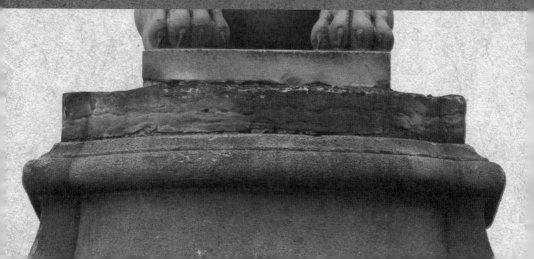

· 4장 테베 ·

가장 비참하고 장엄한 자의 탄생

테베의 오이디푸스:
스핑크스를 죽인 현인

오이디푸스는 '퉁퉁 부은 발'이라는 뜻이다. 오이디푸스가 태어났을 때 아버지인 테베의 왕 라이오스Laius가 양치기를 불러 아이의 두 발을 묶어서 멀리 산속에 버리라고 시켰다. 아버지가 아들을 버린 이유는 "아이가 자라 아비를 죽일 것"이라는 아폴론의 신탁 때문이었다. 그러나 명령을 받은 양치기는 차마 아이를 산속에 버려 죽게 할 수 없었다. 그래서 근처에 사는 착한 사람에게 아이를 주고 왔던 것인데, 그 사람은 아이를 코린토스의 왕인 폴리보스Polybus에게 바쳤다. 폴리보스는 이 아이에게 오이디푸스라는 이름을 붙여주었다. 아이를 처음 만났을 때 묶어두었던 발이 퉁퉁 부어 있었기 때문이다. 그리고 그는 이 아이를 사랑하여 왕자로 삼았다.

오이디푸스는 어느새 씩씩한 청년으로 자랐다. 나라 안에서 가장 훌륭한 사나이로 불리게 되었다. 그러던 어느 날 잔치에서 술 취한 사람이 오이디푸스는 폴리보스 왕의 친아들이 아니라고 떠들어대기 시작했다. 오이디푸스가 왕에게 정말 자신이 주워온 아이인가를 물어보자 왕은 헛소리라며 역정을 냈다. 그러나 이 소문은 쉬지 않고 퍼져 나갔다. 그래서 오이디푸스는 아폴론의 신전에 가서 정말 그런지 물어 보았다. 신탁은 대답 대신 끔찍한 예언을 들려주었다. "아비를 죽이고 어머니와 결혼하게 될 운명"이라는 신탁이 내려졌던 것이다.

오이디푸스는 이 무서운 운명으로부터 벗어나기 위해 코린토스를 떠나 정처 없이 떠돌았다. 아버지를 떠나면 아버지를 죽일 일이 없을 것이기 때문이다. 그러다가 우연히 델포이로 가는 길에 세 길이 만나는 삼거리에서 네 명의 수행원을 거느린 무례한 노인을 만나게 되었다. 노인이 길을 비키라며 오이디푸스를 때리자 혈기 왕성한 오이디푸스는 엉겁결에 그들을 모두 때려눕혔는데, 불행하게도 그들은 한 명을 제외하

스핑크스의 수수께끼를 풀지 못해 살해당한 희생자들
(귀스타브 모로, 1886년)

고 모두 죽고 말았다. 그 한 명은 도망쳤다. 그리고 돌아가서 라이오스 왕이 떼강도를 만나 살해되었다고 거짓 보고를 했다. 한 사람에게 여럿이 당했다는 것을 사실대로 말하기가 부끄러웠고, 왕은 죽었는데 홀로 살아서 도망쳐 온 자신의 행동이 용서받지 못할 것을 알았기 때문이다.

한편 그 일이 있은 후 이곳저곳을 떠돌던 오이디푸스가 테베 근처에 오게 되었다. 그리고 이 도시에 생겨난 커다란 불행에 대해 듣게 되었다. 테베는 일곱 개의 대문을 모두 닫아걸고 모든 시민들이 굶주림에 시달리고 있었다.

그 이유는 스핑크스라는 괴물 때문이었다. 얼굴과 가슴은 여인인데 몸은 날개 달린 사자의 모습을 한 스핑크스는 다른 나라로 통하는 테베의 길목을 막고 서서 지나가는 행인들에게 내기를 걸었다. 자신이 낸 수수께끼를 맞히면 스스로 목숨을 끊겠지만 맞히지 못하면 행인을 잡아먹겠다는 제멋대로의 게임을 즐기고 있었던 것이다. 그리하여 많은 사람들이 스핑크스의 수수께끼를 맞히지 못하고 먹이가 되었다. 용감한 오이디푸스는 스핑크스를 찾아갔다. 스핑크스가 문제를 냈다. 역사상 가장 유명한 수수께끼 중의 하나가 바로 스핑크스의 입을 통해 흘러나오고 있었다. 너무도 유명하여 지금은 어린아이들도 다 아는 수수께끼가 되었다.

"아침에는 네 발로 걷고 점심때는 두 발로 걷고 저녁에는 세 발로 걷는 것은 무엇이냐?"
"그건 사람이지. 어릴 때는 네 발로 기어 다니고, 젊어서는 두 발로 걷고, 나이가 들어서는 지팡이를 짚고 걸어 다니니까." ◆

오이디푸스가 정답을 맞히자 깜짝 놀라 얼이 빠진 스핑크스는 약속대로 절벽에서 뛰어내려 죽고 말았다. 단박에 고통의 원인이 된 괴물을 처치해버리자 오이디푸스는 테베의 영웅이 되었다. 라이오스 왕이 밖에서 죽어버렸기 때문에 테베인들은 오이디푸스를 왕으로 추대하여 왕비와 결혼하게 했다. 끔찍한 슬픔에서 벗어난 테베인들은 새로운 영웅의 등장에 열광하고 있

◆ 앞에서도 소개했지만 일설에 의하면 두 번째 질문이 있었다고 한다.
두 자매가 있었다. 첫 번째 여인이 두 번째 여인을 낳았고, 그렇게 태어난 두 번째 여인이 다시 첫 번째 여인을 낳았다. 이 자매의 이름은 무엇인가? 오이디푸스가 풀어낸 답은 '낮과 밤'이었다.

우:
스핑크스의 수수께끼를 푸는 오이디푸스
(귀스타브 모로, 1864년)
좌:
스핑크스와 오이디푸스(귀스타브 모로, 1888년)

었기 때문에 라이오스 왕의 사망에 대해서는 그 원인을 깊이 따지지 않았다. 오이디푸스는 왕비 이오카스테Iocaste와 결혼하여 그 사이에서 두 아들과 두 딸을 얻게 되었다. 행복한 나날들이 흘러갔다. 코린토스에는 여전히 아버지 폴리보스와 어머니가 건재해 있었으니, "아버지를 죽이고 어머니와 결혼하게 되리라"는 신탁은 헛소리처럼 보였다. 오이디푸스는 자신이 젊어서 고향 코린토스를 떠남으로써 끔찍한 운명을 벗어날 수 있는 훌륭한 선택을 했다고 여기고 있었다. 운명은 이미 이루어졌다는 것을 그도 이오카스테도 알지 못했다.

스핑크스(프란츠 폰 슈투크, 1904년)

시인은 노래한다.

모든 생명은 자신의 운명을 따를 것이니

단지 성패를 아직 모를 뿐

오만한 자들은

스스로 승리를 쟁취했다 여기겠지만

승리와 패배 모두 미리 예견된 것.

어려움이 닥치면 무너지지 마라.

환희가 가득한 기쁨 앞에서도 자만하지 마라.

인간이 해야 할 몫이 있고

하늘이 정해준 길이 있으니

오직 땅에 발을 댄 겸허함으로 온힘을 다할 뿐.

이오카스테 :
운명의 실타래가 그녀의 목을 조르고

불길한 운명은 아리아드네의 실타래처럼 스스로 풀려 나갔다. 행복한 나날
이 다 지나고 어두운 먹구름 같은 신탁 속의 진실이 오이디푸스 앞에 서서히
정체를 드러내기 시작했다. 어느 해 참혹한 역병이 온 테베를 휩쓸고 지나갔
다. 도시는 다시 병에 걸린 자들과 가족을 잃고 남은 자들의 통곡 속에 잠기
게 되었다. 오이디푸스는 이 역병의 원인을 알아보기 위해 왕비 이오카스테
의 오빠 크레온Creon을 델포이로 보내 신탁을 구했다. 신탁의 내용은 간단했
다. 라이오스 왕의 살해자가 누구인지 찾아내 처벌하기만 하면 역병은 자연
히 사라지리라는 것이었다.

　오이디푸스는 살해자를 찾아내기 위해 발 빠르게 움직였다. 우선 테베인
들로부터 가장 존경받는, 앞 못 보는 예언자 테이레시아스Teiresias에게 그 살
해자를 찾을 방법을 물었다. 그러나 그는 조개처럼 입을 다물고 말하려 하지
않았다. 알고 있는 것을 알려달라고 오이디푸스가 아무리 애원해도 그는 입
을 열지 않았다. 급기야 오이디푸스가 라이오스 왕의 살해 사건에 테이레시
아스가 연루된 것은 아니냐고 몰아붙이자 예언자는 분노하여 무서운 진실
을 털어냈다.

　"아, 어리석은 사람, 당신이 찾는 그 살인자는 바로 당신 자신이오."

경악한 오이디푸스는 늙은 예언자가 미친 것이라 생각했다. 그때 이오카스테가 나섰다.

"말도 안 되는 소리예요. '아이가 아비를 죽일 것'이라는 아폴론의 신탁이 두려워 우리는 갓난아이를 산속에 버려 죽게 했다오. 부모로서 몹쓸 짓을 한 것이니 지금껏 한순간도 그 일을 잊은 적이 없어요. 그러나 아비를 죽일 아들은 이미 어려서 죽었다오. 그러니 죽은 아들이 어찌 아버지를 죽일 수 있겠어요? 또 라이오스 왕께서는 델포이로 가는 삼거리에서 강도를 만나 살해되신 것이니 당신과는 아무 상관이 없는 일이랍니다."

이오카스테의 증언과 위로는 오히려 오이디푸스의 어딘가를 날카로운 송곳으로 찌르는 듯했다. 귀에 들려온 '델포이로 가는 삼거리'. 그는 어떤 기계 장치를 건드려 무쇠로 짠 운명의 그물이 자신에게 덮어 씌워지는 것을 느꼈다. 꼼짝없이 걸렸구나. 그때 그 삼거리에서 네 명의 남자를 죽였지. 한 사람은 신분이 높아 보였지. 아, 지금 생각해보니 나처럼 생겼던 것 같아. 그 사람이구나. 그 사람이 바로 라이오스 왕이었고, 나의 아버지였구나. 그럼, 아내 이오카스테는? 그녀가 바로 내 어머니며, 내가 낳은 아이들은 내 자식인 동시에 내 아우들이구나. 신탁이 이루어졌어. 이미 내 몹쓸 운명은 제 길을 간 거야.

이오카스테는 스스로 목매 죽고 말았다. 미친 듯이 그 시신을 부여안고 울던 오이디푸스는 아내이자 어머니가 입고 있는 옷에서 황금의 장신구를 뽑아 두 눈을 찔렀다. 눈에서 검붉은 피가 솟구쳐 흘러내려 오이디푸스의 수염을 적셨다. 그는 미친 듯이 저주와 함께 외쳐댔다.

"내게 닥친 수많은 재앙, 내가 저지른 수없는 죄업을 너는 이제 더 이상 보지 못하리라. 한때 테베 땅에서 으뜸가던 사내. 그러나 지금은 더러운 사내,

신들이 버린 이 비참한 사내, 저 삼거리의 길이여. 세 갈래의 숲과 오솔길이여. 너희는 내 손에서 나와 피를 나눈 내 아버지의 피를 마셨구나. 그리고 그 이후에 이곳에 와서 무슨 짓을 한 것이냐? 육친끼리 피를 섞는 죄를 범했으니, 그 더러운 일을 입에 올리기조차 더럽구나. 나를 쫓아내라. 죽이든지 바닷속으로 던지든지. 부탁이다. 두려워하지 마라. 내 죄는 나 외에는 누구와도 상관없는 일이다."

오이디푸스는 테베에서 추방되었다. 한때 모든 것을 가진 왕이었으나 지금은 세상에서 가장 큰 고통을 가진 눈먼 사람으로 방황하게 되었다. 그는 문득 파멸을 딛고 부르짖는다.

"나의 잘못이 너무 크기에 인간들 중에서 그 무게를 견딜 수 있는 자는 없다. 오직 나를 빼고는."

그는 누구도 불가능한 파멸과 불행의 끝까지 자신을 밀어갔다.

시인은 비통하게 노래한다.

기계 장치를 건드렸구나.
지옥 같은 불행이 작동하는구나.
한때 머리를 한껏 들고 다니던 최고의 인간이
그 파멸의 무게가 너무 무거워.
인간 중에서 그것을 견딜 수 있는 자는 오직 그 사람뿐.

결백하다, 그에게는 죄가 없으니
죄를 지은 것은 바로 신이다.

테베에서 추방당하는 오이디푸스(외젠 에르테스트 일마쉐, 1843년)

두 눈을 찔러 신 대신 스스로 벌을 주니

신 대신 심판함으로써 자신에게서 신을 몰아내고

슬픔이 너무도 지독하여 오히려 성스러운 것이 되고 말았구나.

콜로노스의 오이디푸스:
마침내 운명과 화해하고 스스로 구원받다

오이디푸스는 고향 땅 테베에서 쫓겨났다. 그가 쫓겨날 때 그의 두 아들은 이 비참한 장님 아비가 걸인과 같은 고행의 길을 걷게 될 것을 알고 있었으나 잡지 않았다. 그들은 아버지가 쫓겨남으로써 얻을 수 있는 이익에 몰두했다. 바로 테베의 왕위였다. 아버지를 쫓아내는 것을 묵인한 그들은 불행한 아버지가 남긴 왕위라는 유산을 놓고 격돌했다. 두 아들에 대한 오이디푸스의 원한은 풀어지지 않았다. 오직 큰 딸 안티고네Antigone만이 오이디푸스를 따라나서서 그의 손과 눈이 되어주었다. 굶주림과 체념 속에서 여기저기를 방황하던 두 부녀, 몇

오이디푸스와 안티고네(가브리엘 비켄베르크, 1833년)

년이나 세상을 떠돌며 헤맸을까? 늙은 장님과 맨발의 젊은 아가씨는 드디어 콜로노스*에 도달했다. 콜로노스, 아테네 근교에 있는 이 신성한 숲은 오이

◆ 아테네의 중심인 아크로폴리스에서 서북쪽으로 2킬로미터쯤 떨어진 곳에 있는 지역으로 '자비의 여신들' 에우메니데스 Eumenides 여신들을 모시는 신성한 작은 숲이다. 원래 이 여신들은 복수의 여신들인 에리니에스Erinyes였다. 한 번 복수의 여신들에게 추격을 당하면 벗어날 길이 없다. 그런데 이 복수의 여신들이 추격하여 처벌하는 데 실패한 사람이 딱 한 명 있었다. 그의 이름이 바로 오레스테스Orestes다. 오레스테스는 아버지의 원수를 갚기 위해서 어머니를 죽인 인물이다. 그는 어머니를 죽였기 때문에 복수의 여신 에리니에스의 추격을 받게 되었다. 아테나 여신이 중재하여 오레스테스의 죄가 사해지는 순간 복수의 여신들인 에리니에스는 자비의 여신들인 에우메니데스로 바뀌게 되었다. 그리고 콜로노스의 숲 속에 기려지게 되었다. 운명과 화해하고 싶었던 오이디푸스가 죽음의 장소로 콜로노스를 선택한 것도 바로 이런 이유에서였다. 〈오이디푸스 왕〉과 〈콜로노스의 오이디푸스〉를 쓴 위대한 시인 소포클레스Sophocles가 콜로노스 출신인 것도 우연이 아니었으니 그는 평생을 오이디푸스 신화에 집착했다.

4장 테베 : 가장 비참하고 장엄한 자의 탄생

177

콜로노스를 떠도는 장님 오이디푸스와 안티고네
(J.P. 크라프트, 1809년)

디푸스가 죽어야 할 자리이며, 죽음으로써 비로소 평화를 얻을 수 있는 또 다른 운명이 시작하는 곳이다.

　콜로노스의 신성한 숲 속에서 죽기 직전에 오이디푸스는 신들로부터 화해를 제안받았다. 그에게 또 다른 신탁이 내려진 것이다. 이 신탁을 전한 사람은 오이디푸스의 둘째 딸인 이스메네Ismene였다. 쓰라린 고통으로 다져진 오이디푸스의 시신을 거두어주는 나라는 승리와 함께 대지의 번영을 약속받게 되리라는 신탁이었다. 이제 그의 더럽혀진 육체는 승리와 번영을 상징하는 신성한 성물聖物이 되었다. 그리하여 오이디푸스는 아무 잘못도 없이, 그저 운명 때문에 겪었던 삶의 고통을 통해 끝내 신들에게서 구원받았고 스스로도 구원자가 되었다.

　신이 오이디푸스에게 내린 죽은 다음의 축복, 즉 '오이디푸스의 시신을 거두어준 나라에 대한 번영의 약속'은 당시 테세우스가 다스리던 아테네에 돌아갔다. 테세우스는 오이디푸스의 영웅적 삶과 비극을 알고 있었기에 그를 물리치는 대신 호의를 가지고 받아주었다. 그가 자신의 왕국 내에서, 바로 콜로노스의 숲 속에서 임종할 수 있게 배려해주었던 것이다. 다른 나라가 버린 비참한 사람을 따뜻하게 받아들여 보호해준 테세우스의 선행은 또한 제 자신을 구원하는 끈이 되었다. 오이디푸스 사후 테세우스 역시 아테네에서 쫓겨나 죽었으나 그를 잊지 못하는 아테네인들에 의해 테세이온에 안치되어 아테네 시민들의 사랑을 받았다. 그리고 아테네는 그리스 최고의 국가로 번영했고, 멸망한 다음에도 인류 역사상 가장 특별하고 의미 있는 도시국가로 남게 되었다. 오이디푸스 역시 테세우스와 함께 그리스를 수호한 영웅이 되어 기려졌다.

　오이디푸스는 미약한 존재로서 아무 이유도 모른 채 우주가 전하는 부름을 받고 가장 불운한 삶의 길을 견뎌갔다. 그리고 그는 오히려 거기서 더 나아간다. 그는 이 불행에 협력하여, 스스로 두 눈을 찌르고 고국에서 추방당함으로써 그 불행을 정점까지 끌어올렸던 것이다. 불행의 절대적 의미를 완성했던 것이다. 더 이상 그를 불행하게 만들 수 없게 되자 그를 그렇게 몰아세웠던 운명의 수레바퀴는 멈춰 섰다. 그리고 그는 인간의 한계를 벗어나 그 너머로 들어선다. 그는 자신의 내면에서 신을 느끼게 되면서 비로소 신의 손아귀에서 벗어나게 되었다. 그리하여 그의 시체는 아테네와 그리스 전체를 수호하는 성물이 될 수 있었던 것이다. 아모르 파티, 운명을 사랑하라. 이제 한 인간이 기나긴 고난을 지나온 후 자신의 지독한 운명을 용서하고 화해하게 되었다.

　시인은 노래한다.

　인간은 자신의 운명에 무지한 것,

　아무것도 모른 채 예까지 왔구나.

　신은 참혹한 덫으로 먼저 그를 파멸시키고

　그다음 다시 일으키니

그의 죽음은 삶의 투쟁 끝에 찾아온 평화.

누구보다도 불행과 더불어 살았던 자,

이제 두려움에서 해방되나니.

많은 불행을 겪은 또 하나의 영웅,

불행한 손으로 또 하나의 불행한 손을 이끌리니

비천한 삶이 주는 고통이 운명과 화해하게 하리라.

안티고네 :
비극과 함께한 불멸의 여인

오이디푸스가 죽은 후 아버지를 부양하던 맨발의 하얀 아가씨 안티고네는 테세우스의 호의로 여동생 이스메네와 함께 테베로 돌아가게 되었다. 그러나 고향 테베에서는 또 다른 비극이 그녀를 기다리고 있었다. 오이디푸스의 빈 왕좌를 다투는 합법적인 계승자인 두 명의 오빠가 서로 싸움을 벌이다가 둘 다 죽고 만 것이다.

이야기는 이렇게 흘러갔다. 아버지 오이디푸스가 추방된 후 아우인 에테오클레스Eteocles와 형인 폴리네이케스Polyneices가 일 년씩 번갈아가며 왕위에 올라 통치하기로 약속했다. 먼저 폴리네이케스가 일 년간 왕 노릇을 한 후 에테오클레스에게 물려주었다. 에테오클레스는 일 년간 왕 노릇을 하고 다시 왕위를 물려주는 대신 그대로 왕위를 차지하고 형을 테베에서 추방해버렸다. 쫓겨난 형 폴리네이케스는 아르고스로 도망쳤다. 그는 억울했고 아우에 대한 분노로 몸을 떨었다. 반역을 결심했다. 폴리네이케스는 아르고스 여섯 장군의 도움을 얻었다. 그를 포함하여 모두 일곱 명의 장수가 군사를 이끌고 고국 테베로 쳐들어왔다. 아르고스 군대는 모두 흰 방패를 들었기 때문에 소포클레스는 이들의 침입 장면을 "날카롭게 소리치는 독수리같이 눈처럼 흰 날개에 덮여 무장한 대군을 이끌고 투구의 깃을 세우며 테베로 달려들었다"고 묘사했다.

전투는 치열했다. 악전고투 끝에 테베가 승리했다. 아르고스의 여섯 장수 중 다섯 명이 이 전투에서 목숨을 잃었다. 폴리네이케스 역시 전사했다. 오이디푸스의 두 아들인 에테오클레스와 폴리네이케스는 두 개의 창으로 서로를 찔러 죽이고 말았다. 에테오클레스는 죽어가면서 형을 보고 울었다. 폴리네이케스는 간신히 몇 마디를 중얼거렸다.

오이디푸스의 두 아들이 서로를 찔러 죽다
(티에폴로, 1725-1730년)

"나의 적인 내 동생아, 하지만 나는 늘 너를 사랑했다. 나를 고향 땅에 묻어다오. 내 도시에 적어도 그만큼의 땅은 차지할 수 있도록."

그러나 폴리네이케스의 부탁을 들어줄 사람은 없었다. 왕위 계승자인 두 아들이 죽어버리자 그들의 삼촌인 크레온이 피로 얼룩진 왕위를 이어받았다. 폴리네이케스의 반란으로 흔들린 국가의 권위를 회복하기 위해 크레온은 왕좌에 오르자마자 칙령을 발표했다. 이웃나라의 원병을 거느리고 조국

테베로 쳐들어온 반역자 폴리네 이케스의 시체를 들판에 버려두 어 새와 짐승이 뜯어 먹게 하라 고 명령했다. 나라를 방어하다가 죽은 에테오클레스를 위해서는 더할 나위 없이 성대한 장례식이 치러졌지만 쫓겨난 왕자 폴리네 이케스의 시체는 짐승의 밥이 되

게 했다. 그의 시체를 장사 지내는 자는 누구든 사형에 처해질 것이다.

제대로 장례를 치루지 못한 사람들은 머물 곳을 찾지 못하고 영혼이 떠돌 기 때문에 나그네라도 죽은 사람을 묻어주는 것이 인간의 신성한 의무였다. 폴리네이케스는 정당하고 신성한 신의 법에 보호받을 수 없도록 앙갚음을 당하고 만 셈이다. 안티고네는 이것을 견딜 수 없었다. 두 형제의 죽음 앞에 서 안티고네는 누가 옳고 그르다는 판단을 하지 않았다. 오직 신앙심과 형제 애로 두 오빠를 대했다. 그리하여 그녀는 오빠 폴리네이케스의 시신을 땅에 묻어주었다. 모래바람이 일어 경비병들이 눈을 뜰 수 없을 때 그녀는 오빠의 시체를 땅에 묻고 제주를 부어주었다. 시신을 묻은 안티고네는 이제 죽음이 자신을 기다린다는 것을 알고 있었다. 그렇다. 그것은 '아름다운 범죄 이후 찾아오는 아름다운 죽음'이 될 것이다. 경비병이 그녀를 잡아 크레온에게 데려왔다.

크레온이 안티고네에게 묻는다.

"네가 폴리네이케스의 장례를 금한 나의 칙령을 아느냐? 그런데도 그 일 을 했느냐?"

안티고네, 오빠의 시체에 흙을 뿌리다(마리 스틸먼, 연도 미상)

안티고네가 대답한다.

"그렇습니다. 그러나 그 법을 내리신 이는 신이 아니며, 확고한 하늘의 법을 왕의 법이 넘을 수는 없는 것이지요. 내가 신들 앞에서도 인간의 법을 어긴 죄인일 수는 없어요. 같은 어머니에게서 태어난 사람이 죽었는데 장례도 치러주지 못한다면 그야말로 가슴 아픈 일이지요. 나는 죽을 몸, 두렵지 않아요."

안티고네는 외삼촌 앞에서 자신의 행위를 스스로 변호했다. '글자로 쓰이지 않았으나 영원한 법, 양심을 지배하는 법, 편협한 왕이 제멋대로 정한 법보다 더 높고 고귀한 신의 법'에 복종했노라고 항변한다. 그리고 그들의 논쟁은 이어진다.

"하나는 나라를 망치려는 놈이었고 하나는 나라를 위해 싸웠다. 악인과 선인이 같은 대접을 받기를 원하느냐?"

"저승에서는 무엇이 옳은지 알 수 없습니다."

"원수는 죽어서도 친구일 수 없다."

"나는 증오를 나누기 위해 태어난 것이 아니라 서로 사랑하기 위해 태어났어요."

"그러면 저승으로 가서 그놈들을 사랑하려무나."

대화는 끝났다. 안티고네는 물러서지 않는다. 그녀는 타협하지 않는 결연한 의지의 여인이다. 크레온도 마찬가지다. 두 사람은 힘을 다해 정면으로 충돌했다. 두 사람은 타협을 모른다. 아버지 오이디푸스를 빼닮아 '굽힐 줄 모르는 강인한 성격'을 가지고 태어난 안티고네는 의지로 무장하고 있다. 크레온도 이 녹록지 않은 조카딸이 "꼬장꼬장한 정신에 뻣뻣한 성격"을 가졌다고 두려워했다. 크레온은 안티고네를 동굴에 가두었다. 아버지 오이디푸스가 스스로 자신의 눈을 찌를 만큼 독한 인물이었듯이 그 딸인 안티고네 역시 지독하여 스스로 목매 죽고 말았다.

안티고네는 비유컨대 구부러지지 않고 곧게 뻗은 길이다. 다시 말해 그녀는 원칙에 충실한 사람이다. 그녀의 판단이 옳고 그르고는 중요하지 않다. 옳다고 생각하는 일을 위해 뜻을 굽히지 않는다. 스스로에 대한 충절이 대단하다. 이 충절을 굽히게 되면 그녀의 세상은 단번에 와르르 무너져 내리고 만다. 그녀에게 사랑은 말로만 하는 것이 아니다. 그러니 말로만 하는 사랑을 증오한다. 안티고네는 오직 하나의 사랑, 여기서는 오빠 폴리네이케스에게 모든 것을 건다. 바로 이 지점에서 비극이 발생한다. 이 사랑을 지키기 위해 다른 모든 것을 포기한다. '전부를 바치거나 아무것도 하지 않거나' 둘 중의 하나를 선택해야 한다. 그러니 동생 이스메네에게도 함께 오빠의 시신을 거두어 장사지내거나, 아니면 자신의 인생에서 빠지기를 바랐다. 친구가 아니면 곧 적이다.

안티고네에게는 하나의 패밖에 없다. 그녀는 유일한 패에 전부를 건다. 안티고네는 그런 면에서 자신에 대한 광신자다. 자신의 믿음에 절대성을 가진 사람들에게는 비타협과 불관용이 필수적이고 또한 효과적이다. 물러서면 모든 것이 무너지기 때문이다. 그러므로 모든 고귀함은 배타적이다. 안티고네의 고귀함은 고독을 감수해야 한다. 동굴에 갇힌 그녀는 자신의 믿음을 지키기 위해 이제 자살할 수밖에 없다. 그녀가 목을 매면서 그녀의 삶은 끝났다. 안티고네라는 영웅은 한계에 다다르고 벽에 부딪쳐 추락한다. 이것이 바로 비극의 핵심이다.

소포클레스의 〈안티고네〉는 대표적인 고대 그리스 비극으로 가장 오래된 이야기들 중 하나이면서도 가장 현대적인 가르침을 품고 있는 작품이다. 우리는 여기서 그리스인들에게 비극이 무엇이었는지 알게 된다. 비극이란 주인공의 극적인 투쟁을 담고 있다. 투쟁을 통해 인간 본성이 지닌 힘을 확장하여 한계의 벽까지 밀어붙인다. 그러므로 모든 비극은 평범한 인간을 영웅으로 끌어올리는 투쟁과 모험을 담고 있다. 비극의 주인공들은 시속 300킬로미터로 질주하는 카레이서들이다. 그들은 자신의 궤도를 탄환처럼 달린다. 그리고 벽에 부딪혀 충돌하고 파멸한다. 그 벽 너머에는 인간 세상이 아닌 신의 영역이 존재한다.

신은 인간이 자신의 영역으로 넘어오는 것을 좋아하지 않는다. 그래서 그리스 신들은 인간에게 우호적이지 않다. 그리스 비극의 위대함은 이제까지들도 보도 못한 용기와 믿음으로 스스로를 넘어섬으로써 인간의 한계를 저 멀리 밀어낸 사람들의 추락과 파멸을 다룬다. 미지의 세계에 대한 지평은 바로 이런 영웅들의 부딪힘에 의해 알려진다. 어느 영웅이 넓혀놓은 경계는 다른 영웅이 나타남으로써 다시 조금 더 확장된다. 모든 영웅의 공통점은 그때까지 알려진 인간의 한계를 넘어서는 척후병이라는 점이다. 그렇게 우리는 인간의 변방을 넓혀왔다. 끝까지 간 사람들, 그들이 영웅들이다. 그들은 원래 평범했으나 삶을 통해 자신을 영웅으로 만들어간다. 그러므로 물로는 비극을 쓸 수 없다. 비극은 눈물과 피로 쓰일 수밖에 없다.

안티고네는 동굴에서 외롭게 스스로 목숨을 끊었다. 죽기 전 그녀는 탄식한다.

"신방도 못 치르고, 혼인의 축가도 없고, 결혼의 기쁨도, 아이에게 젖을 물리는 기쁨도 모르는 나, 친구에게서도 버림받은 불행한 이 몸, 목숨을 지닌 채 죽은 사람들의 굴속으로 나는 떠납니다. 아, 테베의 땅이여. 신들이시여. 테베의 지도자들이여. 살펴주소서, 당신들 왕가의 마지막 딸을. 그 딸이 신을 경배한 까닭에 받은 고초를."

안티고네의 죽음은 그것으로 끝나 잊히는 그런 죽음이 아니다. 안티고네와 크레온의 대립은 두 개의 법이 부딪히고 두 개의 가치가 부딪히고 두 개의 문화가 부딪히고 두 개의 종교가 부딪힐 때마다 되풀이되어 나타나는 투쟁의 이야기다. 고대의 이야기 하나가 오늘날까지도 깊은 감흥과 사라지지 않는 숨결로 우리에게 속삭이는 이유는 그것이 먼지 낀 과거로 죽어버린 것이 아니기 때문이다. 비극은 두려움과 희망 사이에서 방황하는 인간의 모습을 보여준다. 비극은 끝나는 법이 없다. 비극이 태어나게 된 조건들이 존재하는 한 비극은 오늘을 사는 인간들에게도 여전히 열려 있다. 열려 있는 그 문은 인간의 미래를 향한다.

시인은 노래한다.

슬프구나, 아버지 오이디푸스를 닮아 굽힐 줄 모르는 그대.

꼬장꼬장한 정신에 뻣뻣한 성격,

싸우는 두 사람, 다른 생각을 가진 똑같은 기질,

상대가 없어져야만 편안한 어리석음이여,

서로의 파멸로 마주 보고 질주하는구나.

함께하지 않으면 바로 적이고

전부가 아니면 아무것도 아니라고 외치는 광신이여.

각자 쥐고 있는 유일한 패,

오직 하나의 집착에 모두를 거는구나,

얼음같이 찬 죽음을 맞으려는 불타는 심장이여.

시인은 참을 수 없어 또 노래한다.

물로 쓰인 비극은 없다.

그것은 오직 피와 눈물로 쓰일 뿐.

영웅이란 인간이 다다를 수 있는 끝까지 간 사람들.

그 끝에서 인간과 신을 가르는

황금 장벽 앞에서 좌절되는 것, 비극.

인간의 법은 늘 바뀌는 것, 신의 법은 영원한 것.

북극성 같은 양심을 법으로 심판함으로써 법은 스스로 타락하는 것이니

미덕을 가슴에 품은 자들은

인간성에 대항하는 독재자의 법을 거부하노니

역사는 그렇게 자유를 키워왔나니.

크레온:
백성 위에 군림하는 법의 집행인

다시 크레온에게로 돌아가 보자. 신기하게도 크레온은 안티고네와 똑같은 기질을 갖고 있다. 그는 국가를 보호하려는 열정을 가지고 있고, 국가 제일주의의 원칙에서 조금도 물러나지 않는다. 안티고네를 묘사할 때 썼던 자신의 말, '꼬장꼬장한 정신에 뻣뻣한 성격', 이 말보다 크레온을 더 잘 보여주는 말은 없다. 두 사람은 같은 성격, 같은 기질을 가진 판박이들이다. 가해자와 희생자가 너무도 흡사한 인물들이라는 것은 아테나와 메두사의 관계에서도 쉽게 찾아볼 수 있었다. 여기서도 마찬가지다. 안티고네와 크레온은 거울을 사이에 두고 서로 쳐다보는 똑같은 기질의 동일인이다. 그러나 둘은 서로 다른 곳을 바라보고 있다. 《그리스인 이야기Civilisation Grecque》를 쓴, 매우 특별한 경력의 문학가인 앙드레 보나르는 이 두 사람을 "닮은꼴 성격, 상반된 영혼"이라고 표현한다. 기질과 성격은 판박이지만 지향점은 서로 반대라는 것이다. 굽힐 줄 모르고, 강인하고, 잔인할 만큼 지독하고, 하나에 모든 것을 걸고, 타협할 줄 모르는 두 사람은 자신에 충성하는 광신자들이다.

　이 두 사람이 원칙의 대결을 펼친다. 그러나 소포클레스의 〈안티고네〉를 자세히 들여다보면 이것이 원칙의 각축이 아님을 알게 된다. 크레온의 입장도 이해되고 안티고네의 입장도 이해된다. 독자인 우리가 둘 중 어느 주장에 동조하느냐를 고민하는 것이 이 비극의 독법이 아니다. 진정한 핵심은 원칙의 우열과 옳고 그름이 아니라 개성이 강하고 다르게 생긴 인간들의 갈등, 바로 그 개인들의 작렬하는 갈등인 것이다. 바로 이때 두 사람의 갈등은 시공을 넘어 현대를 사는 우리가 매일 여기저기서 겪는 오늘의 문제가 되는 것이다.

두 사람은 영혼이 다르다. 안티고네는 사랑으로 한껏 고양되어 있다. 그녀의 사랑은 이타적이고 부조리에 가까운 절대 사랑으로 그녀는 그것을 위해 자신을 바친다. 외적으로 단단하고 배타적이 될수록 그녀의 내면에는 부드러움이 흐른다. 그녀의 사랑은 이미 죽은 사람들을 늘 "내 사람, 나의 사랑하는 사람들"이라고 부르게 한다. 그 사랑은 안티고네의 내면에서 불길처럼 타오른다. 그래서 그녀는 "나는 증오를 나누기 위해서가 아니라 사랑을 나누어 갖기 위해 태어난" 사람이라고 스스로를 규정한다. 그녀의 마음은 비옥하다. 사랑은 그녀의 천성이고 황홀함이다. 그녀는 이렇게 말한다.

"신들의 법칙이란 오늘 만들어진 것도 어제 만들어진 것도 아니야. 언제나 그렇게 있어왔지……. 내가 때 이른 죽음을 맞는다고 하더라도 나는 알 수 있어. 그 죽음이 나에게는 좋은 일이라는 것을……. 죽음은 그다지 중요하지 않은 고통일 뿐이야. 내 어머니의 아들을 무덤도 없이 버려두는 것이 고통이지. 그게 바로 불행이지. 나머지는 아무래도 좋아."

안티고네에게는 신의 원칙을 증언하고, 오빠를 사랑하고, 자신의 목숨을 내놓는 일들은 서로 다른 것이 아니라 분리될 수 없는 하나다.

그러나 판박이 크레온의 영혼은 안티고네가 바라보는 곳을 쳐다보지 않는다. 그도 백성을 사랑한다. 그러나 그는 자신이 백성을 위해 죽는 것이 아니라 백성이 그를 위해 죽어야 한다고 믿고 있는 독재자다. 백성은 그의 자아를 충족시켜주는 도구이며 권력이기 때문에 필요할 뿐이다. 크레온은 백성들의 행복에는 관심이 없다. 오로지 그들을 잃을 때 상처를 입을 뿐이다. 그가 사랑하는 것은 오직 자신뿐이다. 그래서 이기적이다. 그는 사랑을 모른다. 그의 삶은 사랑에 닫혀 있다. 안티고네가 자신의 아들 하이몬Haemon의 약혼자라는 것은 잘 알고 있었지만 그는 사랑이라는 것을 전혀 이해하지 못한다. 그래서 이렇게 말한다.

"그 아이는 씨를 뿌릴 다른 밭을 얼마든지 찾을 수 있을 거요."

상스럽기 그지없는 표현이다. 그는 사랑에 대해 무지하다. 씨를 뿌릴 밭을 찾으면 되는 것이다. 그에게 사랑이란 소녀의 흰 손목 위의 정맥처럼 사치스러운 것이다. 그가 원하는 것은 햇빛에 그을리고 자식을 쑥쑥 낳는 밭으로서의 여인이다. 그는 사랑을 증오하고 경멸한다. 또한 사랑의 이름으로 행해지는 모든 부조리의 가능성을 두려워한다. 그에게는 권력이 모든 것이다. 그는 적이 될 가능성이 있는 모든 사람들을 의심하고 불안해하면서 편협하고 고집스럽게 변해갔다. 그렇게 그는 스스로를 모든 사람으로부터 유폐시키기 시작했다.

안티고네가 크레온의 명령을 어기고 오빠 폴리네이케스의 시신을 묻어주어 죽게 생기자 크레온의 아들이며 안티고네의 약혼자인 하이몬이 그녀의 목숨을 구하기 위해 나선다. 그러나 아들은 아버지에게 무릎을 꿇고 애원하거나 구걸하지 않는다. 그 역시 굽히지 못하는 사람이다. 그 아버지에 그 자식. 그들은 다시 정면으로 맞선다.

하이몬:바르게 말하는 사람들에게서 배우는 것도 좋은 일입니다.

크레온 : 내가 이 나라를 내 판단이 아닌 남의 판단으로 다스리라는 말이냐?

하이몬 : 한 사람의 소유물이라면 그건 나라가 아닙니다.

크레온 : 국가가 통치자의 것이 아니라는 말이냐?

하이몬 : 사람이 하나도 없는 사막을 훌륭하게 다스리는 것이 더 나을 것입니다.

크레온 : 괘씸한 놈, 이렇게 터놓고 아비를 적대하다니.

하이몬 : 아닙니다. 아버지께서 정의를 어기고 계시는 것을 보았기 때문입니다.

크레온 : 나의 왕권을 존중하는 것도 잘못이냐?

하이몬 : 신의 명예를 짓밟으시면 왕권을 존중하는 것이 못됩니다.

크레온 : 다 그 계집을 위해서 하는 말이구나. 살아서는 그 여자와 결혼하지 못
    한다.

하이몬 : 그러시면 그 여자는 죽는 것이지요. 죽음으로써 또 다른 한 사람을 죽이
    는 겁니다.

크레온 : 너, 나를 위협하는 것이냐?

하이몬 : 잘못 생각하신 것을 말씀드리는 것도 위협입니까?

2500년 전의 대화는 갓 쓰인 대사처럼 싱싱하다. 오늘날 읽어도 섬뜩하리
만큼 전혀 낡지 않은 모습으로 신선한 냉수처럼 우리의 갈증을 축이며 목구
멍을 넘어간다. 대화는 이렇게 끝났다. 하이몬은 안티고네가 갇혀 있는 동굴
로 갔다. 그러나 이미 안티고네는 가는 끈으로 목을 매 숨져 있었다. 하이몬
은 그 허리를 팔로 껴안고 엎드려서 불행한 사랑을 저주하고 비통하게 울었
다. 동굴로 찾아온 크레온이 그 광경을 목도하게 되었다. 아버지를 본 하이
몬은 분노와 증오로 십자 손잡이의 칼을 빼들고 그 칼 위에 엎어지니 칼이
절반이나 옆구리를 뚫고 튀어나왔다. 그리고 그는 숨이 붙어 있는 동안 안티

고녀를 껴안고 겨우 숨을 헐떡였다. 이내 그의 숨소리도 잠잠해져 시체 위에 또 하나의 시체를 겹쳐 누이게 되었다. 그들의 결혼은 어두운 저승에서 이루어졌다.

크레온은 아들의 주검을 동굴에서 옮겨왔다. 그러나 슬픔은 그것으로 끝나지 않았다. 그는 두 번째 부음을 듣게 되었다. 하이몬이 죽었다는 소식을 들은 크레온의 아내는 아무 소리 없이 궁 안의 제단 앞에서 날카로운 칼로 스스로 목숨을 끊었다. 그녀는 숨을 거두면서 아들을 죽인 크레온에게 불행이 있으라 저주했다. 크레온은 무너진다. 그는 비통함 속에서 허물어져 통곡한다.

"제발 날 데려가라, 이 쓸모없는 인간을. 아아, 아들아, 내가 너를 죽였구나. 그리고 아내까지도, 이 저주를 어찌하랴. 얼굴을 돌릴 데도 의지할 사람도 없구나. 내 손에 있는 것들은 다 빗나가고, 견딜 수 없는 운명이 벼락으로 머리 위에 떨어졌구나."

시인은 노래한다.

같은 핏줄 속을 흐르는 같은 피,
강인한 뼈처럼 부딪히는구나.
모든 것은 국가에 귀속된다, 아들아.
개인을 보호하지 못하는 국가는 국가가 아닙니다, 아버지.
권위와 정의가 부딪히고, 왕권과 신성한 양심이 고함처 다투는구나.
배려도 타협도 관용도 없다.
투쟁을 벌이는 사나운 두 영혼에게는

불관용이야말로 가장 필수적인 무기.

쾅, 끝내 모두 통곡하는구나.

오만한 자들은 끝에 가서야 깨달음을 얻는 법.

2부

그리스인들은 항해술을 발달시켰고 바닷가 연안에 수많은 식민시를 건설했다. 인구가 늘고 새로운 부가 창출되었다. 그리스는 마치 물기를 머금은 아침 장미처럼 피어올랐다. 그러나 탐욕과 번창은 서로 격돌하여 맞부딪쳤고 이내 무수한 전쟁으로 이어졌다. 남자들은 돈과 부를 위해 피범벅이 되었다. 공격하는 자들과 지키려는 자들, 트로이 전쟁은 그렇게 시작된 무수한 전투 중에서 가장 규모가 크고 길었던 떼거리 전쟁이었다. 그러나 문학은 이 전쟁을 사랑을 위한 전쟁으로 만들었다. 탐욕이 만들어낸 참혹한 전쟁 속에서 전리품에 불과했던 여인들을 사랑의 대상으로 다룸으로써 인류의 이야기는 시로 시작되었다. 실제의 전쟁은 잔혹했으나 호메로스의 전쟁은 아름다웠다.

트로이 전쟁,
겨루는 자들의 함성

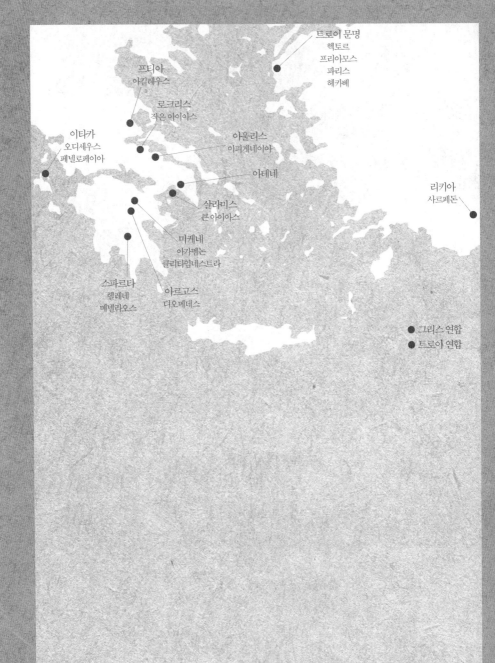

트로이 문명
헥토르
프리아모스
파리스
헤카베

프티아
아킬레우스

로크리스
작은 아이아스

아울리스
이피게네이아

이타카
오디세우스
페넬로페이아

아테네

살라미스
큰아이아스

리키아
사르페돈

마케네
아가멤논
클리타임네스트라

스파르타
헬레네
메넬라오스

아르고스
디오메데스

● 그리스 연합
● 트로이 연합

화려하고도 거친 삶이 우리를 뒤흔든다. 호메로스 서사시의 급한 물살이 파도치듯 전사와 연인들, 해적과 음유시인들이 보여주는 날 것의 남자 세계를 노래한다. 활기찬 불굴의 남자들은 가장 아름다운 바다 중의 하나인 지중해를 누비고 다녔다. 플라톤의 말대로 "마치 연못 주위에 모여드는 개구리처럼" 그리스인들은 이 바다 연안에 정착했다. 서쪽으로 대서양과 지브롤터 해협의 안쪽, 스페인의 해안, 프랑스의 마르세유와 니스, 이탈리아 남부와 시칠리아의 거의 전부, 그리고 남으로 북아프리카의 키레네와 나일 강 삼각주에 도시를 세웠다.

그러나 무엇보다도 그들은 불굴의 강인함으로 에게 해의 섬들과 소아시아 연안을 휘젓고 다녔다. 다르다넬스 해협과 마르마라 해, 그리고 흑해 지역을 따라 교역을 위한 마을과 도시들을 건설했다. 소아시아 해안 전부가 그들의 활동 범위가 되었다. 그들을 에게 해로 모이게 한 것은 바로 섬들이었다. 다채로운 빛깔로 다가드는 바다 위 섬들은 너무도 아름다웠다. 마치 보석처럼 뿌려진 섬들은 선원들에게 감동이자 감격이었고, 휴식이자 꿈이었다. 더욱이 사방 어디든 60킬로미터 이내에 육지가 있다는 것은 에게 해로 나가는 선원들에게는 커다란 안심이었다.

욕심 많은 페니키아인들처럼 그리스인들은 항해술을 발달시켰고 바닷가 연안에 수많은 식민시를 건설했다. 인구가 늘고 새로운 부가 창출되었다. 그리스는 마치 물기를 머금은 아침 장미처럼 피어올랐다. 정작 그리스 본토는 고대 그리스 세계의 일부에 지나지 않았다. 그러나 탐욕과 번창은 서로 격돌하여 맞부딪쳤고, 이내 무수한 전쟁으로 이어졌다. 남자들은 돈과 부를 위해 피범벅이 되었다.

공격하는 자들과 지키려는 자들, 트로이 전쟁은 그렇게 시작된 무수한 전투 중에서 가장 규모가 크고 길었던 떼거리 전쟁이었다. 그러나 문학은 이 전쟁을 사랑을 위한 전쟁으로 만들었다. 모든 전쟁은 어리석다. 만약 전쟁을 꼭 해야만 한다면 권력을 위해서도 아니고 부를 위해서도 아닌 사랑을 위한 전쟁이 시인들이 다루기에 가장 적합했다. 탐욕이 만들어낸 참혹한 전쟁 속에서 전리품에 불과했던 여인들을 사랑의 대상으로 다룸으로써 인류의 이야기는 시로 시작되었다. 실제의 전쟁은 잔혹했으나 호메로스의 전쟁은 아름다웠다.

아버지는 아들에게 이야기를 들려주었다. 그것은 유령과 영웅과 악당이 등장하는 민담과 전설들이었다. 어릴 때부터 '신비한 기적'을 믿었던 아들은 아버지의 이야기를 무척 좋아했다. 소년의 상상 속에서 무수한 이야기들이 되살아났다. 작은 유령이 밤마다 집 뒤의 작은 연못에서 솟아오르고 교회 묘지에는 살아서 잔혹한 악당이었던 영주의 왼쪽 다리가 검은 스타킹을 신은 채 무덤을 뚫고 나와 해마다 조금씩 자라났다. 소년은 그 무덤을 파보고 싶어 했다.

그의 아버지는 특히 고전에 많은 관심을 가지고 있었다. 그리스인들과 트로이인들에 대한 이야기를 좋아해서 겨울밤이면 난롯가에 앉아 그 이야기들을 아들에게 들려주었다. 그중에서 가장 소년의 마음을 잡아끄는 것은 트

트로이 전쟁 난민들(아담 엘스하이머, 1600년)

로이였다. 1829년 아버지는 소년에게 예너의 《그림으로 보는 세계사》를 사주었다. 그 책에는 트로이의 장군 아이네이아스Aeneas가 아들의 손을 잡고 늙은 아버지를 등에 업은 채 불타는 트로이 성에서 빠져나오는 그림이 실려 있었다. 소년은 웅장한 성벽과 성문을 보며 그것이 트로이의 모습인지를 아버지에게 묻곤 했다. 아버지는 트로이가 이제는 없어져 아무도 어디 있는지 모른다고 말했다. 트로이가 완전히 파괴되어 흔적도 없이 사라져버렸다는 말을 듣고 일곱 살 소년은 무척 슬퍼하며 말했다.

"나는 믿을 수 없어요. 내가 어른이 되면 가서 트로이와 왕의 보물들을 찾

트로이 성안으로 전진하는 목마(티에폴로, 1773년)

아볼 거예요."

소년은 커서 언젠가 반드시 트로이를 발굴하겠다고 결심했다. 그는 열 살 때 라틴어로 트로이 전쟁에 대한 수필을 써서 아버지에게 보여주었다. 끝내 그것이 그의 운명이 되었다.

소년의 집은 가난했다. 소년은 열네 살 때 학업을 중단하고 식료품점 점원이 되었다. 5년 반 동안 소년은 아침 5시부터 밤 11시까지 식료품을 팔았다. 고단한 몸과 가난은 소년에게 트로이에 대한 열망을 잊게 했다. 그러나 운명은 쉽게 물러나지 않았다.

어느 날 가게에서 물건을 고르던 술 취한 방앗간 조수가 호메로스의 《일리아스》에 나오는 시 100행을 그리스어로 줄줄 음송하기 시작했다. 소년은 감동했다. 소년은 술주정뱅이인 그에게 위스키를 사주며 다시 음송해줄 것을 부탁했다. 호메로스의 트로이는 그의 마음속에 다시 살아났다. 그러나 그는 가슴의 통증 때문에 일자리를 잃었고 가는 곳마다 쫓겨났다.

1841년 열아홉 살이던 그는 함부르크에서 남미로 가는 증기선의 객실 급사가 되었지만 배는 침몰하고 선원들은 표류하다 네덜란드 해안에 도착했다. 그는 암스테르담에서 초라한 사무직 자리를 얻었다.

시간 여유가 있었기 때문에 외국어를 배웠다. 당시 150달러의 연봉을 받았는데 그중 절반을 떼어 책을 사서 외국어를 배우는 데 전념했다. 먼저 영어와 프랑스어를 익혔다. 자신의 기억력이 꽤 쓸 만하고 외국어 학습에 뛰어나다는 것을 알게 된 그는 다시 네덜란드어, 스페인어, 이탈리아어 그리고 포르투갈어를 익혔다. 그는 6주에 하나의 언어를 해치웠다. 그리고 다음은 러시아어를 배웠다.

어떻게 6주에 하나씩 언어를 배울 수 있을까? 재능이 뛰어나서일까? 그것보다 더 중요한 비밀이 있었다. 그의 비결은 집중하고 외우고 현장에서 써먹는 것이었다. 그의 외국어 마스터 비결을 따라가 보자.

그는 먼저 사전으로 러시아 알파벳을 익혔다. 힘들게 문법을 배우느라 시간을 허비하지 않았다. 그리고 그리스 영웅의 모험담을 러시아어로 암송했다. 그가 큰 소리로 암송하는 소리가 싸구려 하숙집 담을 넘어 다른 사람들을 귀찮게 했다. 결국 그는 하숙집에서 쫓겨났다. 그러나 그는 기죽지 않고 계속 외워댔다.

그러다가 그는 들어주고 비판해줄 사람이 있어야겠다고 생각했다. 가난뱅이 하나를 일주일에 4프랑을 주고 고용했다. 이 가여운 사람은 무슨 소리인지 알지도 못하는 텔레마코스Telemachos의 모험을 하루 두 시간씩 들어줘야 했다. 그리고 러시아어로 일기를 썼다. 6주 후 그는 경매장에서 러시아인들과 유창하게 대화를 나눌 수 있었다. 열정과 몰입 그리고 실전이 6주에 하나씩 언어를 익히는 비결이었다.

드디어 러시아어가 그에게 행운을 가져다주었다. 러시아어에 정통한 사람을 찾기 어려웠던 무역상은 러시아어가 가능한 그를 상트페테르부르크로 보내 회사의 대리인으로 활동하게 했다. 일 년 후 독립하여 무역업에 뛰어든 그는 전 세계를 누비며 돈을 벌어들였다. 운이 따라주어 그는 큰돈을 벌게 되었다.

그 와중에 그는 스웨덴어와 폴란드어를 배웠다. 다시 서아시아를 여행하면서 라틴어와 아랍어를 배웠다. 그리고 그리스어로 돌아왔다. 6주 동안 현대 그리스어를 익힌 그는 2년 동안 고전 그리스어에 매달렸다. 그는 조금 이른 마흔한 살에 모든 사업에서 물러났다. 그리고 꿈에 그리던 트로이로 갔다. 돈을 사랑했으나 이상을 더 사랑했기에 그는 사업으로 바쁜 중에도 트로이를 발굴하겠노라고 아버지와 했던 약속을 잊은 적이 없었다. 그는 몽상가였고 이상주의자였다. 그러나 그는 확신에 찬 이상주의자였으며 실천하는 몽상가였다.

그는 자신이 "고전의 대지 위가 아니면 어디에도 살지 못할 운명"을 타고 났다고 믿었다. 그는 러시아인 아내가 러시아를 떠나려 하지 않자 그리스인 아내를 구하는 광고를 냈다. 당시 마흔일곱 살의 슐리만은 열아홉 살의 그리스인 신부를 선택하게 되었는데, 그녀의 아버지는 결혼 조건으로 상당한 금액을 요구했다. 고대의 매매혼과 같은 혼인이 치러졌다.

새 부인에게서 아이들이 태어나자 머리 위에 《일리아스》를 올려놓고 읽음으로써 엄숙히 세례식을 지었다. 딸의 이름은 트로이의 영웅 헥토르의 아내인 안드로마케Andromache라 짓고 아들의 이름은 그리스군의 총사령관인 아가멤논이라고 지었다. 하인들은 텔라몬Telamon과 펠롭스Pelops라고 불렀고, 아테네에 있는 자신의 집은 괴물 키마이라를 죽인 영웅 벨레로폰이라 부르게 했다. 한마디로 그는 호메로스에 미친 사람이었다.

모든 학자들이 시적 상상력의 산물이라고 믿었던 트로이는 실재했다. 트로이는 독학으로 공부한 신출내기 고고학자에 의해 발견되었으며, 영원히 사라지지 않는 기적으로 남게 되었다. 그에 의해 트로이 발굴은 세기의 로맨스가 되었다. 트로이만큼 감동적인 일생을 살아간 이 사람의 이름은 하인리히 슐리만이다. 호메로스의 이야기에 미쳐 살던 그는 자신의 일생을 고고학의 신화로 만들어버렸다.

• 5장 아테네 → 트로이 •

출항

헬레네 :
모든 것을 침묵시키는 아름다움을 가졌으니

백조로 변신한 제우스, 레다의 품에 안기다
(레오나르도 다빈치, 1498~1499년)

헬레네는 사람이 낳은 여인 중 가장 아름다웠다. 그녀는 제우스와 레다 사이에서 태어났다. 라케다이몬(스파르타)의 왕 틴다레오스Tyndareos의 아내인 레다의 아름다움에 반한 제우스는 독수리에 쫓기는 백조로 변해 레다의 품에 안김으로써 그녀와의 교합에 성공했다. 그날 밤 레다는 틴다레오스와도 잠자리를 같이했다. 그녀는 그 후 두 개의 알을 낳고 그 알에서 네 명의 자녀가 태어났다. 그중 딸이 둘인데 하나가 헬레네이며, 또 하나는 클리타임네스트라Klytaimnestra다. 누가 제우스의 딸이고 누가 틴다레오스의 딸인지 구별할 수 없다. 두 여인 모두 그리스 비극의 쟁쟁한 여주인공이다.

가장 아름다운 여인 헬레네에게는 끝없는 염문이 따라다녔고, 그 아름다

레다와 백조(미켈란젤로, 1533년)

움이 모든 의혹과 실수를 덮어주었다. 헬레네가 아직 소녀였을 때 그녀는 아르테미스 여신에게 제물을 바치러 가서 제의적인 춤을 추었는데, 그 신전에서 테세우스와 그 친구인 페이리토오스Peirithous에게 납치되었다. 두 사내는 서로에게 제우스의 딸을 아내로 얻어주기로 맹세했었다. 그들은 헬레네의 아름다움에 대하여 이미 들었기 때문에 기회를 엿보고 있었다. 그들은 헬레네가 신전에서 춤을 추고 있을 때 덥석 그녀를 납치해 달아나버렸다. 두 사람은 제비를 뽑았다. 행운아가 헬레네를 차지하기로 하고, 그 대신 그 행운아는 진 사람을 위해 지하 세계로 내려가 저승의 왕비 페르세포네를 납치하는 것을 도와주기로 했다. 제비뽑기에서 테세우스가 이겼다. 그러나 헬레네는 결혼하기에는 너무 어렸기 때문에 테세우스는 그녀를 자신의 어머니에게 맡겨두었다. 그리고 친구인 페이리토오스와 함께 페르세포네를 납치하기 위해 저승으로 내려갔다. 페르세포네는 제우스와 대지의 여신 데메테르의 딸인데, 이미 하데스에게 납치되어 그의 아내로서 지하 세계의 여왕이 되어 있었다. 테세우스가 지하 세계에 가 있는 동안 헬레네의 오빠들이 아테네로 쳐들어와서 그녀를 데리고 돌아가 버렸다. 그녀가 돌아오자 아버지 틴다레오스는 그녀를 결혼시키려고 했다. 그러자 구혼자가 구름떼처럼 몰려들었다.

그 구혼자 중에 오디세우스도 끼어 있었다. 틴다레오스는 그 많은 구혼자들 중에서 한 사람을 지명하면 지명되지 않은 사내들이 뭉쳐 불상사가 일어날까 봐 전전긍긍하고 있었다. 이때 오디세우스가 꾀를 내어 헬레네의 남편이 누가 되든 그가 결혼 후 불행을 겪게 된다면 나머지 구혼자들이 모두 나서서 헬레네의 남편이 대의를 지킬 수 있게 돕겠다는 맹세를 하게 했다. 마침내 틴다레오스는 메넬라오스Menelaos를 선택했다. 메넬라오스는 행운아가 되었다. 더욱이 틴다레오스의 아들들은 모두 일찍 죽었기 때문에 사위인 메넬라오스가 라케다이몬의 왕위를 계승하게 되었다. 언니인 클리타임네스트라는 아가멤논에게, 헬레네는 아가멤논의 동생인 메넬라오스에게 시집을 감으로써 두 자매는 사이좋게 쌍으로 결혼하게 되었다.

행복한 세월이 흐르고 헬레네와 메넬라오스 사이에 헤르미오네Hermione라는 딸도 생겨났다. 그러나 행복은 오래가지 못하고, 헬레네는 트로이 왕자 파리스Paris를 따라 트로이로 도망가 버렸다. 가장 아름다운 아내를 얻었던 메넬라오스의 영광은 이제 바람난 아내의 남편이라는 치욕으로 변했다. 그리하여 10년 동안 트로이 전쟁이 발발하게 되었다.

헬레네는 왜 파리스를 따라 트로이로 갔을까? 사건의 전말은 이러했다. 불화의 여신 에리스Eris는 누구에게도 환영받지 못했다. 그녀가 나타나는 순간 불화가 만들어져 서로 다투게 되기 때문이다. 나중에 아킬레우스의 어머니가 되는 바다의 여신 테티스Thetis가 펠레우스Peleus 왕과 결혼하는 결혼식에도 유독 에리스만은 초청받지 못했다. 화가 난 그녀는 결혼식장에 나타나 "가장 아름다운 여신에게"라는 글귀가 적인 황금 사과 하나를 던져놓고 사라져버렸다. 그러자 아프로디테와 헤라 그리고 아테나 여신이 제우스를 찾아가 누가 가장 아름다운지 판단을 해달라고 요청했다. 제우스가 보니 누구를 선택하더라도

파리스의 심판(루벤스, 상 1632~1633년, 하 1597~1599년)

후환이 두려운 일이었다. 그래서 그는 트로이 근처의 이데 산에서 양을 치고 있는 파리스라는 목동에게 심판권을 넘겼다. 원래 파리스는 트로이 왕 프리아모스의 아들이었는데, 그가 태어나자 '나라를 망하게 할 사람'이라는 신탁이 있어 이데 산에 버려 양을 치게 했던 것이다.

세 여신은 각자 파리스가 가장 좋아할 만한 것을 약속했다. 아테나는 모든 전쟁에서의 승리와 영광을 주겠다고 했고, 헤라는 유럽과 아시아의 군주가 되게 해주겠다고 했고, 아프로디테는 이 세상에서 가장 아름다운 여인을 아내로 맞게 해주겠다고 약속했다. 파리스는 사랑을 선택했다. 그는 아프로디테에게 황금 사과를 건네주었다. 아프로디테는 파리스를 메넬라오스의 궁

전으로 보냈다. 왜냐하면 가장 아름다운 여인 헬레네가 그곳에 있었기 때문이다. 그리고 약속대로 헬레네가 파리스에게 걷잡을 수 없는 연정을 느끼도록 만들어주었다. 메넬라오스는 나그네 파리스를 환대해주었지만 결국 파리스는 헬레네를 데리고 몰래 트로이로 도망가 버리고 말았다. 자신에게 음식을 주고 친절을 베풀었던 그 손을 배반하고 모욕한 것이다. 메넬라오스는 온 그리스에 자신을 도와달라고 호소했다. 그리하여 전에 '헬레네의 남편에게 무슨 일이 생기면 모두 힘을 합해 도와주자'는 약속을 한 헬레네의 구혼자들이 다 모였고, 그리스 최고의 용사들이 결집하기 시작했다. 그렇게 트로이 전쟁은 발발하게 되었다.

헬레네가 파리스의 준수한 외모와 동방의 부富에 혹하여 제 발로 그를 따라간 것인지 어쩔 수 없는 신들의 장난으로 그에게 끌려간 것인지에 대한 구구한 이야기들이 많다. 인간 중에서 가장 아름다운 여인이 또한 순수하고 결백하기를 바라는 후대 사람들은 그녀가 파리스를 따라간 것이 아니라는 이야기를 만들어냈다. 파리스를 따라간 것은 헤라가 구름으로 만든 헬레네 모양의 허상이라는 설도 있고, 파리스가 그녀를 납치하여 트로이로 가는 도중에 이집트에 들렀는데, 이 사실을 안 이집트의 프로테우스Proteus 왕이 파리스를 쫓아내고 헬레네는 메넬라오스가 올 때까지 자기 곁에 거두었다는 설도 있다. 모두 헬레네의 결백을 돕기 위한 이야기들이다. 후에 시인인 뮈세Alfred de Musset는 아름다운 여인의 힘에 대해 이렇게 노래했다.

나도 시인한다.

여자란 꽤 무식한 존재.

무엇이 그들을 기쁘게 만드는지 큰 소리로 말하지는 않겠지만,

그러나 어찌하랴. 그들에게는
아름다움이 있는 것을…….
아름다움이야말로 그들의 전부.
플라톤도 그리 말했도다.

파리스와 헬레네(리처드 웨스틸, 1805년)

호메로스의 이야기에 따르
면 트로이의 프리아모스 왕은
아름다운 헬레네를 환영했고
헬레네를 돌려달라는 그리스
의 요청을 거절했다. 그녀는
파리스의 아내로 트로이에 살
았다는 것이 전통적인 설이다.
트로이 전쟁이 발발하자 트로이인들은 그 원인이 그녀라고 믿고 그녀를 미
워했다. 프리아모스 왕과 헥토르만이 전쟁이 신의 뜻에 따라 생겨난 것임을
알고 그녀에게 잘해주었다.

시인은 노래한다.

사내들, 싸워야 될 이유는 너무도 많아.
때로는 권력을 위하여, 때로는 빵빵한 부를 위하여
언제는 얻기 위하여, 또 언제는 지키기 위하여.
가지가지 전쟁 중에서 사랑 때문에 일어난 전쟁이
좀 우습긴 해도 가장 로맨틱하지.

파리스와 헬레네의 사랑(자크 루이 다비드, 1789년)

사랑이었을까, 탐닉이었을까.

사내들이 1000척의 배를 띄우고

10년을 쓰러지며 엎어지며 싸웠다네.

이긴 자도 진 자도 없는 무참한 전장에서

그녀만은 여신처럼 화사하게 옷자락을 날리며 웃고 있는데.

아가멤논:
딸을 제물로 바친 아버지

1000척의 배와 10만 명의 그리스 병사가 트로이를 향해 떠나기 위해 아울리스에 집결했다. 헬레네의 아름다움은 그래서 '1000척의 배를 띄우고 10만 명의 병사를 동원할 수 있는 아름다움'으로 비유된다. 미케네 왕 아가멤논이 모든 그리스 함대의 총사령관이 되었다. 그러나 아울리스 항구에서 그리스 함대는 한 치도 나아갈 수 없었다. 바람이 전혀 불지 않아 돛폭이 바람을 안을 수 없었기 때문이다. 집결했으나 목적을 잃은 군대, 여기저기서 몰려든 오합지졸 군대는 적이 없으면 힘을 분출할 수 없어 불온해지기 마련이다. 초조해진 아가멤논은 사람을 보내 신에게 그 뜻을 묻게 했다. 예언자 칼카스Kalchas는 바람을 관장하는 여신 아

이피게네이아(포이어 바흐, 19세기 중엽)

르테미스가 분노하여 바람을 모두 불러들였기 때문이라고 말한다. 여신은 왜 화가 났을까? 그리스 병사 하나가 아르테미스가 가장 아끼는 토끼 한 마리를 그 새끼와 함께 죽였기 때문이라는 것이다. 여신을 달래기 위해서는 아가멤논의 딸 이피게네이아Iphigeneia를 여신에게 제물로 바쳐야 한다는 신탁이었다. 처녀신 아르테미스는 처녀의 순결한 피로 화를 풀 것이라는 부조리한 신탁이 내려졌다.

아가멤논은 고뇌한다. 결국 그는 딸을 바쳐 그리스군 전체의 리더가 되는

◆ 역풍이 불어 그리스 배들이 트로이로 항해할 수 없었다는 이야기도 있다.

길을 선택했다. 그는 왕비 클리타임네스트라에게 편지를 써서 이피게네이아를 데리고 아울리스로 오게 했다. 명목은 그리스 최고의 용사인 아킬레우스와 이피게네이아를 혼인시키겠다는 것이었다. 그러나 아가멤논은 생각을 바꾸었다. 두 번째 고뇌가 딸을 살리는 쪽으로 기울었기 때문이다. 그는 첫 번째 편지를 없던 일로 하라는 편지를 다시 보냈다. 그러나 두 번째 편지는 왕비에게 전달되지 않았다. 아가멤논의 동생 메넬라오스가 중간에서 그 편지를 가로챘기 때문이다. 아내를 빼앗긴 자의 분노가 조카딸의 희생이라는 슬픔보다 더 강했기 때문이다. 그는 전투가 없는 군대의 불온한 움직임을 들어 가족 때문에 명분과 명예를 잃으면 안 된다고 형을 설득했다. 편지를 받은 클리타임네스트라는 이피게네이아와 함께 아울리스에 도착했다. 그러나 그녀는 결혼 때문이 아니라 딸을 제물로 죽이기 위해 거짓 편지로 모녀를 불러들였다는 것을 알게 되었다. 분노에 떠는 클리타임네스트라는 남편에 대한 복수를 다짐하고, 어쩌다 이 조작극에 연루되어 명목상 이피게네이아의 남편이 된 수줍은 용장 아킬레우스도 명예를 걸고 그녀를 구해주겠다고 말했다. 그러나 이피게네이아는 스스로 여신의 인신 공양물이 되는 운명을 받아들이기로 마음을 정하고 아킬레우스의 도움을 거절했다.

　에우리피데스는 자신의 비극 〈아울리스의 이피게네이아〉에서 이 어려운 결정에 등장하는 인물들의 영혼을 손바닥 들여다보듯 세밀하게 그려두었다. 젊고 아름다운 처녀 이피게네이아의 운명을 좌우하는 결정적인 인물은 모두 셋이다. 가장 결정적인 자리를 차지하는 사람이 바로 아가멤논이다. 그는 정이 많은 사람으로 가족에게 좋은 아버지가 되고 싶어 했다. 또한 그리스를 사랑했다. 그리고 자신의 이름이 후손들에게 영원히 빛나는 길을 찾고 싶어 했다. 그러나 그는 심리적으로 나약한 인간이었고 마음은 있으나 의지는 허약한 인간의 전형이었다. 현실 속으로 달려드는 의지력이 약해 늘 상황에 휘둘리는 몽상가였다. 그는 이피게네이아를 아울리스로 데려오라는 편지를 썼다가 찢어버리고 다시 썼다. 그는 번민했다. 그는 눈물이 많은 사람이었다. "바위 위에 시냇물이 쏟아지듯 울음을 터트리는" 인간이었다. 동생 메넬라오스가 그의 눈물을 보고 희생의 의식을 그만두자고 하자 이번에는 아가멤논이 나서서 운명을 따르겠다고 번복했다.

결국 그는 예언자 칼카스가 전하는 부조리한 신탁 자체에 대항하지 못하고 의무를 따라야 한다는 목소리에 지고 말았다. 부조리한 신탁을 거부해야 할 곳에서 이를 할 수 없이 받아들이고, 딸을 지키기 위해 당당해야 할 곳에서 사령관의 명예와 의무 속으로 숨어버렸다. 자신이 만들어낸 난폭하고 비정한 상황을 받아들임으로써 부조리에 복종해버렸다. 부조리에 맞서는 대신 애원하는 두 여자, 클리타임네스트라와 이피게네이아의 간청에 꿋꿋이 맞서

'꼭 필요한 전쟁'이라는 거짓말로 상황을 모면했다. 명예를 존중하나 사랑을 저버렸고, 왕의 체면을 지키느라 진실을 버렸다. 그리고 그 비정함을 왕의 용기로 포장했다. 거짓말로 위기를 모면하는 영웅은 영웅이 아니라 한낱 비겁자에 불과할 뿐인데, 그는 비겁한 길을 선택했다. 그

이피게네이아를 데리고 가는 사제(베르톨레 플레알, 17세기경)

렇게 하여 그는 아내 클리타임네스트라의 뼛속 깊은 원한을 사게 되었다.

또 하나의 결정적 손길은 바로 클리타임네스트라다. 이피게네이아의 엄마이며, 그리스 신화에 등장하는 가장 독한 여장부 중 하나다. 그녀는 자부심이 강하고, 남편의 우유부단을 넘어서는 에너지로 충만하고, 덕스러운 어머니이자 뛰어난 내조자였다. 클리타임네스트라는 당당하게 딸을 데리고 갓 태어난 오레스테스를 가슴에 안고 무대에 등장했다. 그리고 자신의 가장 소중한 보물을 빼앗아가려는 남편에 대항했다. 그러나 그녀는 절절한 사랑으로 딸을 살리려고 애쓰는 것이 아니었다. 그녀의 울부짖음은 가장 소중한 재산을 잃게 된 사람의 권리 주장에 불과했다. 그것은 쓸쓸한 거짓 사랑이었다. 그리하여 절절한 모성애로 남편을 설득하는 데 실패하고 말았다.

또 한 명의 운명의 결정자는 이피게네이아 자신이었다. 그녀는 딸을 버리려는 비정한 아버지와 자신의 권리를 주장하는 어머니 사이에서 홀로 죽음을 향해 걸어갔다. 아킬레우스가 도와주겠다고 했으나 그녀는 그 제안을 거절했다. 그 역시 그녀가 선택한 고독한 길에서 만난 찰나적 우연에 불과했기 때문이다. 그녀는 애원을 매몰차게 뿌리치는 아가멤논에게 절규한다.

> "오, 어머니, 어머니, 우리의 입술에서 똑같은 애원이 새어 나오는군요……. 어머니, 당신은 당신의 사랑하는 딸을 잃게 되었어요. 저에게는 이제 빛이라고는 없답니다……. 오, 불행한 이피게네이아여. 그가 나를 버리네요. 나를 넘겨주려고 합니다. 나를 이 세상에 태어나게 한 그가 말입니다. 그가 나를 홀로 버려두네요. 냉혹한 헬레네와 함께 홀로, 나의 피를 가져갈 검은 아름다움과 함께. 그는 나의 목을 자를 불경한 칼을 준비하고 있어요."

그러나 이피게네이아는 죽지 않았다. 제단으로 이피게네이아를 데려간 사제는 그녀의 목을 내리쳐 순결한 피를 쏟게 하려다가 비명을 질렀다. 이피게네이아는 돌연 사라지고, 그 자리에는 사슴 한 마리가 대신 목이 잘려 누워 있었다. 그녀는 살았다. 이피게네이아는 어디로 갔을까? 아르테미스는 그녀를 타우리스로 데리고 갔다. 지금의 크림 반도 근처에 해당하는 타우리스에는 아르테미스를 신봉하는 야만족이 살고 있었는데, 그들은 외지인들이 눈에 띄는 대로 잡아다가 아르테미스에게 제물로 바치곤 했다. 이피게네이아는 바로 그 신전의 여사제가 되었다. 직접 사람을 죽이는 의식에 참여하지는 않았지만 제물들의 정화 의식을 주관하여 정결하게 한 후 다른 사람에게 넘겨주는 일을 했다. 그러나 그녀는 이 일을 싫어했고 사람을 죽이는 일에 관여하는 것이 괴로웠다. 그러나 타우리스를 벗어나 그리스로 되돌아오기까지는 오랜 시간이 걸렸다. 그리스 전체를 경악하게 한, 또 다른 슬픔이 그들 가족을 덮친 다음에야 그녀는 고향으로 되돌아올 수 있게 된다.

시인은 노래한다.

'신들이 걷는 길은 어둡구나.
어떠한 인간도 불행의 길을 들여다볼 수 없으니.' ◆
아비는 명예를 위해 딸을 죽이려 하고
어미는 딸을 잃고 젖가슴 사이에 복수를 키우네.
홀로 자신의 길을 택한 여인의 단호한 절망.

힘을 합하면 사랑하는 이를 구할 수 있으련만
형이 딸을 구하려면 아우가 방해하고
두 여인이 눈물로 호소하면 아비가 바위처럼 단단해지네.
결정의 순간에 와르르 무너지는 구원의 힘이여,
어두운 운명을 이기기 위해 서로 힘을 합하기가 이리 어렵구나.

◆ 이피게네이아가 타우리스의 신전에서 동생 오레스테스에게 한 말이다. 오레스테스는 아비를 죽인 어미를 죽이고 복수의 여신들에게 추격을 받았다. 아테네의 법정에서 사면을 받았으나 영혼의 안식을 얻을 수 없었기에 그는 아폴론의 명령에 따라 타우리스의 아르테미스 신상을 얻으러 오게 된다. 바로 여기서 그는 누나인 이피게네이아를 다시 만난다.

헤라
• Hera •

  헤라는 크로노스와 레아의 딸이며, 제우스와 남매간이다. 또한 제우스의 세 번째 아내이기도 하다(다른 두 명의 아내에 대해서는 63페이지 '제우스' 편을 참고할 것). 헤라는 제우스와 엄숙한 결혼식을 올리고 부부가 되었으며, 부부 관계는 오랫동안 지속되었다. 결혼식을 올린 장소는 서쪽 끝 바닷가에 있는 영원한 봄의 정원 헤스페리데스였다고 한다. 그곳은 황금 사과가 열리는 정원이었다. 호메로스의 《일리아스》에서는 결혼식 장소가 헤스페리데스의 정원이 아니라 프리기아의 이데 산 정상이었다고 한다. 아무튼 이 결혼식은 시끌벅적했고 그리스 도처에서 이 결혼식을 기념하는 축제가 열렸다. 축제 기간에 사람들은 헤라의 신상을 신부의 장신구로 치장하고 '부부의 침대'가 마련된 신전으로 향하곤 했다.

  올림포스에서 가장 높은 여신이 된 그녀는 결혼한 여인들의 수호신으로 질투가 많고, 대가 세고, 복수심이 장난이 아니었다. 남편 제우스의 부정에 불같이 화를 내

헤라

고, 남편의 애인들은 물론이고 그녀들이 낳은 자식들에 대해서도 가차 없는 저주를 퍼부었다. 그러나 그녀 역시 고통을 당했다. 제우스는 그녀가 자신의 애인들에게 퍼붓는 증오와 저주에 대해서는 늘 한 수 접어두고 그녀의 눈치를 살폈다. 그러나 그녀가 그 자식들에게 퍼붓는 고통에 대해서는 가끔 가혹하게 징벌했다.

몇 가지만 그녀의 지독한 질투 사례를 들어보자. 제우스는 여러 여신들과 연인 관계였는데, 여신들도 헤라의 질투 대상이었다. 아폴론과 아르테미스의 어머니인 레토의 경우 헤라가 모든 땅들에게 명하여 레토에게 아이를 낳을 곳을 제공하지 말라고 명했기 때문에 해산할 땅을 찾지 못했다. 그래서 레토는 온 세상을 떠돌아다녀야 했다. 그때까지 불모의 떠돌이 섬이었기 때문에 헤라의 앙갚음을 두려워할 이유가 없던 델로스 섬만이 레토를 받아들였다. 해산할 땅을 얻었으나 해산은 난산이었다. 아흐레 동안 고통이 이어졌다. 헤라가 그녀의 딸이며 해산의 여신인 에일레이티이아를 올림포스에 잡아두고 보내주지 않았기 때문이다. 레토의 해산을 지켜보던 올림포스의 여신들이 무지개의 여신 이리스를 불러 길이가 아홉 큐빗(고대 이집트와 바빌로니아 등지에서 사용된 길이의 단위로 팔꿈치에서 가운뎃손가락 끝까지의 길이를 기준으로 하며 약 43~53센티미터에 해당)에 이르는 금과 호박으로 된 목걸이를 주기로 약속함으로써 해산의 여신을 오게 했다. 그래서 레토는 무사히 해산할 수 있었다. 원래 이 떠돌이 섬은 오르티기아라고 불렸는데, 레토가 해산한 후 델로스, 즉 '빛나는 섬'이라는 영광의 칭호를 얻게 되었다. 어미의 산고를 잘 알고 있는 태양과 달의 신인 두 남매는 어머니 레토에게 매우 효성스러운 자식들이 되었다.

헤라는 인간인 연적들에게는 더욱 가혹했다. 두 명만 예를 들어보자. 제우스의 사랑을 받던 이오는 아르고스의 왕녀였다. 제우스는 헤라의 눈을 피하기 위해 이오를 암소로 만들었다. 둘의 관계를 의심하던 헤라는 이오가 아름다운 소라고 칭찬하며 자신에게 줄 것을 요청했다. 제우스는 난처했다. 그러나 거절하면 헤라의 의심을 살 것이 두려워 승낙하고 말았다. 연적의 손에 넘어간 이오는 100개의 눈을 가진 아르고스^{Argos}(이오의 고향인 도시국가 아르고스와 이름이 같은데 우연일까?)에게 맡겨져 감시받았다. 제우스는 헤르메스를 시켜 아르고스를 죽이고 이오를 구해주었다. 그러나 헤라는 등에 떼를 보내 이오의 옆구리를 물어 미쳐 날뛰게 했다. 이오는 그리스 서쪽의 이오니아 해안을 거쳐 유럽과 아시아를 잇는 보스포루스 해협(암소인 이오가 건넜다 하여 '암소가 지난 여울'이라는 뜻을 가지고 있다)을 건너 아시아를 방황하다가 이집트에 정착했다. 그곳에서 그녀는 본래의 모습을 되찾고, 제우스의 아들 에파포스^{Epaphos}를 낳았다. 그러나 그것으로 그녀에게 평화가 찾아온 것은 아니었다. 헤라는 그녀의 아들 에파포스를 납치해버렸다. 이오는 다시 아들을 찾아 나섰고 그녀의 고난은 계속되었다. 고난이 끝나자 이집트로 다시 돌아와 이집트의 여신 이시스로 숭배되었다. 역사가들은 이 이야기를 역사적으로 해석하여 그리스 왕녀가 해적들에게 납치되어 이집트로 끌려가게 되고 이집트 왕이 이를 사들인 것이라고 추측한다.

디오니소스의 어머니 세멜레는 헤라의 사주에 의해 제우스의 위엄을 보고 싶어 하다가 신의 광휘에 타죽고 말았다(113페이지 '디오니소스'편 참고).

또 한 명의 연적인 알크메네는 제우스와의 사이에서 헤라클레스를 낳았다. 그녀는 제우스와 결합한 마지막 여인으로 알려진다. 그러나 그 산고가 이만저만이 아니었다. 왜냐하면 해산이 임박하자 헤라는 자신의 딸인 해산의 여신 에일레이티이아에게 다리를 꼬고 팔짱을 끼고 앉아 알크메네의 해산을 도와주지 말라고 명령했기 때문이다. 여기에는 좀 더 깊은 사연이 있다. 제우스는 알크메네가 곧 해산하게 될 페르세우스의 후손(즉 헤라클레스)이 왕이 되어 코린토스와 미케네, 티린스, 아르고스 등을 모두 통치하게 될 것이라고 축복해주었다. 헤라는 화가 치밀었다. 그리하여 알크메네의 해산을 늦추고 당시 임신 7개월째인 헤라클레스의 사촌 에우리스테우스가 더 빨리 나오게 했다. 제우스의 축복은 에우리스테우스에게 돌아갔다. 육체적으로나 정신적으로 팔푼이에 지나지 않았던 에우리스테우스는 헤라의 사주로 헤라클레스에게 '열두 가지 과업'을 맡겨 그를 괴롭혔다. 헤라클레스가 죽자 에우리스테우스는 그 어머니인 알크메네를 자신의 영토에서 쫓아내버렸다. 후에 에우리스테우스는 전쟁에 져서 머리를 잘렸다. 원수지간인 알크메네에게 그 머리가 보내졌는데, 원한에 사무친 그녀는 송곳으로 그 눈알을 뽑아냈다. 복수의 참혹함이다. 그 후 알크메네는 테베에서 장수를 누리며 살았다. 그녀가 죽자 제우스는 헤르메스를 시켜 그녀를 서쪽 끝 오케아노스 강변에 있는 '행복한 자들의 섬'으로 보냈다. 그곳은 겨울이 없는 섬이었다.

헤라와 제우스 사이에서 전쟁의 신인 마초 아레스가 태어났다. 딸로는 헤베가 있다. 젊음의 여신으로 무척 아름다웠는데, 헤라클레스가 죽은 후 헤라와 화해하게 되면서 헤라클레스의 아내가 되었다. 해산의 여신 에일레이티이아 역시 헤라의 딸이다. 불과 대장장이의 신 헤파이스토스도 헤라의 자식이다. 헤라를 상징하는 새는 공작인데, 이오를 지키다 죽은 아르고스를 기리기 위해 그의 눈 100개를 공작의 꼬리 깃털에 달아 화려한 새가 되게 했다. 그녀는 종종 공작이 끄는 마차를 타고 내왕한다. 헤라를 상징하는 식물은 석류와 백합이다. 그녀의 자태는 아프로디테나 아테나와 미를 겨룰 만큼 아름다웠다. 종종 '암소의 눈을 가진 헤라'라고 묘사되거나 '흰 팔의 헤라'라는 수식어를 달고 다닌다.

신화 속의 예언자들

미래는 인간에게 늘 불안하며 궁금한 영역이었다. 알 수 없다는 것, 그러나 필연적으로 그 알 수 없음에 다가가야 한다는 것은 두려움이었다. 그래서 인간은 늘 미래를 예측하고 싶어 했다. 인간의 역사 속에서 미래란 한때 운명의 영역이었다. 그래서 '이미 정해진 운명'이 무엇인지 신에게 물을 수밖에 없었다. 르네상스 때가 되면 그것은 가능성의 영역으로 인식되었다. 계몽주의를 거쳐 혁명의 시대에 이르게 되면 미래는 인간의 무한함에 대한 슬로건으로 바뀌다가 현대에 이르러서는 예측이 가능한 기술적 진보에 의해 설계의 영역으로 받아들여지게 되었다. 그러나 모든 인간은 아직도 여전히 미래에 대한 원시적 그늘에 머물고 있다. 생각해보라. 의사결정을 해야 할 갈림길에 선 마음의 움직임을. 정말 중요한 결정을 내려야 할 상황에서 인간은 어떻게 행동하는가? 우선 자신에게 물어본다. 온갖 정황을 다 고려하는 시나리오와 함께 이리 재고 저리 잰다. 머리가 터질 것 같다. 이렇게 시달리다 보면 자신이 아닌 누군가의 조언을 얻고 싶어진다. 그래서 찾아간 그 사람, 그 사람이 바로 전문가다. 이미 이런 상황에서 비슷한 일을 겪었고, 그 선택의 결과를 직접 체험하여 깨달음을 얻은 멘토를 찾아가 그의 의견을 경청한다. 그러나 여전히 선택은 자신의 몫으로 남아 있다. 고민은 다시 원점에서 불꽃처럼 타오른다. 심신이 지친다. 이때 마지막으로 물어볼 곳이 하나 남아 있다는 것이 그렇게 안심될 수 없다. 그곳, 거기가 어디일까? 바로 하늘에 묻는 것이다. "무엇이 내 길이나이까? 나를 도우소서" 하고 매달린다. 독실한 신앙인은 자신의 신에게 기도하고, 그렇지 못한 사람은 용한 점집을 찾아간다. 하늘에 묻는 행위, 이것이 바로 고대인들에게는 신전에서 신탁을 듣는 것이었다. 우리의 내면은 여전히 원시의 목소리와 깊이를 알 수 없는 심연으로 덮여 있다.

고대의 예언자들, 특히 신전의 사제단들은 신탁의 신통함을 높이기 위해 자신들의 첩보망을 가지고 있었다. 특히 델포이 아폴론 신전의 피티아들과 사제단들은 당시 세계 최고의 정보를 파악할 수 있는 첩보망과 행동대를 보유한 정보 비즈니스의 메카였다. 실제로 그들은 신탁의 덕을 본 무수한 세속적 군주들과 부유한 귀족들로부터 신탁의 대가로 막대한 수익을 올리고 있었다. 신탁이 용해서 의뢰인들이 유효한 결정을 내리는 데 도움이 되면 될수록 그들의 비즈니스는 더욱 번영했다. 개인적으로 이런 역할을 수행했던 인물들이 있었다. 그들이 바로 예언자들이었다.

테이레시아스

트로이 전쟁 이전에 가장 날리던 예언자는 테이레시아스다. 그는 테베 출신의 예언자였다. 그가 어떻게 예언의 능력을 가지게 되었는지에 대한 재미있는 이야기가 있다. 어느 날 그는 숲길을 걷고 있었다. 그때 한 쌍의 뱀이 사랑에 빠져 서로 몸을 칭칭 감고 있었다. 그는 지팡이로 그 둘을 갈라놓았다. 그리고 암컷에게 상처를 입혔다. 그러자 그는 여자로 변했다. 졸지에 여자의 삶을 살게 된 것이다. 7년이 지난 어느 날 그가 다시 숲길을 걷다가 바로 그 장소에서 또다시 사랑에 빠진 뱀 한 쌍을 보게 되었다. 지팡이로 그 둘을 갈라놓자 그는 다시 남자가 되었다. 그는 남자로도 살아보고 여자로도 살아본 최초의 인간이 되었다.

이 일이 있은 후 어느 날 올림포스 산에 살고 있는 할 일 없는 제우스가 아내 헤라와 가벼운 입씨름을 하게 되었다. 남녀가 사랑에 빠지면 누가 더 좋아할까? 제우스는 여자가 더 좋아한다고 했고, 헤라는 남자가 더 좋아한다고 우겼다. 그러다가 그들은 남자로도 살아보고 여자로도 살아본 테이레시아스를 불러들였다. 그러자 테이레시아스가 대답했다.

"성교의 쾌락에 빠지면 여자가 아홉 배는 더 좋아하지요."

내기에 진 헤라가 화가 나서 가지고 있던 지팡이로 테이레시아스를 가볍게 치자 그는 장님이 되어버렸다. 제우스는 애꿎게 장님이 된 그에게 미안해졌다. 그래서 테이레시아스에게 앞을 보지는 못하지만 미래를 보고 예언할 수 있는 힘을 주었다. 덤으로 보통 사람보다 일곱 배는 더 오래 살 수 있는 장수의 특권도 함께 주었다. 이렇게 하여 그리스 신화 속 최고의 예언자가 탄생하게 된 것이다.

테이레시아스는 오이디푸스가 자신도 모르게 지은 죄를 드러나게 해주었고, 크레온에게 오이디푸스를 테베로부터 추방하라고 권고했다. 오이디푸스의 장남 폴리네이케스가 아르고스의 여섯 장군을 이끌고 쳐들어왔을 때 크레온의 아들 메노이케우스^{Menoeceus}를 희생 제물로 바쳐 아레스의 진노를 달래면 도시를 구할 수 있다고 말하기도 했다. 그렇게 하여 그들은 어렵게 아르고스에 승리할 수 있었다. 10년 후 다시 아르고스 여섯 장군의 후손들과 폴리네이케스의 아들이 쳐들어와 이번에는 테베와의 싸움에서 승리했다. 테베가 이들과 화친을 맺은 날 테이레시아스가 밤에 은밀하게 도시를 버리고 떠나라고 말해 테베인들의 대량 학살을 막기도 했다. 그는 이 피난 중에 노쇠하여 죽었다. 또 다른 설에 의하면

칼카스가 이피게네이아의 희생을 예언하다

피난 도중 텔푸사라는 샘가에 이르렀을 때 몹시 목이 말라 급하게 물을 마시다가 물이 너무 차서 죽고 말았다고도 한다. 제우스는 그에게 죽은 후에도 예언의 능력을 유지할 수 있는 특권을 주었다. 테이레시아스의 딸 만토Manto와 외손자 모프소스Mopsos 역시 예언자가 되었다.

그리스가 연합군을 이끌고 반그리스 연대를 이룬 트로이와 10년 전쟁을 치루는 동안 양군의 수뇌부들은 긴박한 상황 속에 펼쳐지는 갈림길에서 옳은 길을 알려줄 예언자들을 참모로 기용했다. 가장 유명한 그리스 쪽 예언자는 단연 칼카스다. 칼카스는 현명한 네스토르Nestor 왕의 아들이다. 그는 신의 이름으로 정보를 창조함으로써 결정적인 신화적 사건들이 일어나게 하는 출발점이 되었다. 특히 그는 새가 나는 모습을 보고 점을 쳐 맞히는 데 절묘했으며, 과거와 현재 그리고 미래를 가장 잘 알고 있었다. 아울리스에서 바람을 잡고 놓아주지 않는 아르테미스의 분노를 가라앉히기 위해 이피게네이아를 희생으로 바치게 한 것도 이 사람이고 트로이 전쟁에서 이기려면 반드시 아킬레우스가 있어야 한다고 예언한 것도 바로 이 사람이다. 또 뱀 한 마리가 제단 밑에서 기어 나와 새끼 새 여덟 마리를 잡아먹고 마지막 아홉 번째로 어미 새를 잡아먹는 것을 보고, 9년이 지나 10년째에 트로이가 함락될 것이라는 사실도 알아맞혔다. 10년째에 그리스군 진영에 역병이 돈 이유가 아가멤논이 트로이 아폴론 신전의 사제인 크리세스의 딸 크리세이스Chryseis를 범한 불경 탓임을 지적하여 크리세이스를 돌려보내게 했다. 크리세이스를 빼앗긴 아가멤논이 아킬레우스의 전리품인 브리세이스^{Briseis}를 요구함으로써 두 사람의 불화가 시작되며, 《일리아스》는 바로 이 대목에서부터 이야기가 시작된다. 트로이 성에 들어갈 수 없을 때 목마를 만들자고 제안한 것도 칼카스다. 실제로 그는 병사들과 함께 이 목마를 타고 트로이 안으로 들어가기도 했다. 승리 후에 그리스군의 귀향이 쉽지 않을 것이라는 예언도 적중했다.

심지어 그는 자신의 죽음도 예언했다. 자신보다 더 뛰어난 예언자를 만나면 죽게 되리라는 것이었다. 그의 죽음과 얽힌 재미있는 예언 내기가 있다. 트로이 전쟁이 끝난 어느 날 그는 테이레시아스의 외손자인 모프소스와 서로 내기를 했다. 모프소스의 집 주변에 무화과나무가 한 그루 있었다. 칼카스가 "이 나무에 열매가 얼마나 달릴까요?"라고 묻자 모프소스는 "1만 1부아소(곡물을 재는 옛 용량 단위) 하고도 한 개 더 열릴 것"이라고 말했다. 나중에 확인해보니 그의 말이 맞았다. 근처에서 새끼를 밴 통통한 암퇘지를 본 모프소스는 칼카스에게 "새끼를 언제 몇 마리나 낳게 될까요?"라고 물었다. 칼카스는 여덟 마리를 낳을 것이라고 말했지만 모프소스는 그가 틀렸다고 했다. 그는 암퇘지가 아홉 마리의 새끼를 낳을 것이고 그 아홉 마리는 모두 수컷이며 다음 날 여섯 시에 낳을 것이라고 말했는데, 결국 모프소스가 맞았다. 칼카스는 슬픔에 잠겨 죽었다.

일설에 의하면 웃음이 그를 죽였다고도 한다. 칼카스는 아폴론의 과수원에 포도나무를 한 그루 심었다. 다른 예언자가 칼카스는 "결코 그 포도나무에서 딴 포도로 담근 포도주를 마시지 못할 것"이라고 말했는데 칼카스는 그 예언을 비웃었다. 포도나무가 자라서 열매를 맺었고, 칼카스는 그 포도를 따서 포도주를 담갔다. 그리고 이웃 사람들과 그 예언자를 초대했다. 칼카스가 포도주잔을 입에 대고 마시려고 하자 그 예언자는 그 포도주를 마시지 못할 것이라고 다시 한

라오콘(엘 그레코, 1610년)

번 말했다. 칼카스가 웃기 시작했다. 웃음은 그치지 않았다. 칼카스는 웃다가 숨이 막혀 결국 그 포도주를 마시지 못하고 죽고 말았다.

칼카스에 맞서 트로이 측에도 예언의 능력으로 참모를 맡았던 예언자들이 있다. 그중 주목할 만한 사람은 라오콘Laokoon이다. 라오콘은 트로이에 있는 아폴론 신전의 사제였다. 그러나 그는 아폴론의 신상 앞에서 아내와 결합하여 신의 분노를 사고 말았다. 트로이 전쟁이 막바지로 치달으면서 그리스인들이 목마를 해안가에 남겨두고 짐짓 철수해버렸을 때 라오콘은 그 목마를 불태워버려야 한다고 주장했다. 절대로 트로이 성안으로 들어서는 안 된다고 말했다. 그리고 창을 던져 긴 공명의 소리가 울리는 것을 들려줌으로써 이 목마의 배가 비어 있음을 증명했다. 그러나 트로이인들은 목마를 성안으로 들일지 말지 결정하지 못했다.

한편 그 와중에 트로이인들은 포세이돈에게 황소를 바치고 빌어서 그리스인들의 귀향길에 태풍이 불어닥치기를 기원하는 일을 라오콘이 주재하게 했다. 바로 그때 라오콘에게 분노해 있었던 아폴론은 바다로부터 커다란 뱀 두 마리를 보내 라오콘의 두 아들을 감아 질식시켜 죽게 했다. 라오콘이 달려와 구하려고 했지만 뱀은 라오콘까지 휘감아 질식시켜 죽인 다음 트로이 성내로 기어 들어가 아테나 신상 밑에 똬리를 틀었다. 로마의 바티칸에 있는 조각상 〈라오콘〉은 바로 이 두 마리의 뱀이 세 부자를 칭칭 감아 죽이는 장면을 생생하게 보여준다. 그러나 라오콘에 대한 아폴론의 분노를 알지 못하는 트로이인들은 그가 신에게 바치려고 만들어놓은 목마에 창을 던져 벌을 받았다고 여기고 목마를 트로이 성안으로 끌어들여 승리를 즐기게 되었던 것이다. 목마가 입성한 그날 밤 트로이는 망하게 된다.

목마를 트로이 성안으로 끌어들이는 것을 결사적으로 반대한 또 하나의 예언자가 바로 카산드라다. 그녀는 트로이 왕 프리아모스와 왕비 헤카베의 딸이다. 그녀는 매우 아름다웠기 때문에 청혼자가 많

카산드라가 트로이의 몰락을 예언하다

았다. 아폴론도 그녀를 사랑하여 자신에게 몸을 허락한다면 예언의 능력을 주겠다고 했다. 카산드라는 그 제안을 받아들이고 아폴론으로부터 예언술을 전수받았다. 그러나 그녀는 아폴론을 배신하고 도망쳐버렸다. 미래에 눈을 뜬 그녀가 신과의 사랑은 비참하다는 사실을 알게 되었기 때문이다. 불멸의 신과의 사랑은 세월이 갈수록 늙고 추해지는 자신의 모습과는 어울릴 수 없는 비극임을 너무도 잘 알았기 때문에 그녀는 도망치지 않을 수 없었다. 분노한 아폴론은 그녀의 입안에 침을 뱉어 사랑을 배신한 그녀를 저주했으니 그녀는 자신의 예언으로 다른 사람을 설득할 수 있는 힘을 잃어버렸다. 예언의 신 아폴론에게서 직접 전수받은 예언의 능력은 놀라웠지만 사람들은 누구도 그녀의 예언을 믿으려 하지 않았다.

카산드라는 트로이가 운명의 순간을 지날 때마다 등장한다. 파리스를 처음 보는 순간 그로 인해 트로이가 멸망할 것을 예언했다. 카산드라는 그를 죽이려고 했으나 그 순간 그가 프리아모스의 아들이며 자신의 오빠라는 것이 밝혀져 파리스는 살아날 수 있었다. 그가 헬레네를 데리고 왔을 때도 그로 인해 트로이

가 멸망할 것이라고 말했다. 그러나 트로이인들은 헬레네를 환영했다. 그녀는 그리스인들이 만들어놓고 퇴각한 트로이의 목마를 성안에 들이는 것을 결사적으로 반대했다. 그러나 결국 트로이인들은 그 목마를 성안으로 끌어들이고 승리에 도취하여 잠이 들었다. 트로이는 결국 멸망했다. 그녀는 탄식한다.

"아, 가련함, 모두 멸망해버린 도시의 가련함이여.
그 성을 지키려고 아버님은 풀을 뜯는 소와 양을 수없이 바치셨건만,
아무 소용도 없었구나. 내 나라가 그 참혹함을 받지 않게 하려 했건만,
나도 붉은 피를 언젠가는 땅에 뿌리게 되리."◆

그녀가 결정적인 예언을 할 때조차 아무도 그녀의 말을 진심으로 들어주지 않았다. 트로이는 그녀의 예언대로 멸망하게 되었다. 트로이가 무너진 후 카산드라는 아가멤논의 전리품이 되어 끌려가게 되었다. 아가멤논은 카산드라에게 격정적으로 빠져들었다. 그러나 카산드라의 눈에는 자신과 아가멤논의 불행한 미래가 명확히 보였다. 그녀는 아무도 믿어주지 않는 예언가의 절망을 다시 느끼게 된다. 카산드라는 이렇게 외친다.

"명성 높은 왕 아가멤논은 헬레네보다 더욱 불길한 왕비를 맞을 것입니다. 반드시 그를 죽이고 그의 일족을 멸망시켜 아버지와 형제들의 원수를 갚고야 말겠어요……. 제가 그의 황천길 동행이 되어 도끼에 피를 묻히고, 이 혼사로 자식이 어미를 죽여 아트레우스 집안을 뒤흔드는, 입에 담을 수조차 없는 소동이 일어날 것입니다."◆◆

헬레노스와 아이네이아스

　　미케네 왕 아가멤논은 카산드라를 데리고 귀국하던 첫날 밤 목욕탕에서 부인 클리타임네스트라와 그녀의 정부 아이기스토스^{Aegisthus}의 손에 죽게 된다. 이때 카산드라도 자신의 예언대로 함께 피살되고 만다. 그녀의 예언이 아무도 구하지 못하고 자신의 목숨조차 구하지 못하는 절망 속에서 그녀는 수없이 아폴론의 이름을 되뇌었다.

　　트로이에는 또 한 명의 예언자가 있었으니 바로 헬레노스^{Helenus}다. 그는 프리아모스와 헤카베의 아들이며 카산드라와 쌍둥이 남매다. 헬레노스 역시 아폴론의 사랑을 받아 예언의 능력을 전수받았다. 그리고 상아로 된 활을 선물받았다. 헥토르가 죽고 파리스가 죽을 때까지 그는 트로이의 왕자로서 열심히 조국을 위해 싸웠다. 그러나 파리스가 죽고 아버지 프리아모스 왕이 헬레네를 자신이 아닌 동생 데이포보스^{Deiphobos}에게 주자 화가 나서 이데 산으로 숨어버렸다. 그리스 진영의 예언자 칼카스는 트로이를 멸망시키려면 몇 가지 조건이 채워져야 하는데, 그 방법을 알고 있는 사람이 바로 헬레노스라고 예언한다. 오디세우스는 이데 산을 뒤져 헬레노스를 찾아냈다. 그리고 반은 매수하고 반은 강압하여 트로이 함락 조건들을 알아냈다. 헬레노스가 말한 조건들은 다음과 같다. 첫째, 아킬

◆　아이스킬로스의 《오레스테이아》 3부작 중 첫 번째인 《아가멤논》에 나오는 카산드라의 탄식 중 일부다.

◆◆　에우리피데스의 《트로이의 여인들》 중에서 카산드라가 어머니 헤카베에게 한 말. 그녀는 트로이 함락 이후 아가멤논에게 전리품으로 할당되었고 왕비인 헤카베는 오디세우스에게 할당되었다.

레우스가 죽었으니 그의 아들 네오프톨레모스^{Neoptolemos}가 그리스 편이 되어 싸울 것, 둘째, 트로이 성안에 있는 유명한 아테나 신상인 팔라디온 상을 탈취할 것, 그리고 셋째, 헤라클레스의 활과 화살을 가져올 것 등을 알려주었다. 일설에 의하면 트로이의 목마를 만들어야 한다고 귀띔해준 것도 헬레노스였다고 한다.

그리스인들에게 협력한 대가로 그는 트로이 함락 이후에도 목숨을 잃지 않고 자유로울 수 있었다. 그는 아킬레우스의 아들인 네오프톨레모스에게 신의 보복과 분노가 기다리는 해로를 버리고 육로로 귀환하라는 조언을 해주었다. 그 덕분에 그들은 별다른 고난 없이 고향으로 안전하게 귀환할 수 있었다. 헬레노스와 좋은 친구 관계로 남아 있었던 네오프톨레모스는 죽을 때 그에게 자신의 왕국과 안드로마케를 맡겼다. 그들은 평화롭게 그 왕국을 다스렸다. 트로이 멸망 이후 새로운 나라를 찾아 떠도는 아이네이아스가 이끄는 유민들이 이곳을 지나갈 때 그들은 열렬히 그 일행을 환영해주었다.

격돌

아킬레우스 :
영웅이여, 분노하라

트로이는 난공불락이었다. 9년이 넘어 10년의 세월이 지나갔지만 트로이는 함락되지 않았다. 전쟁은 지루한 공방전이었다. 그리스인들은 낙담하고 질병 속에서 죽어갔으며 고향을 그리워했다. 그러나 시작을 하면 끝이 있는 법. 트로이 전쟁은 서서히 새로운 국면으로 접어들고 있었다. 여기서부터 호메로스의 서사시 《일리아스》는 시작된다. 모든 전쟁은 참혹하다. 그러나 《일리아스》는 아름답다. 아킬레우스는 《일리아스》의 수많은 영웅들 중 가장 빛나는 용장이었다. 이들의 이야기 속에서 추한 전쟁은 예술과 문학이 되었다.

그녀는 저녁 바다에서 떠오르는 달처럼 아름다웠기에 신들이 다투어 사랑했다. 특히 제우스는 이 은빛 발을 가진 바다의 여신 테티스를 흠모했다. 그러나 신들도 어찌할 수 없는 신탁인 '테티스의 아이는 그 아버지를 능가할 것'이라는 말에 기겁하여 그 사랑을 거두어들였다. 올림포스 신들이 가장 두려워하는 말이 바로 '아버지를 능가하는 아들'이었다. 왜냐하면 제우스는 아버지 크로노스를 제거하고 신들의 제왕이 되었기 때문에 아버지보다 강한 아들은 곧 위협이었다. 그리하여 제우스는 테티스를 인간에게 시집보내

펠레우스의 결혼(에드워드 번 존스, 1872~1881년)

기로 작정했다. 그 대상자로 테살리아의 왕 펠레우스를 선택했다. 제우스는 펠레우스에게 테티스를 꼭 잡고 어떤 경우에도 놓지 말라고 말했다. 테티스는 '불멸의 신이 필멸의 인간과 결혼해야 한다'는 이 결정에 대해 대단히 불쾌하게 생각했기 때문에 펠레우스가 그녀를 꼭 잡자 때로는 불이 되고 때로는 물이 되고 때로는 짐승으로 변해 도망가려 했다. 그러나 펠레우스는 뚝심이 센 남자였다. 그는 테티스가 원래의 아름다운 여신으로 되돌아올 때까지 끈질기게 잡고 놓아주지 않았다. 할 수 없이 테티스도 그를 받아들이게 되었다. 그리하여 둘 사이에서 아킬레우스가 태어났다. 모든 인간을 능가하는 영웅이 태어나게 된 것이다.

아킬레우스는 태어나면서 또 하나의 신탁을 받게 되었다. 만일 트로이 전쟁에 참가하지 않는다면 평범한 사람으로 오래도록 살 수 있지만 트로이 전쟁에 참가한다면 가장 용맹한 용사의 명예를 얻고 단명하게 되리라는 계시였다. 아이가 어렸을 때는 어머니가 대신 아들의 운명을 선택할 수 있다. 아들이 단명할 것을 슬퍼한 테티스는 아들이 평범하지만 오래 살기를 원했다.

아킬레우스를 찾고 있는 오디세우스(알렉산드로 티아리니, 1640~1650년)

그리하여 그녀는 아직 어린 아킬레우스에게 여자 옷을 입혀 스키로스 섬의 리코메데스 궁정에 숨어 있게 했다. 리코메데스는 테세우스를 머물게 했다가 그를 죽인 바로 그 사람이었다. 테티스는 아들이 트로이 전쟁에 참전한다면 죽을 운명이라는 것을 알고 있었기 때문에 아무도 발견할 수 없는 이곳에 아들을 꽁꽁 숨겨두었던 것이다. 아킬레우스는 그곳에 9년 동안 머물렀다. 타는 듯한 붉은 머리카락 때문에 피라(붉은 머리의 아가씨)라고 불렸다. 누구도 그를 찾아내지 못할 듯했다.

그러나 예언자 칼카스는 "아킬레우스 없이는 트로이 전쟁에서 이길 수 없다"는 신탁을 받아 왔다. 영리하고 재치 있는 오디세우스는 트로이 전쟁을 승리로 이끌 용사 아킬레우스를 찾아내는 일에 발 벗고 나섰다. 그리고 드디어 그가 숨어 있는 곳을 알아냈다. 그는 상인으로 변장하고 스키로스 궁전의 내실로 들어가 여인들에게 장신구를 보여주었다. 다른 소녀들은 여인들의 노리개에 정신을 팔았지만 붉은 머리의 소녀만은 칼을 집어 들었다. 매같이 날카로운 눈은 피라를 주목하게 되었다. 그때 오디세우스는 갑자기 나팔을 꺼내 힘차게 불었다. 다른 소녀들은 다 질겁하여 도망치는데, 피라만은 도망치지 않고 당장 검을 꺼내 휘두르려 했다. 일이 이쯤 되자 테티스는 더 이상 전사로서 아킬레우스의 운명을 덮어줄 수 없었다. 아킬레우스는 드디어 자신의 운명 앞으로 당당히 나섰다. 그는 50척의 배에 자신의 종족인 미르미돈족◆을 태우고 파트로클로스와 함께 출전했다. 테티스는 아킬레우스에게 충실한 노예 한 사람을 딸려 보냈다. 그의 유일한 역할은 아킬레우스가 아폴론의 아들을 죽이지 못하게 막는 것이었다. 왜냐하면 아킬레우스가 아폴론의 아들을 죽이면 그 자신도 반드시 죽임을 당할 것이었기 때문이다.

여장한 아킬레우스가 검을 뽑다(폼페오 바토니, 1746년)

이렇게 하여 모든 용장을 갖추어 실은 그리스 군대는 트로이로 진격하게 되었다. 아킬레우스 역시 무사로서의 삶에 흥분했다. 그는 새로운 운명을 선택했던 것이다. 짧지만 빛나는 최고 용장으로서의 인생이 그의 앞에 펼쳐졌다.

호메로스의 《일리아스》는 이렇게 시작된다.

◆ 미르미돈족은 개미족이다. 아킬레우스를 따라온 미르미돈 군사들은 그 용맹함과 일사불란함으로 트로이 전쟁에서 가장 막강한 힘을 발휘했다. 오비디우스에 따르면 아킬레우스의 할아버지 아이아코스Aiakos는 자신의 나라 이름을 '아이기나'로 개명했다고 한다. 아이기나는 아이아코스 왕의 어머니였는데 제우스가 사랑한 여인이었기 때문에 아이아코스는 어머니의 이름으로 나라 이름을 바꾸었던 것이다. 이 소식을 들은 헤라는 열불이 나서 연적의 나라 아이기나에 역병을 보냈다. 속이 불꽃으로 타올라 죽는 병인데, 처음에는 모든 가축이 죽어 엎어지더니 이내 사람에게 옮겨와 백성 전체가 꺼꾸러졌다. 아이아코스가 제우스에게 엎드려 눈물로 호소하자 제우스가 응답했다. 제우스의 신목인 참나무를 기어오르던 수많은 개미들이 모두 땅에 떨어지더니 점점 커져 씩씩한 젊은이들로 변했다. 아이기나는 개미 용사들과 처녀들로 가득한 새로운 나라가 되었다. 그리하여 아이아코스의 손자 아킬레우스가 이끄는 용사들은 모두 용감한 개미 미르미돈족이라 불렸다.

아킬레우스, 정체를 드러내다(푸생, 1656년)

노래하소서, 여신이여! 펠레우스의 아들 아킬레우스의 분노를.

여신은, 아홉 명의 무사이 여신 중 서사시의 여신인 '아름다운 목소리' 칼리오페Calliope를 부른 것이다. 그리스 최고의 용장인 아킬레우스는 아가멤논에게 화가 나 있다. 사건의 전말은 이렇다. 그리스군의 총사령관인 아가멤논이 아폴론 신전의 사제인 크리세스의 딸 크리세이스를 납치하여 제 여인으로 삼자 온 그리스 진영에 역병이 돌아 병사들이 쓰러져 죽어갔다. 사제는 몸값을 들고 아가멤논을 찾아가 딸을 풀어주기를 요청했지만 아가멤논은 거절했다. 그러자 사제는 은궁銀弓의 신 아폴론에게 아가멤논의 모멸을 화살로 갚아주기를 기도했다. 아폴론은 그의 기도를 듣고 활과 화살통을 어깨에

아킬레우스의 정부 브리세이스를 끌고 오는 아가멤논의 병사들(티에폴로, 1757년)

메고 올림포스 산꼭대기에서 달려 내려갔다. 그가 움직일 때마다 성난 어깨에서 화살들이 요란스럽게 울렸다. 아흐레 동안 신의 화살은 그리스군을 향해 날아갔다. 은빛 화살은 전염병이 되어 병사들을 휩쓸었다. 날마다 시신을 태우는 불길이 쉼 없이 타올랐다. 예언자 칼카스는 이 역병의 원인이 아폴론의 진노라는 것을 알려주었다. 그러자 아가멤논은 할 수 없이 탈취하여 제여인으로 삼은 크리세이스를 놓아준다. 그러나 그 대신 아킬레우스의 전리품인 아름다운 볼을 가진 브리세이스를 가지겠다고 선언한다. 《일리아스》에서 그는 이렇게 말한다.

"포이보스 아폴론께서 나에게서 크리세이스를 빼앗아가시니 나는 그녀를 내 배에 태워 나의 전우들과 함께 보낼 것이오. 그리고서 내 몸소 그대의 막사로 가 그대의 명예의 선물인 볼이 예쁜 브리세이스를 데려갈 것이오. 그러면 내가 그대보다 얼마나 더 위대한지 잘 알게 될 것이며, 다른 사람도 앞으로 감히 내게 대등한 언어를 쓰거나 맞설 마음이 생기지 않을 것이오."

아가멤논의 말을 듣고 아킬레우스의 분노는 시작되었다. 그는 칼집에서 칼을 뽑아들려고 했다. 이때 아테나가 오직 아킬레우스에게만 보이게 나타나, 손을 막으며 말로 하라고 타일렀다. 아킬레우스는 아가멤논을 향해 "주정뱅이에 개처럼 천박하고 사슴의 심장처럼 겁 많은 자"라고 소리쳤다. 그러나 아테나 여신의 충고에 따라 아킬레우스는 결국 사랑하는 브리세이스를 아가멤논에게 양보하게 되었다. 그 대신 그는 그리스군을 위해 출전하지 않겠다고 선언해버렸다. 그리고 그는 막사에서 나오지 않았다. 아킬레우스가 빠지자 그리스 전력은 급격히 위축되고 전황은 불리하게 전개되었다. 모든 전장을 통틀어 제일의 용사가 나서지 않는 그리스군은 번번이 패하여 사기가 땅에 떨어졌다. 보다 못해 아킬레우스의 가장 친한 친구이자 시종인 파트로클로스가 아킬레우스의 군사들을 이끌고 출전했다. 아킬레우스는 그에게 자신의 투구와 갑옷을 빌려주었다. 그러나 파트로클로스는 트로이의 용장 헥토르의 창에 찔려 죽게 되었다. 아킬레우스가 입혀준 그의 무구들은 헥토르에게 빼앗겼다. 친구가 갑옷을 빼앗기고 벗은 몸으로 죽어 돌아오자 아킬레우스는 분노와 "슬픔의 먹구름"으로 뒤덮였다. 호메로스는 그 모습을 《일리아스》에서 이렇게 묘사한다.

두 손으로 검은 먼지를 움켜쥐더니 머리에 뿌려 고운 얼굴을 더럽혔다. 그의 향기로운 옷에도 검은 재가 떨어졌다. 그리고 그 자신은 먼지 속에 큰 대자로 드러누워 제 손으로 머리카락을 쥐어뜯었다……. 아킬레우스가 무시무시하게 통곡하자 그의 어머니가 바닷속 깊은 곳에서 이 소리를 듣고 크게 비명을 지르니…….

은빛 발을 가진 테티스는 단숨에 아킬레우스의 막사로 그를 찾아왔다. 당장 출전하여 헥토르를 죽이고 파트로클로스의 원수를 갚고 싶어 하는 아들에게 "헥토르 다음에는 네가 죽게 될 것"이라며 진정시키려 한다. 그러나 아킬레우스는 어머니 테티스에게 울부짖는다. 그리고 아가멤논과의 불화를 잊고 당장 출전하기를 바랐다.

파트로클로스의 시체를 보고 생각에 잠긴 아킬레우스
(지오반니 안토니오 펠레리니, 18세기)

"당장이라도 죽고 싶어요……. 제 도움이 필요했는데도 저는 파트로클로스를 파멸에서 구해주지 못했어요……. 부디 불화는 신들 사이에서도, 인간들 사이에서도 사라지기를! 그리고 노여움도! 그것은 현명한 사람도 거칠게 하고, 그것은 똑똑 떨어지는 꿀보다 더 달콤해요. 사람의 마음속에서 연기처럼 커져갑니다. 꼭 그처럼 저도 인간들의 왕 아가멤논에게 분노했지요. 하지만 이제는 지난 일을 잊어버리고 가슴속 마음을 억제해야지요. 이제 저는 나가겠어요. 사랑하는 사람을 죽인 헥토르를 만나기 위해서."

그러자 테티스 여신은 아킬레우스에게 기다리라고 말하고는 대장장이의 신 헤파이스토스를 찾아가 방패와 투구와 복사뼈 덮개가 달린 아름다운 정강이받이와 가슴받이를 만들어줄 것을 요청했다. 그러자 테티스에게 목숨을 빚진 일이 있는 거대한 절름발이 대장장이의 신은 당장 스무 개의 풀무를 용광로 아래 불어 넣어 불을 조절하더니 가장 먼저 크고 튼튼한 방패를 만들었다. 사방에 교묘한 장식을 새겨 넣고 가장자리에는 번쩍번쩍 빛나는 세 겹의 테를 두르고 은으로 된 멜빵을 달았다. 방패 자체는 다섯 겹이었으나 그는 그 방패에 가지가지 교묘한 형상을 아로새겨 넣었다.◆ 방패가 만들어지자 헤파이스토스는 불빛보다 더 반짝이는 가슴받이를 만들고 투구를 만들어 그 위에 황금 술을 달았다. 그다음에 유연한 주석으로 정강이받이를 만들었다. 테티스는 번쩍이는 무구를 들고 눈 덮인 올림포스에서 매처럼 뛰어내렸다. 이 아름다운 무구를 받아든 아킬레우스는 흡족했다.◆◆

무구를 갖춰 입은 아킬레우스는 헥토르와 격돌했다. 헥토르가 당하지 못하고 도망갔다. 아킬레우스가 헥토르를 쫓아 성벽 주위를 세 바퀴 돈 다음에 헥토르가 멈추자 그를 죽였다. 《일리아스》의 종장終章인 24권에서 아킬레우스는 자기의 전차 뒤에 헥토르를 매달고 파트로클로스의 화장터 주위를 세 차례나 돌며 끌고 다닌다.

헥토르가 죽은 다음 아킬레우스 역시 신탁이 말한 대로 단명한 삶을 마감하게 되었다. 그는 파리스가 쏜 화살에 발뒤꿈치가 꿰뚫려 죽고 만다. 빠른 발의 아킬레우스가 태어날 때 어머니 테티스는 그를 스틱스 강에 담가 어떤 인간의 칼과 창으로도 죽일 수 없는 불사의 몸을 만들어주려 했으나 그녀가 손으로 잡고 있었던 발목 부분만은 강물에 닿지 않아 그의 약점이 되었다. 바로 아킬레스건이라는 그 약점을 파리스의 화살이 맞힌 것이다. 아폴론이

◆ 이 방패에 새겨 넣은 아름다운 그림들에 대하여 호메로스는 《일리아스》 18권 '무구제작'에서 무려 5페이지에 걸쳐 장황하게 묘사한다.
◆◆ 아킬레우스가 죽은 후 이 아름다운 신의 무구는 가장 용감한 전사를 위한 상으로 걸리게 되었는데, 아이아스Aias와 오디세우스가 서로 이상을 두고 경합을 벌였다. 결국 오디세우스의 차지가 되자 아이아스는 분노와 부끄러움 때문에 자살해버렸다.

파리스의 활을 빌려 그의 은 궁을 쏨으로써 그의 목숨을 거두었다. 그리하여 태어날 때부터 모든 인간을 능가했던 영웅 아킬레우스는 죽었다.

아킬레우스에게 활쏘기를 가르치는 케이론
(주세페 크레스피, 1695~1700년)

호메로스가 그린 아킬레우스는 빛나는 눈에 금빛 머리카락을 날리고 목소리가 우렁찬 잘생긴 청년이었다. 그는 두려움을 몰랐으며, 싸우는 것에 가장 큰 열정을 느꼈다. 그는 젊은이답게 격렬하면서도 명예를 존중했다. 젊은 아킬레우스가 성장하는 데 가장 큰 배움을 준 스승은 켄타우로스인 케이론이다. 그는 아스클레피오스에게 의술을 가르쳐준 현명한 인물이다. 케이론은 아킬레우스에게 사냥하는 법과 말 다루는 법을 가르쳐주었다. 또 노래와 리라 연주도 가르쳐주었다. 더불어 세속적인 부에 대한 경멸, 거짓에 대한 혐오, 정념情念과 고통에 대한 절제 등 고대의 미덕들을 가르쳐주었다. 그리고 그의 육체를 위한 배려도 잊지 않았다. 케이론은 그에게 용맹을 심어주기 위해 사자와 멧돼지의 내장을 먹였고, 온화함을 키워주기 위해 꿀을 먹였고, 설득력을 키워주기 위해 곰의 골수를 먹였다.

아킬레우스는 헥토르의 시신을 모독하고 트로이 포로를 죽였다. 정염情炎에 불타오른 그는 죽은 뒤에도 자신이 사랑했던 프리아모스의 딸 폴릭세네Polyxene와 함께하고 싶어서 그녀를 제물로 바치라고 말할 만큼 이기적이고

케이론과 아킬레우스(폼페오 바토니, 1746년)

잔인하기도 했다. 헥토르의 시체를 돌려받기 위해 프리아모스 왕이 아킬레우스를 찾아왔을 때 함께 대동한 폴릭세네를 보고 한눈에 반한 아킬레우스는 그녀와의 사랑을 이루지 못하자 죽은 다음에 그녀를 자신의 무덤에 희생물로 바치라고 요구했다.

그러나 그의 본성은 부드러웠고 케이론의 교육으로 다듬어져 있었다. 리라와 노래로 근심을 가라앉히고, 파트로클로스와는 우정을 나누고, 브리세이스와는 사랑을 나누었다. 아킬레우스는 어머니 테티스를 공경했고, 신들의 뜻을 주저하지 않고 실행했다. 프리아모스가 찾아와 헥토르의 시신을 돌려달라고 할 때는 함께 눈물을 흘리기도 했다. 그의 핏줄 속에는 거친 남성이 가득했지만 또한 부드러운 슬픔으로 어루만져져 있었다. 트로이를 돕기 위하여 헥토르의 장례식에 맞추어 참전한 아마존의 여왕 펜테실레이아Penthesileia는 용감히 싸우다가 아킬레우스에게 죽게 되는데, 아킬레우스는 숨을 거두려는 그녀의 얼굴을 보고 그 아름다움 앞에서 고통이 밀려드는 것을 느끼기도 했다. 그 아름다운 얼굴로 밀려드는 고통이 어찌나 절실한지 그는 그녀에 대한 연민을 감출 수가 없었다. 누군가 죽은 사람에 대한 그의 연민을 비웃자 한 주먹에 그 사내를 때려죽이기도 했다.

《오디세이아》는 망자들의 세상에 살고 있는 아킬레우스의 모습을 잠시 전해준다. 그는 수선화가 만발한 들판을 거닐고, 그의 주변에는 파트로클로스, 아이아스, 아가멤논 등 트로이 전쟁의 친구들이 모여 있다. 그는 아들인 네오프톨레모스가 용감했다는 말을 듣고 무척 기뻐한 아버지이기도 했다. 알렉산드로스 대왕은 그를 자신의 모범으로 숭배했다. 아킬레우스는 호메로스의 《일리아스》, 스타티우스Publius Papinius Statius의 《아킬레우스》에 이르기까지 고대의 문학 작품들이 가장 즐겨 다루는 인물 중 하나였다.

시인은 노래한다.

햇빛이 꽝꽝 쏟아지는 날

전장에 서면 마주 봐야 하는 것은

무찔러야 할 적군보다 내 속의 두려움.

남을 죽여야 내가 살 수 있는 징그러운 대국

고함을 지르고 악을 써서 잊으려 하네.

인간이 모여 할 수 있는 일이 전쟁만은 아닌데

서로가 죽이고 죽어

죽어가는 적의 얼굴에서 자신의 얼굴을 보는구나.

통곡하는 이유는 적을 위해서도 아니고 나를 위해서도 아닌

전장으로 자신을 데려온 어리석음 때문.

파리스:
그의 선택이 트로이를 멸망시키다

파리스는 트로이 왕 프리아모스와 헤카베의 아들이며 용장 헥토르의 동생이다. 그 어머니 헤카베가 그를 낳을 무렵 꿈을 꿨다. 그녀가 횃불을 낳았는데, 그 불이 트로이 성에 옮겨 붙는 꿈이었다. 프리아모스는 이 꿈의 의미를 점쟁이에게 물었다. 그것은 흉한 꿈이었다. 점쟁이는 이 아이가 자라 트로이의 멸망을 가져올 것이니 아이를 출생 즉시 죽여버리라고 했다. 그러나 헤카베는 아이를 차마 죽이지 못하고 이데 산에 버리게 했다. 파리스는 목동에게 발견되어 자라게 되었다. 그는 자라서 이데 산에서 왕의 가축을 치는 목동이 되었다. 또 다른 일설에 따르면 프리아모스의 하인인 아겔라오스Agelaos가 왕의 명령을 받고 아이를 산속에 버렸는데, 곰이 와서 닷새 동안 젖을 먹였다고 한다. 닷새 후에도 아이가 여전히 살아 있는 것을 보고 아겔라오스는 파리스를 데려다 키웠다. 그는 준수하고 용맹한 청년으로 자랐다. 가축을 도둑으로부터 잘 지켰기 때문에 '보호자'라는 뜻의 알렉산드로스라는 이름으로도 불렸다고 한다.

　그도 다른 영웅들에 못지않은 이야기를 가지고 있다. 어느 날 프리아모스의 하인들이 파리스가 키우던 가축 중에서 가장 크고 잘생긴 황소를 가지러 왔다. 어려서 죽은 아들을 기리는 의식과 함께 치러지는 경기에서 가장 용감한 승리자에게 상으로 줄 것이라고 했다. 파리스는 신탁에 따라 자신을 버린 아버지와 극적으로 만날 기회를 노려왔다. 그래서 그는 산에서 내려와 그 경기에 참가했다. 그리고 온힘을 다해 자기 형제들을 꺾고 우승을 차지했다. 그들은 그가 누구인지 몰랐다. 괄괄한 그의 형제 중 한 명이 경기에 진 것에 화가 나서 칼을 뽑아들고 그를 죽이려고 했다. 파리스는 신전으로 몸을 피했다. 그러자 그 신전의 여사제였던 여동생 카산드라가 그를 알아보았다. 프리아모스는 어려서 죽은 아들의 제삿날에 죽은 줄 알았던 늠름한 아들을 다시 얻게 되어 매우 기뻐했다.

불화의 여신 에리스가 남기고 간 황금 사과가 파리스의 판결에 따라 아프로디테에게 돌아가게 되자 이 판결에 불만을 품은 헤라와 아테나는 파리스를 미워하게 되었다. 트로이 전쟁에서 이 두 여신은 그리스 편에 서서 트로이 공격을 지원했다. 가장 아름다운 여신으로 황금 사과의 주인이 된 아프로디테는 파리스와의 약속을 지켰다. 여신은 그를 인간의 여인 중에서 가장 아름다운 헬레네가 있는 라케다이몬으로 가게 했다. 파리스가 짐을 챙겨 이데 산을 떠나려 할 때 이데 산의 요정 오이노네Oenone는 그가 라케다이몬으로 가는 것을 말렸다. 오이노네는 파리스가 이데 산의 목동으로 있을 때 사랑한 여인이었다. 그녀는 예지력이 뛰어나 그 길이 불행의 길이라는 것을 알고 있었던 것이다. 그녀는 파리스를 말렸지만 그를 막을 수 없었다. 그녀는 슬프고 낙담했지만 파리스를 걱정해주었다. 그녀는 나중에 다쳐서 죽게 되면 자신에게 돌아오라고 당부하고 애인을 떠나보냈다. 그를 고칠 수 있는 것은 자신뿐이라는 것을 알고 있었기 때문이다.

오이노네뿐만 아니라 예언자 헬레노스와 카산드라도 파리스의 라케다이몬행을 적극적으로 말렸다. 하지만 결국 그는 헬레네를 만나러 떠나고 말았다. 헬레네의 남편 메넬라오스는 파리스 일행을 극진히 대접해주었다. 어느 날 메넬라오스가 친척의 장례식에 참석하기 위하여 크레타로 출타하게 되었다. 그는 아내 헬레네에게 손님 대접을 소홀히 하지 말라고 당부하고 떠났다. 메넬라오스가 집을 비우자 준수한 용모의 파리스는 헬레네에게 접근했

메넬라오스를 보고 숨는 파리스

다. 동방적인 호사스러움과 잘생긴 용모, 거기에 아프로디테의 도움까지 더해져 헬레네는 격정적으로 파리스에게 빠져들었다. 그리고 당시 아홉 살이었던 딸 헤르미오네를 남겨두고 모든 장신구와 보물을 챙겨 파리스와 함께 트로이로 도주했다. 트로이에 도착한 그녀는 카산드라의 반대에도 불구하고 프리아모스 왕의 환대를 받았다.

파리스와 헬레네의 도주는 트로이 전쟁의 기폭제였다. 그러나 파리스는 원인만 제공했을 뿐, 트로이 전쟁 중에 조국 트로이를 위해 용감한 전사의 역할을 해내지 못했다. 호메로스는 그를 겉만 번지르르한 비겁자로 묘사했다. 어느 날 전장에서 파리스는 어깨에 표범 가죽을 걸치고 구부러진 활과 칼을 메고는 청동 날이 박힌 두 자루의 창을 휘두르며 그리스 장수들 가운데 누구라도 좋으니 자기와 일대일로 사생결단의 결투를 하자고 외쳐댔다. 그 모습은 마치 신과 같았다. 이 소리를 들은 메넬라오스가 머리털을 곧추세우고 굶주린 사자가 사슴과 염소에게 달려들듯이 무구를 갖추고 전차에서 뛰어내려 앞으로 다가오자 간담이 서늘해진 파리스는 죽음의 운명을 피해 전우들 속으로 꼬리를 감추어버렸다.

호메로스는 그 장면을 "산골짜기에서 뱀을 본 사람이 깜짝 놀라 뒷걸음치며 사지를 부들부들 떨고 얼굴이 파랗게 질린 채 물러서듯"이라고 묘사한다. 형인 헥토르가 그 비겁한 모습을 보고 심하게 꾸짖었다. 그러자 파리스는 양군을 모두 자리에 앉히고 자신과 메넬라오스 둘만 싸울 수 있게 해달라고 요청했다. 트로이군과 그리스군은 양을 바치고 서로 맹약을 하여 이기는 자가 헬레네의 진정한 남자가 되고 그것으로 전쟁을 끝내기로 합의했다. 여자를 빼앗은 자와 빼앗긴 자가 일대일로 붙게 되었다. 호메로스는 총 24권으로 이루어진 《일리아스》의 한 권을 이 두 사나이의 단독 대결에 할애했다. 이제 모두가 지켜보는 가운데 두 사내의 대결이 시작되었다. 《일리아스》는 이 싸움의 장면을 이렇게 묘사했다.

먼저 파리스가 그림자가 긴 창을 던져 아트레우스 아들의 둥근 방패를 맞혔다. 그러나 청동 창은 방패를 뚫지 못하고 끝이 구부러지고 말았다. 아트레우스의 아들 메넬라오스가 제우스에게 기도했다.

"제우스여, 나를 먼저 해한 알렉산드로스를 응징하게 하소서. 그를 내 손으로 쓰러뜨리게 하셔서 후세인들이 자신을 친절히 대한 주인을 해코지하지 못하게 하소서."

그리고 힘껏 그림자 긴 창을 쳐들어 던지니 프리아모스 왕의 아들의 둥근 방패를 맞혔다. 창이 빗나가고 칼이 부러지자 그는 알렉산드로스에게 달려들어 투구의 말총 장식을 거머쥐고는 그를 돌려 멋진 정강이받이를 댄 아카이오이족(그리스) 쪽으로 끌고 갔다. 턱밑에 투구를 고정하고자 단단히 매어놓은 수놓은 가죽 끈이 파리스의 부드러운 목을 죄었다. 메넬라오스가 그를 끌고 가 더 말할 나위 없는 영광을 얻기 전에 제우스의 딸 아프로디테가 질긴 황소의 가죽으로 만든 끈을 끊어버렸다. 그러자 메넬라오스는 청동 창을 들고 다시 덤벼들었다. 그러나 아프로디테는 힘들이지 않고 파리스를 가로채 짙은 안개구름으로 감쌌다.

모두가 지켜보는 가운데 단독 대결은 이렇게 싱겁게 끝나버리고 말았다. 파리스가 제대로 싸워보지도 못하고 메넬라오스에게 생포되어 질질 끌려가는 것을 여신이 구해내 도주시켜버렸기 때문이다. 싸움이 진행되면서 전의를 잃은 그가 전열에서 보이지 않게 되자 헥토르가 그를 찾아가 싸움에 참가할 것을 독려했다. 그 후부터 《일리아스》 곳곳에서 갑옷을 입고 방패를 들고 창과 칼로 싸우는 장면도 있으나 그의 큰 강점은 활이었다. 결국 파리스는 아폴론의 도움으로 발목 뒤 아킬레스건을 화살로 관통시켜 아킬레우스를 죽였다.

헬레네를 데려와 트로이 전쟁의 발단을 만들어낸 파리스는 아킬레우스를 죽여 공을 세웠으나 자신도 얼마 후에 헤라클레스의 활과 화살을 가진 필록테테스Philoctetes의 독화살을 맞아 치명상을 입게 되었다. 죽어가던 파리스는 이데 산의 님프 오이노네의 당부를 기억해냈다. 독화살의 독을 해독해낼 수 있는 사람은 오이노네밖에 없었기 때문이다. 사람을 보내 그녀를 불렀으나 오이노네는 배신당한 슬픔과 미움 때문에 파리스를 도와주기를 거절했다. 그녀는 나중에 후회하여 파리스를 고쳐주러 달려오지만 그때는 이미 그가 죽고 난 다음이었다. 그녀는 애통한 나머지 스스로 목숨을 끊었다.

시인은 노래한다.

아킬레우스의 발목에 화살을 쏜 파리스(루벤스, 1630~1632년)

경계하라 여인들이여,

멋진 옷을 입고 달콤한 목소

리를 가진 남자를.

사랑의 여신이 그대 손을 이

끌어 그에게 데려간 듯하지만

사랑밖에 몰라 사랑을 선택한

남자는

새 여인에게 가기 위해 옛 여

인을 배신한다는 것을.

사랑을 위해 부도 힘도 택하지 않았기에

그 선택이 가슴을 울려 따라나섰건만

밤새 술병 속에서 쏟아지는 것은 별이었건만

아침에 발견한 것은 들판 이슬 속의 나.

사랑의 단명함이여, 필멸의 인간의 불멸의 꿈이여.

헥토르와 안드로마케 :
최고의 훈남과 사랑스러운 여인

헥토르는 아킬레우스에 맞서 싸운 트로이 최고의 용사였다. 트로이 왕 프리아모스와 헤카베의 장남이며, 파리스의 형이고 카산드라의 오빠다. 일설에 의하면 아폴론의 아들이라고도 한다. 트로이 전쟁에서 아폴론은 헥토르의 편을 들어 여러 차례 그가 빛나도록 도와주었다. 미시아의 테베* 왕의 딸인 안드로마케와 결혼하여 둘 사이에서 아스티아낙스Astyanax**라는 아들이 태어났다. 헥토르는 나이 든 프리아모스 왕을 대신하는 실질적인 트로이의 권력자였다. 그는 자신의 뜻대로 의회를 이끌어갔으며, 전쟁을 주도해갔다. 백성들은 그를 신처럼 존경했으며 사랑했다. 트로이뿐만 아니라 인근 우방의 수호자로 트로이 연합군의 핵심 인물이었다. 그리스군 총사령관인 아가멤논은 헥토르가 있는 한, 트로이를 멸망시킬 수 없다는 것을 알고 있었으므로 그를 제거하려고 애썼다.

　전쟁이 10년째로 접어들면서 수많은 병사들이 죽었고 쟁쟁한 영웅들이

헥토르와 안드로마케(Gaspare Landi, 1794년)

땅에 묻혔다. 헥토르는 아킬레우스가 나서는 전투에서는 싸움을 피했다. 한 번은 이 둘이 서로 마주쳤지만 헥토르가 아킬레우스를 피해 성안으로 들어가 숨어버렸다. 그러나 아킬레우스가 아가멤논과의 불화로 출전하지 않을 때는 헥토르가 전장을 번개처럼 누비며 그리스군을 도륙했다. 아킬레우스만 빼면 그리스 용사 중에 그를 당할 자가 없었다. 제우스는 그리스군과 트로이군 쌍방을 편들어 다투는 올림포스의 신

안드로마케에게 이별을 고하는 헥토르(티슈바인, 1812년)

들에게 아킬레우스가 출전하지 않는 한은 헥토르가 늘 싸움에서 이길 수 있게 하라고 명령했다. 아킬레우스의 어머니인 테티스가 그렇게 부탁했기 때문이다. 그녀는 아들인 아킬레우스의 존재감이 커지기를 바랐다. 그가 출전하면 이기지만 그가 출전하지 않으면 질 수밖에 없는 상황을 만들어 아킬레우스에 대한 절대 필요를 만들어내고 싶었던 것이다. 전황은 그리스군에게 불리하게 돌아갔다. 헥토르의 영광이 점점 빛났다. 그가 나타나면 그리스군은 모두 떨었다. 아킬레우스가 앞에 서지 않는 싸움에서 헥토르를 당할 수

◆ 소아시아 트로이 북쪽의 미시아라는 지역에 있는 도시로서 그리스의 테베와는 다른 곳이다.
◆◆ 아스티아낙스는 '도성의 왕'이라는 의미를 가지고 있다. 헥토르의 아들은 원래 스카만드리오스Scamandrius라는 이름이 있는데 헥토르가 거의 혼자서 트로이를 지키고 있었기 때문에 트로이인들은 그의 아들에게 이런 별명을 붙여주었다.

없었다.

그러나 헥토르가 주도하는 전쟁에 반전을 일으킬 작은 사건이 생겨났다. 의기소침과 연전연패의 상황을 보다 못해 아킬레우스의 무구를 빌려 입고 대신 출전한 아킬레우스의 친구 파트로클로스가 헥토르의 창에 죽고 무구를 빼앗긴 것이다. 파트로클로스의 시신을 보고 분노한 아킬레우스가 드디어 출정을 결심하게 되었다. 서서히 헥토르의 최후가 다가오고 있었다. 헥토르는 아킬레우스의 손에 죽도록 운명 지어져 있었기 때문이다. 다만 아폴론이 그를 구름으로 감싸 보이지 않게 하여 그의 목숨을 구해줌으로써 운명의 순간을 미뤄주었다. 그러나 그의 죽음은 더 이상 연기될 수 없었다.

트로이군이 성안으로 퇴각한 후 헥토르는 성문 앞에 홀로 남아 있었다. 아킬레우스가 다가왔다. 드디어 두 용사가 맞부딪히게 되었다. 헥토르는 아킬레우스에게 쫓겨 성을 세 바퀴나 돌았다. 쫓는 자는 쫓기는 자를 잡을 수 없었고, 쫓기는 자는 쫓는 자에게서 벗어날 수 없었다. 헥토르는 자신의 최후가 다가왔음을 직감했다. 올림포스 정상에서 제우스와 다른 신들은 두 적수의 운명을 저울질했다. 헥토르의 운명이 더 무거워 하데스 쪽으로 기울어졌다. 결국 아폴론도 그 운명에 따라 헥토르를 포기했다. 그때 아킬레우스가 그에게 최후의 일격을 가했다. 그의 창이 부드러운 그의 목덜미를 꿰뚫고 들어갔다. 그는 죽어가면서 아킬레우스에게 자신의 시신을 훼손하지 말고 아버지 프리아모스에게 돌려줄 것을 간청했다. 그러나 아킬레우스는 거절했다. 그는 시신의 발목을 뚫어 가죽 끈으로 묶은 다음 자신의 마차 뒤에 매달았다. 그리고 모든 트로이인이 보도록 머리를 뒤로하여 끌고 다녔다. 그런 다음 시신을 그리스 진영에 팽개쳐두었다. 신들조차도 헥토르를 가엾게 여겼다. 제우스는 무지개의 여신 이리스를 아킬레우스의 어머니 테티스에게

헥토르의 시체를 끌고 가는 아킬레우스(1892년)

보내 올림포스로 불러들였다. 그리고 헥토르의 시신을 그 아버지에게 돌려
주도록 아들을 설득하라 명했다. 이때 아킬레우스 진영으로 찾아간 프리아
모스는 높은 몸값을 지불하고 아들의 시신을 돌려달라고 애원했다. 그때의
장면이 《일리아스》 속에 이렇게 묘사되어 있다.

> 위대한 프리아모스는 그들 몰래 안으로 들어가서는 가까이 다가가 두 손으로 아
> 킬레우스의 무릎을 잡고 자기 아들들을 수없이 죽인, 남자를 죽이는 그 무시무시
> 한 두 손에 입 맞추었다. …… 아킬레우스는 신과 같은 프리아모스를 보고 깜짝
> 놀랐으며 다른 사람들도 놀라서 서로 얼굴만 쳐다보았다. 프리아모스는 이렇게
> 애원했다.
> "신과 같은 아킬레우스여, 그대의 아버지를 생각하시오! 나와 동년배이며 슬픈 노

령의 문턱에 서 있는 그대의 아버지를. 그분은 그대가 살아 있다는 소식을 들으며 마음속으로 기뻐하면서 날마다 사랑하는 아들이 트로이에서 돌아오는 것을 보게 되기를 고대하고 있을 것이오. 그러나 나는 불행한 사람이오. 드넓은 트로이에서 나는 가장 훌륭한 아들들을 낳았지만 그중 한 명도 남지 않았으니 말이오. …… 혼자 남아서 도성과 백성을 지키던 헥토르도 조국을 위해 홀로 싸우다가 그대의 손에 죽고 말았소. …… 아킬레우스여, 신을 두려워하고 그대의 아버지를 생각하여 나를 동정하시오. 나는 그분보다 더 동정받아 마땅하오. 나는 세상의 어떤 사람들도 차마 못한 짓을 하고 있지 않소! 내 자식을 죽인 사람의 얼굴 앞에 손을 내밀어 간청하고 있으니 말이오."

아킬레우스는 마음을 누그러뜨리고 헥토르의 시신을 기름으로 깨끗이 닦아 돌려주었다. 아킬레우스는 12일간 휴전을 선언했다. 비로소 트로이인은 창과 칼과 방패를 내려놓고 자신들의 수호자 헥토르를 위해 성대한 장례식을 치를 수 있었다. 헥토르의 장례식과 더불어《일리아스》는 끝이 난다.

《일리아스》에서 헥토르는 용사였으며, 존경받을 만한 무사였다. 자신에게 주어진 리더로서의 책임 앞에서 두렵지만 물러서지 않는 꿋꿋한 사내였다. 가족을 아끼는 따뜻한 남편이며, 아버지였다.

그의 아내 안드로마케는 트로이 전쟁에 관여한 어느 여신들보다 고귀했다. 시종일관 저속하고 야비하게 등장하는 헤라는 말할 것도 없고, 아프로디테나 아테나보다 더 훌륭한 여인으로 묘사되어 있다. 그녀는 말을 삼가고 얼굴을 찌푸리지 않았으며 앞에 나서서 다른 사람들의 오해와 험담을 듣는 것을 싫어했고 부질없는 잡담에 빠지지 않으려 노력했다. 더욱이 남편에게 권유할 때와 양보할 때를 잘 분별하는 여인이었다. 그녀의 부덕은 트로이인들

뿐 아니라 그리스인들에게까지 잘 알려져 있었다. 《일리아스》는 헥토르가 결전의 마지막 날 아내와 작별하는 장면을 다음과 같이 묘사하고 있다.

헥토르는 미소를 지으며 말없이 아이를 들여다보고 있었고 안드로마케가 눈물을 흘리며 그의 곁으로 다가와서 그의 손을 꼭 잡고 이름을 부르며 말했다.

"당신은 이상한 분이세요. 당신의 용기가 당신을 죽일 거예요. 어린 아들과 머지 않아 과부가 될 이 불행한 아내가 가엾지도 않은가 봐요. …… 내게는 아버지도 존경스러운 어머니도 안 계세요. 나의 아버지는 아킬레우스가 죽였으니까요. …… 또 우리 궁전에는 일곱 명의 오라비들이 있었는데 그들은 모두 같은 날 하데 스의 집으로 갔어요. …… 그러니 헥토르여, 당신이야말로 내게는 아버지요, 존경 스러운 어머니이며 오라비이기도 해요. 나의 꽃다운 낭군이여! 그러니 나를 불쌍 히 여기시고 여기 탑 위에 머물러 계세요."

그러자 투구를 번쩍이는 위대한 헥토르가 대답했다.

"난들 어찌 그 모든 일들이 염려가 안 되겠소. 그러나 내가 겁쟁이처럼 싸움터에 서 물러선다면 트로이인들과 긴 옷자락을 끄는 트로이 여인들을 볼 낯이 없을 것 이오. 그러니 내 마음이 그것을 용납하지 않는구려. 나는 언제나 트로이인들 앞에 서서 아버지의 위대한 명성과 내 자신의 명성을 지키도록 배웠기 때문이오. …… 그러나 아버지 프리아모스와 그의 백성이 멸망할 날이 올 때 트로이인들이 나중 에 당하게 될 고통도, 어머니 헤카베와 프리아모스 왕 그리고 적군에 의해 흙먼지 속에 쓰러지게 될 수많은 형제들의 고통도, 청동 갑옷을 입은 아카이오이족 중의 누군가가 눈물을 흘리고 있는 당신을 끌고 가며 당신에게서 자유의 날을 빼앗을 때 당신이 당하게 될 고통만큼 내 마음을 아프게 하지는 않을 것이오."

그리고 헥토르는 빛나는 투구에 놀란 아이를 달래기 위해 투구를 벗고, 사랑하는

헥토르의 죽음(자크 루이 다비드, 18세기)

아들에게 다정히 입을 맞추고 이렇게 기도했다.

"제우스와 신들이시여, 여기 있는 아들을 축복하소서. 저와 똑같이 트로이인들 중에서 뛰어나게 하시고 저처럼 힘이 세어 이 나라를 강하게 다스리게 하소서. 그리하여 싸움터에서 돌아올 때 사람들이 그를 보고 말하게 하소서. '그는 아버지보다 훨씬 훌륭하구나.'"

그러나 용감한 헥토르는 돌아오지 못했다. 그리고 안드로마케는 아킬레우스 부자와 끊을 수 없는 피의 인연으로 점점 더 얽히게 되었다. 처음에는 더할 수 없는 비참한 악연으로 시작했으나 점점 어찌할 수 없는 인연의 끈으로 묶일 수밖에 없게 되었다. 트로이 전쟁이 처음 시작되는 1차 원정 때 그리스군은 미시아에 상륙하여 그곳을 트로이로 착각했다. 미시아는 지금 터키의 마르마라 바다 남쪽 해안에 위치하고 있었다. 아킬레우스는 미시아의 테베를 쳐서 승리했다. 그는 이 전쟁에서 안드로마케의 아버지인 테베 왕과 일곱 왕자를 모두 죽였다. 안드로마케에게 아킬레우스는 가혹한 원수였다. 거기에 더해 남편인 헥토르 역시 아킬레우스 손에 죽었다. 그녀는 부덕을 지닌 훌륭한 여인으로 잘 알려져 있었기 때문에 아킬레우스의 아들인 네오프톨레모스는 그녀를 자신의 전리품으로 요구했다.

에우리피데스는 〈트로이의 여인들〉에서 끌려가는 비운의 안드로마케의 절규를 이렇게 묘사한다.

"그리운 당신, 당신이 여기 계셨더라면…… 당신 아내의 방패가 되어주셨을 것을……. 슬픔은 멈출 길 없고……. 눈물을 흘리며 이별을 고해야 하는 우리 고향 땅……. 대담무쌍한 창끝으로 수많은 그리스인들을 무찌른 빛나는 당신……. 아아, 그리운 헥토르여, 부귀와 가문, 용맹과 지혜가 다 남보다 뛰어났던 당신. 저에게 과분한 남편. 부모의 집을 떠나 당신에게 시집와서 처녀의 자랑을 바친 그대여. 당신은 가고 저는 이렇게 포로가 되어 천한 종노릇을 하기 위해 뱃길로 떠납니다……. 어머님이 통곡하는 폴릭세네의 죽음도 이 몸의 불행에 비하면 가벼운 것. 이제 이 몸에게는 모든 인간이 가질 수 있는 '희망' 조차도 없답니다."

아킬레우스가 죽은 후 목마에 숨어 들어가 트로이 함락에 지대한 공을 세운 네오프톨레모스는 아킬레우스가 여장을 하고 숨어 있던 리코메데스 왕궁의 공주와 결혼하여 낳은 아들이었다. 그 당시 여장을 하고 있었던 아킬레우스는 빨강 머리라는 뜻의 '피라' 라는 별명으로 불렸다. 그 아들인 네오프톨레모스도 피라라는 별명으로 불린 것으로 보아 그 역시 아버지를 닮아 빨강 머리였던 모양이다. 이름만 계승된 것이 아니

헥토르의 죽음(자크 루이 다비드, 1783년)

다. 아킬레우스가 헥토르를 죽이고 그 아들 네오프톨레모스는 헥토르의 어린 아들 아스티아낙스를 성벽에서 떨어뜨려 죽였으니 안드로마케에게는 대물림의 원수이며 불공대천의 악연이 아닐 수 없었다.

자신의 품에서 떨어지지 않으려고 우는 아이를 빼앗기고 안드로마케는 다시 절규한다.

"뛰어난 아비를 가진 것이 네게는 불운이 되었구나……. 아비는 이제 다시는 그 유명한 창을 들고 무덤에서 너를 구하러 달려와 주지 않는구나……. 아아, 언제까지나 이렇게 안고 있었으면. 말할 수 없이 사랑스러운 살결의 향기. 포대기에 싸서 젖 먹여 키운 보람도 없이, 그 숱한 고생도 다 헛되고 말았구나. 자, 마지막 추억으로 그 귀여운 팔로 이 어미를 힘껏 껴안고 입 맞춰다오. 그리스인이라면서 그리스의 이름에 부끄러운 참혹한 짓을 생각해낸 사람들, 당신들은 어이하여 이 죄 없는 아이를 죽이려 하는가요……. 죽이겠다면 죽이시오. 이 아이의 살덩이로 포식을 하시오. 우리의 비운이 신들의 마음에서 나온 것이라면 이 아이를 구할 힘이 우리에게는 없으니. 자, 나를 배에 실어 이 비참한 꼴을 감춰주시오. 아이를 빼앗기고 경사스러운 혼례 길로 떠나는 나를."

지독한 악연 속으로 끌려들어간 안드로마케는 네오프톨레모스와의 사이에서 세 명의 아이를 낳았다. 네오프톨레모스가 안드로마케와만 결혼한 것은 아니다. 헬레네와 메넬라오스의 딸 헤르미오네와도 결혼했으나 그 사이에는 자식이 없었다. 헤르미오네는 자식을 여럿 낳은 안드로마케를 질투했다. 그러나 안드로마케에게 해코지를 하는 대신 남편을 죽이기로 작정했다. 왜냐하면 그녀에게는 다른 정인情人이 있었기 때문이다. 원래 헤르미오네는 아가멤논의 아들인 오레스테스와 약혼한 사이였으나 오레스테스가 어머니를 죽이고 쫓겨나자 메넬라오스는 그녀를 네오프톨레모스와 결혼시켜버렸던 것이다. 약혼녀를 빼앗긴 남자 오레스테스와 남편에게 질투심을 가진 아내 헤르미오네는 합세하여 폭동을 일으켜서 네오프톨레모스를 죽여버렸다. 일설에 따르면 그는 델포이에서 죽었다고 한다. 그가 왜 델포이에 가게 되었는지에 대해서는 여러 설이 있다. 그중에서 트로이에서 가져온 전리품을 델포이의 아폴론 신전에 바치고, 아버지 아킬레우스에 대한 신의 적대감을 풀기 위해서라는 설명이 가장 그럴듯하다. 그러나 그는 결국 델포이에서 피살되어 그곳에 묻혔다. 파리스의 활을 빌려 아킬레우스를 죽인 아폴론은 이번에는 오레스테스의 손을 빌려 아킬레우스의 아들을 죽임으로써 그의 분노를 다음 세대에까지 미치게 했다. 그것은 아킬레우스 부자가 헥토르 부자에게 행한 악연에 대한 또 다른 악연이었다.

　네오프톨레모스는 이제 절친한 친구가 된 헥토르의 형제 헬레노스에게 자신의 왕국을 넘겨주며 안드로마케를 아내로 맞이하라고 유언했다. 헬레노스는 원래 예언자였다. 그는 네오프톨레모스가 트로이에서 자신의 왕국으로 귀환할 때 바닷길 대신 육로를 택하라고 권고했다. 그 덕분에 오디세우스처럼 바닷길을 택한 그리스군이 풍랑과 폭우로 수없는 고난을 당할 때 네오프톨레모스는 안전하게 귀국할 수 있었다. 승자와 패자, 주인과 종으로 만났고 혈육을 죽인 원수지간이었으나 젊은 그들은 적대감 속에서도 우정을 만들어갔다. 원수이자 남편인 네오프톨레모스가 죽은 후 안드로마케는 헬레노스와 함께 그 왕국을 평화롭게 다스렸다. '희망' 조차 없어 보였던 그녀의 만년은 평화로웠던 것 같다. 헬레노스가 죽은 후 안드로마케의 아들 페르가모스Pergamos는 미시아 땅에 자신의 이름을 딴 식민시 페르가몬을 세웠다. 그녀는 이때 아들을 따라 그곳으로 간 것으로 전해진다.

시인은 노래한다.

불행은 결코 혼자 오지 않아.
파도 쳐서 물결이 여울지듯
기다린 듯이 너도 나도 덮쳐오니
눈물은 눈물에 연하여 끝이 없고
상처는 상처로 덮이는구나.

복수는 달콤한 것.
생각만으로도 빨리 내달리는 피로 혈관이 뛰고
수없는 상상 속 칼질로 원수를 죽인다. 그러나
인생을 온통 복수로 채울 수는 없는 법.
겨울에 죽은 것을 봄에 되살리니 그것은 칼 대신 꽃.

신화에 등장하는 반인반수들

고대의 그리스인들 역시 인도나 이집트인들과 마찬가지로 동물과 인간 혹은 신을 섞어 반인반수*半人半獸*의 괴수들을 만들어냈다. 그들은 간혹 반신반인인 영웅들을 길러내는 친구나 스승의 역할을 하기도 했으나 영웅들에 의해 퇴치되는 희생양이 되기도 했다. 반인반수로 인간에게 가장 가까운 것은 켄타우로스와 사티로스*Saturos*다.

켄타우로스는 머리에서 허리까지는 사람이고 하체는 말의 형상을 하고 있는 반인반마다. 그리스인들은 말을 좋아했다. 그래서 말과 인간의 결합을 천하게 여기지 않았던 모양이다. 그들은 인간과 사귈 수도 있었다. 그들은 결혼식의 하객으로 초청받아 난장판을 만들고 서로 죽이고 다치기도 하지만 그래도 다른 반인반수들에 비하면 선량한 모습을 부여받았다.

켄타우로스 중에 꼭 기억해야 할 유명한 자가 둘 있다. 하나는 네소스이고 또 하나는 케이론이다. 케이론은 아폴론에게서 음악과 의술을 배웠고, 아르테미스로부터 사냥의 기술을 배웠다. 그의 딸인 오키르호에 역시 예언에 능통했다. 케이론이 어린아이

케이론

인 아스클레피오스를 제자로 받아들여 집으로 데려오자 오키르호에는 그가 장차 전대미문의 의신이 될 것을 예언했다. 케이론은 또한 트로이 전쟁의 용장 아킬레우스의 교육을 맡아 불굴의 용기와 부드러운 감성을 함께 갖게 했다. 제우스는 케이론이 죽자 그를 인마궁 人馬宮이란 별자리의 별로 올려주었다.

네소스는 헤라클레스를 죽음으로 이끈 장본인이다. 헤라클레스가 아내인 데이아네이라를 데리고 길을 가다가 에우에노스 강을 건너게 되었다. 뱃사공이었던 네소스가 데이아네이라를 태워 강을 건네주겠다고 말했다. 그러나 데이아네이라의 미모에 반한 네소스는 강을 건넌 다음 아직 헤라클레스가 강을 건너고 있는 동안 데이아네이라를 겁탈하려고 했다. 비명소리를 들은 헤라클레스가 활을 들어 네소스를 쏘아 죽였다. 화살에는 머리가 아홉 개 달린 뱀 히드라의 독이 묻어 있었다. 네소스는 죽어가면서 데이아네이라에게 미안하다고 말했다. 그러나 그녀를 보는 순간 사랑하게 되었다고 고백하고, 언젠가 헤라클레스의 사랑이 변하면 자신의 피를 옷에 발라 입히면 그의 사랑이 되돌아올 것이라고 말하고 죽었다. 그 후에 헤라클레스는 이올레^{이에}라는 여인을 얻게 되는데, 데이아네이라는 이 여인에게 질투를 느껴 네소스의 피가 묻은 옷을 헤라클레스에게 입혔다. 그러나 네소스의 피는 사랑이 되돌아오게 하는 사랑의 묘약이 아니라 남편을 죽이는 독약이었다. 헤라클레스는 온몸에 독이 퍼지면서 고통 속에서 죽게 된다.

한편 사티로스는 상체는 인간의 모습이나 하체는

네소스

마르시아스

염소다. 하체가 말로 묘사될 때도 있지만 어느 경우에나 긴 말총처럼 풍성한 꼬리와 늘 발기된 상태의 거대한 남근을 가지고 있다. 처음에는 야수의 형상이었으나 점차 야수적 특징은 사라지고 하체도 인간화되어 발굽 대신 발을 가진 것으로 묘사되지만 여전히 꼬리는 달고 있다. 사티로스 중 가장 유명한 인물은 피리의 달인 마르시아스Marsyas다. 그는 음악의 신 아폴론에게 도전하여 경연을 하다가 져서 나무에 거꾸로 매달린 채 가죽이 벗겨지는 벌을 받았다. 마르시아스가 받은 고문의 일화는 신의 경지에 이르려는 예술가들이 즐겨 다루는 주제다.

늙은 사티로스들을 특별히 실레노스Silenus라고 불렀다. 납작코에 두꺼운 입술, 황소 같은 눈매의 못생긴 얼굴을 가지고 있기 때문에 우스갯소리로 '염소의 하체에 소크라테스의 상체'를 가지고 있다고 일컬어지기도 한다. 소크라테스를 닮은 실레노스들은 대단한 지혜를 가진 현인들이었으나 부득이한 경우가 아니면 인간에게 그 지혜를 나누어주지 않는다. 이 실레노스 중의 하나가 포도주의 신 디오니소스를 키워준 것으로 알려져 있다. 프리기아의 왕 미다스는 술에 취해 길을 잃은 실레노스를 잘 대접해서 디오니소스에게 돌려주었는데, 디오니소스로부터 고마움의 대가로 만지는 모든 것을 황금으로 변하게 하는 능력을 얻었다. 그러나 만지는 모든 것이 황금으로 변하는 바람에 먹을 수도 마실 수도 없게 된 미다스는 이 능력을 거두어달라고 애원했다. 디오니소스는 곽톨로스 강이 시작하는 수원지를 찾아가 머리와 손을 씻으라고 말했다. 미다스가 그렇게 하자 이 능력이 사라졌다. 그 후 곽톨로스 강에는 황금 조각이 가득했다고 한다.

실레노스

헤파이스토스
• Hephaistos •

헤파이스토스는 올림포스의 12주신은 말할 것도 없고 그리스 신화 속의 수많은 신들 중에서 가장 못생긴 추남신이다. 거기다 절름발이다. 손재주가 뛰어난 대장장이의 신이며, 놀고먹는 다른 신들과는 달리 엄청난 몰입으로 신기한 것들을 줄줄이 만들어내는 호감 가는 신 중의 하나다. 헤파이스토스와 관계되는 이야기들은 특히 흥미진진하다.

신이면서 왜 헤파이스토스만 못생긴 장애인일까? 그렇게 된 이유에 대하여 주로 두 가지 설이 있다.

첫 번째 버전은 이렇다. 제우스가 자가 생식을 하여 아테나가 그 머리를 깨고 튀어 나오자 질투심 많은 헤라도 스스로 잉태해서 처녀 생식을 한 번 해보았다. 올림포스의 최고신과 마찬가지로 여신 중의 최고신인 헤라도 홀로 아이를 만들어내는 데 성공했다. 이 아이가 바로 헤파이스토스였다. 그러니 헤파이스토스 역시 태어날 때는 온전하고 아름다운 신의 모습이었다. 그런데 그에게 불행의 그날이 찾아왔다. 제우스의 아들이라고 보기 어려운 헤파이스토스는 하늘에서 태어나 헤라의 젖을 먹고 무럭무럭 크고 있었지만 제우스의 바람기와 헤라의 질투심이 격돌하는 순간이 찾아왔다. 그날도 제우스와 헤라는 이런 일들로 서로 다투고 있었다. 그때 꼬마 헤파이스토스가 지나가다 엄마 편을 들었다. 분통이 터진 제우스가 그렇지 않아도 제 자식이 아닌 이 꼬마 헤파이스토스의 발목을 잡아 바다

헤파이스토스

로 던져버렸다. 헤파이스토스는 하루 종일 하늘에서부터 바다로 떨어져 내렸다. 그는 긴 추락 끝에 겨우 림노스라는 섬에 떨어졌다. 이때의 충격으로 한쪽 얼굴이 일그러지고, 한쪽 다리가 부러져 결국 절게 되었다는 이야기다.

이 이야기는 꽤 쓸 만하기는 한데, 앞뒤가 잘 맞지 않는다. 왜냐하면 아테나가 제우스의 머리에서 튀어나올 때 두통으로 고통스러워하는 제우스의 머리를 도끼로 깨준 신이 바로 헤파이스토스로 알려져 있기 때문이다. 그러니 헤파이스토스가 아테나보다 먼저 존재했을 것이고, 그러면 헤라가 제우스보다 먼저 자가 생식에 성공했다는 이야기가 된다. 그러니 앞뒤가 달라 채택하기 껄끄러워진다.

또 하나의 버전은 호메로스가 《일리아스》에서 한 이야기로 헤파이스토스는 태어날 때부터 추남이고 절음발이였다는 것이다. 처녀 생식의 불완전성 때문에 그리 되었다는 것이다. 자식을 낳고 보니 너무 흉해서 도저히 양육할 자신이 없었던 헤라는 이 불완전한 자식을 죽일 생각으로 바다에 던져버렸다. 다 죽게 된 어린 헤파이스토스를 받아서 9년 동안 숨겨주고 키워준 것이 바로 아킬레우스의 어머니인 바다의 여신 은빛 발의 테티스였다. 그러니 테티스는 헤파이스토스의 은인인 셈이다. 아킬레우스의 어머니 테티스가 무구를 새로 만들어달라고 부탁하기 위하여 헤파이스토스를 찾아갔을 때 그는 이렇게 말하며 테티스

헤파이스토스의 대장간(벨라스케스, 1630년)

를 반겼다.

"참으로 어렵고 존경스러운 여신께서 내 집에 오셨구려. 여신께서 나를 구해주셨지. 내가 절름발이라고 해서 나를 없애버리려던 파렴치한 어머니의 사악한 속셈 때문에 내가 멀리 추락하여 고통당하고 있을 때 말이오. 그때 만일 도로 그 자신 속으로 흘러들어 가는 오케아노스Oceanos의 딸 에우리노메Eurynome와 테티스께서 나를 품속에 받아주시지 않았던들 나는 마음속으로 고통을 당했을 것이오. 나는 아홉 해 동안 그분들 곁에서 지내며 속이 빈 동굴 안에서 브로치며 나선형 팔찌며 귀고리며 목걸이 같은 장신구들을 수없이 만들었지요……. 그런데 이제 그분께서 내 집에 오셨으니 나는 마땅히 머리를 곱게 땋은 테티스에게 생명을 구해준 보답을 해야 할 것이오."

어린 헤파이스토스는 어머니 헤라를 미워했다. 버려진 지 9년이 지나 헤라의 성대한 생일날 헤파이스토스는 아름다운 황금 옥좌를 만들어 헤라에게 슬쩍 선물했다. 헤라가 너무 기뻐하여 그 옥좌에 얼른 앉자마자 발과 손이 자동으로 결박되고 말았다. 누구도 이것을 풀지 못했다. 모든 신들이 나서서 이 황금 옥좌를 선물한 범인을 찾아 나섰다. 범인은 바로 아홉 살짜리 헤파이스토스였다. 헤파이스토스를 불렀으나 복수심에 불타는 대담한 꼬마는 오지 않았다. 디오니소스를 보내 술에 취하게 한 다음에야 겨우 헤파이스토스를 데려올 수 있었다. 헤파이스토스는 올림포스 신궁으로 와서 헤라와 화해하고 12주신의 하나로 당당히 인정받게 되었다.

헤파이스토스는 신들 중에서 가장 못생긴 절름발이 신이다. 그런 그가 아프로디테를 아내로 맞이하게 되었다. 행복했을까? 너무 아름다운 여인을 아내로 맞은 지독히 못생긴 남편은 마음의 고통이 많은 법이다. 헤파이스토스 역시 아내에게는 늘 찬밥 신세였다. 아프로디테가 늘 새로운 연애로 분주했기 때문이다. 특히 그녀는 군신軍神 아레스와의 불륜으로 유명하다. 헤파이스토스는 그들이 자신의 침상에서 뒹구는 것을 알게 되자 즉시 청동을 보이지 않는 실처럼 뽑아내 그물 올가미를 만들어 조그만

헤파이스토스 대장간에 방문한 아프로디테
(루이 드 냉, 1641년)

움직임에도 반응하게 한 다음 교묘한 기술로 침상 위에 쳐두었다. 이윽고 아레스와 아프로디테가 그 침상에 누워 포옹하다가 꼼짝없이 붙잡히고 말았다. 헤파이스토스는 방문을 활짝 열어 그들이 벌거벗은 채 그물에 걸려 서로 부둥켜안고 있는 창피한 모습을 다른 신들이 볼 수 있게 했다. 신들은 그 꼴을 보고 웃고 또 웃었다. 그들 중 누군가는 자신도 아름다운 아프로디테와 그렇게 창피를 당해보았으면 좋겠다고 놀려댔다. 이 사건은 오랫동안 하늘에서 가장 유명한 이야기가 되었다.

3부

모든 그리스군은 트로이에서 그리스로 귀환하는 동안 온갖 고초를 겪게 되었다. 그들은 승리에 도취해 신들에게 감사하는 것을 잊었고, 신전에서조차 무자비한 야만을 자행했다. 아테나는 이 무례와 망은에 분노했다. 그녀는 포세이돈을 찾아가 도움을 청했다. 그리하여 바다를 통해 귀환하는 모든 그리스군은 풍랑과 폭우를 겪어야 했다. 그리스군의 시체가 만을 메우고 해안과 모래톱에 즐비했다. 아가멤논은 자신의 함대 대부분을 잃었고, 메넬라오스는 엉뚱하게 이집트까지 밀려 내려갔다. 오디세우스는 10년을 방황했다. 신성모독을 한 아이아스의 선단은 키클라데스 군도에서 난파되었고 그만 홀로 해안까지 밀려왔다.

혹독한 귀환

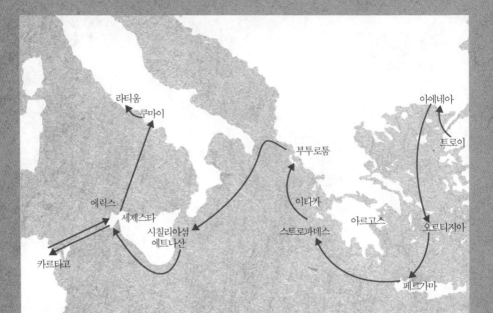

아이네이아스 이동지도

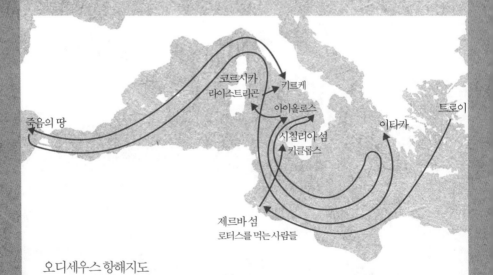

오디세우스 항해지도

트로이 전쟁의 승리자들은 또한 그 승리의 희생자들이기도 했다. 너무도 긴 싸움 속에서 몸은 피폐해지고 정신은 소진되었다. 모든 그리스군은 트로이에서 그리스로 귀환하는 동안 온갖 고초를 겪게 되었다. 그들은 승리에 도취해 신들에게 감사하는 것을 잊었고, 신전에서조차 무자비한 야만을 자행했다.

트로이의 왕녀 카산드라는 아테나 신전으로 피해 여신의 신상을 꼭 껴안고 매달려서 여신의 보호를 호소했다. 그리스군은 그곳에서조차 카산드라를 욕보이려 했다. 그녀는 교만하고 잔인하며 호전적이고 신에게 오만불손한 소↓ 아이아스♦에게 머리채를 잡혀 끌려나왔다. 가장 강력한 그리스군의 스폰서였던 아테나는 이 무례와 망은에 분노했다. 그녀는 포세이돈을 찾아가 도움을 청했다. 그리하여 바다를 통해 귀환하는 모든 그리스군은 풍랑과 폭우를 겪어야 했다.

바닷물은 뒤흔들렸고 거친 소용돌이가 휘몰아쳤다. 그리스군의 시체가 만

♦ 트로이 전쟁에 참가한 용사 중 아이아스라고 불리는 사람이 둘 있었다. 텔라몬의 아들인 대↑ 아이아스는 살라미스를 통치한 왕으로 아킬레우스 다음으로 용맹한 영웅이었다. 그는 키가 크고 외모가 준수했으며, 강하지만 과묵하고 너그러웠다. 주로 중무장을 했으며, 특히 방패로 유명했다. 그의 방패는 일곱 장의 소가죽을 겹쳐서 만들었으며, 바깥쪽은 청동 판으로 보호되어 있었다. 트로이의 용사 헥토르와 싸워도 밀리지 않을 만한 용기와 담력을 가지고 있었다. 신을 경외하는 원칙론자였던 그는 헬레네를 간통죄로 죽이자고 주장함으로써 그녀의 목숨을 구해 다시 맺어지고자 했던 메넬라오스와 동생을 지지하던 아가멤논의 노여움을 샀다. 오디세우스는 메넬라오스가 헬레네를 다시 취할 수 있게 해주었다. 아킬레우스가 죽은 후 그의 아름다운 무구를 놓고 오디세우스와 설전을 벌이다가 오디세우스를 지지하는 세력에 밀려 빼앗기게 되자 자살하고 말았다. 소 아이아스는 '오일레우스Oileus의 아들 아이아스'로 성격이 거칠고 비열하며 체구가 작고 경무장을 하여 재빨랐다.

을 메우고 해안과 모래톱에 즐비했다. 아가멤논은 자신의 함대 대부분을 잃었고, 메넬라오스는 엉뚱하게 이집트까지 밀려 내려갔다. 오디세우스는 10년을 방황했다.

신성모독을 한 아이아스의 선단은 키클라데스 군도에서 난파되었고 그만 홀로 해안까지 밀려왔다. 겨우 목숨을 부지한 아이아스는 아테나의 노여움에도 불구하고 자신은 살아남았다고 자랑했다. 그러자 아테나가 아버지의 무기인 벼락으로 그가 매달린 바위 끝을 부서뜨렸고 그는 물속으로 다시 떨어져 죽고 말았다.

전쟁을 일으킨 자들, 그들이 흘리게 한 피는 고난으로만 씻어야 했다. 바다에서 살아남아 간신히 고향으로 돌아갔다고 해서 고난이 모두 끝난 것은 아니었다. 고향에서는 또 다른 고난이 살아남은 자들을 기다리고 있었다. 그들의 고향은 또 다른 전쟁터, 또 다른 폐허였다.

우선 그리스군 총사령관인 아가멤논은 귀향의 기쁨을 미처 만끽하기도 전에 10여 년간 복수의 칼을 갈아오던 아내 클리타임네스트라의 손에 무참히 죽고 말았다. 그리스군 총사령관에게는 어울리지 않는 허망한 죽음이었다.

《오디세이아》의 주인공으로, 가장 이상적인 그리스인인 오디세우스 역시 전우들을 모두 잃고 홀로 돌아간 고향에서 자신의 사랑을, 자신의 자리를 되찾기 위해 또다시 싸워야 했다. 피비린내 나는 전쟁은 패배자는 물론 승리자에게도 전혀 영예롭지 않은 죽음과 상처만을 남겼다.

한편 망국亡國의 백성들은 그리스군에게 유린당하고 폐허가 되어버린 고향을 버리고 새로운 삶의 터전을 찾아 기약 없는 모험길에 올랐다. 길 위에서 그들을 기다리는 것도 온통 역경과 고난뿐이었다. 그 무엇도 그들에게 우호적이지 않았다. 그러나 그들에게 다른 선택은 없었다. 오로지 희망 하나만을 품고 용기를 끌어 모아 전진하는 것밖에는. 그들은 수없이 넘어질 **때마다** 넘어진 자리에서 일어나 다시 길 위에 올랐다. 그들은 어떤 순간에도 목적의식을 잃지 않고 앞으로 앞으로 나아갔다.

폐허에 주저앉는 대신 미래를 향해 용감하게 길을 나선 그들은 인류 역사상 가장 위대한 제국을 건설하고 모든 종족들 위에 1000년간 군림했다.

운명의 굴레

클리타임네스트라 :
수많은 저주를 술잔에 채우다

펠로폰네소스 반도에 위치한 미케네와 아르고스의 왕인 아가멤논은 트로이 전쟁에서 승리한 후 귀국했다. 그는 그리스 군대의 총사령관이었다. 그래서 그는 왕 중의 왕으로 불렸다.

클리타임네스트라가 아가멤논을 치기 전에 망설이고 있다(프라먼, 1817년)

그는 트로이 함락과 더불어 카산드라를 전리품으로 얻어 의기양양하게 아르고스의 왕궁으로 귀환했다. 왕비 클리타임네스트라는 보랏빛 주단을 깔아 환영했다. 보랏빛 주단은 신들의 색깔이다. 그는 처음에는 그 주단 위를 걸어가기를 거절했다. 오만함이 신들의 노여움을 살지도 모른다고 여겼기 때문이다. 그러나 왕비가 '공훈을 세운 사람의 마땅한 권리'라고 우기자 아가멤논은 신발을 벗고 카산드라와 함께 주단 위를 걸어 들어왔다. 10년 전 그는 아울리스에서 딸 이피게네이아를 제물로 바쳐 죽이고, 이제는 적국 트로이의 공주를 데리고 개선한 것이다. 클리타임네스트라의 가슴은 증오로 가득했다. 승리에 우쭐하여 신들이나 밟고 다니는 보라색 주단 위를 짐짓 거부했다가 결국에는 뽐

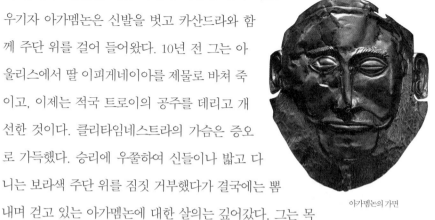

아가멤논의 가면

내며 걷고 있는 아가멤논에 대한 살의는 깊어갔다. 그는 목욕탕에서 긴 전쟁의 피로를 씻고 있을 때, 고향의 푸근함 속에서 자신이 이룬 길고 긴 업적을 음미하고 있을 때 그 느긋한 행복의 정점에서 죽음의 나락으로 곤두박질쳤다. 클리타임네스트라의 정부인 아이기스토스가 아가멤논에게 그물을 씌워 꼼짝 못하게 하자 클리타임네스트라가 달려들어 칼로 그를 두 번 찔러 쓰러뜨렸다. 그녀는 그가 쓰러진 후 다시 한 번 칼을 내리쳐 죽게 했다. 카산드라 역시 함께 죽었다. 비운의 트로이 왕녀는 모든 것을 예상했으나 누구도 자신의 말을 들어주지 않는 외로움과 절망 속을 서성이다 이국땅에서 피살되었다. 장로들이 귀환한 왕을 맞이하기 위해 모여 있는 자리에 피범벅이 된 클리타임네스트라가 나타났다. 손에 피 묻은 칼을 든 채 그녀는 외쳤다.

"칼자국 상처에서 피가 몹시 흘러 새빨간 핏줄기가 검붉게 내 몸을 물들이는데, 나는 그게 어찌나 기쁜지, 마치 하늘에서 내리는 자비로운 비를 받아 기뻐하는 통통한 껍질 속의 보리알처럼 말입니다. 그러니 기뻐하세요. 기뻐할 수 있다면 말이에

아가멤논

요. 나로서는 큰 자랑이니까요. 이 사람은 수없이 많은 재앙의 저주를 술잔에 채워두고 귀국해서 자신이 마셔버렸으니까."◆

이렇게 하여 아가멤논은 긴 전쟁으로부터 개선하여 집에 온 그날 밤 아내 클리타임네스트라와 그녀의 정부 아이기스토스 손에 목욕탕에서 살해되었다. 호메로스가 그리스 왕 중의 왕이라고 부른 아가멤논은 이렇게 끝났다. 그리고 이제 이야기는 아버지를 죽인 어머니에게 보복하는 아가멤논의 아들 오레스테스에게로 넘어가게 되었다.

시인은 노래한다.

하고 싶기만 하고
할 수 있는 의지를 지니지 못한 자,
운명에 쉽게 굴복하면서
그 두려움에 대한 항복을 용기라 부르는 자,

◆ 아이스킬로스의 3부작 비극 《오레스테이아》 1부 〈아가멤논〉에 나오는 구절이다. 여기서는 클리타임네스트라가 칼로 아가멤논을 찔러 죽이는 것으로 되어 있으나 소포클레스의 〈엘렉트라〉에서는 양날을 가진 청동 도끼로 쳐죽이는 것으로 나온다.

비겁한 자는 자신의 왕이 되지 못
하는 법.
속으로는 떨면서 부러질 듯
단호한 자는 어리석으니
어리석은 자의 집착만 한 재앙은
없다.
속은 기둥처럼 강하고
겉은 머릿결같이 부드러운 사람
만이
남과 나를 모두 끌어안을 수 있나니
무덤까지 존경이 따라가리라.

아가멤논의 묘 앞에서 슬픔에 빠진 엘렉트라(프레더릭 레이턴, 1868~1869년)

엘렉트라 : 불행에 불행을 더하는 여인

클리타임네스트라와 아가멤논
사이에는 딸 셋과 아들 하나가
있었다. 큰딸 이피게네이아는 아울리스에서 제물로 바쳐졌다. 둘째 딸 엘렉
트라는 감정이 격하고 의지가 굳은 여인이었다. 클리타임네스트라가 남편
인 아가멤논을 죽인 후 엘렉트라는 아직 어린아이였던 동생 오레스테스를
믿을 수 있는 사람 손에 맡겨 다른 나라로 도망치게 했다. 어머니인 클리타
임네스트라는 차마 아들인 오레스테스를 죽이지 못하겠지만 아이기스토스

라면 커서 후환 덩어리가 될 오레스테스를 죽여버리리라는 것을 알고 있었기 때문이다. 셋째 딸 크리소테미스Chrysothemis는 겁이 많고 마음이 약하며 부드러웠다. 그녀는 언니인 엘렉트라가 이를 갈면서 복수를 생각할 때 옆에서 달래면서 복수를 포기시키려 했다. 그렇게 저주를 퍼붓다가는 동굴에 갇히게 될지도 모른다고 걱정했다. 그러나 엘렉트라는 아버지 아가멤논의 죽음을 결코 잊은 적이 없었다. 그리하여 늘 자신의 신세를 한탄했다.

> "생각해보세요. 제 집에서 아버지를 죽인 사람들과 함께 살며 그들에게 신세를 져야 하는 나의 나날을 생각해보세요. 아이기스토스가 아버지의 왕좌에, 아버지의 옷을 입고 앉아 있고, 무엇보다 심한 것은 그 살인자가 아버지의 잠자리에 든다는 것이지요. 살인자와 함께 잠든 여인을 어머니라 불러야 하는 내 생활을……. 그 저주할 사내와 지낼 만큼 타락한 어머니, 자기가 하는 일에 의기양양하여 아버지를 꾀어서 죽인 그날을 택해 노래와 춤을 벌리고 신에게 양을 잡아 제물로 바치는 그 꼴을 집 안에서 보고 울다 지치지만……. 후련하게 울 수도 없는 나의 생활……." ◆

팔팔한 엘렉트라는 어머니인 클리타임네스트라의 눈엣가시였다. 둘은 늘 싸웠다. 클리타임네스트라는 늘 이렇게 엘렉트라에게 악담을 퍼붓곤 했다.

> "이 가증스러운 년아, 아버지를 여읜 게 너뿐이더냐. 이 세상에 가까운 사람을 잃은 이가 너 하나뿐인 줄 아느냐? 너 같은 것에게는 재앙이나 내려라. 제발 지하의

◆ 소포클레스의 비극 〈엘렉트라〉 중에서 엘렉트라가 한 말이다.

신들이 너를 지금의 슬픔에서 구해

내지 말았으면……."

엘렉트라는 멀리 떠나 있는 오
레스테스가 아버지의 죽음과 복
수를 잊지 않도록 끊임없이 상기
시켰다. 오레스테스가 스무 살이
되면 궁전으로 되돌아와 아버지
를 죽인 어머니와 정부 아이기스
토스를 징벌해주기를 매일 기원
했다. 그러던 어느 날 노인이 찾
아와 오레스테스가 죽었다고 전
했다. 엘렉트라는 가슴이 무너져
내려 절망했다. 클리타임네스트
라 역시 슬픔에 빠졌다. 그러나

아가멤논 묘 앞에서 복수를 다짐하는 엘렉트라와 오레스테스

그녀는 아들이 죽음으로써 후환이 사라졌음에 또한 안도했다. 그녀는 이 이
중적 심정을 이렇게 표현했다.

"오, 제우스이시여, 이 일을 어찌합니까? 다행입니까? 무섭기는 하지만 좋은 일일

까요? 자기의 불행으로 자기가 살아나다니, 아, 얼마나 슬픈 일입니까?"

엘렉트라는 원수를 갚아줄 유일한 혈육인 오레스테스가 죽었다는 소식 앞
에서 무너지지만 다시 일어났다. 그리고 여동생 크리소테미스에게 이젠 둘

이 원수를 갚자고 말했다. 그러자 크리소테미스는 두려움에 싸여 도망치고 말았다. 엘렉트라는 혼자라도 원수를 갚겠다고 마음먹었다.

그러나 오레스테스가 정말 죽은 것은 아니었다. 화장한 뼈를 담은 단지를 들고 자신의 죽음을 위장하여 아이기스토스에게 소리 없이 접근하기 위한 계략이었다. 오레스테스가 자신의 정체를 알리자 엘렉트라는 동생을 안고 기쁨 속에서 춤을 췄다. 엘렉트라와 오레스테스는 원수를 갚기 전에 아버지의 무덤을 찾아가 복수의 전의를 북돋는 의식을 행했다.

오레스테스 : 아버지, 우리 편에게 부디 힘을 주소서.

엘렉트라 : 나도 함께 눈물에 젖어 목소리를 모아 아버지를 부릅니다.

오레스테스 : 아버지, 왕의 체통에 어울리지 않는 죽음을 당하신 이여, 내 기도를 들으시고 내게 왕가를 다스릴 힘을 주소서.

엘렉트라 : 저도 부탁하오니 아이기스토스에게 참을 수 없는 고통을 주소서.

오레스테스 : 오, 대지여, 지금부터 우리의 투쟁을 볼 수 있도록 아버지를 잠시 이 세상에 보내주소서.

엘렉트라 : 오, 저승의 여왕이시여, 우리에게 승리를 주소서.

오레스테스 : 목욕탕을 잊지 마소서. 거기서 아버지가 살해되셨습니다.

엘렉트라 : 그 투망을 떠올려주소서. 그것에 어떻게 걸렸는가를……

        (…)

오레스테스 : 우리에게 '정의'를 보내주소서. 아니, 그것보다 그들의 흉계와 똑같은 수법을 쓰게 하소서. 그때의 패배를 잊으시고 승리로써 보복하기를 바라신다면.

엘렉트라 : 내가 마지막으로 호소하는 것도 들어주소서. 여식인 나에게도 연민의

정을 베풀어 일족의 후손을 멸하지 마시기를. 그러시면 몸은 저승에 가셨어도 가문의 생명은 지속될 것입니다.

이 기도 후에 오레스테스는 절친한 친구 필라데스Pylades와 함께 궁전으로 들어가 복수했다. 나중에 엘렉트라는 변함없는 우정의 필라데스와 사랑에 빠지게 된다.

여자 아이의 오이디푸스 콤플렉스, 즉 여자 아이가 아버지에게 가지는 강한 소유욕적인 애정을 카를 융은 엘렉트라 콤플렉스라고 불렀다. 바그너 이후 독일 오페라의 거장이 된 리하르트 슈트라우스Richard Georg Strauss는 엘렉트라의 이야기를 오페라로 만들었다. 이때 오스트리아의 극작가 후고 폰 호프만슈탈Hugo von Hofmannsthal은 아이스킬로스의 《오레스테이아》 3부작과 소포클레스의 〈엘렉트라〉를 재해석하여 대본을 썼다. 엘렉트라는 자신의 소중한 삶과 감정들을 죽은 아버지에게 모두 바쳤다. 죽은 아버지가 그녀를 지배하고 있었다. 동생 오레스테스가 그녀를 알아보고 안으려 하자 그녀는 그 포옹을 두려워했다. 호프만슈탈의 대본은 이 장면을 이렇게 묘사했다.

"아냐, 날 안지 마. 저리 가. 내 꼴이 부끄럽구나. 네게 어떻게 보일지 모르겠구나. 난 네 누나의 시체일 뿐이야. 난 왕의 딸이었어. 아름다웠다고 생각해……. 수영하러 가서 가느다란 달빛이 내 발가벗은 몸을 감쌀 때 그걸 느꼈어. 내 머리카락은 남자들이 전율할 정도였지. 그 머리카락이 흐트러지고 더럽혀졌어. 내가 가진 모든 것을 희생해야만 했어. …… 이 소중한 감정들을 난 우리 아버지에게 희생해야만 했어. 내 동생아, 이해하겠니? 내 몸이 즐거울 때 아버지의 한숨과 신음 소리가 내 잠자리를 파고들었어. 죽은 자들은 질투심이 많아. 그리고 그는 내게 증오심을 보내주었어. 움푹 들어간 눈을 가진 증오심을 신랑으로 삼았지. 그래서 나는 영원한 예언자가 되었고, 나는 내 자신과 내 몸으로부터 저주와 절망만을 낳았을 뿐이야."

슈트라우스의 오페라는 1909년 드레스덴의 작센에 있는 궁전 음악당에서 초연되었다. 이 속에는 소포클레스의 비극 〈엘렉트라〉에는 나오지 않는, 클리타임네스트라를 괴롭히는 꿈 이야기가 새로 끼워져 있었다. 그녀는 예언의 힘을 가진 엘렉트라에게 꿈 이야기를 들려주고 도움을 청하려 한다.

"밤과 낮 사이에, 내가 눈을 뜨고 누워 있을 때 뭔가가 내 위로 기어 올라와. 그건 말도 아니고, 고통도 아니고, 나를 내리누르지도 않아. 날 질식시키지도 않아. 그건 아무것도 아니야. 심지어 악몽도 아니지. 그러나 그건 너무 무서워서 내 영혼은 스스로 목매달려지기를 간절히 바랄 정도야. 그러면 내 수족들은 죽겠다고 비명을 지르지. 그러나 난 계속 살아 있고, 심지어 아프지도 않아. 내가 환자처럼 보이니? 살아 있으면서 죽어 없어질 수 있을까? 썩은 시체처럼? 아프지도 않은데 썩어 문드러질 수 있느냐고? 산 채로 부스러진다. 나방에게 먹혀지는 한 조각 천처럼? 그리고 난 잠이 들고 꿈을 꾸지. 내 몸 속에서 골수들이 녹아내리는 꿈이야. 그리고 난 놀라서 잠에서 벌떡 깨어나지. 그러나 물시계의 열 번째 부분도 아직 지나지 않은 시간이야. 커튼 아래에서 싱글거리고 있는 것은 창백한 새벽의 햇빛이 아니라, 마치 내 잠자리를 염탐하는, 생명체처럼 무섭게 깜박이는 문 앞의 횃불이야. 이 꿈은 분명 끝이 있을 거야. 누가 이것들을 내게 보냈는지, 적당한 제물을 바친다면 그 즉시 모든 요괴들은 나를 떠나버릴 거야."

남편에게 복수한 클리타임네스트라는 악몽으로 불면의 밤을 지새운다.

시인은 노래한다.

마음을 어둡게 가지면

싸움이 싸움을 낳고,

당하지 않아도 될 불행을 당하는 법.◆

끝없이 슬퍼하고

언제까지나 괴로움이 그칠 날이 없구나.

긴 머리털을 잘라 아버지의 무덤에 바치고

술을 부어 떠나간 영혼이 쉬기를 바란다.

피의 앙갚음을 하는 자가 없다면

부끄러움도, 신을 두려워하는 사람도 없으리니◆◆

마음을 괴롭혀 불행에 불행을 더하는구나.

오레스테스 :
법은 무죄를 선언했으나, 양심은 위로받지 못하고

오레스테스는 그리스 신화 속에서 가장 기구한 운명을 타고난 사내 중 하나

다. 가장 비극적인 사내가 아버지를 죽이고 어머니와 결혼하여 자식을 낳고

◆ 소포클레스의 비극 〈엘렉트라〉 중에서 코러스가 부른 노랫말이다.
◆◆ 소포클레스의 비극 〈엘렉트라〉 중에서 엘렉트라가 코러스에게 대답한 말이다.

스스로 두 눈을 찔러 장님이 된 후 세상을 떠도는 오이디푸스라면 아버지를 죽인 어머니를 죽이고 복수의 여신들에게 쫓기는 오레스테스는 두 번째 비극 남쯤 될 것이다. 운명이 이끄는 비극적 인생을 살다간 신화 속의 주인공들은 많다. 그러나 스스로 죄임을 알면서도 그 죄를 의무로 짊어지고 그 끔찍한 죄를 범할 수밖에 없도록 기계 장치에 걸려든 사람은 많지 않다. 안타깝게도 오레스테스는 평생 어머니를 죽인 죄악에 시달려야 했다. 죽이기 전에는 죽여야 된다는 책임에 시달렸고 죽인 후에는 살모殺母의 죄의식에 시달렸다.

드디어 결전의 날이 오자 오레스테스는 자신의 죽음을 전하는 나그네로 위장하여 친구 필라데스와 함께 궁전 안으로 잠입해 들어갔다. 두 사람은 먼저 아이기스토스를 노렸다. 오레스테스가 죽었다는 중요한 전갈을 가져온 두 나그네를 만나기 위하여 아이기스토스가 호위병도 없이 시동 하나만 데리고 나타났다. 그는 오레스테스가 죽었다는 소식을 듣고 기뻐했다. 목구멍의 가시가 쏙 빠진 것이다. 소식을 전한 두 나그네가 바로 오레스테스와 그 친구인지 전혀 낌새를 차리지 못한 아이기스토스는 자세한 이야기를 듣기 위하여 기쁜 소식을 가져온 그들을 안으로 데리고 들어갔다. 그러자 두 사람은 힘을 합하여 아이기스토스를 죽여버렸다. 그리고 클리타임네스트라를 찾아갔다. 클리타임네스트라는 불길한 꿈을 꾸었다. 꿈속에서 그녀는 뱀을 낳았는데, 그 뱀을 아기처럼 포대기에 싸서 자신의 젖을 먹였다. 그 뱀이 젖을 빨자 젖 속에서 핏덩이가 터져 나왔다. 그녀는 기겁해서 깨어났다. 그녀는 사방에 불을 밝히고 신에게 제사를 지내려고 했다. 모든 고뇌를 잊기 위해서였다. 그때 비명이 들리고 시동이 외치는 소리가 들렸다.

클리타임네스트라 : 왜 그러느냐? 왜 그리 소리를 지르느냐? 궁성 안에서.

시동 : 살아 있는 분을 죽은 사람이 죽였습니다.

클리타임네스트라 : 드디어 왔구나. 알았다, 그 수수께끼 같은 말뜻을. 계략으로 죽였구나. 우리가 전에 계략으로 죽였듯이. 가서 용사를 죽인 손도끼를 가져오 너라. 한시라도 빨리 이기느냐지느냐를 결판 짓겠다. 내 몸이 이런 지경에 빠진 이상 더는 피하지 않으리라.

그때 문이 갑자기 열리더니 오레스테스가 들어오고 쓰러진 아이기스토스가 발길에 차여 밀려들어 왔다. 손에 칼을 든 필라데스도 함께 들이닥쳤다. 시동은 도끼를 가지러 가다가 기겁하여 달아나버렸다.

오레스테스 : 당신을 찾고 있었습니다.

(그때 클리타임네스트라가 땅에 엎드려 가슴의 옷을 찢고 젖가슴을 들이댄다.)

클리타임네스트라 : 기다려라, 오레스테스. 이것을 보아라. 내 아들아, 이 젖에 매달려 잠들면서 이빨 없는 잇몸으로 맛있는 젖을 빨지 않았느냐?

그리스 비극에서 가장 유명한 말이 어머니의 입에서 흘러나오자 아들은 망설인다. 오레스테스는 필라데스를 쳐다보았다. 눈동자가 흔들리고 참혹한 보복이 무의미해졌다. 쓰러져 울고 있는 어머니, 모든 어린 날의 행복과 웃음이 머물던 부드러운 젖가슴. 그러나 그는 결국 어머니를 죽이고 말았다. 아들은 "아버지의 운명이 어머니를 죽게 만든 것"이라고 말했다. 어머니는 자신이 낳아 기른 것이 독사였다고 중얼거린다. 그러자 오레스테스는 "죽여서는 안 될 사람을 죽였으니, 받아서는 안 될 벌을 받으라"고 절규한다.

　아버지의 원수를 갚기 위하여 어머니를 죽인 오레스테스는 복수의 여신
에리니에스의 추격을 받자 델포이에 있는 아폴론의 신전으로 반미치광이가
되어 피신했다. 복수의 여신들은 육친의 피를 흘리게 한 자들을 표적으로 지
금까지 단 한 번도 그 표적을 놓친 적이 없는 저주의 추격자들이다. 죄로 더
럽혀진 그는 아직도 핏방울이 떨어지는, 땅에서 갓 뽑아낸 듯한 칼을 한 손
에 들고, 또 한 손에는 올리브 우듬지 가지를 들고 똑바로 설 수도 없어 쓰러
지듯 아폴론 신전의 성스러운 돌 옴파로스 옆에 엎어져 있다. 그의 앞에는
검은 옷을 걸친 흉측한 노파들이 졸고 있다. 바로 에리니에스와 그들에게 쫓
기는 오레스테스의 모습이다. 에리니에스의 몰골은 끔찍했다. 눈에서는 흉
악한 독즙이 뚝뚝 떨어졌다. 아폴론은 흉측한 복수의 여신들을 잠시 졸게 했
다. 그리고 오레스테스에게 아테네로 도주하여 아테나 여신의 도움을 얻으
라고 말했다. 그리고 이렇게 덧붙였다.

"너를 버리지 않을 것이다. 그러나 지금은 피하도록 해라. 악을 위해 태어난, 저 흉물들은 끝까지 너를 쫓을 것이다. 네가 헤매는 곳이라면 어디든, 바다를 건너 섬으로 가더라도 너를 추격할 것이다. 팔라스 아테나의 도성, 아테네로 가거라. 도착하면 무릎을 꿇고 여신의 상 앞에 엎드려라. 그러면 너는 재판을 받을 수 있을 것이다. 고난으로부터 오래 벗어날 수 있는 길을 강구해줄 것이다. 가거라. 네 어미를 죽이라고 설득한 것은 바로 나니까. 멀리 떠나도 나는 너를 보호할 것이다."

오레스테스가 떠나자 복수의 여신들도 잠에서 깨어 사냥개를 모는 사냥꾼처럼 미친 듯이 소리를 지르며 그를 쫓았다. 그는 아테네의 아크로폴리스에 있는 아테나의 신전으로 달려가 여신상의 발을 붙들고 애원했다. 복수의 여신들은 그 주위를 돌며 저주의 노래를 부른다.

"악기도 없이 영혼을 죄어 생명을 말려버리는 노래를 부르자. 집집마다 뒤엎는 것이 우리의 임무. 군신 아레스가 가족을 죽일 때도 우리는 소리를 지르며 그를 뒤쫓았지.♦ 제 아무리 강해도 잡아 죽인다. 새로운 피를 위하여."

아테나는 12명의 재판관을 선정했다. 아폴론이 오레스테스의 변론을 맡았다. 복수의 여신들은 죄인을 두둔하는 아폴론에게 "오레스테스가 흘린 피는 제 어미의 피"임을 강조한다. 그러자 아폴론이 답한다.

"어미란 자식의 혈친이 아니라 태내에 새로 깃든 씨를 기르는 데 불과하

♦ 아테나 여신의 유명한 처녀 신궁이 있는 아크로폴리스 언덕은 북서로 낮아지면서 아레오파고스의 작은 언덕으로 이어진다. 이곳은 군신 아레스가 포세이돈의 아들 할리로티오스Halirrothios를 죽인 후 재판을 받던 곳이다. 그래서 아레오파고스, 즉 '아레스의 언덕'이라는 이름으로 불리게 되었다. 할리로티오스는 아레스의 딸 알키페Alcippe를 겁탈했는데, 거칠고 난폭한 아레스가 단숨에 그를 때려죽이고 말았다. 아들을 잃은 포세이돈이 제우스에게 재판을 요청하자 그는 올림포스 12신들에게 판결을 내리게 했다. 아레스는 이 재판에서 무죄 판결을 받았다. 그 후 이곳은 아테네의 최고 법정이 되었다. 오레스테스가 이곳에서 재판을 받게 된 것도 이런 연유에서이고, 재판관이 12명인 것도 이 유래에 따른 것이다.

다. 자식의 본질은 아비이며 어미는 오직 주인이 손님을 접대하듯 그 어린 싹을 보육해나가는 것이다. 이것이 이치이기 때문에 어미가 없어도 아비는 있는 경우가 적지 않다. 바로 그 아름다운 사례가 이 아테나 여신이다. 여신은 일찍이 어두운 태내에서 양육을 받은 적도 없다. 그러나 그 어떤 신도 이처럼 아름다운 신을 키우지 못했다."◆

아테나는 12명의 판관에게 판결을 내리게 했다. 만일 찬반 동수가 나오면 아테나 자신도 한 표를 던지겠다고 공언했다. 판관들은 단지에 돌을 던져 넣어 표결했다. 각각 여섯 명씩 찬반이 동수를 이루었다. 아테나는 무죄에 한 표를 던져 넣음으로써 모친을 죽인 죄를 영원히 사해주었다. 여신은 자신이 왜 무죄에 표를 던지게 되었는지 해명했다.

"나는 어머니가 없으므로 모든 일에서 남성의 편을 들겠다. 오레스테스는 무죄다."

그러자 복수의 여신들이 저주를 퍼붓기 시작했다.

"이 몹쓸 젊은 신들, 예부터 내려오는 우리의 권리를 잘도 짓밟는구나. 이토록 비참하게 모욕을 받은 이상 우리도 그 원한을 갚고야 말리라. 이 땅에 심장에서 품어 나오는 독소를 뿌리리라. 이 고장의 생식력을 박탈하고 모든 생명의 종자를 말리고 말리리라. 사람을 해치는 오염이 나라에 번지게 하리라. 오래된 율법을 지키는 우리들이 이 고장에서 이런 멸시를 받을 줄이야. 이런 봉변이 있나."

그러자 아테나가 복수의 여신들을 달래기 시작했다. 별도로 평화롭게 거

◆ 아폴론의 변론은 아이스킬로스가 《오레스테이아》 3부작을 쓰던 기원전 5세기 그리스 사회에서 여성의 사회적 지위가 어땠는지를 알 수 있게 한다.

주할 수 있는 땅을 떼어주고 사람들이 그곳에 가서 경배하게 해주겠다고 약속했다. 이제는 저주 대신 자비와 축복을 내리는 권한을 가질 수 있게 해주겠다고 회유했다. 대지로부터의 은총과 더불어 하늘로부터 따뜻한 바람이 불어오게 하고 가축들의 풍요로움이 항상 찾아오게 하여 인간을 편안하게 하고, 불경한 자들을 징벌하고 모든 옳은 사람들을 행복하게 하는 축복을 맡게 했다. 복수의 여신 에리니에스는 이것을 받아들였다. 그 후부터 이들은 복수의 여신 에리니에스라는 이름 대신 자비의 여신 에우메니데스라고 불리게 되었다. 나중에 오이디푸스는 이들이 사는 콜로노스의 숲에 이르러 그동안의 모든 고행을 끝내고 이들의 축복을 얻게 된다.

시인은 노래한다.

어찌해야 하느냐, 이 일을.
어린 시절 그곳에 매달려 이빨 없는 입으로 젖을 빨며
그지없이 행복했던 황금의 시절.
그 하얀 젖가슴을 찔러야 하는가,
그물에 걸려 제 아내의 손에 죽은 아비의 원한을 갚아야 하는가.

추악한 복수의 흉물들, 밤낮으로 쫓아와
반은 미쳐 여신의 신상 앞에 쓰러졌구나.
한 표 차이로 법의 용서를 얻었으나
마음은 죄로 녹아내리니
엎드려 빌고 비오니 죄를 사하여 벌을 거두소서.

타우리스로 간 오레스테스와 필라데스

이피게네이아:
마침내 저주를 축복으로

오레스테스는 무죄가 되었다. 그러나 그의 마음은 평안을 찾을 수 없었다. 어머니를 죽인 고통은 여전히 그의 마음을 어지럽혔고, 에리니에스에게 쫓기는 어두운 망상은 떠나지 않았다. 법은 무죄를 선언했으나 양심은 위안을 받지 못했다. 오레스테스는 다시 델포이의 아폴론에게 의지했다. 그러자 그에게 타우리스로 가서 그곳에 있는 아르테미스 여신 상을 가져오라는 신탁이 내려졌다. 그러면 치유되어 마음의 평화와 안식을 얻게 되리라는 것이었다. 타우리스는 야만의 나라였다. 그리스인들이 눈에 띄기만 하면 잡아다가 아르테미스 여신에게 인신 공양을 하는 끔찍한 곳이었다. 그러나 오레스테스는 신탁에 따라 모험을 떠나게 되었고 그의 충실한 친구 필라데스는 이번에도 동행하게 된다.

그런데 엘렉트라의 언니이며 오레스테스의 누나인 이피게네이아가 아울리스에서 아버지 아가멤논에 의해 인신 공양의 제물이 되었던 것을 기억하는가? 제사 도중 목이 잘린 사슴을 남겨두고 그녀가 사라져버렸다는 것을 기억하는가? 아르테미스 여신은 그녀를 바람으로 싸서 타우리스로 데려온 뒤 자신의 여사제로 일하게 했다.

어느 날 타우리스인들이 두 명의 그리스인을 잡아왔다. 이피게네이아가 의식을 통해 그들을 정화시키면 사람들이 그들을 죽여 제물로 바치게 되어 있었다. 그날도 사람을 죽이는 일에 연루된다는 끔찍한 생각을 하고 있던 그녀 앞에 두 명의 그리스 청년이 포박되어 서게 되었다. 그녀는 다른 사람들을 신전 밖에서 대기하게 했다. 그리고 두 청년에게 물었다.

이피게네이아 : 당신이 태어난 곳을 말해주세요.

오레스테스 : 곧 죽을 사람에게 그런 것은 왜 묻는 거요? 난 미케네 출신이오. 한때 번창했던 곳이오.

이피게네이아 : 그 도시의 왕도 번영을 구가했지요. 그의 이름은 아가멤논이었지요.

오레스테스 : 난 그분에 대하여 아는 바가 없소.

이피게네이아 : 아, 제발 그분에 대해 말해주세요.

오레스테스 : 죽었소. 그분의 아내가 죽였소. 더 이상 묻지 마시오.

이피게네이아 : 하나만, 하나만 더 말해주세요. 그분의 아내는 살아 있나요?

제단 앞에 선 오레스테스와 필라데스(P. 라스트만, 1614년)

오레스테스 : 아니오, 아들이 죽었소.

(긴 침묵이 흐른다.)

이피게네이아 : 그렇다면 사람들은 제물로 희생된 그분의 딸에 대해 말하나요?

오레스테스 : 죽은 사람이라 들었소.

이피게네이아 : 당신들을 도와주겠어요. 그러면 미케네에 있는 내 친구에게 편지
　　를 전해줄 수 있겠지요?

　이렇게 말하고 이피게네이아는 잠시 자리를 비우고 편지를 써 왔다. 그리
고 그 편지를 미케네에 사는 오레스테스에게 전해달라고 말했다. 편지가 잘
못되었을 때를 대비하여 편지의 내용을 두 청년에게 불러주었다.

　"오레스테스, 내 사랑하는 동생아. 제발 나를 집으로 데려다주렴. 이 끔찍

한 사제직에서, 이 야만의 나
라에서 제발 나를 풀어주렴."

그러자 오레스테스는 자신
이 바로 오레스테스임을 밝히
고 누나 이피게네이아를 덥석
안았다. 죽었다던 누나와 마음
의 평안을 잃은 아우는 이렇게
서로를 안고 위로했다.

그들은 탈출 계획을 세웠다.

이피게네이아 앞에 제물로 끌려온 오레스테스와 필라데스
(벤저민 웨스트, 1766년)

먼저 왕에게 두 사람을 정화시키기 위해 아르테미스 여신상을 안고 두 죄인
을 바닷가로 데려가서 깨끗이 씻겨야 한다고 말했다. 그리고 그 일은 사제
혼자 은밀하게 해야 하는 일이니 의식이 끝날 때까지 신전에서 기다리라고
말했다. 그녀는 미리 준비해둔 배에 두 사람을 태우고, 여신상을 품고 도망
갔다. 그들은 아테네 외곽에 있는 브라우론으로 왔다. 그들이 가져온 여신상
은 이곳에 있는 웅장한 아르테미스 신전에 봉안 되었고 이곳은 가장 많은 사
람들이 찾아오는 신전 중 하나가 되었다. 그러나 지금 그리스 브라우론에는
폐허가 된 아르테미스 신전이 쓸쓸히 서 있을 뿐이다.

그리스로 돌아온 오레스테스는 아버지 아가멤논의 왕국을 계승했다. 그리
고 아르고스와 라케다이몬을 합병했다. 그는 라케다이몬 왕이었던 삼촌 메
넬라오스와 헬레네의 딸인 헤르미오네와 결혼했으나 뱀에 물려 죽고 말았
다. 고전 인문학자이며, 현대 인류학의 대가인 제임스 프레지어James G. Frazer
가 자신의 저서《황금 가지The Golden Bough》에서 주장하는 일설에 의하면 오
레스테스는 네미의 사제직을 계승한 것으로 설명되기도 한다.

시인은 노래한다.

신은 용서했으나
스스로는 용서할 수 없구나.
무죄를 선고받았으나 양심은 잠을 이루지 못하니
오직 스스로의 땀으로만 씻어낼 수 있으리라.
요행이 없는 고행의 길을 걸어라.

비극이 시작된 곳으로 달려가라.
아비가 딸을 죽이자 원한에 찬 어미가 아비를 죽이고
다시 아들이 어미를 죽여 아비의 원수를 갚으니
첫 원한의 매듭을 풀어라.
보복은 끝이 없고, 결국 가장 사랑하는 것을 죽이게 되나니, 바로 나.

아르테미스
• Artemis •

제우스와 레토의 딸로 아폴론과 남매간이다. 올림포스 12신 중 하나이며, 달의 여신이다. 사냥과 야생 동물 그리고 처녀성의 여신이며, 더불어 풍요의 여신이기도 하다. 그녀가 달과 함께 나타나면 산짐승과 초목이 춤을 춘다고 한다. 아폴론처럼 활을 무기로 메고 다닌다. 그녀의 화살은 순식간에 목숨을 앗아가기 때문에 희생자들이 전혀 고통을 느끼지 않는다. 곰과 사슴 그리고 토끼가 여신을 상징하는 대표적인 짐승들이다. 약한 동물의 상징인 토끼나 날렵하고 우아한 사슴이 여신의 상징으로 표현되는 것은 자연스럽지만 곰이 여신의 상징이 된 데는 그만한 까닭이 있었다.

브라우론의 신전 등에서 아르테미스를 기리는 축제에 그리스인들이 곰춤을 추는 의식을 거행하게 된 까닭은 칼리스토^{Callisto} 때문이다. 칼리스토는 아르테미스의 시녀였는데, 무척 아름다웠다. 그녀에게 눈독을 들이던 바람둥이 제우스가 어느 날 아르테미스로 변신하여 그녀와 잠자리를 함께했다. 달이 차올라 아이를 가진 것을 눈치챈 아르테미스는 처녀성을 지키겠다는 약속을 깬 칼리스토를 곰으로 만들어버렸다. 그녀는 해산하여 아르카스^{Arkas}라는 아들을 낳았으며, 그 후 숲에서 쓸쓸히 홀로 살아갔다. 세월이 지나 아들은 훌륭한 청년으로 자랐다. 어느 날 칼리스토는 숲 속에서 아들과 마주치게 되

아르테미스

었는데, 너무 그리워 자신이 곰이라는 것을 잊고 기쁨으로 아들에게 다가갔다. 커다란 곰이 다가서자 아들은 겁에 질려 곰에게 화살을 겨누었다. 아들이 어머니를 죽이는 사건이 일어나지 않도록 제우스는 아들을 곰으로 변하게 했다. 그리고 어머니와 아들을 함께 하늘로 올려보내 별자리가 되게 했다. 큰곰자리와 작은곰자리는 그렇게 생겨나게 되었다.

아르테미스는 처녀신으로 살아가겠다고 맹세했지만 그녀와 얽힌 사랑 이야기들이 제법 된다. 큼직한 것만 추리면 우선 첫 번째가 테세우스의 아들 히폴리토스와의 신성한 사랑이었다. 그가 죽은 후 아르테미스는 의신 아스클레피오스에게 부탁하여 그를 다시 살려냈다. 죽음의 신이 그를 다시 찾아내지 못하도록 이름을 비르비우스로 바꾸게 하여 자신을 모시는 사제로 삼았다. 비르비우스는 '두 번 산 자'라는 뜻이다. 비르비우스는 로마 인근의 네미 호숫가에 있는 아리키아 숲의 신이 되었으며, 여기서 아르테미스와 함께 신봉되었다. 로마인들은 네미 호수를 '디아나Diana 여신의 거울'이라고 불렀다. 로마인들은 그리스 신들을 그대로 차용했으니 디아나는 곧 아르테미스다. 그러니 '아르테미스의 거울'이라는 뜻이다. 네미의 숲 속에는 신성한 나무가 한 그루 있다. 아무도 꺾어서는 안 된다. 오직 '도망 온 노예'만이 황금 가지를 꺾을 수 있고, 그 가지를 꺾은 자만이 '숲의 왕'인 사제와 결투가 허용된다. 도망쳐온 노예가 사제를 이기면 새로운 사제, 즉 '숲의 왕'이 된다. 이 기이한 사제 계승의 법칙을 제도화한 것은 오레스테스로 알려졌다. 이 방식은 산 인간을 제물로 바쳤던 야만적인 타우리스의 전통을 이어받은 것으로 추측된다. 숲의 왕이 목숨을 걸고 지키는 이 성스러운 나무는 여신 아르테미스가 현현한 것이다. '나무와 결혼한다'라는 말은 이렇게 생겨났다.

프레지어는 《황금 가지》에서 이 이야기를 이렇게 시작한다.

그 옛날 이 아름다운 숲
은 불가사의한 비극이 되
풀이되는 무대였다. 호수
의 북쪽에는 오늘날까지
네미의 마을이 남아 있는
데, 깎아지른 듯한 절벽
아래 디아나 네모렌시스
Diana Nemorensis, 즉 '숲의

악타이온(프란체스코 알바니, 16세기)

디아나'라 불리는 거룩
한 숲과 성소가 있었다. 이 성스러운 숲 속에 한 그루의 나무가 있는데, 그 주위를
어떤 무시무시한 인물이 밤낮으로 서성거리고 있다. 그는 손에 칼을 든 채 언제
있을지 모르는 적의 습격에 대비해 쉬지 않고 사방을 경계했다. 그는 바로 사제인
동시에 살인자다. 그리고 머지않아 누군가가 그를 죽이고 대신 사제직을 탈취할
것이다. 그것이 이 성소의 규칙이기 때문이다. 사제가 되고자 하는 자는 누구든지
지금의 사제를 죽여야 한다. 그리하여 사제가 된 후 자기보다 더 강하고 교활한
자에 의해 살해될 때까지 사제직을 수행하게 될 것이다.

두 번째는 오리온과의 관계였다. 여신은 뛰어난 사냥꾼인 오리온과 함께 사
냥하는 것을 즐겼다. 오빠 아폴론은 동생 아르테미스가 사랑에 빠져 처녀성을
잃을까 봐 염려했다. 어느 날 오리온이 머리만 내놓고 물속에서 헤엄칠 때 아폴
론이 아르테미스에게 저 멀리 보이는 둥근 물체를 쏘아 맞힐 수 있느냐고 물었
다. 그것이 무엇인지 몰랐던 아르테미스가 활을 들어 시위를 놓자 쏜살같은 화
살이 통증도 없이 표적을 꿰뚫었다. 오리온이 죽은 후 자신이 저지른 비극적인

악타이온의 죽음(티치아노, 1559~1575년)

일을 알게 된 아르테미스는 비탄에 빠졌다. 아스클레피오스에게 한 번 더 부탁하여 그를 살려내고 싶었지만 제우스가 이를 막았다. 그래서 오리온의 시신을 하늘에 올려 별자리로 만들었는데, 그것이 바로 오리온자리다.

아르테미스는 사랑을 하고 사랑하는 이의 죽음을 안타까워하는 부드러운 마음도 가지고 있다. 하지만 영원한 처녀성을 상징하는 이 여신은 복수심이 강하고 거친 야생의 여신이기도 하다. 그녀의 냉혹함을 보여주는 것이 바로 사냥꾼 악타이온^Actaeon 이야기다. 악타이온은 훌륭한 사냥꾼이었다. 그는 현명한 케이론에게서 사냥술을 배웠다. 어느 날 그는 숲속의 샘에서 목욕하는 아르테미스를 보고 말았다. 처녀신은 몹시 분노하여 그를 사슴으로 만들어버렸다. 50마리나 되는 악타이온의 개들이 그를 알아보지 못하고 달려들어 찢어버렸다.

고대인들은 아르테미스를 산속을 이리저리 돌아다니는 달의 신이라 여겼다. 사냥의 신이기도 한 그녀는 그리스의 산악 지대와 야생의 거친 숲 속에서 숭배받았다. 그리스 본토에서는 브라우론에 있는 아르테미스 신전이 가장 유명하며, 소아시아에서 가장 유명한 아르테미스 신전이 있는 곳은 에페소스다. 이곳에서 그녀는 다산^多産의 신과 동일시되었다. 그래서 가슴에 수많은 유방을 달고 있는 아르테미스 여신상을 만나볼 수 있다.

• 8장 트로이 → 이타카 •

승리한 자의 고난

트로이의 오디세우스:
가장 그리스적인 그리스인

트로이에서 귀환하는 동안 오디세우스는 누구보다 더 오랫동안 고통을 당해야 했다. 10년의 전쟁이 끝난 후 조신하고 아직도 아름다운 아내 페넬로페이아Penelopeia가 기다리는 자신의 왕국으로 돌아가는 데 다시 10년이 걸렸다. 결국 그는 떠나온 지 20년 만에 귀환하게 되었다. 《일리아스》를 썼던 그 호메로스가 아닌 또 다른 시인 호메로스가 《오디세이아》에서 오디세우스의 노래를 들려준다.

신들의 분노도 10년을 계속하기는 어려웠다. 한때 현명하고 지혜로운 오디세우스를 누구보다도 사랑했던 아테나는 분노를 풀고 이제 오디세우스가 행복을 찾아 귀환하는 것을 도와주기로 작정했다. 그러나 포세이돈은 여전히 화가 나 있었다. 오디세우스가 귀환하는 길에 자신의 아들인 키클롭스 폴리페모스Polyphemos를 해친 것을 용서할 수 없었기 때문이다. 마침 포세이돈이 이집트를 방문하는 동안 아테나는 다른 신들을 설득하여 오디세우스의 귀환을 도와주자는 합의를 얻어냈다.

오디세우스는 지금의 관점으로 보면 선하고 올바른 사람으로 보기 어렵다. 실제로 트로이 전쟁 당시의 그리스인들은 아카이아 문화를 가진 사람들이었는데, 그것은 찬란한 에게 문명 시대와 야만적인 도리스인들의 정복에 따른 암흑 시대 사이에 펼쳐진 과도기였다. 윌 듀런트Will Durant는 《문명이야기》에서 이 시대 인간들의 윤리성에 대해 다음과 같이 지적한다.

아카이아인들은 생각이 깊지 못한 대신 행동은 늘 활기차고 신속했다. 이 시대는 너무도 젊고 강인해서 예절이나 철학에 연연하지 않았다. 아마도 격렬한 위기나 혼란스러운 전쟁의 후유증이 아니었을까 한다. 전사들은 관대하고, 부모와 자식 간에는 깊은 사랑도 있었다. 눈물도 많았고, 남자들끼리 우정은 각별했다. 나그네에게 관대하여 즐겨 먹여주고 재워주었다. 그러나 몹쓸 폐단도 많았다. 인간의 목숨은 하찮은 것이었고, 전리품으로서의 여자는 매력적이면 첩이 되었고, 못생겼으면 노예가 되었다. 해적질은 훌륭한 직업이었고 불명예는커녕 어느 정도 명예가 되기도 했다. 오디세우스는 '눈부신 평야를 약탈하고, 아이와 여자들을 포로로 삼고, 남자들을 죽인 것'을 자랑스럽게 말했다. 도둑질과 살육을 자행했고, 거짓말에 능란하고 뻔뻔스러웠다.

영악하고 치밀한 사기꾼이며, 거짓말쟁이인 오디세우스는 당시 가장 모범적 인간이었다. 시인들은 그를 영웅으로 노래했고 아테나 여신조차 그를 좋아했다. 여신은 손으로 툭툭 그를 치고 미소 지으며 이렇게 말한다.

"신이라도 그대를 이기려면 교활한 망나니가 되어야 할 거야. 영악하고 치밀한 사기꾼인 그대는 고향에서도 마음속 깊이 품은 계략과 속임수를 멈추지 않겠지."

오디세우스의 고향 이타카에서는 그의 아내 페넬로페이아가 수많은 구혼자들에게 시달리고 있었다. 그 주위에서 작은 영토를 차지하고 스스로 왕이라 일컫는 자들과 귀족의 자제들이 오디세우스가 없는 궁정에 들어와 날마다 오디세우스의 가축을 잡아 잔치를 열었다. 오디세우스의 식량을 축내고, 그의 하인들을 부려먹고, 그의 방들을 차지하고는 부어라 마셔라 하고 있었다. 그들은 왕비 페넬로페이아에게 자신들 중 한 사람을 골라 결혼하라고 종용했다. 그들은 오디세우스가 죽었다고 믿었다. 다시 10년이 지나 20년이 다 되었으니 그가 자신의 왕국을 다스리지 못한 그 기간 동안 왕궁은 이렇게 무위도식하는 자들로 가득하게 되었다. 일설에 의하면 그들의 수가 129명에 달했다고 한다.

페넬로페이아는 이카리오스carios의 딸이다. 그녀의 어머니는 샘의 님프인 페리보이아Periboea다. 이카리오스는 헬레네의 아버지인 라케다이몬의 왕 틴다레오스와는 서로 형제간이다. 너무도 많은 구혼자들에게 시달리던 헬레네의 아버지 틴다레오스에게 오디세우스는 "누가 헬레네의 남편이 되더라도 그를 도와줄 것"을 구혼자들에게 서약시키도록 조언했다. 그렇게 하여 선택되지 않은 자들의 집단 반발을 막을 수 있었기 때문에 틴다레오스는 오디세우스에 대한 감사의 표시로 동생인 이카리오스의 딸 페넬로페이아를 중매섰다. 그리하여 페넬로페이아는 오디세우스에게 시집가게 되었다. 아버지는 사위에게 딸과 함께 자신의 곁에 머물기를 권했지만 오디세우스는 거절했다. 아버지가 계속 강권하자 오디세우스는 페넬로페이아에게 아버지와 자신 중 하나를 선택하게 했다. 페넬로페이아는 대답하지 않았다. 얼굴만 붉히고 베일로 낯을 가렸다. 아버지는 딸이 선택했음을 깨닫고 둘이 떠나가게 했다.

《오디세이아》에 따르면 페넬로페이아는 트로이 전쟁에 참가한 여러 용사들의 부인 중에서 유일하게 남편의 오랜 부재에도 지조를 지킨 여인으로 남아 있다. 오디세우스는 페넬로페이아를 매우 사랑했다. 헬레네가 파리스와 함께 트로이로 도주해버리자 메넬라오스는 그리스의 도시를 돌며 옛 헬레네의 구혼자들에게 옛 맹세를 환기시키며 복수에 참가해줄 것을 촉구했다. 오디세우스는 참전하지 않기 위해서 일부러 미친 척했다.

영리한 오디세우스는 아름다우나 부정한 여인을 되찾기 위해 집과 가족을 떠나 타지에서 전쟁에 휘말리고 싶지 않았다. 그래서 헬레네의 구혼자들의 서약에서 벗어나기 위해 일부러 미친 척을 한 것이다. 그는 소와 당나귀를 짝으로 묶어 쟁기를 끌게 하고 씨앗 대신 소금을 뿌렸다. 그러나 메넬라오스와 함께 오디세우스를 찾아온 영리한 팔라메데스Palamedes는 그런 꼼수에 넘어가지 않았다. 오히려 그는 오디세우스가 미치지 않았다는 것을 증명하기 위해 어린 아들 텔레마코스를 밭 가는 쟁기 앞에 갖다놓았다. 오디세우스는 아이가 다치지 않도록 쟁기질을 멈추었다. 그는 일부러 미친 척한 것이 들통 나자 트로이 전쟁에 참전할 수밖에 없게 되었다. 팔라메데스의 꾀에 넘어가 어쩔 수 없이 참전하게 되었지만 그가 집을 떠나지 않으려는 이유는 막 텔레마코스를 낳은 페넬로페이아에 대한 사랑 때문이었다. 오디세우스는 이 일로 팔라메데스에게 앙심을 품게 되었고 그를 결코 용서하지 않았다.◆

◆ 오디세우스는 팔라메데스에게 복수하는 데 성공했다. 오디세우스는 트로이인을 포로로 잡아 협박한 후에 프리아모스에게 보내는 가짜 편지를 쓰게 했다. 편지의 내용은 팔라메데스가 프리아모스에게 투항하여 그리스인들을 배반할 뜻을 담은 것이었다. 그리고 팔라메데스의 노예를 매수하여 주인의 침대 밑에 금을 숨기게 했다. 그리고 문제의 편지가 아가멤논 손에 흘러들게 했다. 배신의 편지와 그 대가로 받은 침대 밑의 금은 확실한 증거였다. 아가멤논은 팔라메데스를 잡아 병사들에게 넘겼고, 병사들은 그를 돌로 쳐 죽였다. 다른 이설에 의하면 오디세우스는 팔라메데스를 꾀어 우물 밑으로 내려가게 한 후 위에서 흙과 돌을 덮어 생매장시켰다고도 한다. 그 이후 팔라메데스의 죽음은 악인이 유덕한 사람을 모함하여 부당하게 죽인 대표적인 사례가 되었다.

수의를 짜고 있는 페넬로페(존 워터하우스, 1912년)

  떠날 때 갓난아이에 불과했던 오디세우스의 아들 텔레마코스는 스물이 넘은 늠름한 청년으로 자랐지만 애송이 취급을 받았고, 페넬로페이아에게도 힘이 없었다. 페넬로페이아는 하루하루 견디고 있었다. 그녀는 결정의 시간을 하루라도 지연시키고 싶었다. 그리하여 그녀는 구혼자들에게 남편 오디세우스의 수의를 정성 들여 짜기 전에는 결혼할 수 없다고 말했다. 구혼자들도 이 경건한 목적에 동의하지 않을 수 없었다. 페넬로페이아는 낮에 짠 것을 밤에 풀었다. 그러니 수의를 짜는 일은 지지부진한 아주 더딘 과정을 거쳤다. 그녀는 그렇게 3년을 버텼다. 그러나 언제까지나 속일 수는 없었다. 결국 하녀의 배신으로 낮에 짠 것을 밤에 푸는 일이 발각되자 구혼자들의 재촉이 더욱 거세졌다. 바로 이때가 오디세우스의 방랑이 거의 끝나갈 때였다.

  페넬로페이아는 오디세우스와의 사이에서 텔레마코스라는 외아들을 낳았다. 아버지는 트로이로 떠나면서 자신의 늙은 벗인 멘토르Mentor에게 아들의 교육을 맡겼다. 텔레마코스가 열일곱 살이 되자 구혼자들의 행패가 시작되었다. 텔레마코스는 그들을 물리치려 했으나 애송이인 그는 그들을 당할 수 없었다. 청년 텔레마코스는 여신 아테나의 도움을 받아 아버지를 찾아 떠나는 여행을 시작하게 되었다. 먼저 아버지의 소식을 듣기 위해 트로이 전쟁에 함께 참전했던 현명한 네스토르를 찾아갔다. 그러나 그는 오디세우스가 어디 있는지 전혀 알지 못

수의를 만드는 페넬로페(베나르디노 핀토리치오, 1509년)

아버지를 찾기 위해 연인 유카리스를 떠나는 텔레마코스
(자크 루이 다비드, 1818년)

했다. 실망한 텔레마코스는 이번에는 헬레네의 남편 메넬라오스를 찾아 라케다이몬으로 갔다. 여신 같은 헬레네와 함께 다시 사랑을 시작한 메넬라오스는 눈물로 그를 환영해주었다. 메넬라오스는 오디세우스의 행방을 알고 있었다. 메넬라오스는 이렇게 말했다.

"얘기하자면 길지. 나도 아주 예기치 않았던 곳에서 자네 부친의 소식을 들었다네. 내가 오디세우스의 소식을 들은 것은 이집트에서였지. 나는 악천후로 며칠째 이집트의 파로스라는 섬에 발이 묶여 있었지. 식량도 동이 나서 절망에 빠져 있었는데, 바다의 여신이 나를 가엾게 여겨 자신의 아버지인 바

다의 신 프로테우스Proteus만이 내가 안전하게 돌아가는 법을 알고 있다고 알려주었다네. 그를 잡아서 내가 돌아가는 법을 말할 때까지 꼭 붙잡고 놓아주지 않으면 일러줄 거라더군. 프로테우스는 매일 수많은 바다표범들을 데리고 바닷가에 올라 늘 같은 모래사장에 누워 있다는 거야. 여신은 우리에게 바다표범의 가죽을 주었는데, 나는 세 명의 부하와 함께 모래 구멍을 판 후 그 가죽을 뒤집어쓰고 그를 기다렸다네. 과연 그가 와서 모래 위에 눕더군. 우리는 달려들어 그를 붙잡았다네. 그건 쉬운 일이 아니었어. 프로테우스는 수많은 동물로 자신을 바꿀 수 있는 능력이 있었다네. 용으로도 변했다가 다시 가지가지 동물로 변신하더니 결국은 높은 가지가 달린 나무로 변했다네. 그러나 우리는 죽기 살기로 그를 잡고 놓지 않았다네. 그러자 그는 포기하고 우리의 요구를 들어주었지. 마침내 내가 알고 싶은 것을 다 알게 되었다네. 그때 자네 아버지 오디세우스가 칼립소Calypso라는 님프의 섬에 억류되어 고향을 그리워하고 있다는 소식을 들었다네."

그곳이 어디인지는 그도 몰랐다. 《오디세이아》는 처음 4권을 페넬로페이아의 곤란한 상황과 아버지를 찾아 떠나는 텔레마코스의 여행에 할애한다.

시인은 노래한다.

사람은 죽어도 죽지 않아.
오직 마음에서 잊힐 때 죽게 되지.
누군가에 대한 사랑은
그 사랑을 품은 사람이 살아 있는 한,
살아 있는 것이니 10년 20년 동안, 어쩌면 더 오래.

무엇이 돌아오지 않는 그리운 것을

오늘도 기다리게 하는가?

바로 어제까지 기다린 그 기다림 때문이지.

하루하루 쌓여 100일이 되고 1000일이 되어

이제 강물 같은 그 기다림을 그칠 수 없게 되었네.

기다림이 새로운 하루가 되어 그것 없이 살 수 없게 되었으니.

칼립소 :
사랑은 방랑자의 족쇄가 되어

텔레마코스가 아버지를 찾아다닐 때 오디세우스는 메넬라오스의 말처럼 님프 칼립소의 섬인 오기기아 섬에 억류되어 있었다. 그녀가 누구의 딸인지는 설이 분분하다. 지구를 등에 지고 있는 아틀라스와 플레이오네Pleione의 딸이라는 설도 있고, 태양의 신 헬리오스와 페르세이스Perseis의 딸이라는 설도 있다. 오기기아 섬 역시 어디인지 잘 모른다. 현재 지브롤터의 맞은편인 아프리카 북부의 세우타로 추정하는 학자들도 있다. 우리는 오직 오디세우스가 떠난 출발점 트로이와 그의 목적지 이타카가 어디인지 알 뿐이다. 그리고 그가 거쳤던, 그 사이에 있는 수많은 고난의 장소들은 어디인지 모른다. 신화학자들은 그 장소들이 어디인지 알고 싶어 안달했지만 그곳들은 침묵한다. 여기 하나의 시가 있다. 콘스탄틴 카바피Constantine Cavafy의 〈이타카〉라는 시로 그 아쉬움을 달래보자. 두꺼운 《오디세이아》의 교훈을 이렇게 몇 줄의 시로 멋지게 정리하는 것은 시인만이 할 수 있는 멋진 일이니까.

네가 이타카로 가는 길을 나설 때

기도하라, 그 길이 모험과 배움으로 가득한

오랜 여정이 되기를.

라이스트리곤◆과 키클롭스

포세이돈의 진노를 두려워 마라.

네 생각이 고결하고

네 육신과 정신에 숭엄한 감동이 깃들면

그들은 네 길을 가로막지 못할지니

네가 그들을 영혼에 들이지 않고

네 영혼이 그들을 앞세우지 않으면

라이스트리곤과 키클롭스와 사나운 포세이돈

그 무엇과도 마주치지 않으리.

기도하라, 네 길이 오랜 여정이 되기를.

크나큰 즐거움과 크나큰 기쁨을 안고

미지의 항구로 들어설 때까지

네가 맞이할 여름날의 아침은 수없이 많으니

페니키아 시장에서 잠시 길을 멈춰

어여쁜 물건들을 사거라.

◆ 포세이돈의 아들 라모스Lamos가 세운 나라에 살고 있던 거인 식인종이다. 그들의 나라는 밤이 짧고 항구가 아름답다. 오디세우스의 함대가 이곳에 정박했다가 거인족에게 추격당해 모두 잡아먹히고 배는 파선되었다. 오직 오디세우스의 배만 항구에 들어서지 않아 화를 면할 수 있었다.

자개와 산호와 호박과 흑단

온갖 관능적인 향수들을.

무엇보다도 향수를, 주머니 사정이 허락하는 최대한.

이집트의 여러 도시들을 찾아가

현자들에게서 배우고 또 배우라.

언제나 이타카를 마음에 두라.

네 목표는 그곳에 이르는 것이니.

그러나 서두르지는 마라.

비록 네 갈 길이 오래더라도

늙어져서 그 섬에 이르는 것이 더 나으니.

길 위에서 너는 이미 풍요로워졌으니

이타카가 너를 풍요롭게 해주기를 기대하지 마라.

이타카는 아름다운 여행을 선사했고

이타카가 없었다면 네 여정은 시작되지도 않았으니

이제 이타카는 너에게 줄 것이 하나도 없구나

설령 그 땅이 불모지라 해도

이타카는 너를 속인 적이 없고

길 위에서 너는 현자가 되었으니

마침내 이타카의 가르침을 이해하리라.

어찌 되었든 칼립소는 표류하는 오디세우스를 구해주었다. 그녀는 그에게

칼립소 섬에 도착한 오디세우스

음식을 주고 보살펴주는 동안 그를 사랑하게 되었다. 그래서 그를 보내지 않기로 결심했다. 칼립소는 자신의 사랑에 더해, 자유 외에는 모든 것을 오디세우스에게 허락했다. 칼립소의 거처는 동굴이었는데 그 속에는 여러 개의 방이 있었다. 깊은 동굴이었지만 바로 옆에 정원처럼 잔디가 깔려 있고 큰 나무들이 아름답게 서 있고 샘물이 흐르는 신성한 숲에 닿아 있었다. 칼립소는 노래하는 님프들인 시녀들과 함께 베를 짜고 노래를 하며 시간을 보냈다. 칼립소의 것은 모두 오디세우스의 것이었다. 그러나 오디세우스는 불행했다. 그는 매일 바닷가에 나가 집과 아내와 아들을 그리워했다. 《오디세이아》는 그 비탄을 이렇게 묘사한다.

해변에 앉은 그의 두 눈에서 눈물도 말라버렸고 달콤한 인생도 날아가 버렸으며 그는 애달프게 귀환을 갈망한다. 밤마다 그는 텅 빈 동굴 속 칼립소 곁에서 마지못해 이끌려 잠들지만 낮이 되면 바위에 앉거나 해변에 퍼질러 앉아 눈물과 한숨으로 마음을 달래며 요동치는 바다를 바라본다.

그렇게 7년이 흘렀다. 혹은 10년이 거의 다 걸렸다고도 한다. 오디세우스와 칼립소 사이에도 아이들이 생겨났다. 그들의 이름에 대해서도 의견이 분분하다. 라티노스라고도 하고 나우시토스와 나우시노오스라는 설도 있다. 그러나 그 이름을 모르면 어떤가? 그들은 그 후 한 번도 자신을 세상에 알릴

오디세우스와 칼립소(뵈클린, 1883년)

만한 일을 하지 못했으니 그 이름이 무엇이든 무슨 상관이 있단 말인가?

아테나의 탄원에 따라 제우스는 자신의 전령 헤르메스를 칼립소에게 보내 오디세우스를 집으로 보내라고 명령했다. 칼립소는 대단히 섭섭했지만 감히 제우스의 명을 어길 수 없었다. 그녀는 오디세우스에게 떠나라고 말했다. 그리고 그가 뗏목을 만드는 것을 도와주었다. 신이 난 오디세우스는 스무 그루의 나무를 베어 뗏목을 만들었다. 칼립소는 먹을 것과 마실 것을 충분히 준비해주었다. 닷새가 지나 드디어 오디세우스는 바다로 나올 수 있었다. 순조로운 항해가 계속되었으나 마지막 날에 이르러 격렬한 풍랑이 일고 오디세우스의 뗏목은 산산이 부서졌다. 그는 이틀 밤낮을 헤엄쳐 겨우 해안에 닿을 수 있었다. 기진맥진한 그는 몇 그루의 나무가 두툼하게 낙엽을 깔아놓은 속으로 파고들었다. 침대처럼 폭신했다. 그의 몸은 파도와의 사투로 지칠 대로 지쳐 있었기 때문에 향긋한 땅의 냄새를 맡는 순간 세상모르고 잠들어버렸다.

시인은 노래한다.

승리자에게 승리가 없는 전쟁,
몸은 가족을 떠나 진흙 위를 구르고
정신은 사람을 죽여 포악한 짐승이 되었구나.
그대로는 부드러운 아내 곁에서 사랑을 즐길 수 없어
돌아가는 길, 푸른 바닷물로 참혹한 전쟁의 마음을 씻어야지.

신들은 물을 휘몰아쳐 고초를 겪게 하여
전쟁이라는 어리석음을 자초한 자들에게
전쟁이 평화가 아님을, 승리가 곧 패배임을,
창끝으로 죽인 자가 바로 자기 자신임을 알게 하네.
그리하여 알게 되지, 남에게 한 짓이 곧 내게 한 짓임을.

나우시카:
"내 이야기를 들어다오, 흰 팔의 공주여"

깊은 잠에서 깨어난 오디세우스는 그곳이 어디인지 몰랐다. 지친 몸은 어느 정도 회복되었다. 뗏목이 파선되고 밀려온 그곳은 뱃사람들인 파이아케스 Phaiekes 사람들이 모여 사는 파이아키아◆ 라는 나라였고 알키노오스Alcinoos라는 왕이 다스리고 있었다. 그리고 왕보다 더 분별력이 뛰어난 왕비 아레테 Arete가 늘 왕에게 현명한 조언을 해주었다. 그들에게는 나우시카Nausikaa라는 아름다운 공주가 있었다. 그녀는 아름다운 흰 팔을 가지고 있었다.

아테나 여신이 나우시카에게 꿈을 꾸게 했다. 공주의 친구 한 명이 나우시카의 태만을 책하면서 어서 가족의 세탁물들을 모아 강가에 가서 빨자고 권하는 꿈이었다. 공주 나우시카는 늘 가족이 두르는 천과 옷들을 세탁하는 일을 맡아 했었다. 꿈에서 깨자 그녀는 시녀들을 데리고 세탁물들을 노새 마차를 실은 다음 맑은 물이 흐르는 강가로 갔다. 그들은 어머니가 싸준 맛있는 음식을 가지고 오디세우스가 표류한 곳 가까이에 있는 돌 웅덩이로 가서 그 속에 천과 옷들을 넣고 춤을 추며 밟았다. 그렇게 세탁한 천들은 깨끗한 조약돌 위에 널어 말렸다. 빨래가 마르는 동안 공주는 시녀들과 공놀이를 했다. 그러다가 공이 물속에 빠지게 되었다.

그녀들이 소리를 지르는 바람에 오디세우스는 잠에서 깨어났다. 그리고 나뭇가지로 몸을 대충 가리고 그녀들 앞에 나타났다. 놀란 시녀들은 소리를 치며 도망갔으나 나우시카는 그를 유심히 지켜보았다. 아테나 여신이 그녀의 마음속에 용기를 불어넣어 주고 "두 무릎에서 두려움을 없애" 버티고 설수 있게 해주었기 때문이다. 비록 노숙으로 외모는 거칠었고 몸은 나뭇잎으로 대강 가렸지만 천생의 달변인 오디세우스는 공주에게 말했다.

◆ 신화학자들은 여기가 그리스 반도 중서부 이오니아 바다에 있는 현재의 코르푸 섬이라고 추측한다. 이 섬의 동북쪽 니사키 해변에는 나우시카의 종족인 파이아케스의 이름을 딴 파이아케스 호텔이 있다.

"당신의 무릎 아래 엎드려 간곡히 비오니 당신이 사람인지 여신인지 모르겠군요. 나는 당신 같은 사람을 이제껏 본 적이 없답니다. 당신을 바라보니 놀라움을 금치 못하겠군요. 탄원하는 제게 자비를 베풀어주세요. 내게는 쓰라린 슬픔이 생겼다오. 나는, 어제 스무 날 만에 포도주 빛 바다에서 벗어났다오. 몰아치는 너울과 낚아채는 폭풍이 나를 오기기아 섬에서 이곳 해안으로 던져버렸다오. 나는 친구도 없고 의지할 곳도 없으며 몸을 가릴 옷 한 벌조차 없답니다. 난파당한 굶주린 나를 도와주세요."

나우시카는 놀라 도망쳤던 시녀들을 불러 몸을 씻을 기름과 걸칠 튜닉을 주라고 명령했다. 그리고 오디세우스에게 말했다.

"사람들의 입은 간사합니다. 나와 함께 가면 말이 많을 것입니다. 내일 아침 아버지의 궁전으로 오세요. 당당하게 오셔서 화롯가에 앉아 불빛 속에서 보기에도 장관인 진한 자줏빛 실을 잣고 있는 어머니에게 곧장 가세요. 아버지는 옥좌에 앉아 불사신처럼 포도주를 마시고 계실 거예요. 그러나 그대는 아버지 곁을 지나 어머니의 무릎을 두 손으로 꽉 잡으세요. 그래야만 그대는 아무리 먼 곳에서 오셨더라도 빨리 귀향의 날을 보게 될 것입니다. 어머니가 그대에게 호의를 품으신다면 그대는 고향 땅에 닿을 희망이 있어요."

오디세우스는 나우시카가 알려준 대로 따랐다. 다음 날 궁전 안으로 성큼성큼 걸어 들어간 그는 왕비 앞에 꿇어앉아 그녀의 무릎에 매달려 도와주기를 청했다. 왕은 그를 불러 먹이고 편안한 침대에서 쉬게 했다. 다음 날 그는 파이아케스의 원로들이 모인 자리에서 트로이 전쟁 이후 10년에 걸친 자신의 고난과 모험에 대해 이야기하기 시작했다. 《오디세이아》는 여기서부터 트로이 전쟁 이후 그가 겪은 사건들을 시간 순으로 들려주기 시작한다.

신화 속에서 나우시카의 역할은 여기서 끝난다. 오디세우스가 마지막 여

정을 끝내고 이타카로 돌아갈
수 있도록 도와주는 역할이 그
녀에게 주어진 것이었다. 그러
나 이 과정에서 나우시카는 오
디세우스를 좋아하게 되었다.
그녀는 건장한 몸에 강인한 정
신을 가진 오디세우스를 보고
제 친구들에게 이렇게 말했다.

나우시카와 오디세우스(P. 라스트만, 1619년)

"들어보렴, 어여쁜 아가씨들
아. …… 조금 전까지만 해도 이 사람은 무례해 보였지만 이제는 넓은 하늘
을 다스리는 신처럼 보이는구나. 이런 분이 내 남편이 되어 여기 살면서 즐
거워할 수 있다면 얼마나 좋을까?"

하룻밤 알키노오스 왕이 배려해준 푹신한 침상에서 휴식을 취한 오디세우
스는 다음날 파이아케스 원로들이 모인 자리에서 10년에 걸친 자신의 긴 이
야기를 한다.

시인은 노래한다.

몸에 켜켜이 묻은 풍랑의 고초를 닦아낸 후
넓은 어깨에 올리브유를 바르고
참으로 오랜만에 소녀들이 내어준 깨끗한 옷을 입으니
고수머리가 히아신스 꽃처럼 흘러내려
머리와 어깨 위에 우아함이 햇빛처럼 쏟아지는구나.

알키노오스 왕궁에 있는 오디세우스(프란체스코 하예즈, 1813-1815년)

흰 팔의 소녀들아,

조금 전만 해도 그는 보잘것없고 볼품없더니

지금은 넓은 하늘을 다스리는 신과 같다.

아깝구나, 여기서 오래 함께 살지 못함이.

그러나 이제 그는 격정을 떠나 마음의 평화를 향해 항해하나니.

폴리페모스:
'아무도 아닌' 자에게 하나밖에 없는 눈알을 빼앗기다

오디세우스 일행이 기쁨 속에서 트로이를 떠난 순간부터 고난은 시작되었다. 그들은 키콘족이 다스리는 이스마로스라는 섬에 도착했다. 그들은 그곳에서 도시를 약탈하고 사람들을 죽였다. 그리고 죽인 자의 아내들과 재산을 공평하게 나누어 가졌다. 누구도 정당한 제 몫을 받지 않으면 안 되니까 아주 공평하게 나누는 것이 정의였다. 살생과 약탈을 저지른 그곳을 빨리 떠났어야 하는데, 부하들이 먹고 마시면서 늘어지기 시작했다. 이스마로스의 사내들이 도망쳐서 이웃 부족을 이끌고 다시 쳐들어왔다. 마치 "제철을 만나 피어나는 나뭇잎이나 꽃들처럼" 무수히 몰려들었다. 오디세우스는 결국 많은 전우들을 잃고 쫓겨서 다시 항해를 시작했다. 그는 피로와 슬픔 속에서 이틀 밤낮을 배에 줄곧 누워 있었다.

셋째 날이 되었다. "머리를 곱게 땋은 새벽의 여신이 장밋빛 긴 손가락을 들어" 셋째 날을 선사하자 그들은 기운을 내어 다시 항해를 시작했다. 그러나 무시무시한 바람은 계속되었고, 그들은 아흐레 동안 바다 위를 밀려 다녔다. 열흘째 되던 날 채식주의자인 로토파고이족의 나라에 다다랐다. 그들은 오디세우스 일행에게 로터스를 먹으라고 주었다. 꿀처럼 달콤한 로터스를 먹고 선원들은 로토파고이족 사이에 머물고 싶어 했다. 오디세우스는 울고 부는 이들을 억지로 다시 배에 태웠고 그들은 차례로 노를 저었다. 그리고 외눈박이 거인 키클롭스◆의 나라에 도달하게 되었다.

키클롭스들이 사는 나라는 풍요로웠다. 물가에는 부드러운 풀밭이 있고, 엄청난 수의 염소를 방목하고, 쟁기질하기 좋은 평평한 땅이 얼마든지 있었다. 포도나무는 시들 줄 모르고 철따라 과일들이 풍성했다. 그들은 그 섬에서 염소를 잡아 흠씬 포도주를 들이켰다. 오디세우스 일행은 그곳에서 더 깊이 들어가 폴리페모스라는 키클롭스를 만나게 되었다. 폴리페모스는 훌륭한 목축자였다. 양을 키우고 버터와 치즈를 만들어 먹는 근면한 농부이기도

갈라테이아를 사랑한 폴리페모스
(귀스타브 모로, 19세기)

했다. 그러나 그는 거칠고 포악했다. 이
거인은 오디세우스 일행을 자신의 동굴
에 가두고 매일 두 명씩 먹이로 썼다.
그가 먹이를 잡는 모습은 《오디세이아》
에 이렇게 묘사되어 있다.

한꺼번에 두 명을 강아지 잡듯 움켜쥔
후에 땅바닥에 내리쳤다. 그러자 전우
들의 골이 땅바닥에 흘러내려 대지를
적셨다. 그리고 토막을 쳐서 저녁을 준
비했다. 산속에 사는 사자처럼 내장이

◆ 키클롭스들은 그리스 신화 속에서 여기저기 산발적으로 등장하기 때문에 그 계보가 매우 혼란스럽다. 조금 정리해두는 것
이 좋다. 키클롭스들은 크게 세 유형으로 나누어진다. 첫 번째 유형은 우라노스Uranus와 가이아의 아들인 우라노스 키클롭
스이며, 두 번째 유형이 바로 《오디세이아》에 나오는 폴리페모스의 동료인 시칠리아 키클롭스이며, 세 번째 유형이 팔을 여
러 개 가지고 있는 건축가 키클롭스들이다.

우라노스 키클롭스들은 세 명으로 각자 천둥과 번개 그리고 벼락을 가리킨다. 손재주가 뛰어나 신들의 대장장이 역할을 해
왔다. 제우스에게는 천둥과 번개와 벼락을 선사했고 하데스에게는 쓰면 보이지 않는 투구를 주었으며 포세이돈에게는 그
의 상징이 된 삼지창을 만들어주었다. 제우스를 비롯한 올림포스의 신들이 티탄족을 무찌를 때 그들을 도와 승리하게 했
다. 이들은 원래 우라노스에 의해 타르타로스에 갇혀 있다가 크로노스가 아버지 우라노스와 전쟁을 할 때 풀려나왔다. 그
후 크로노스에 의해 타르타로스에 다시 갇히게 되었는데, 제우스가 아버지 크로노스와 투쟁할 때 제우스에 의해 완전히 해
방되었다. 그 후 대장장이의 신 헤파이스토스를 도와 지하 대장간에서 늘 작업을 하는데 그 대장간의 불길이 에트나 산정
의 하늘을 붉게 물들였다.

《오디세이아》에 나오는 폴리페모스의 동료인 키클롭스들은 시칠리아 연안에 살던 거친 식인 거인족이다. 양치기에 전념
하여 양떼가 그들의 전 재산이다. 동굴에 살며 집도 지을 줄도, 포도주를 만들어 먹을 줄도 몰랐다.

세 번째 유형인 건축가 키클롭스들은 인간의 힘으로는 옮길 수 없는 거대한 돌들을 움직여 고대의 건축물들을 만들어낸 장
본인들이다. 고대의 영웅들이 새로운 도시를 하나씩 세울 때마다 그들에게 봉사하곤 했다. 예를 들어 프로테우스를 위해서
는 도시 티린스를 건축하고, 페르세우스를 위해서는 아르고스 성을 구축해주었다. 이들에게는 '가스테로케이레스'라는 별
명이 따라다니는데, '배에 팔이 여러 개 달려 있는 존재'라는 뜻이다.

며 고기며 골수가 들어 있는 뼈들을 남김없이
먹어치웠다. 인육과 물 타지 않은 젖으로 거
대한 배를 채우자 바닥에 큰 대자로 누워 잠
이 들었다.

거인이 잠들었을 때 날카로운 칼로 횡
격막에 감싸인 간을 찔러 죽일까도 생각
했지만 그리되면 그들은 동굴에 갇히고
만다. 거대한 바위로 동굴 입구를 막아두
었기 때문에 그를 죽인 다음에는 그 동굴
을 빠져나올 수 없었던 것이다. 거인은 장

갈라테이아와 폴리페모스(귀스타브 모로, 19세기)

밋빛 손가락을 가진 새벽의 여신이 찾아오면 동굴 안에 불을 피우고 순서대
로 가축들의 젖을 짰다. 부지런히 일을 한 다음 배가 고파지면 오디세우스의
전우 두 명을 움켜쥔 후에 바닥에 내리쳐 아침 식사를 했다. 그리고 커다란
바위를 밀치고 살진 가축들을 동굴 밖으로 몰았다.

키클롭스의 동굴 안에는 커다란 몽둥이가 하나 있었다. 아직도 푸른 올리
브나무 몽둥이였다. 오디세우스는 커다란 노만큼이나 두껍고 단단하고 긴
몽둥이 끝을 뾰족하게 다듬었다. 그리고 불에 달군 다음 잿더미 속에 숨겨두
었다. 저녁이 되어 거인이 가축을 몰고 돌아왔다. 그리고 이번에도 두 명을
움켜쥐고 패대기를 쳐서 저녁으로 먹었다. 오디세우스는 얼른 가죽 부대에
가득한 포도주를 커다란 대접에 따라 권했다. 한 사발의 술을 마시고 기분이
좋아진 거인에게 또 한 사발을 권했다. 그리고 또 한 잔을 먹였다. 기분 좋게
취한 거인은 오디세우스에게 이름을 물었다. 오디세우스는 자신의 이름이

폴리페모스(안니발레 카라치, 1595~1605년)

"아무도 아니Outis"라고 말했다. 그러자 거인은 술을 준 대가로 그를 가장 마지막에 잡아먹겠다고 선심을 썼다. 그리고 잠이 들었다. 오디세우스와 부하들이 미리 불에 달구어 재 속에 묻어두었던, 끝이 뾰족한 올리브 몽둥이를 다시 불에 넣자 금방 타올랐다. 그들은 힘을 합해 잠든 거인의 외눈에 불타는 커다란 몽둥이를 찔러 넣었다. 거인이 천둥 같은 비명을 지르고 몸을 버둥거리며 몽둥이를 뽑아 던지고는 큰 소리로 근처에 사는 거인들을 불러 모았다. 자다가 깬 다른 키클롭스들이 누가 눈을 찔렀느냐고 묻자 폴리페모스는 "아무도 아니야"라고 외쳐댔다. 그러자 다른 키클롭스들은 아무 일도 아니라고 여겨 모두 되돌아가 버렸다. 오디세우스와 부하들은 아침이 되어 거인이 키우는, 털이 푹신거리는 커다란 양들의 배 밑에 달라붙어 동굴을 빠져나왔다.

배를 타고 떠나면서 오디세우스는 폴리페모스에게 큰 소리로 외쳤다.

"누군가 왜 눈이 멀게 되었는지 묻거든 그대를 눈멀게 한 것은 이타카에 살고 있는 도시의 파괴자 오디세우스라고 말하시오"라고 약을 올렸다. 소리 나는 곳을 향해 커다란 바위를 집어던지던 폴리페모스는 분노와 고통을 참지 못하고 자신의 아버지인 포세이돈에게 큰 소리로 기도를 올렸다.

"내 말을 들으소서, 검푸른 머리의 포세이돈이시여. 내가 진실로 그대의 아들이고 그대가 내 아버지임을 자랑스럽게 여긴다면 이타카에 사는 도시의 파괴자 오디세우스가 집으로 돌아가지 못하게 하소서. 그러나 그자가 고향 땅에 닿을 운명이라면 전우들을 다 잃고 아주 비참하게 남의 배를 타고 돌아가게 하시고 집에 가서도 고통받게 하소서."

그러자 포세이돈이 그 기도에 응했다. 폭우가 몰아치고 바닷물이 갑판을 넘어 들이치고 물이 돌아 그들을 태운 배는 너울을 타고 떠돌게 되었다. 그들은 다시 표류하게 되었다.

시인은 노래한다.

싸움에 나선 자들은 선악을 몰라.
잠든 도시를 덮쳐 불태우고
모든 일상의 평화를 빼앗아 가는구나.
빼앗으려는 자도 빼앗기지 않으려는 자도
죽임으로써 겨우 죽음을 벗어나려 하니 그곳이 지옥.

한쪽은 자신의 기도를 들어줄 신이 있고
또 한쪽도 자신의 기도를 들어줄 신이 있으니
신이 없어 평화가 없는 것은 아니야.
다른 우주적인 것들을 죽여서 먹어야
겨우 삶이 지탱되는 슬픈 운명의 인간들.

키르케 :
오디세우스를 사랑한 여신 같은 마녀

키르케와 그가 사랑하는 것들(도소 도시, 1514년)

외눈박이 거인 폴리페모스를 떠난 오디세우스 일행은 이윽고 바람의 신 아이올로스Aiolos 가 사는 섬에 도착했다. 그곳은 물에 떠 있는 섬이었다. 아이올로스는 이 섬에서 열두 명의 아들과 딸들을 데리고 풍족하게 살고 있었다. 그의 집에서는 날마다 잔치가 벌어졌고 안마당은 맛있는 냄새로 가득했다. 그는 오디세우스 일행을 반갑게 맞이하여 한 달간 잔치를 열어 실컷 먹게 해 주었다. 이윽고 오디세우스 일행이 떠나려 하자 그는 아홉 살배기 황소의 가죽을 벗겨 커다란 부대를 만든 다음 울부짖는 온갖 바람들을 가두어 들였다. 오디세우스가 항해하는 동안 그를 불리하게 할 모든 바람들을 부대 속에 다 가두어 넣은 다음 은빛 찬란한 끈으로 주둥이를 단단히 묶었다. 그리고 서풍만 남겨두어 오디세우스의 배를 고향으로 안내하게 했다. 오디세우스 일행은 아흐레 동안 밤낮을 가리지 않고 순조로운 항해를 했다. 바람은 아주 잔잔했다. 열흘째 되는 날 저 멀리 고향 땅이 보이는 듯했다. 오디세우스는 그동안 지친 몸을 눕히고 깊은 잠에 빠져들었다. 그동안 그의 부하들 사이에는 아이올로스가 준 가죽 부대에 엄청난 황금이 들어 있다는 소문이 돌았기 때문에 그들은 오디세우스가 잠든 틈에 그 부대를 풀어 서로 황금을 나누기로 작정했다. 그들이 부대를 풀자 온갖 바람이 맹렬한 기세로 쏟아져 나왔다.

폭풍은 다시 그들을 고향에서 멀어지게 하더니 떠나온 아이올로스의 섬으로 다시 내던져버렸다. 오디세우스 일행을 다시 만난 아이올로스는 깜짝 놀라면서 어찌 된 연유인지 물었다. 오디세우스가 자초지종을 말하고 다시 한 번 도와줄 것을 요청했다. 그러나 화가 난 아이올로스는 단박에 거절했다.

"이 섬에서 썩 꺼지시오. 살아 있는 자들 중에서 가장 수치스러운 사람이여! 내게는 신들로부터 미움받은 인간을 보살펴줄 권한이 없소. 어서 썩 사라져버리시오! 그대가 이리로 다시 되돌아온 것은 신들이 당신을 미워하기 때문이오."

오디세우스는 그렇게 거절당했다. 그들은 다시 항해를 계속할 수밖에 없었다. 아이올로스가 모든 바람을 다 거두어가는 바람에 바다에는 바람 한 점 불지 않았다. 그들은 돛폭이 터지도록 바람의 힘을 이용할 수 없었기 때문에 모두 손이 부르트도록 노를 저어 나아갈 수밖에 없었다. 그들은 모두 기진맥진했다. 그러다가 이윽고 아이아이에 섬에 다다르게 되었다. 그곳에는 고운 목소리를 가진 무서운 마녀 키르케가 살고 있었다. 그녀는 머리를 곱게 땋아 내리고 노래를 불렀으며, 거대한 베틀 앞을 오가면서 예쁘고 우아한 베를 짜

만찬을 하는 오디세우스와 키르케, 그의 동료들 (얀반 베일레르트, 17세기)

오디세우스에게 술잔을 권하는 키르케
(존 워터하우스, 1891년)

고 있었다. 그녀가 오디세우스의 부하들을 발견하고는 다가오라고 손짓했다. 그녀는 그들을 안으로 불러들여 치즈와 보릿가루와 노란 꿀과 포도주를 섞어 함께 저은 다음 마법의 약을 타서 대접했다. 오디세우스의 부하들이 그 음식을 먹자 그녀는 지팡이를 들어 그들을 가볍게 때렸다. 그러자 그들 모두 돼지로 변하고 말았다. 그들은 정신은 멀쩡하여 사람이라는 분별력을 여전히 가지고 있었지만 몸은 이미 돼지로 변해버렸기 때문에 서로 꿀꿀거리며 한탄했다. 키르케는 그들을 몰아 모두 돼지우리에 가두어버렸다.

한편 오디세우스는 돼지가 되어버린 부하들의 소식을 듣고 그들을 구하기 위해 나섰다. 바로 그때 제우스의 전령인 헤르메스가 나타나 불운한 오디세우스가 키르케를 이길 수 있는 비법을 가르쳐주고 그녀의 마법에 대항할 수 있는 약초를 주었다. 키르케는 오디세우스에게도 치즈와 보릿가루와 노란 꿀과 포도주를 섞어 잘 저은 다음 마법의 약을 넣어 먹으라고 권했다. 화가 워터하우스John William Waterhouse는 오른손으로는 술잔을 권하고 왼손으로는 지팡이를 높이 들어서 오디세우스가 술을 다 마시는 순간 그를 때려 짐승으로 만들려는 농염한 키르케를 그렸다. 그녀 뒤의 거울로 오디세우스가 살짝 보인다. 왼쪽 발밑에는 돼지 한 마리가 널브러져 있다. 틀림없이 먼저 키르케의 음식을 먹고 돼지로 변한 오디세우스의 부하일 것이다.

키르케(존 워터하우스, 1911~1914년)

오디세우스가 다 들이켜자 키르케는 지팡이를 들어 그를 때리면서 돼지우리에 들어가라고 명령했다. 그러나 오디세우스는 헤르메스가 준 약초의 힘 때문에 돼지로 변하지 않았다. 그가 날카로운 칼을 뽑아들고 놀란 키르케에게 죽일 듯이 달려들자 그녀는 비명을 지르며 오디세우스의 무릎을 잡고 거침없이 말했다.

"그대는 누구인가요? 누구도 이 약을 견뎌낸 남자는 없지요. 그대는 마법에 걸리지 않는 마음을 가지고 있군요. 오디세우스가 틀림없을 거예요. 그대가 날랜 검은색 배를 타고 트로이에서 돌아갈 때 이곳에 들르게 될 것이라고 신탁이 내게 알려주었다오. 자, 칼을 칼집에 도로 꽂고 나와 함께 아름다운 침상에 올라 사랑을 나눕시다."

그러자 오디세우스가 말했다.

테이레시아스를 만난 오디세우스
(요한 하인리히 퓌슬리, 1780~1785년)

"키르케여, 내가 어떻게 그대에게 상냥할 수 있겠소? 그대의 궁전에서 내 전우들을 돼지로 만들고 나를 유혹하여 침상에 오르라고 하니, 내가 벌거벗었을 때 나를 쓸모없는 비겁자로 만들려는 심산이 아니고 무엇이오? 나에게 다른 고통과 재앙을 꾀하지 않겠다고 신들 앞에서 엄숙히 맹세하시오."

그러자 키르케는 조금도 지체하지 않고 그가 시키는 대로 맹세했다. 그리하여 그들은 더없이 아름다운 침상에서 사랑을 나누게 되었다. 그 후 키르케의 하녀들은 아름다운 자줏빛 깔개를 깔고 은으로 된 식탁을 펴고는 황금 바구니에 빵을 담아내 왔다. 그리고 황금 포도주잔에 마음을 기쁘게 하는 달콤한 포도주를 내왔다. 너무도 맛있는 음식들이지만 오디세우스는 마음이 내키지 않아 그저 앉아 있었다. 그러자 키르케가 달콤한 목소리로 물었다.

"오디세우스여, 무슨 일로 그대는 이렇게 자신의 마음을 좀먹으며 벙어리처럼 앉아 음식에 손을 대지 않는 거예요?"

그러자 오디세우스는 그의 전우들을 풀어주지 않는다면 의심이 풀리지 않을 것이라고 대꾸했다. 그러자 키르케는 그들을 모두 사람으로 다시 바꿔주었다. 키르케의 섬은 풍요로웠다. 키르케는 날마다 그들에게 잔치를 베풀어 배불리 먹여주었다. 그렇게 일 년이 지나자 병사들은 집으로 가는 길을 재촉했다. 오디세우스도 키르케에게 자신들이 돌아갈 수 있게 도와달라고 부탁했다. 그러자 키르케가 말했다.

"하지만 그대는 먼저 다른 여행을 마쳐야 해요. 그대는 저승의 신 하데스와 페르세포네◆의 집으로 가서 아직도 정신이 온전한 눈먼 예언자 테이레시아스의 혼령에게 집으로 가는 안전한 길을 물어보아야 해요. 페르세포네는 그에게만은 죽은 뒤에도 슬기로운 통찰력을 가질 수 있게 했으니까요."

이 말을 듣고 오디세우스는 그 험하고 먼 길을 가야 하는 운명에 낙담하고 울었다. 하지만 그는 실컷 울고 난 다음 키르케에게 하데스의 집으로 가는 길을 물었다. 가야 할 길이라면 두렵지만 가야 하고 고난이 아직 끝나지 않았다면 거부하지 않으리라. 금빛 찬란한, 우아하고 큼직한 겉옷을 입고 허리에 아름답고 날렵한 허리띠를 두른 키르케는 저승으로 가는 길을 자세히 알

◆ 저승의 신 하데스의 아내로서 대지의 여신 데메테르의 딸이다. 하데스는 그녀를 납치하여 지하로 데려와 결혼했다. 데메테르는 그녀가 저승에 머무는 반년 동안은 슬픔으로 대지를 돌보지 않는다. 늦은 가을에 모든 것들이 지고 봄이 올 때까지 겨울이 대지를 메마르게 하는 이유는 그녀가 손끝 하나 까딱하기 싫은 우울에 빠지기 때문이다.
◆◆ 저승과 이승의 경계를 흐르는 강. 그리스인들은 사람이 죽으면 다섯 개의 강을 건너 저승에 이른다고 믿었다. 처음 만나는 것이 '비통의 강' 아케론이다. 그다음에 만나는 것이 '시름의 강' 코키토스이며, 그다음에 '불의 강' 플레게톤을 지나게 된다. 이윽고 '망각의 강' 레테를 거치면 극락의 벌판인 엘리시온에 다다르게 된다. 그런 다음 마지막으로 '증오의 강' 스틱스를 건너 하데스의 저승에 이르게 된다고 믿었다.
카론Charon은 죽은 영혼들이 이승에서 저승으로 갈 때 아케론 강에서 스틱스 강까지 건네주는 뱃사공이다. 그는 바닥이 없는, 소가죽으로 만든 배에 죽은 사람을 태워주는, 수염을 길게 기른 초라한 노인으로 그려지지만 고집이 세고 성깔이 있다. 그리스인들이 죽은 자들의 입에 물려주는 동전은 바로 카론에게 주는 뱃삯이다. 긴 여정이니 여비를 챙겨준다는 뜻이다. 카론이라는 이름은 그리스어로 '기쁨'이라는 뜻이니 역설적이다.
카론의 임무는 죽은 자들을 저승으로 데려가는 것인데, 종종 산사람을 배에 실어주기도 한다. 헤라클레스가 지옥의 개 케르베로스를 잡으러 갈 때 태워주었는데, 이 벌로 하데스는 카론을 일 년 동안 쇠사슬로 묶어두기도 했다. 그뿐 아니라 오르페우스Orpheus가 자신의 신부 에우리디케Eurydice를 찾으러 갈 때도 하프 연주로 그를 감동시켜 이 강들을 건넌 적이 있다.

려주었다. 그리고 그곳에 당도하여 저승 주인들의 호의를 얻기 위해 제사를 지내는 법을 알려주었다. 예언자 테이레시아스의 혼령을 위로하여 그의 도움을 얻어낼 수 있도록 온통 털이 새까만 숫양 하나를 별도로 그에게 바치라고 귀띔해주었다. 오디세우스는 배를 몰고 바다로 나갔다. 그리고 흰 돛을 활짝 펼쳐놓고 북풍이 그를 하데스의 나라로 데려가도록 기다렸다. 이윽고 바람이 불고 그는 아케론 강**이 흐르는 저승의 입구에 도착했다. 그리고 그곳에서 키르케가 준비해준 가축을 잡아 검은 피를 흘리게 했다. 피 냄새를 맡고 죽은 혼령들이 몰려들었다. 그러나 오디세우스는 테이레시아스의 혼령이 다가와 피를 마시기 전까지는 다른 혼령들이 피를 마시지 못하게 날카로운 칼을 휘저어 막았다. 이윽고 테이레시아스의 혼령이 나타나 제사로 바쳐진 짐승의 피를 마시고 난 후 흡족해하며 말했다.

"그대는 꿀처럼 달콤한 귀향을 원하지만 대지를 흔드는 신 포세이돈이 그대에게 힘든 귀향을 정해두었소. 그 아들의 눈을 멀게 했기 때문이오. 잘 들으시오. 앞으로 그대가 태양신 헬리오스의 영지에서 풀을 뜯는 소떼와 작은 가축들을 잡아먹지 않는다면 고생은 해도 모두 이타카에 도착할 것이오. 그러나 그대가 이것들을 잡아먹는다면 모든 전우들을 잃고 비참하게 남의 배를 얻어 타고 귀향하게 될 것이며, 집에 가서도 고통을 받을 것이오. 집에 돌아가 모든 신들에게 제사를 지내도록 하시오. 그러면 그대는 백성들에 둘러싸여 행복하게 살 것이오."

오디세우스는 테이레시아스의 혼령과 헤어진 후 저승에 간 어머니의 혼령과 만나 이타카의 소식을 듣게 되는데, 비통한 오디세우스가 어머니의 혼백을 붙잡아 안으려 하지만 세 번이나 그 어머니는 그림자처럼, 꿈처럼 날아가 버렸다. 그는 비통하고 쓰라린 마음으로 저승을 빠져나왔다.

시인은 노래한다.

밤은 사랑을 부르고
사랑은 참을 수 없는 황금 침대와 자줏빛 포도주.
그러나 모험은 아직 끝나지 않았으니
가장 위험한 모험은 살아서 저승을 탐험하는 것.
죽어본 자만이 다시 태어나는 법.

먼저 가 기다리는 정든 사람이 있으니
저승을 무작정 무서워 피할 일은 아니다.
이 세상에 올 때도 먼저 와 기다려주었고
저 세상으로 갈 때도 먼저 가 기다려주니
부모와 자식, 신이 손수 자은 운명의 줄.

그리스의 영웅들 :
저승에서 다시 만나다

오디세우스는 테이레시아스에게 이타카로 가는 방법을 묻고 어머니에게서 그녀가 떠나기 전 이타카에서 어떤 일이 벌어졌는지를 물어본 다음 제사 지 낸 가축의 검은 피를 다른 혼령들이 먹도록 했다. 그러자 그들은 잠시 깨어 나 오디세우스를 알아보고 울며 반겼다.

먼저 아가멤논이 소리 내어 울며 눈물을 뚝뚝 흘리고는 오디세우스에게 두 손을 내밀었다. 그러나 그에게서 살아생전의 넘치는 힘과 기운은 찾아볼 수 없었다. 아가멤논에게 어떤 일이 있었는지 전혀 모르는 오디세우스가 그에게 어찌 된 사연으로 죽게 되었는지를 묻자 아가멤논이 울며 하소연했다.

"포세이돈의 폭풍이 무서운 입김으로 나를 죽인 것도 아니고, 육지에서 적군이 나를 죽인 것도 아니오. 아이기스토스와 내 잔혹한 아내가 결탁하여 잔치를 베풀더니 구유 위에서 황소를 죽이듯이 나를 죽였소. 한 상 가득 차린 식탁들 주변에 나는 쓰러져 있고 온통 피가 내를 이루고 있었다오. 아, 그때 내게는 프리아모스의 딸 카산드라의 비명이 가장 애처롭게 들렸소. 교활한 클리타임네스트라가 바로 내 옆에서 그녀를 죽였기 때문이오. 나는 두 손을 들어 올렸다가 칼에 찔려 도로 땅 위에 내려놓고 말았소. 그 지독한 여인은 내게 등을 돌리고 죽어가는 내 눈도 감겨주지 않았다오."

오디세우스가 말을 받아 탄식했다.

"헬레네 때문에 우리는 많이도 죽었는데, 그녀의 자매, 클리타임네스트라가 멀리 떠나 있는 그대에게 덫을 놓았구려."

그러자 아가멤논이 지체 없이 말했다.

"그러니 앞으로 그대도 아내에게 너무 상냥하게 대하지 마시오. 잘 알고 있는 이야기라도 모든 것을 다 아내에게 말하지 마시오. 어떤 것은 말하고 어떤 것은 숨기시오. 한 가지를 그대에게 일러줄 테니 명심하시오. 고향 땅에 가면 타고 간 배를 몰래 숨기시오. 남들이 보지 못하게 하시오. 여인들은 믿을 수 없으니까."

슬픈 대화를 나누며 비통해진 두 사내가 눈물을 뚝뚝 흘리며 울고 있을 때 체격과 생김새가 출중하게 준수한 아킬레우스의 혼령이 다가왔다. 오디세우스가 아킬레우스를 위로했다.

"인간 중에 가장 강력한 자여! 어느 누구도 예전 그대처럼 행복하지 못했고, 그대 살아생전 모든 그리스인들이 그대를 신처럼 추앙했고, 여기 죽은 자들 가운데서도 강력한 통치자인 그대이니 죽었다고 슬퍼하지 마시오."

그러자 세상을 떠나 죽은 자들의 통치자가 되느니 차라리 이승에서 재산도 없고 가난한 머슴이 되는 것이 더 좋겠다고 말을 받은 아킬레우스가 자신의 아들 네오프톨레모스의 소식을 물었다. 아들이 가장 용감한 용사였고 누구보다도 앞서 달려 나갔으며 트로이를 점령한 후에는 자기 몫의 전리품과 명예를 챙겨 무사히 집으로 돌아갔다고 오디세우스가 전해주었다. 그러자 아킬레우스는 심히 만족하며 수선화 핀 풀밭 사이를 성큼성큼 걸어 사라졌다.

오디세우스는 여기서 두 명의 또 다른 유명한 인물이 지독한 징벌을 받고 있는 것을 보았다. 한 명은 영원한 갈증과 기아에 시달리는 탄탈로스Tantalos 였고, 또 한 명은 영원히 굴러떨어지는 바위를 매일 산 정상으로 끌어올려야 하는 시시포스Sisyphus였다. 오디세우스가 목격한 탄탈로스의 상황은 가히 절망적이었다.

탄탈로스는 못 안에 서 있는데, 맑은 물이 그의 턱밑까지 닿았다. 그는 목이 말라 물을 마시려고 했지만 물을 마실 수가 없었다. 노인이 마시기를 열망하여 허리를 구부릴 때마다 물이 뒤로 물러나며 사라지고 그의 두 발 주위에는 검은 땅바닥이 드러나니 신들이 물을 말려버렸기 때문이다. 그리고 그의 머리 위에는 배나무, 석류나무, 탐스러운 사과나무, 달콤한 무화과나무, 한창 꽃이 피는 올리브나무 등 열매가 주렁주렁 달린 키 큰 나무들이 즐비했지만 노인이 열매를 따려고 손을 내밀 때마다 바람이 열매들을 구름 위로 쳐올렸다. 가득한 물속에 서 있었으나 한 방울의 물도 마실 수 없고, 즐비한 열매들 속에 서 있었으나 달콤한 과육을 한 입도 깨물 수 없는 그는 타는 목마

탄탈로스(지오아치노 아세레토, 1630~1640년)

름으로 고통스러워했고, 풍요로움 속에서 굶어야 했다. 그는 도대체 무슨 죄를 지었을까?♦

지독한 형벌을 받고 있는 또 다른 한 명은 인간 중에서 가장 영리한 시시포스였다. 오디세우스는 그가 형벌을 받는 모습을 이렇게 전해준다.

시시포스는 거대한 돌덩이를 두 손으로 굴려 올렸다. 그는 두 손과 두 발로 버티며 그 돌덩이를 산꼭대기 너머로 밀어 올렸다. 그가 돌덩이를 산꼭대기 너머로 넘기려고 하면 돌의 무게가 그를 뒤로 밀어냈다. 그리고 그 저주스러운 돌덩이는 도로 들판으로 굴러 내려가고, 그러면 그는 기를 쓰고 다시 그것을 끌어올렸다. 그의 사지에서 땀이 비 오듯 흘러내렸고 그의 머리 위로는 먼지가 구름처럼 일었다. 그는 도대체 어쩌다가 이런 영원한 형벌에 처해지게 되었을까?

♦ 탄탈로스가 지은 죄에 대해서는 이견이 분분하다. 가장 유력한 이야기 중 하나는 그가 제우스의 아들이며, 프리기아의 왕으로 대단한 부자였다는 것이다. 신들을 경애하고 신들도 그를 아껴 자신들의 잔치에 끼워주기도 했는데, 그가 신들이 연회 석상에서 거리낌 없이 한 이야기들을 인간에게 발설하고, 신들의 음식인 암브로시아ambrosia와 신들의 음료인 넥타르nectar를 훔쳐 인간에게 주었다는 것이다. 말하자면 천기누설과 절도의 대가로 치러지는 형벌이 바로 풍요 속의 갈증과 기아인 것이다.

시시포스◆는 아이올로스Aeolos의 아들로 코린토스의 건설자이기도 했다. 그는 매우 꾀가 많은 사람이었다. 하루는 그가 아주 흥미진진한 일을 목격하게 되었다. 상업과 전령의 신 헤르메스는 태어난 바로 그날 저녁에 이복형인 아폴론의 소를 훔쳤다. 그는 떡갈나무 껍질로 소의 발을 감싸고 소의 꼬리에다 싸리 빗자루를 매달아 땅바닥에 끌리게 함

시시포스(베첼리오 티치아노, 1548년)

으로써 소의 발자국을 감쪽같이 지웠다. 그러고는 시치미를 뚝 떼고 자신이 태어난 동굴 속의 강보로 돌아가 아무것도 모르는 갓난아기 행세를 했다. 그런데 헤르메스의 완전 범죄를 망쳐놓은 인간이 한 명 있었다. 바로 시시포스였다. 그는 아폴론이 소가 없어진 것을 알고 이리저리 찾아다니자 범인이 바로 헤르메스임을 일러바쳤다. 아폴론은 헤르메스의 도둑질을 제우스에게 고발했다. 이 일로 입이 싼 시시포스는 헤르메스뿐만 아니라 제우스의 눈총까지 받게 되었다. 신들의 일에 감히 인간이 끼어들었기 때문이다.

◆ 시시포스에 대해서는 더 많은 이야기들이 있다. 예를 들어 소도둑과 관련하여 다른 버전도 있다. 아우톨리코스Autolycos라는 자가 시시포스의 가축을 훔쳐갔는데, 그런 일이 벌어질 것을 미리 알았던 시시포스는 일찌감치 발굽에 자신의 이름을 새겨두었다. 그래서 가축들을 되찾을 수 있었는데, 아우톨리코스는 시시포스가 대단히 영리한 사람이라는 것을 알게 되자 딸을 그에게 시집보냈다. 바로 그 사이에서 태어난 인물이 오디세우스라는 설도 있다. 둘 다 매우 영리한 인간이라는 점에서 그럴듯한 이야기지만 호메로스의 《오디세이아》에는 그런 이야기가 전혀 나오지 않는다.

영리한 시시포스는 더욱 결정적인 괘씸죄를 저지르게 되었다. 어느 날 그는 제우스가 요정 아이기나Aigina를 납치해가는 현장을 목격하게 되었다. 그는 아이기나의 아버지인 강의 신 아소포스Asopos를 찾아갔다. 그리고 자신의 부탁을 하나 들어준다면 딸이 있는 곳을 가르쳐주겠노라고 했다. 시시포스는 당시 코린토스의 왕이었는데, 물이 귀해 백성들이 몹시 고생하고 있었다. 그러니 코린토스의 산에다 마르지 않는 샘을 하나 만들어달라는 게 그의 청이었다. 아소포스는 그의 청을 들어주었다. 그는 제우스가 아이기나를 납치해간 섬의 위치를 가르쳐주었고 아소포스는 곧 그곳으로 달려가 딸을 제우스의 손아귀에서 구해냈다.

제우스는 저승사자 타나토스Thanatos(죽음)에게 당장 시시포스를 잡아오라고 명령했다. 그러나 제우스의 보복을 미리 예상하고 있던 그는 타나토스가 당도하자 오히려 그를 쇠사슬로 꽁꽁 묶어 돌로 만든 감옥에다 가두어버렸다. 명이 다한 사람을 저승으로 데려가는 저승사자가 묶여 있으니 당연히 죽는 사람이 없어졌다. 야단이 났다. 명계冥界의 왕 하데스가 이 어처구니없는 사태를 제우스에게 고했고 제우스는 전쟁의 신 아레스를 보내 타나토스를 구출하게 했다. 이제는 어쩔 수 없이 타나토스의 손에 끌려가게 된 시시포스는 아내 메로페Merope에게 자신의 시신을 화장도 매장도 하지 말고 광장에 내다버릴 것이며 장례식도 치르지 말라고 은밀히 일렀다.

저승에 당도한 그는 하데스에게 이렇게 읍소했다.

"아내가 저의 시신을 광장에 내다버리고 장례식도 치르지 않았습니다. 죽은 자를 조롱하는 것은 명계의 지배자이신 대왕을 능멸하는 것과 같습니다. 제가 다시 이승으로 가 아내의 죄를 단단히 물은 후 다시 오겠습니다. 저에게 사흘만 말미를 주소서."

저승의 신 하데스는 그를 다시 이승으로 보내주었다. 그러나 그는 약속을 지키지 않았다. 한 번 죽으면 그만인 인간으로서 이승의 삶이 너무도 소중했던 것이다. 하데스가 몇 번이나 타나토스를 보내 을러대기도 하고 경고하기도 했지만 그때마다 그는 갖가지 말재주와 임기응변으로 위기를 피했다. 그리하여 그는 그 후로도 오랫동안 "천천히 흐르는 강물과 별빛이 되비치는 바다와 금수 초목을 안아 기르는 산과 날마다 새롭게 웃는 대지" 속에서 삶의 기쁨을 누렸다. 그러나 아무리 현명하고 신중하다 한들 인간이 어찌 신을 이길 수 있었으랴. 마침내 그도 타나토스의 손에 끌려 명계로 갈 수밖에 없었다. 그리고 그는 다른 생각을 할 수 없도록 굴러떨어지는 바위를 날마다 굴려야 하는 형벌에 처해졌다. 그리하여 그는 "하늘이 없는 공간, 측량할 길이 없는 시간"과 싸우면서 아직도 영원히 바위를 밀어올리고 있다.

호메로스가 전하는 바에 따르면 그는 "인간 중에서 가장 현명하고 신중" 했지만 신들이 보기에는 입이 싸고 교활하며 신들을 우습게 여기는 심히 마뜩잖은 인간이었다. 그래서 가장 무서운 형벌을 받은 것이다. '무익하고 희망 없는 일의 반복'보다 더 무서운 형벌은 없다고 생각한 신들의 생각은 일리 있는 것이니까 말이다.

시인은 노래한다.

조심하라, 신은 영리한 인간을 좋아하지 않아.
경솔하구나, 신인 듯 부귀와 권세를 누리는 자들.
모든 것을 용서하는 신들도 불경은 기필코 응징하나니
물이 출렁거려도 마실 수 없고 과일이 주렁거려도 딸 수 없으리.

가장 많이 가진 것 때문에 괴로워하게 되리니, 신의 것을 훔치지 마라.

날마다 같은 일을 땀 흘려 반복하는 것은

아직도 직장인들이 매일 하는 바로 그 일.

수없이 기를 써 올리지만 수없이 다시 굴러떨어지는 저놈의 바위.

언제는 일이 그친 것을 보았느냐.

세월이 얼굴에 깊은 고랑을 파고, 무의미를 반복하다 쓰러지는구나, 우리는.

헬리오스의 오디세우스 :
부하를 모두 잃고 홀로 살아남다

사이렌(귀스타브 모로, 1872년)

점점 더 많은 저승의 유령들이 오디세우스에게 말을 걸기 위해 몰려들자 그는 겁이 났다. 그래서 서둘러 부하들에게 명령하여 황급히 배로 되돌아왔다. 저승의 테이레시아스로부터 고향 이타카로 돌아가기 위해 조심해야 할 것들을 들은 오디세우스 일행은 키르케를 떠나 다시 귀환의 항로를 시작했다.

다시 시작한 여정에서 만나게 된 하나의 고비가 바로 사이렌Siren◆의 유혹을 벗어나는 것이었다. 키르케는 오디

오디세우스와 사이렌(존 워터하우스, 1891년)

세우스 일행이 떠날 때 앞으로 만나게 될 사이렌들의 노래를 조심하라고 주
의시켰었다. 몸은 새이고 얼굴은 여인인 이들은 아름다운 노래로 뱃사공들
을 유혹하여 암초가 즐비한 해안으로 끌어들인 다음 좌초하게 하여 그들을
잡아먹었다. 오디세우스는 부하들에게 밀랍으로 귀를 단단히 막으라고 시

◆ 오비디우스에 따르면 사이렌들은 원래 페르세포네의 친구들이었다고 한다. 그런데 페르세포네가 지하의 신 하데스에게
납치당할 때 그 친구들이 적극적으로 나서서 납치를 막지 못한 벌로 대지의 여신이며 페르세포네의 어머니인 데메테르가
그녀들을 반은 새이고 반은 여인인 괴물로 만들어버렸다고 한다. 다른 설들도 있다. 그녀들이 사랑의 기쁨을 얕잡아보는
것에 화가 난 아프로디테가 그녀들의 아름다움을 빼앗아갔다는 것이다. 그녀들은 변신한 후에도 음악의 여신들인 무사이
들과 노래로 견주려 했고 화가 난 무사이들이 그녀들의 깃털을 몽땅 뽑아 자신들의 관으로 쓰고 다니게 되었다는 이야기도
있다. 《오디세이아》에는 두 명으로 나오지만 다른 전승에 의하면 세 명이나 네 명으로 나오기도 한다. 아폴로도로스에 따르
면 한 명은 리라를 타고, 또 한 명은 노래를 부르고, 나머지 한 명은 피리를 부는 삼중창단이었다고 한다. 또 다른 후세의 전
승에 따르면 그녀들은 저승의 신들이 되어 복 받은 자들을 위해 노래를 불러 기쁘게 해주었기 때문에 석관 위에 많이 새겨
졌다고 한다. 신화학자들은 사이렌들의 섬으로 알려진 장소는 분명치 않지만 이탈리아 남부의 소렌토 연안 어딘가로 추측
하고 있다.

오디세우스와 사이렌(허버트 드레이퍼, 1909년)

켰다. 그러나 그는 사이렌들의 노랫소리를 듣고 싶었다. 그래서 자신은 돛대에 몸을 묶고는 부하들에게 자신이 사이렌들의 노래에 혹해 풀어달라고 해도 들어주지 말라고 명령했다. 사이렌의 고혹적인 노랫소리가 들려오기 시작했다.

"자, 이리 오세요. 칭찬이 자자한 오디세우스여, 아카이아족의 위대한 영광이여! 이곳에 배를 세우고 우리 두 자매의 목소리를 듣도록 하세요. 우리

◆ 스킬라는 메시나 해협의 바다 동굴에 매복해 있는 바다 괴물이다. 여자의 모습이며, 몸 아랫부분은 여섯 마리의 사나운 개들로 둘러싸여 있는데, 이 개들은 무엇이든 닿치는 대로 먹어치웠다. 원래 스킬라는 아름다운 바다의 요정이었다. 글라우코스라는, 초록색 머리카락이 길게 치렁대고 하반신은 인어와 같은 작은 바다의 신이 어느 날 스킬라를 보고 그만 그녀를 짝사랑하게 되었다. 그러나 스킬라는 그를 좋아하지 않았다. 그는 쫓아가고 그녀는 달아났다. 절망한 글라우코스는 태양신의 딸 키르케를 찾아가 스킬라도 사랑의 아픔을 겪도록 사랑의 묘약을 지어줄 것을 요청했다. 글라우코스의 아픈 사랑 이야기를 듣는 동안 사랑에 약한 키르케는 그에게 연민을 느끼고 그를 사랑하게 되었다. 스킬라를 버리고 자신을 사랑해줄 것을 간청했지만 글라우코스의 사랑은 일편단심이었다. 키르케는 화가 났다. 그러나 그녀는 글라우코스를 해칠 마음은 없었다. 그 대신 그가 사랑하는 스킬라를 파멸시키기로 마음먹었다. 키르케는 스킬라가 자주 가서 목욕하는 샘에 약물을 풀어두었다. 그리고 같은 주문을 아홉 번씩 세 차례 읊었다. 아무것도 모르는 스킬라가 그곳에서 목욕을 하자 그녀의 허리에서부터 마구 짖어대는 개의 머리들이 돋아나기 시작했다. 결국 스킬라는 인간의 모습을 잃고 맹렬히 짖어대는 개 무리에 올라탄 괴물이 되고 말았다. 스킬라가 괴물로 변하자 글라우코스는 기구한 스킬라의 팔자를 슬퍼하며 키르케의 잔인함을 피해 멀리 도망가 버렸다.

◆◆ 카리브디스는 대지와 바다의 딸이었다. 인간으로 사는 동안 엄청나게 먹어대는 대식가였다. 한 번 먹으면 소 몇 마리는 금세 꿀꺽 삼켜버린다. 그녀는 제우스의 벼락에 맞아 바다로 떨어져 괴물이 되었다. 하루에 세 번씩 카리브디스는 엄청난 양의 바닷물을 들이마셔 바다를 떠다니는 것들을 모두 삼켰다. 신화학자들은 카리브디스가 현재 이탈리아 본토와 시칠리아 섬 사이의 메시나 해협에 있는 가파른 바위 위에 살았다고 추측한다.

입에서 나오는 감미로운 노래를 듣기 전에는 검은 배를 타고 이 옆을 지나간 배는 하나도 없었지요. 그 사람은 실컷 즐기고도 더 유식해져서 돌아간답니다. 우리는 트로이에서 있었던 모든 일들을 알고 있어요. 신들의 뜻에 따라 겪었던 모든 고통뿐 아니라 풍요로운 대지 위에서 일어나는 모든 일들에 대해서 알고 있답니다."

그의 마음속에서 그녀들에게 달려가고 싶은 욕망이 끓어올랐다. 그러나 오디세우스의 부하들은 그를 풀어주지 않았다. 그렇게 그들은 사이렌들의 섬을 무사히 지나오게 되었다.

사이렌과 오디세우스(존 워터하우스, 1900년)

그러나 그것으로 위험이 다 지나간 것은 아니었다. 그들은 스킬라♦와 카리브디스Charybdis♦♦ 사이의 좁은 해협도 통과해야 했다. 그들은 드디어 그곳에 도착했다. 한쪽에는 스킬라가 살고 맞은편에는 카리브디스가 무시무시하게 짠물을 빨아들이고 있었다. 물을 내뿜을 때는 센 불 위의 가마솥처럼 맨 밑바닥에서부터 소용돌이치며 끓어오른 듯했고, 물보라는 두 개의 바위 꼭대기까지 높이 날아올랐다. 그리고 물을 다시 빨아들일 때 그녀는 소용돌이치며 속을 다 드러내 보였고, 주위의 바위는 무섭게 울부짖었으며, 바닥은 고스란히 드러났다. 창백한 공포가 오디세우스의 전우들을 사로잡았다. 모두 두려워서 그쪽을 바라보고 얼어 있는 사이 스킬라가 전우 여섯을 낚아채 가 버렸다. 순식간의 일이었다. 그들은 허공에 높이 매달려 손발을 허우적거렸다. 동굴 입구에서 스킬라는 비명을 질러대는 그들을 먹어치웠다.

참혹한 현장을 얼른 벗어나 그들의 항해는 계속되었고, 드디어 아무 위험도 없는 평화로운 섬에 도착하게 되었다. 바다 위에서도 소들이 우는 소리와 양떼들이 매애 하는 소리가 들리는 아름다운 곳이었다. 바로 인간을 기쁨으로 넘치게 하는 헬리오스의 섬에 다다른 것이다. 그러나 테이레시아스와 키르케는 한사코 이 섬을 피해 가라고 말했었다. 오디세우스는 부하들에게 그점을 환기시키고 얼른 이 섬을 지나쳐 가자고 말했다. 그것은 지치고 피곤한 뱃사람들에게는 저주와 같았다. 그러자 뱃사람 에우킬로코스가 큰 소리로 외쳤다.

"무정한 오디세우스여, 그대의 힘은 절륜하고 그대의 사지는 지칠 줄을 모르오. 정말이지 무쇠와 같소. 그래서 지칠 대로 지친 우리를 몰아 안개 빛 바다 위를 떠돌라고 명령하는군요. 배들을 파멸로 끌어가는 역풍은 밤에 생기는 법입니다. 갑자기 폭풍이 불어닥치면 우리는 파멸에서 벗어날 수 없습니다. 그러니 지금은 어두운 밤의 명령에 따라 이 섬에 잠시 머물러 저녁을 먹고 아침에 넓은 바다로 떠나는 것이 좋겠습니다."

그러자 다른 전우들도 다 찬성했다. 그러자 오디세우스는 그들의 파멸을 원하는 어떤 신이 그렇게 말하게 했다는 것을 알고는 그들을 단단히 주의시켰다. 배에서 멀리 떠나지 말고 키르케가 싸준 음식만 간단하게 먹으며 절대로 소나 양을 잡아먹는 못된 짓은 저지르지 말라고 말이다. 그들은 모두 그렇게 하기로 약속했다. 그러나 그들이 상륙하자마자 비바람이 몰아쳐서 한 달 동안 발이 묶이게 되었다. 키르케가 준 양식을 다 먹을 때까지는 모두 잘 참았지만 양식이 떨어지자 굶주림이 창자를 갉아먹기 시작했다. 오디세우스가 이 재난을 피할 수 있는 길을 신에게 묻기 위해 섬으로 올라간 사이 에우킬로코스가 전우들을 선동하기 시작했다. 뿔이 휘고 이마가 넓은, 아름다운 소를 잡아 제사를 지내고 잡아먹자는 것이었다. 그리고 고향 땅 이타카에 다다르면 헬리오스에게 풍요로운 신전을 지어 속죄하자는 것이었다. 그들은 모두 찬동했다. 소들을 잡아 껍질을 벗긴 다음 넓적다리뼈들을 발라내고, 불 위에서 구웠다. 내장도 굽고 고기는 잘게 썰어 꼬챙이에 꿰었다. 오디세우스가 돌아왔을 때는 이미 잔치가 한참 무르익고 있었다. 그렇게 엿새 동안 오디세우스의 부하들은 잔치를 벌였다. 일곱째 날 바람이 멎었고 그들은 새로운 항해를 위해 돛을 올렸다. 그러나 그들이 바다로 나오기를 기다리던 신들은 거대한 서풍을 돌풍으로 바꾸어 바다를 날뛰게 했다. 돛대가 뒤로 넘어지고 선구들이 바닥을 굴렀다. 키잡이의 머리에 벼락이 쳐서 머리가 깨졌다. 다시 바람의 방향이 바뀌면서 오디세우스는 무서운 스킬라와 카리브디스가 살고 있는 해안으로 밀려왔다. 헬리오스의 가축을 잡아먹은 그의 부하들은 신탁에 따라 누구도 살아나지 못했다. 오직 오디세우스만이 아흐레 동안 떠밀리다 칼립소가 사는 오기기아 섬에 표류하게 되었다.

그는 그곳에서 머리를 곱게 땋은 칼립소에게 붙들려 7년을 머물다가 겨우 풀려났지만 다시 풍랑을 만나 나우시카의 섬에 도달하게 되었던 것이다. 여기서 길고 긴 오디세우스의 이야기는 끝이 났다.

나우시카는 그를 사랑했으나 그의 귀환을 막을 수는 없었다. 고난에 지치고 슬픔에 젖어 있는 사내가 원하는 평화를 줄 수밖에 없었던 것이다. 이제 집으로 돌아간다는 생각에 그의 열정이 다시 살아났다.

페넬로페이아:
마침내 그녀에게 돌아갔지만

오디세우스의 고난에 찬, 긴 이야기가 끝나자 파이아케스의 원로들은 깊은
침묵에 빠졌다. 마침내 알키노오스 왕이 입을 열고 오디세우스의 고난이 끝
났다고 안심시켜주었다. 그들은 오디세우스가 집으로 무사히 귀환할 수 있
도록 도와주었다. 배를 내어주고, 그를 실어 보낼 선원을 뽑고, 많은 보물을
주어 배에 싣게 했다. 그리고 신 중의 신 제우스에게 커다란 황소를 제물로
바치고 넓적다리뼈를 태워 그의 귀환이 무사히 이루어지기를 기원했다. 나
우시카를 비롯한 파이아케스 사람들과 작별하고 배가 이타카를 향하는 동
안 오디세우스는 깊은 잠에 빠졌다. 부드럽고 더없이 달콤한, 죽음 같은 잠
이 그의 눈꺼풀 위로 내려앉았다.

　드디어 이타카에 닿았다. 선원들은 많은 보물과 함께 그를 이타카의 해변
에 내려주고 떠나갔다. 드디어 고향에 돌아온 것이다. 그러나 잠에서 깬 오
디세우스는 그곳이 어디인지 몰랐다. 그때 한 청년이 다가왔다. 보기에는 양
치기처럼 보였지만 왕의 아들처럼 기품이 있었다. 그 청년은 지금 오디세우
스가 서 있는 이곳이 바로 이타카라고 알려주었다. 그는 기쁨에 넘쳤지만 아
직 경계를 늦출 때가 아니었다. 그리고 자신이 누구인지 어떻게 이곳에 오게
되었는지를 청년에게 말했다. 그러나 그중에 한마디도 진실은 없었다. 모두
다 매끄러운 거짓말이었고 지어낸 이야기였다. 청년은 빙그레 웃으며 아테

고향에 돌아온 오디세우스
(클로드 로랭, 1646년)

나 여신 본래의 자태로 되돌아왔다. 청년은 바로 아테나가 오디세우스를 도와주기 위해 변신한 것이었다. 본래 모습으로 돌아간 아테나가 그의 어깨를 다정히 토닥이며, 그 유명한 이야기를 하게 된다.

"신이라 하더라도 그대의 계략을 이기려면 영리하고 교활해야 할 것이다. 이 가혹한 거짓말쟁이여, 꾀 많은 자여, 계략에 물리지 않는 자여. 그대는 자신의 나라에 와서도 그대가 진심으로 좋아하는 기만과 교언을 멈추려 하지 않는구나."

빛나는 눈의 여신 아테나를 만나자 오디세우스는 비로소 용기가 났다. 아테나는 그가 떠나 있는 동안 그의 궁전에서 일어난 일들에 대해 자세히 알려주었다. 수많은 구혼자들이 3년 전부터 몰려와 오디세우스의 궁전에 머물며, 아내 페넬로페이아에게 구혼을 하고 있다는 것이었다. 그의 가축을 먹고 그의 방에서 자며 그의 하인들을 부리고 그의 아내를 압박한다는 것이었다. 오디세우스의 아내 페넬로페이아는 아들 텔레마코스마저 아버지를 찾아오도록 떠나보내고 홀로 구혼자들에 맞서 하루하루를 견디고 있었다. 그간의 모든 고난들에 못지않은 위험이 그렇게 그리던 고향에서 그를 기다리고 있었다. 이제 그는 혼자 힘으로 그 많은 구혼자들을 물리쳐야 했다. 고향은 그가 지난 20년 동안 거쳐왔던 어느 곳보다도 위험한 곳으로 변해 있었다.

그는 먼저 노인으로 변장했다. 자신의 편이 될 만한 사람을 규합하는 것이 급선무였다. 그래서 그는 가장 먼저 그의 가축을 잘 돌봐주었던 충성스러운 돼지치기 에우마이오스Eumaeos를 찾아갔다. 그러나 아직 그에게 자신의 정체를 알려줄 수는 없었다. 그는 아직 누구도 믿어서는 안 되었기 때문이다.

그때 가장 믿을 만한 사람이 그를 찾아왔다. 그의 아들 텔레마코스였다. 텔레마코스, 20년 전 그가 갓 태어났을 때 오디세우스는 신혼의 달콤함에 젖어 있었다. 트로이 원정대에서 빠지기 위해 일부러 미친 척도 했었다. 모래밭을 쟁기로 갈고 소금을 씨앗처럼 뿌리는 척했지만 그를 찾아온 사절이 오디세우스의 아들을 쟁기 앞에 가져다놓자 아이가 다칠까 봐 쟁기질을 멈추는 바람에 거짓으로 미친 척한 것이 들통 났다. 그때 쟁기 앞에 놓였던 아이가 이제는 스물이 넘은 늠름한 청년으로 변해 있었다. 텔레마코스는 어머니 페넬로페이아의 조언에 따라 아버지의 행방을 찾아 여기저기 수소문을 하다가 막 이타카로 돌아와 충복인 돼지치기 에우마이오스의 집으로 왔던 것이다. 바로 여기서 아버지와 아들은 눈물의 재회를 하게 되었다. 두 사람은 서로 목을 끌어안고, 마치 "아직 깃털도 나지 않은 새끼를 농부들에게 빼앗긴 바다 독수리"보다 더 하염없이 펑펑 울었다. 애처로운 눈물이 그들의 눈썹 밑으로 끝없이 흘러내렸다. 이윽고 그들은 정신을 차리고 적들과 싸울 전략을 짜기 시작했다. 오직 둘이서 시작해야 했다. 그들은 두려웠지만 아테나와 제우스가 그들의 가장 큰 조력자임을 믿고 있었다.

오디세우스를 돕는 아테나

　그러나 그들의 적, 페넬로페이아에게 구혼하는 적들의 수는 둘이 당해내기에는 너무 많았다. 트리키온에서 쉰두 명의 젊은이들이 와 있고, 사메에서 스물네 명, 자킨토스에서는 스무 명 그리고 이타카에서는 열두 명의 왕자가 와 있었다. 모두 108명의 구혼자들이 각기 하인과 시종까지 달고 있으니 두 사람이 대적할 수 있는 숫자가 아니었다. 그들은 계획을 짰다. 먼저 믿을 수 있는 하인을 규합하자. 그리고 텔레마코스는 연회장에서 페넬로페이아가 한 사람의 구혼자를 결정할 때 불상사가 생기지 않도록 하기 위해서라고 그들을 설득하여 무기들을 옆방으로 치워놓자. 그다음 아녀자들을 신속히 다른 방으로 피신하도록 하여 전투에 희생되지 않게 하자. 여신 아테나는 그들의 마음속에서 용기와 지혜가 솟아오르도록 도와주었다. 오직 용기만이 이 일을 해낼 수 있다는 것을 아버지와 아들은 굳게 믿었다.

장밋빛 손가락을 가진 새벽의 여신 에오스◆가 찾아오자 구혼자들은 다시 몰려들었다. 그들은 마지막 연회가 벌어지는 그곳에서 먹고 마시고 떠들며, 더욱 무례하게 굴었다. 아직 아무것도 모르는 페넬로페이아도 일이 제대로 진행되도록 도와주었다. 여신 아테나가 그녀의 마음속에 그런 생각이 싹트게 했던 것이다. 그녀는 오디세우스의 활과 화살이 가득 담긴 전통을 가지고 나타났다. 그리고 구혼자들을 향해 말했다.

"내 말을 들으시오, 구혼자들이여. 그대들은 주인이 떠나고 없는 긴긴 세월 동안 줄곧 이곳에서 먹고 마시며 이 집을 괴롭혔소. 그대들은 나와 결혼하여 나를 아내로 삼고 싶다는 이유만으로 그렇게 했던 것이오. 여기 그대들을 위한 상품이 있소. 신처럼 힘이 센 오디세우스의 활이오. 누구든 여기에 화살을 메겨 한 줄로 늘어선 열두 개의 청동 고리를 꿰뚫을 수 있다면 나는 그 사람을 따라갈 것이오. 내가 시집온 더없이 아름다운 살림으로 가득 찬

◆ 에오스는 새벽을 의인화한 여신이다. 그녀는 태양의 전차가 드나드는 문을 열어주는 '장밋빛 손가락'을 가진 여신으로 묘사된다. 그녀는 한때 아레스와 사랑하는 사이였으나 아레스의 오랜 정인이었던 아프로디테의 분노를 사서 '늘 사랑에 집착하는 여신'이 되고 말았다. 그녀는 그래서 욕정을 참지 못하고 닥치는 대로 남자들을 납치하여 애인으로 삼았다. 거인 오리온을 납치하여 애인으로 삼았고, 아테네 출신의 케팔로스를 납치하여 그의 사랑을 얻으려고 했으나 거절당하기도 했다. 이설에 의하면 이 둘 사이에서 파에톤Phaethon이 태어났다고도 한다. 그녀는 트로이 사람인 티토노스Tithonos를 납치하여 멤논Memnon을 낳기도 했다. 그녀가 사랑했던 아들 멤논은 트로이 전쟁에서 아킬레우스에게 죽고 말았다. 그녀에 얽힌 가장 재미있는 이야기는 티토노스와 관련된 것이다. 그녀는 제우스에게 애인인 티토노스가 불사신이 되게 해달라고 청했지만 젊음도 같이 달라는 말은 미처 하지 못했다. 결국 티토노스는 오래 살았지만 계속 늙어갔고 쇠약해졌다. 에오스는 마침내 추물이 되어버린 그를 자신의 궁전에 가두어버렸다. 너무 늙은 티토노스는 인간의 모습을 잃고 말라비틀어진 매미가 되었다.

이 집을, 꿈에도 잊지 못할 이 집을 떠나 그를 따라나설 것이오."

구혼자들은 웅성거렸다. 그때 텔레마코스가 나서서 그들을 격동시켰다.

"그대들은 핑계를 대고 질질 끌며 더 이상 활시위에 화살을 얹지 마시오. 우리 누가 이기나 봅시다. 나도 이 활을 시험해볼 것이오. 내가 시위를 얹어 열두 개의 고리를 꿰뚫을 수 있다면 존경하는 어머니께서 다른 사람을 따라나서신다 하더라도 슬퍼하지 않을 것이오. 나는 이제 아버지의 아름다운 무기를 들 수 있는, 그런 사람으로 뒤에 남게 될 것이니 말이오."

그러고 나서 텔레마코스는 활을 잡아당겨 보았다. 그러나 힘이 달렸다. 세 번이나 해보았지만 열두 개의 고리를 다 꿰뚫을 수 있을 것 같지 않았다. 노인으로 변장한 오디세우스는 눈짓으로 그를 말렸다. 그러자 텔레마코스는 구혼자들에게 자신보다 더 힘센 자들이 나서서 시합을 끝내라고 외쳤다. 오디세우스는 에우마이오스에게 충성스러운 하인들과 함께 구혼자들이 연회장 밖으로 나갈 수 없도록 문의 빗장을 밖에서 다 걸어두라고 명령했다. 그리고 연회장 안으로 들어갔다. 마침 마지막 구혼자가 활쏘기에 실패한 때였다. 그때 오디세우스가 자신도 한 번 해보게 해달라고 말했다. 구혼자들이 초라한 노인을 보고 비웃었다. 하지만 텔레마코스가 에우마이오스를 시켜 오디세우스에게 활을 건네주게 했다. 모두 오디세우스가 활을 잡는 것을 주시했다. 그는 능숙한 음악가가 리라의 줄을 맞추듯이 아무 힘도 들이지 않고 시위를 당겨 단번에 열두 개의 청동 고리를 꿰뚫었다. 그리고 오디세우스는 텔레마코스와 함께 순식간에 문 옆으로 달려가 통로를 장악하고 외쳤다.

"이제 너희들 머리 위에 파멸의 밧줄이 매여 있도다."

오디세우스는 전통에 가득한 화살을 구혼자들의 심장과 목덜미를 향해 날렸다. 텔레마코스는 긴 창을 들어 접근하는 자들을 찔러댔다. 화살이 떨어지자 오디세우스는 번쩍이는 칼로 구혼자들을 무찔렀다. 마침내 구혼자들은 모두 죽었다. 그리고 두 사람이 남았다. 하나는 사제이고, 또 하나는 시인이었다. 두 사람 다 오디세우스의 무릎 아래 엎드려 목숨을 구걸했다. 그러자 그는 사제를 향해 말했다.

"네가 사제라면 내 아내가 그대를 따라가 그대의 아이를 낳게 해달라고 기도했겠구나. 그러니 그대는 고통스러운 죽음을 피할 수 없으리라."

오디세우스의 칼이 사제의 목을 쳐서 먼지 속에 뒹굴게 했다. 그러나 오디세우스는 노래하는 시인은 살려두었다. 텔레마코스 또한 그의 목숨을 살려주라고 탄원했다. 오디세우스는 시인의 목숨을 살려주며 이렇게 말했다.

"오늘의 일을 잘 기억하여 잊지 말고 다른 사람들에게 전해주게. 선행이 악행보다 얼마나 더 나은 것인지를. 노래거리가 많은 그대는 살육을 피해 안마당에 나가 앉아 있도록 하게."

그리고 오디세우스는 아직도 어떤 사내가 검은 죽음의 운명을 피해 숨어 있는지를 살펴보기 위해 온 집 안을 샅샅이 뒤졌다. 그는 많은 구혼자들이 피와 먼지 속에 누워 있는 것을 보았다. 그들은 어부들이 촘촘한 그물로 잿빛 바다에서 바닷가로 끌어낸 물고기처럼 죽어 있었다. 바다의 짠 너울을 그리워하며, 모래 위에 쌓여 있는 물고기들처럼 구혼자들은 겹겹이 죽어 쌓여 있었다.

구혼자들을 다 죽인 다음 오디세우스는 아내 페넬로페이아와 만나게 되었다. 그녀를 만나기 전에 오디세우스는 가장 건강하고 멋진 모습으로 자신을 치장했다. 목욕을 하고 하녀를 시켜 온몸에 올리브유를 바르게 했다. 훌륭한 겉옷과 윗옷을 입었다. 여기에 더해 아테나 여신은 그의 머리에서부터 발끝까지 아름다움을 듬뿍 쏟아 부어 그를 더 크고 건장해 보이게 했다. 그의 곱

오디세우스와 페넬로페(티슈바인, 1810년)

슬머리가 마치 히아신스 꽃처럼 흘러내리게 했고 그의 머리와 어깨 위로 우아함을 쏟아 부었다. 그리고 그는 페넬로페이아를 만나러 갔다. 페넬로페이아는 빛나는 그를 보았으나 헤어진 20년의 세월은 그녀가 얼른 그의 가슴으로 뛰어들지 못하게 막았다. 마지막으로 그녀는 그가 정말 자신의 남편 오디세우스인지를 확인하기 위해 하녀에게 신혼에 함께 쓰던 침상을 꺼내 그 위에 모피와 번쩍이는 침구를 깔아 오디세우스가 쉴 수 있게 하라고 말했다. 그러자 오디세우스가 짐짓 화를 내며 이렇게 말했다.

"당신은 정말 내 마음을 아프게 하는구려. 누가 내 침상을 다른 곳으로 옮길 수 있단 말이오. 아무리 솜씨 좋은 자라도 그렇게 하지 못할 거요. 신이라면 모를까. 그 침상에는 한 가지 비밀이 있소. 오직 만든 나와 당신만이 아는 비밀 말이오. 우리 집 안마당에는 잎사귀가 긴 올리브나무가 한창 무럭무럭

오디세우스와 페넬로페
(프리마티초, 1563년)

자라고 있었소. 그 줄기는 기둥처럼 굵었소. 나는 그 올리브나무의 우듬지를 잘라 밑둥에서부터 잘 다듬은 다음 그 주위에 돌들을 촘촘히 쌓았소. 그리고 그 기둥에 여기저기 구멍을 뚫어 못을 치고 침상을 만들기 시작했소. 그 침대가 다 만들어진 후에 금과 은과 상아로 아름답게 완성했소. 누구도 그 올리브나무의 밑둥을 잘라내지 않는 한, 그 침상을 움직이지 못한다오."

그러자 페넬로페이아는 심장과 무릎이 풀려 오디세우스에게 몸을 던졌다. 그녀는 두 팔로 그를 껴안고 머리에 입을 맞추었다. 그녀는 그의 목에서 영원히 그녀의 흰 팔을 떼려 하지 않았다. 오디세우스 역시 잘 만들어진 배가 바람과 부푼 너울에 산산조각 나서 표류하다가 육지에 첫발을 내딛듯 지조 높고 사랑스러운 아내의 몸을 껴안았다. 20년 동안의 모든 고난과 방랑은 끝났다. 새로운 인생이 그들을 기다리고 있었다.

한편 구혼자들의 혼백은 하데스의 저승으로 내려가게 되었다. 그곳에서 그들은 아가멤논의 혼백과 만나게 된다. 그들은 그에게 자신들이 어떻게 오디세우스에게 죽게 되었는지를 소상하게 전해준다. 그러자 아가멤논의 혼백은 이렇게 탄식한다.

"행복하도다, 지략이 뛰어난 오디세우스여. 그대야말로 부덕이 뛰어난 아내를 얻었구려! 나무랄 데 없는 페넬로페이아는 얼마나 착한 심성을 지녔던가! 그녀는 결혼한 남편을 진심으로 사모했구나! 그녀의 향기와 명성은 영원하리니 불사신들은 사려 깊은 페넬로페이아를 위해 모든 지상의 인간들에게 사랑스러운 노래를 지어줄 것이오. 그런 여인도 있건만 틴다레오스의 딸◆은 악행을 궁리하여 결혼한 남편을 참살했으니 그 끔찍한 일은 인간들 사이에서 가증스러운 노래로 길이 남으리라. 그녀로 말미암아 모든 여인들이, 비록 행실이 올곧은 여인이라 하더라도, 비난의 소리를 듣게 될 것이오."

오디세우스는 마음의 근심을 풀어주는 달콤한 잠이 그를 찾아오자 아내와 함께 올리브 침상에 올랐다. 다음 날 아침 황금의 햇살 가루가 침상 위에 가득히 쏟아질 때 그들은 자리에서 일어났다. 그리고 오디세우스가 아내에게 말했다.

"여보, 우리는 고난이라면 원도 한도 없이 다 겪었소. 우리 두 사람이 고대하던 잠자리에 서로 닿았으니 당신은 집안의 모든 것들을 돌보시오. 나는 오만불손한 구혼자들이 먹어치운 내 가축들을 다시 우리에 가득 채워올 것이오."

그리하여 오디세우스는 20년의 방랑을 마치고 젊음을 다 보낸 다음에 다시 그에게 찾아온 두 번째 인생에 자신을 바치기 위하여 어깨에 아름다운 무구를 걸치고 일어섰다. 황금의 노년이 그를 찾아왔다. 그는 계속 이타카에

◆ 아가멤논의 아내 클리타임네스트라를 말한다. 클리타임네스트라는 틴다레오스와 레다의 딸이며, 헬레네와 자매간이다.

머물며 페넬로페이아와 함께 살았을까? 아니면 또 다른 모험을 찾아 떠났을까? 그의 최후는 어떤 것이었을까?◆

시인은 노래한다.

젊음의 10년은 전쟁터에서 살았고
또 10년은 불운의 풍랑을 헤치며 살아왔다.
마지막 가장 위험한 고향에서 맨손으로 일어서니
비로소 한 사내는 홀로 설 수 있게 되었다.
머리와 어깨는 위엄과 젊음으로 오히려 10년 전보다 더욱 빛나니.

우리도 그렇게 젊은 날들은 공을 세우기 위해 전쟁처럼 바삐 살고,
또 그만큼은 칼립소에게 억류되어 날마다 바다를 보고,
한숨을 쉬듯 매너리즘에 젖어 산다.
그러나 인생은 모험, 날마다 새로운 파도와 겨뤄야 하니
알게 되리라, 삶은 이타카를 향하는 도중(途中)에 있음을.

◆ 오디세우스는 어떻게 죽었을까? 텔레고노스는 호메로스의 《오디세이아》에는 나오지 않는 인물이다. 에우가몬이 쓴 《텔레고네이아》가 전하는 전승에 의하면 그는 오디세우스와 키르케의 아들이다. 그는 키르케의 섬에서 자랐다. 성년이 되자 그는 아버지에 대해 듣게 되었다. 그리고 아버지를 찾아 어머니의 섬을 떠나게 되었다. 아버지의 눈에 띄기 위해 그는 우선 왕의 가축을 훔쳤다. 오디세우스는 자신의 가축을 지키기 위해 이 도둑과 싸우게 되었다. 둘은 서로를 알지 못했다. 가오리의 가시 독을 바른 아들의 창이 오디세우스를 찌르자 독이 퍼져 그는 죽고 말았다. 텔레고노스는 비로소 자신이 죽인 사람이 아버지 오디세우스라는 것을 알고 회한에 젖는다. 그는 오디세우스의 시신을 키르케에게 보냈다. 일설에 의하면 오디세우스와 헤어지기 싫어하던 페넬로페이아가 그를 따라 함께 키르케의 섬으로 갔다고 한다. 그곳에서 텔레고노스는 페넬로페이아와 결혼했고 키르케는 두 사람을 '행복한 자들의 섬'으로 보내주었다.

포세이돈
• Poseidon •

포세이돈은 바다를 지배하는 신이다. 제우스와 동기간이다. 제우스가 여섯 번째 막내아들이기 때문에 그는 제우스의 형이 분명하다. 그러나 제우스가 형이라는 설도 있다. 아마 티탄족을 몰아낸 후 왕위를 차지했기 때문에 제우스의 힘과 영향력이 커지면서 그를 맏형으로 섬기는 과정에서 서열이 바뀐 듯하다.

호메로스의 《일리아스》에서 그는 바다를 다스리고, 대장장이 거인 키클롭스가 만들어준 삼지창을 휘둘러 거친 풍랑을 일으키고, 연안의 바위를 뚫어 샘물이 솟구치게 하는 능력을 가지고 있다. 그의 영향력은 바다에 국한되지 않고 바다로 흘러드는 강과 호수에도 미쳤다. 인간이 모여 도시를 만들게 되면 신들은 제각기 자신을 명예롭게 할 도시를 선택하게 된다. 종종 두세 명의 신들이 동일한 도시를 선택하기도 했는데, 그런 경우에는 신들끼리 경합을 벌였다. 그러면 다른 신이나 인간이 심판을 보게 되는데, 이상하게 포세이돈은 이런 경합에 약하고 운이 없어 실패하는 경우가 많았다. 예를 들어보자. 코린토스의 수호신을 놓고 헬리오스와 경합이 붙었으나 심판으로 선정된 거인 브리아레우스Briareus는 헬리오스의 손을 들어주었다. 낙소스 섬을 놓고 경합이 벌어졌을 때 포세이돈은 디오니소

포세이돈

페가소스를 탄 성 게오르기우스
(귀스타브 모로, 1889~1890년)

스에게 져서 그 섬을 넘겨주어야 했
다. 그래서 낙소스는 디오니소스가
가장 사랑하는 섬이 되었다. 신탁으
로 유명한 델포이에서는 아폴론에게
져서 지배권을 넘겨주어야 했다. 그
리고 아테네에서는 아테나와의 경쟁
에서 지고 아르고스에서는 여신 헤라
와의 경합에서 졌다.

가장 중요한 경합 지역 아테네로
가보자. 아테네에 눈독을 들인 포세
이돈은 삼지창으로 아크로폴리스 인
근에 샘이 솟아나게 하여 아테네인들
이 자신을 수호신으로 삼도록 유도했다. 그러나 샘물 맛은 바다의 짠맛을 가지
고 있었다. 반면 아테네에 관심을 가지고 있었던 여신 아테나는 그 척박한 땅에
올리브나무를 심었다. 당연히 아테네인들은 아테나를 자신들의 수호신으로 선
택했다. 그런가 하면 아르고스에서는 헤라와 분쟁이 일어났다. 프로네우스라는
사람이 심판을 보았는데, 헤라에게 유리한 판결을 해버렸다. 화가 난 포세이돈
은 아르고스의 모든 지역에서 솟아나는 샘물들에 복수를 해서 모두 마르게 했
다. 그가 강들의 딸인 다나이데스Danaides 중의 하나인 아미모네Amymone와 사랑에
빠져 이 샘물들에 대한 저주를 풀어주자 다시 강물과 계류가 흐르고 샘이 솟구
쳤다. 그러나 결국 포세이돈도 자기의 섬 하나를 가지게 되었다. 바로 경이의 섬
아틀란티스다.

플라톤은 《대화》에서 그리스의 현인 솔론Solon이 이집트를 여행하다가 들은 이

야기를 소개하고 있다. 그것은 아틀란티스에 관한 아주 오래된 전설이었다. 아틀란티스는 지중해가 끝나고 대서양이 시작되는 곳, 즉 헤라클레스의 기둥들이 펼쳐져 있는 어떤 섬이었다. 신들이 지상의 세계를 나눌 때 아테네는 아테나의 영역이 되고 아틀란티스는 포세이돈의 몫이 되었다. 이 섬에 클레이토라는 여인이 살았는데, 포세이돈은 이 여인을 사랑하게 되었다. 그들은 섬 한가운데 성벽을 쌓고 호수를 만들어 오래도록 함께 살았다. 두 사람 사이에는 다섯 번이나 쌍둥이가 태어났다. 그중 맏이가 아틀라스였다. 아틀라스와 그 후손들은 오랫동안 이 섬을 지배했다. 아틀란티스는 아름다운 풍광과 풍부한 식물 자원뿐 아니라 금과 구리 그리고 빛나는 광석인 '오레이칼코스'도 많았다. 아틀란티스의 왕들은 풍부한 자원을 이용하여 무역과 통상을 통해 수많은 지하도와 다리 그리고 수로를 가진 화려한 도시를 건설했다. 아틀란티스인들은 세계를 지배하려 했으나 이 화려한 도시는 천재지변에 의해 영원히 사라지고 말았다고 한다.

클레이토 외에도 포세이돈 역시 여러 여인과 사랑을 나누었다. 그러나 그 자식들은 대부분 괴물이거나 악인이어서 영웅들에게 제압되었다. 예를 들어 토오사에게서 외눈박이 거인 키클롭스인 폴리페모스를 낳았다. 폴리페모스는 오디세우스에게 한쪽 눈마저 잃었다. 메두사에게서는 날개 달린 말 페가소스를 얻었다. 이피메데이아Iphimedeia에게서는 거인 형제 알로아다이Aloadae를 얻었다. 그들은 아레스를 13개월 동안이나 항아리 속에 가두어두었다(441페이지 '아레스' 편 참고). 포세이돈의 합법적인 아내는 암피트리테Amphitrite인데, 둘 사이에는 아이가 없다. 바다의 신 포세이돈은 흔히 삼지창을 들고, 반은 말이고 반은 뱀인 괴물들이 끄는 전차를 탄 모습으로 그려진다. 이 전차는 물고기와 돌고래를 비롯한 가지가지의 바다 생물들, 바다의 요정들인 네레이데스들, 바다와 하천의 하위 신들에 의해 둘러싸여 있다.

헤르메스
• Hermes •

헤르메스는 제우스와 님프 마이아^Maia 사이에서 태어난 아들로 올림포스 12신 가운데 디오니소스와 함께 가장 나이가 어리다. 어머니 마이아는 거인 아틀라스의 일곱 딸들 중 막내다. 특이한 거인 사냥꾼 오리온이 이 일곱 처녀들을 모두 사랑하여 늘 쫓아다녔다. 그들은 오리온을 피해 도망가다가 비둘기로 변했는데, 제우스가 이들을 가엾게 여겨 일곱 개의 별로 이루어진 귀여운 플레이아데스^Pleiades라는 별무리를 만들어주었다. 그 외에는 마이아에 대한 이야기가 별로 없다. 그러나 중요한 것은 영어로 5월을 뜻하는 메이^May가 그녀의 이름에서 비롯되었다는 점이다. 헤르메스는 킬레네의 동굴에서 태어나 매우 빠르게 자라났다. 태어난 당일 몸을 한껏 흔들어 강보를 풀어버린 다음 형 아폴론이 죄를 짓고 속죄하기 위해 일 년간 목동으로 일하고 있는 테살리아로 갔다. 그러고는 아폴론이 감시에 소홀한 틈을 타서 소를 훔쳤다. 그런데 그 수가 장난이 아니다. 우선 암소 열두 마리에 아직 멍에를 매본 적이 없는 송아지 100마리를 훔쳐냈다. 발자국을 없애기 위해 소꼬리에 나뭇가지를 묶어 비질을 하게 했다. 아폴론은 소를 찾아다녔다. 아폴론은 신탁으로 유명한, 예지력을 가진 신이었기

헤르메스

때문에 새들의 깃털로 방향을 잡아 헤르메스를 쫓았다. 그는 킬레네 산으로 가서 마이아에게 그녀의 아들 헤르메스가 도둑질을 했다고 항의했다. 마이아는 기저귀를 차고 강보에 싸인 채 얌전히 누워 있는 아기 헤르메스를 보여주며, 어떻게 갓난아이에게 누명을 씌울 수 있느냐고 화를 냈다. 결국 제우스가 나서서 훔친 가축을 돌려주게 했다. 이때 헤르메스는 거북의 내장을 파내고 껍데기에 소 힘줄을 걸어서 만든 수금을 뜯고 있었다. 아폴론이 그 소리에 반해 자신의 소떼와 수금을 바꾸었다. 헤르메스는 이 사건과 연관하여 도둑들의 신, 상업의 신으로 숭배되었다.

　일설에 의하면 헤르메스라는 이름은 고대 그리스의 헤르마^{herma}에서 유래했다고 한다. 헤르마는 도로나 경계를 표시하는 경계석을 말한다. 사각 기둥에 수염을 기른 헤르메스의 두상이 올려져 있고 기둥 하부에는 남근이 새겨져 있다. 아테나의 아이기스, 제우스의 벼락, 포세이돈의 삼지창, 하데스의 투구, 아프로디테의 벨트처럼 헤르메스도 자신을 상징하는 신물을 세 개 가지고 있다.

　하나는 날개 달린 모자로 페타소스라고 불린다. 또 하나는 날개 달린 샌들로 탈라리아라고 불린다. 그리고 또 하나는 날개 달린 지팡이다. 그리스어로는 케리케이온^{kerykeion}, 라틴어로는 카두케우스^{Caduceus}라고 불린다.

　특이한 것은 이 신물들에 모두 날개가 달려 있다는 것이다. 경계를 나타내는 경계석에서 확장된 헤르메스는 경계를 넘나드는 존재라는 상징성을 얻게 되었다. 그는 신들 사이에 제우스의 메시지를 전달하는 전령이며, 영혼의 인도자다. 그러니 이승과 저승, 천상과

헤르마

지상 어디가 되었든 아주 빠르게 움직여야 한다. 그래서 그는 날개가 달린 신발을 신고, 쓰고 있는 두건에도 날개를 달아두었다. 그리고 그가 늘 가지고 다니는 전령의 지팡이 케리케이온에도 끝에 날개를 달아두었다. 오래전부터 왕과 왕, 부대와 부대를 오가며 메시지를 전하는 전령들을 살해하는 것은 금지되어 있었다. 전령들은 어느 정도 대우를 받기도 했다. 그들은 헤르메스의 케리케이온을 본뜬 지팡이를 전령의 징표로 가지고 다녔다. 전령의 상징이 된 헤르메스의 지팡이에는 다음과 같은 뜻이 숨어 있다. 지팡이는 우주의 축을 의미하며 헤르메스는 이 축을 타고 하늘과 땅을 왕래한다. 손잡이 부분에 날개가 달려 있는 이 지팡이를 서로 마주 보는 두 마리의 뱀이 휘감고 있다. 두 마리의 뱀은 궁극적으로 통합되는 이원적 대립물을 상징한다. 뱀 한 마리는 독을 뜻하고 또 한 마리는 치료를 의미한다. 따라서 두 마리의 뱀은 질병과 건강을 상징한다. 이것은 유사 요법, 즉 '자연은 자연으로 물리친다' 는 고대의 사유체계를 반영한 것이다. 우주에 작용하여 대립하는 두 가지 힘의 상호 보완적 성격을 보여준다. 두 마리의 뱀은 결합과 해체, 선과 악, 불과 물, 상승과 하강, 남성과 여성 등 대립적 요소를 상징한다. 그러니 헤르메스는 공간을 넘나들 뿐 아니라 대극적 가치의 쌍방을 넘나들어 조화를 이루게 하는 신이기도 한 셈이다. 특히 제우스의 의도를 담고 여기저기를 전령으로 다니면서 여러 갈등을 중재하기도 했다. 특히 그는 칼립소를 설득해 오디세우스를 놓아주게 했고, 오디세우스가 키르케의 마법을 방어할 수 있도록 약초를 주기도 했다.

뱀 지팡이는 헤르메스 외에도 여러 신들이 들고 다닌다. 이집트의 신 아누비스Anubis과 여신 이시스, 페니키아의 신 바아, 바빌로니아의 여신 이슈타르Ishtar도 뱀 지팡이를 가지고 다닌다. 이러한 유사성에 로마 시대의 혼합주의적 영향이 더해져 그리스인들은 이집트에서 지혜의 신 토트Thoth를 받아들여 헤르메스와 동일시하면서 헤르메스 트리스메기스토스$^{Hermes Trismegistos}$, 즉 '세 번 위대한 헤르메스' 라는 신비한 인물을 만들어냈다. '세 번 위대하다' 라는 말은 우주의 지혜 중에서 연금술, 점성술, 신성 마법에 대해 완전히 알고 있다는 뜻이다. 헤르메스트리스메기스토스는 특히 '화학 지식의 신' 으로 여겨졌는데, 고대 이집트인들이 화학자로서 명성을 떨쳤기 때문이다. 옛날에 화학은 '헤르메스의 기술^{Hermertic} ^{art}' 이라고 불렸다. 그리하여 자연스럽게 마법과 연금술로 이어지게 되었다. 헤르메스 트리스메기스토스는 서양 밀교의 전통을 이어받아 헤르메스주의의 문헌을 남겼다. 르네상스 시대 메디치가의 지원을 받아 플라톤 아카데미를 이끌던 마르실리오 피치노$^{Marsilio Ficino}$는 플라톤 전집과 더불어 이 이교도의 문헌들을 라틴어로 번역하여 서방에 소개함으로써 기독교적인 상징체계를 이해하는 데 엄청난 영향을 주었다.

헤르메스 역시 여러 여인과의 사이에서 자식들을 낳았다. 한 명만 소개해보자. 그는 미의 여신 아프로디테와의 사이에서 헤르마프로디토스^{Hermaphroditus}를 낳았다. 이름 자체가 부모 이름의 합성어다. 이 소년은 대단히 잘생겨서 여인들이 좋아했다. 특히 꽃을 유난히 좋아하고 치장을 즐기는 살마키스^{Salmacis}라는 요정이 이 소년을 너무 좋아했다. 어느 날 헤르마프로디토스가 호수에서 목욕을 할 때 살마키스가 그를 뒤에서 껴안고 놓아주지 않았다. 그리고 간절히 소원했다.

"신이여, 이대로 있게 하소서. 영원히 함께 있게 하소서."

소년이 뿌리쳤지만 그녀의 간절한 사랑은 결국 소년의 몸 안으로 녹아 스며들어 두 사람은 자웅동체가 되었다. 남성과 여성 모두를 갖춘 어지자지가 된 것이다.

하데스
• Hades •

하데스는 제우스와 동기간이다. 형제들이 힘을 합쳐 티탄족을 물리친 후 제우스, 포세이돈과 우주를 나누어 가진 세 명의 신 중 하나다. 제우스가 하늘을 얻고, 포세이돈이 바다를 얻고, 하데스는 지하 세계 혹은 타르타로스를 맡게 되었다. 하데스는 '보이지 않는 자'라는 뜻을 가지고 있다. 대장장이 거인인 키클롭스는 하데스에게 쓰기만 하면 모습이 보이지 않는 투구를 만들어주었다. 이 투구는 퀴네에^{Kynee}라는 이름을 가지고 있다. 아주 특별한 경우 하데스는 검은 말이 끄는 마차를 타고 지하 세상을 벗어나 외출할 때도 있는데, 이때 태양 빛에 쏘이지 않기 위해서 이 투구를 썼다. 외출을 거의 하지 않는 하데스는 이 투구를 별로 쓸 일이 없기 때문에 아테나 같은 여신이나 페르세우스 같은 영웅들이 종종 빌려 쓰기도 했다. 하데스의 투구는 후에 중세 기사 문학의 대표 격인 《니벨룽겐의 노래^{Das Nibelungenlied}》의 주인공 지그프리트^{Siegfried}의 투구로 연결되기도 했다. 니벨룽겐의 두 가지 보물 중 하나인 지그프리트의 투구 역시 그것을 쓰면 사람의 모습이 보이지 않는다. 또 하나의 보물은 니벨룽겐의 반지인데, 이것을 소재로 작곡가 바그너는 〈니벨룽겐의 반지^{Der Ring des Nibelungen}〉라는 대작 오페라를 쓰기도 했다.

하데스는 지하에서 죽은 자들을 신민으로 다스렸다. 그는 악한 신은 아니지만 우울하고

하데스

창백하며 매우 냉혹한 신으로 그의 백성 중
누구도 산 자의 세상으로 되돌아가는 것을
철저히 막았다. 그리스인들은 하데스의 이
름을 부르는 것을 금기시했다. 그를 불렀다
가 공연히 지하 세계로 끌려갈지 모른다는
두려움 때문이었다. 죽음은 누구에게나 두
려운 것이었다. 그래서 플루톤^{Pluton}이라는
별명으로 자주 불렸는데, 이 말은 '부유한
자'라는 뜻을 가지고 있다. 광산 같은 지하

페르세포네(에드워드 번 존스, 1872~1874년)

세계를 포함하는 무한한 대지의 부와 풍요로움을 암시하는 말이다. 특히 로마인
들은 하데스를 플루토^{Pluto}라고 불렀으며, 흔히 풍요의 뿔을 들고 있는 모습으로
등장한다.

페르세포네
(단테 가브리엘 로세티, 1874년)

　　페르세포네는 하데스의 유일한 사랑이며
아내다. 그녀는 대지의 여신 데메테르와 제
우스 사이에서 태어났다. 하데스는 자신의
질녀이기도 한 이 아름다운 처녀에게 반하
고 말았다. 그는 시칠리아 엔나의 들판에서
친구들과 꽃을 따면서 놀고 있던 페르세포
네를 냉큼 납치해다가 숨겨버렸다. 딸을 잃
은 데메테르가 딸을 찾아 천지를 떠돌고 절
망에 빠져 대지를 돌보지 않게 되자 산천초
목이 모두 황폐해지고 곡식은 낟알을 맺지
못했다. 그러자 제우스는 하데스에게 페르
세포네를 조용히 되돌려 보내라고 명령했

다. 그러나 하데스는 그런 일을 예상하고 페르세포네에게 저승의 석류를 먹였다. 누구든 저승의 음식을 먹으면 저승을 떠날 수 없다는 법칙에 제우스도 따라야 했다. 결국 페르세포네는 일 년 중 3분의 1은 지하 세상에 머물러야 하는 저승 세계의 여왕이 되었다. 그녀와 하데스 사이에는 자식이 없었다.

위대한 로마의 탄생

트로이의 아이네이아스: 위대한 제국의 시조

"지성에서는 그리스인들보다 못하고, 체력에서는 켈트인과 게르만인보다 못하고, 기술력에서는 에트루리아인들보다 못하고, 경제력에서는 카르타고인들보다 뒤떨어졌던 로마인", 그들이 세운 제국 로마가 세계 역사상 그 유례를 찾아보기 힘든 번영을 누리고 오늘날까지 그 위대함이 바래지 않은 까닭은 무엇일까? 역사가 에드워드 기번Edward Gibbon은 이 질문에 답하기 위해 《로마제국 쇠망사》를 썼다. 그는 스물일곱 살이 되던 1764년 가을 로마에 도착했다. 그리고 아버지에게 다음과 같은 편지를 보냈다.

"저는 꿈을 꾸고 있는 기분입니다. 여러 책들이 로마인의 위대성을 전해주었지만 로마의 폐허를 보는 것만으로는 로마의 최전성기를 다 설명할 수 없습니다. 저는 과거에 이 같은 나라가 결코 존재한 적이 없었다고 확신하며, 또 인류의 행복을 위하여 앞으로 다시는 이러한 나라가 나타나지 않기를 바랍니다."

같은 해 10월 15일 로마 카피톨리누스 언덕의 폐허에 서 있는 기번에게

안키세스와 아이네이아스,
그리고 이울루스
(티에폴로, 1757년)

로마의 쇠퇴와 멸망에 대한 제국의 역사를 써보아야겠다는 생각이 처음으로 찾아들었다. 그것은 영감이었다. 이 느닷없는 생각이 에드워드 기번을 평범한 사람에서 불후의 명작을 써낸 불멸의 역사학자로 만들어주었다. 애덤 스미스Adam Smith는 《로마제국 쇠망사》에 대해 "당신은 이 저서 한 권으로 유럽 전체 문단의 선두주자가 되었다"라고 크게 칭송했다.

역사상 유례가 없었던 그 로마는 어떻게 시작되었을까? 그 역사의 발원이 되는 신화의 샘은 어디서부터 흘러 내려오게 되었을까? 로마의 시인 베르길

아버지를 업고 트로이를 떠나다(페데리코 바로치, 1598년)

리우스는《아이네이스Aeneis》에서 신들의 왕 제우스(로마 신화의 유피테르Jupiter)의 축복을 이렇게 적어두었다.◆

"암컷 늑대의 젖을 먹고 자란 로물루스Romulus가 새로운 도시를 만들 것이다. 그는 자신의 이름을 그 도시에 줄 것이다. 그리하여 로마라 부를 것이다. 나는 이 도시에 무한한 번영과 끝없는 지배권을 주리라."

암늑대의 젖을 먹고 자란 로물루스는 누구일까? 이제 우리는 베르길리우스의《아이네이스》속으로 들어갈 시간이 되었다. 아이네이아스는 헥토르 다음으로 용감한 트로이의 장수였다. 트로이가 멸망한 후 그는 아버지와 어린 아들을 데리고 유민들과 함께 새로운 세상을 찾아 떠났다. 아버지 안키세스Anchises는 늙어서 빨리 걸을 수 없었기 때문에 그는 아버지를 어깨에 떠메고 갔다. 긴 방랑과 숱한 시련 끝에 아이네이아스는 마침내 이탈리아에 도착했다. 그곳에서 자신의 입성을 반대하는 사람들을 물리치고 새로운 아내의 이름을 따서 라비니움이라는 도시를 세웠다. 그리고 그의 아들 아스카니우

◆ 아이네이아스의 모험은 주로 로마 시인 베르길라우스의《아이네이스》를 참고했다. 등장인물들, 특히 그리스 신들이 모두 로마 이름으로 쓰였으나 여기서는 앞 이야기들과의 일관성을 유지하기 위해 모두 그리스 식으로 표기한다. 예를 들면 미네르바는 아테나, 유피테르는 제우스, 마르스는 아레스, 베스타는 헤스티아Hestia 등으로 표기한다.

스Ascanius(이울루스라고도 한다)는 협소한 라비니움을 떠나 새로운 땅을 찾아 알바롱가를 세우고 여기서부터 왕통이 길게 이어졌다. 에드워드 기번은 《로마제국 쇠망사》에서 로마 남동쪽 24킬로미터에 위치한 카스텔간돌포가 옛날 알바롱가였을 것으로 학자들이 추측한다고 썼다. 아이네이아스는 로마의 기초를 다진 인물로 알려졌다. 실질적인 창건자인 로물루스와 레무스Remus가 아이네이아스의 아들이 세운 도시인 알바롱가에서 태어났기 때문이다.

헤카베와 폴릭세네: 불굴의 트로이 여인들

그리스군은 트로이의 성안으로 진군했다. 남아 있던 남자들이 먼저 항전하다 쓰러졌다. 이윽고 그들의 왕인 프리아모스가 살해되었다. 그리고 여자들과 아이들의 수난이 뒤따랐다. 용장 헥토르의 어린 아들, 아스티아낙스는 성 위에서 밑으로 던져졌고, 헥토르의 아내 안드로마케는 아킬레우스의 아들 네오프톨레모스에게 배분되었다. 왕녀 카산드라는 아테나 신전에 숨어 있다가 능욕을 당하고 아가멤논에 의해 끌려갔다. 그중에서 가장 어린 왕녀인 폴릭세네의 죽음과 왕비 헤카베의 변신이 트로이 함락 이후 여인들의 처절함을 가장 비극적으로 보여준다.

황금의 성 트로이의 왕비이자 용장 헥토르를 비롯해 모두 19명의 왕녀와 왕자를 낳은, 가장 부러운 여인 중 하나였던 헤카베◆는 성의 함락과 함께 오디세우스의 전리품이 되어 노예로 끌려가는 자신의 운명을 저주했다. 그녀는 간웅奸雄 오디세우스를 가장 미워했다. 에우리피데스는 헤카베가 자신의 비운을 저주하는 장면을 〈트로이의 여인들〉에 담아두었다.

"뭐라고, 오디세우스라고, 이럴 수가! 오오, 삭발한 이 머리를 치고 두 볼을 쥐어뜯
고 싶은 이 슬픔이여, 이 비운의 팔자여, 그 간악하고 더러운 사내의 종이 되다니.
정의의 원수, 독사 같은 무법자, 여기서는 저쪽을 비방하고 저쪽에 가면 이쪽을 헐
뜯으며 정다운 사이에 이간질로 증오를 끌어들이는, 저 두 개의 혀를 날름거리는
사내를 섬겨야 하다니. 오, 모두들 나의 비운을 함께 울어다오. 이보다 더한 저주
가 있단 말인가."

그러나 나라를 잃은 왕비의 슬픔은 그것으로 끝나지 않았다. 치욕에 더해
그녀는 그 많던 자식들의 주검을 수없이 보아야 했다. 폴릭세네는 프리아모
스와 헤카베 사이에서 태어난 막내딸이다. 그녀는 아킬레우스의 무덤에 제
물로 바쳐졌다. 그녀의 죽음은 죽어도 죽지 않는 트로이인들의 기개를 보여
주었다. 아킬레우스는 그녀를 사랑했지만 뜻을 이루지 못했다.** 모든 장수

◆ 헤카베는 다산으로 유명하다. 그녀와 프리아모스 왕 사이에는 19명의 자녀들이 있었다. 비극 작가 에우리피데스는 이 숫자
를 50명으로 늘려놓았다. 기원전 2세기 아테네 학자인 아폴로도로스는 14명이라고 말한다. 이들 중에서 잘 알려진 인물들
로 아들로는 트로이 최고의 용장인 장남 헥토르, 트로이 전쟁의 원인을 제공한 둘째 아들 알렉산드로스, 일명 파리스, 예지
력이 뛰어난 헬레노스 그리고 트라키아 왕에게 살해된 폴리도로스Polydoros 등이 있다. 딸들 중에는 예지력이 뛰어나지만
아무도 그 말을 믿어주지 않았던 불운의 카산드라, 비장한 죽음을 맞이한 막내딸 폴릭세네 등이 있다.
◆◆ 아킬레우스가 그녀를 처음 본 것은 언제인지 잘 알 수 없다. 일설에 따르면 헥토르가 죽은 직후 프리아모스 왕이 아킬레우
스를 은밀히 찾아가 아들의 시신을 돌려달라고 부탁할 때 헥토르의 아내 안드로마케와 막내딸 폴릭세네를 대동했다고 한
다. 아킬레우스가 프리아모스의 요청에 냉담하자 폴릭세네는 자신이 아킬레우스의 여인이 되겠다고 자청하여 그의 마음
을 풀어줌으로써 헥토르의 시신을 돌려받았다고 한다. 또 다른 일설에 의하면 트로이의 성 앞에서 헥토르를 죽여 마차 뒤
에 묶는 아킬레우스에게 허리에 차고 있던 허리띠와 장신구를 던지며, 오빠의 주검을 훼손하지 말고 돌려달라고 소리치는
폴릭세네를 처음 보고 사랑을 느꼈다고도 한다. 어찌 되었든 아킬레우스는 죽은 후에도 이 여인을 잊지 못하고 환영으로
나타났다.

들이 트로이 함락과 함께 전공에 따라 전리품을 나누어 가질 때 이미 죽은 아킬레우스는 가장 공이 크면서도 전리품을 가질 수 없었다. 그러자 그는 험상궂은 얼굴의 환영으로 나타나 칼을 뽑아들고 아가멤논에게 외쳤다.

"나를 두고 너희 그리스 함대는 떠나는구나. 내 공적에 대한 그대들의 찬사를 나와 함께 이곳에 묻고 너희는 떠나는구나. 이럴 수는 없다. 내 무덤은 나의 전공에 대한 보상을 원한다. 폴릭세네를 제물로 바쳐 나의 혼을 위로하고 떠나라."

아킬레우스의 유령이 그녀를 원하자 아가멤논은 그녀를 제단으로 끌고 가라고 명령했다. 문학은 로마의 시인 오비디우스의 입을 빌려 그녀의 죽음을 이렇게 묘사했다.

병사들이 그녀를 끌고 갔으나 그녀는 당당했다. 그녀는 칼을 빼든 아킬레우스의 아들 네오프톨레모스를 똑바로 쳐다보았다. 그리고 옷을 찢어 가슴을 드러내 보이며 말했다.

"빨리 나를 찔러 내 고귀한 피를 보아라. 이것이 내 가슴이다. 이곳을 찌르고 싶다면 찔러라. 목을 찌르고 싶다면 여기 내 목이 준비되어 있다."

그리고 말을 이었다.

"나 폴릭세네는 노예로 죽지 않을 것이다. 너희는 알아야 한다. 이런 식으로 가라앉힐 신의 분노는 없다. 내게 마지막 소원이 있다. 나는 처녀의 몸이니 내 주검에 남자의 손이 닿지 않게 해다오. 자유인인 처녀의 몸으로 스틱스 강을 건너갈 수 있도록 해다오. 나를 죽여 마음의 평정을 얻으려는 사람이 있다면 노예를 죽이는 것보다는 자유인을 죽이는 것이 더 낫지 않겠느냐. 이 말을 하는 것은 노예 폴릭세네가 아니라 프리아모스의 왕녀인 자유인 폴릭세네다. 내 주검을 다치지 말고 그대로 다 내 어머니에게 돌려주기 바란다. 내 어머니는 돈이 있다면 돈으로 내 주검을 사실 것이고, 돈이 없다면 눈물로 사실 것이다."

주위의 모든 사람들이 눈물을 흘렸다. 칼을 빼들고 그녀를 죽이려던 아킬레우스의 아들 네오프톨레모스조차 처녀에 대한 동정심으로 그녀를 죽이는 일을 그만두고 싶은 마음이 생겼다. 그러나 그녀를 아버지의 무덤에 바쳐야 했기에 그는 단 한 번에 그녀의 가슴을 찔렀다. 그녀는 평온을 잃지 않았다. 죽어가면서도 자신의 가슴이 남자들의 눈에 띄지 않도록 옷깃을 여몄다. 그녀는 모욕을 당하고 죽어야 하는 패배의 순간에도 인간은 명예를 지킬 수 있음을 보여주었다. 젊은이들은 마치 그녀가 운동 경기에서 우승이라도 한 듯이 그녀에게 나뭇잎을 던져 몸을 가려주었다. 그것은 승리자에게 주어지는 경의였다.

조금 전까지 자신의 곁에서 위로해주던 막내딸마저 차디찬 주검으로 돌아오자 헤카베는 폴릭세네의 주검을 안고 울었다. 로마의 문인 오비디우스는 이때의 처절함을 이렇게 묘사했다.

"아가야, 나는 희망이 없구나. 네 몸에 난 상처는 내 몸의 상처구나. 수많은 오라비들을 죽인 아킬레우스가 필경은 너마저 이렇게 죽이는구나. 아킬레우스가 파리스와 아폴론의 화살에 발뒤꿈치가 꿰뚫려 쓰러질 때 나는 이제 아킬레우스를 두려워할 일은 없겠다 여겼더니, 아킬레우스는 죽어서도 사람을 죽이는구나. 그자는 무덤에 들어가서도 이렇듯 내 집안의 사람들을 죽이니 이제 그자의 무덤까지도 두려워해야 하는구나. …… 무정한 신들이여, 왜 이 늙은이의 죽음을 미루는 것입니까? 저에게 더 보아야 할 주검이 있습니까? …… 너의 주검에 이 어미가 바칠 수 있는 제물은 눈물과 이국의 모래뿐이구나."

그녀는 모든 것을 잃었으나 그래도 아직 정을 붙일 아들 하나가 남아 있었다.◆ 그것이 그녀의 유일한 희망이었다. 그 아들의 이름은 폴리도로스였다. 프리아모스 왕은 트로이가 함락되기 오래전에 인근에 있는 트라키아의 왕 폴리메스토르Polymestor에게 이 아들을 보내 그곳에 머물게 했다. 프리아모스는 그곳에서의 생활이 궁색지 않도록 아들에게 많은 황금을 주었다. 폴리도로스가 부자라는 소문이 돌자 트라키아의 왕은 눈독을 들였다. 트로이가 멸망하고 프리아모스 왕이 죽자 눈치 볼 이유가 없어진 트라키아의 왕 폴리메스토르는 폴리도로스를 죽여 바다에 버렸다. 그리고 그의 황금을 제 소유로 만들었다.

귀환하는 그리스 함대가 트라키아 해변에 잠시 머물게 되었을 때 폴리도로스의 주검이 해변으로 밀려왔다. 헤카베의 하녀들이 이 사실을 헤카베에게 알려주었다. 그녀의 마지막 희망이 사라졌다. 마지막 희망으로 헤카베를 버티게 했던 아들의 주검을 보자 그녀는 복수를 결심했다. 그녀의 몸에서 알 수 없는 힘이 솟아올랐다. 그녀는 폴리메스토르의 궁전으로 사람을 보냈다. 그리고 아무것도 모르는 척, 아들에게 줄 황금이 더 남아 있으며, 그리스인들에게 빼앗기기 전에 그 황금을 전해줄 테니 폴리도로스를 위해 써달라는 말을 전하게 했다. 한 번 황금 맛을 본 트라키아의 왕은 그 재미를 잊을 수

◆ 실제로는 아들 헬레노스가 아직 살아 있었지만 그는 트로이가 함락되기 전에 트로이를 버리고 은신했다. 파리스가 죽자 프리아모스 왕은 헬레네를 그의 동생인 데이포보스에게 보냈는데, 헬레네를 좋아하던 헬레노스는 그 결정에 실망하여 산으로 들어가 버렸다. 나중에 그는 아킬레우스의 아들인 네오프톨레모스와 함께 그의 영지로 가게 되는데, 네오프톨레모스와 우정을 맺고 그가 죽은 후 그를 계승하여 왕국을 물려받게 된다.

없었다. 그는 겨우 몇 사람의 시종을 거느리고 몰래 헤카베를 찾아와 은밀하게 황금이 묻힌 곳을 물었다. 그는 헤카베를 안심시키느라 거짓 맹세를 늘어놓았다.

"고귀하신 헤카베여, 어서 아들에게 줄 황금을 나에게 건네주시구려. 신들께 맹세코 그대가 지금 나에게 건네신 황금을, 그대가 이 왕에게 보내주신 황금에 더해 모두 아드님에게 전해드릴 것이니."

헤카베는 조용히 차오르는 분노를 참았다. 미리 잠복시킨 트로이 포로들이 트라키아의 왕 폴리메스토르에게 달려들어 그를 죽여버렸다. 그가 죽자 헤카베는 왕의 두 눈을 찔러 눈알을 파냈다. 분노와 증오가 헤카베에게 이런 잔인한 힘을 주었다. 왕이 죽어버리자 그리스인들은 헤카베를 돌로 쳐 죽였다. 헤카베는 사람들에게 사정을 말하려고 했으나 그녀의 입에서 나오는 것은 말이 아니라 개 짖는 소리였다. 헤카베는 그렇게 트라키아의 돌 더미 밑에 이글거리는 눈을 가진 개가 되어 묻혔다. 그녀가 죽은 자리를 사람들은 '퀴노스세마Kynossema', 즉 '개의 무덤'이라 불렀다.

헤카베의 아들들은 예언자 헬레노스만을 남기고 다 죽었다. 트로이의 비극 역시 모든 전쟁터의 비극처럼 끝났다. 전쟁의 이름은 모두 다르나 하나같이 모두 참혹한 얼굴을 가지고 있다.

그렇다면 트로이의 비극을 불러온 여인 헬레네는 트로이 함락 후 어떻게 되었을까? 트로이 전쟁 중에 그녀의 입장은 매우 모호했다. 적인 그리스인들은 그녀의 동포였고 그녀를 구하러 온 전사들이었던 반면 트로이인들은 그녀를 불신하고 미워했기 때문에 그녀는 끊임없이 곤경과 위험에 처하곤 했다. 그녀는 자신의 미모에 모든 생명줄을 걸었다. 그녀 주위에는 그녀의 생명을 쥐고 있는 남자들이 끊이지 않았다. 일설에 의하면 아킬레우스가 너무도 헬레네를 만나보고 싶어 하여 그의 어머니 테티스와 아프로디테가 만남을 주선해주었다고 한다. 아킬레우스는 그녀를 보자마자 격정에 빠져들어 그녀와 사랑을 나누었다고 한다. 그녀의 남자는 밝혀진 것만 다섯이다. 첫째가 가장 어려서 만난 테세우스, 둘째가 남편 메넬라오스, 셋째가 정부 파리스, 넷째가 격정의 아킬레우스 그리고 마지막 다섯 번째 남자가 프리아모스의 아들 중 하나인 데이포보스다. 파리스가 죽자 프리아모스는 헬레네를 상으로 내걸고 가장 용감한 자에게 그녀를 주기로 했다. 결국 그녀는 데이포보스의 차지가 되었다.

트로이 전쟁이 진행되는 동안 그녀는 전쟁의 추이를 주의 깊게 지켜보았다. 트로이의 용장 헥토르가 죽은 다음에도 트로이는 쉽게 함락되지 않았다. 오디세우스는 헬레노스의 예언대로 팔라디온 상을 훔칠 목적으로 변장을 하고 트로이에 잠입했다. 헬레네는 그를 알아보았지만 고발하는 대신 침묵을 지켰다. 드디어 그녀는 도시를 그리스인들에게 넘겨주기로 결심했다. 트로이의 목마가 성안에 들어온 날, 그 운명의 날에 그녀는 성벽 위에서 횃불을 흔들었다. 테네도스 앞바다에 숨어 있던 그리스 함대가 들어와도 된다는 신호였다. 그녀는 데이포보스가 저항하지 못하도록 집 안의 모든 무기를 치워버렸다. 그리고 당당하게 메넬라오스가 진격해오기를 기다렸다.

메넬라오스는 데이포보스를 처치한 다음 헬레네도 죽이려고 했다. 그러나 그녀는 화장을 하고 화려한 여신의 의상을 갖추어 입은 다음 아프로디테의 신전으로 피했다. 그리고 그 성역에서 전 남편과 은근한 협상을 시작했다. 메넬라오스는 그녀에게 또다시 함락되었다. 그녀가 건재한 것을 본 그리스군은 그녀를 돌로 쳐 죽이려 했으나 돌들이 손에서 떨어져 내렸다. 그녀의

트로이 성벽 위에 헬레네(귀스타브 모로, 19세기)

아름다움이 다시 그녀를 살려냈다. 에우리피데스는 〈트로이의 여인들〉에서 메넬라오스에게 자신의 무죄를 변명하는 헬레네를 이렇게 묘사했다.

"메넬라오스, 어쩌면 처음부터 이리 무섭게 구는 거예요? …… 내가 변명해도 믿지 않겠지요. 그러나 당신이 내 죄과로 생각하는 일들을 나는 내 나름대로 내 입장에서 하나하나 밝혀보겠어요. 이번 전쟁의 근본 원인은 파리스를 낳은 어머니에게 있지요. 그다음 트로이를 망하게 하고 나를 이 지경으로 만든 노왕 프리아모스는 파리스를 갓난아이 때 죽이지 않았기 때문에 반딧불만 한 불씨가 모든 것을 태워버린 것입니다. 그다음 이야기를 들어보세요. 당신도 알고 있겠지만, 파리스가 세 여신의 아름다움을 품평하는 판정인이 되자 팔라스 아테나가 자기를 으뜸으로 정해주면 그리스를 정복하는 영광을 주겠다고 했어요. 그다음 아프로디테가 내 용모를 칭찬한 다음 자신을 가장 아름

다운 여신으로 지목해주면 나를
파리스에게 주겠다고 했어요. 그
결과를 생각해보세요. 아프로디테
가 두 여신을 이기고 내가 파리스
의 아내가 된 것이 그리스에 얼마
나 다행스러운 일인지를 말이에
요. 만약 그렇지 않았다면 그리스
는 트로이인들에게 오히려 정복당
했을 것이니까요. 나는 아름다움
으로 인하여 팔려 와서 이렇게 비
참한 꼴을 당하게 되었어요. 화환
을 받고 칭찬을 받아야 할 공을 세

헬레네와 메넬라오스 (티슈바인, 1816년)

우고도 도리어 그로 인해 비방과 책망을 받고 있는 것입니다. …… 당신은 이렇게
묻고 싶겠지요. 도대체 무슨 생각으로 조국과 가정을 떠나 이방의 남자를 따라 집
을 나온 것이냐고 말이지요. 그러나 누가 제우스와 아프로디테의 뜻을 막을 수 있
단 말입니까?'

  헬레네가 자신의 뜻과는 관계없이 강제로 끌려왔다는 말을 하자 메넬라오
스는 그렇게 기분 좋을 수가 없었다. 그의 마음속에 그녀에 대한 애틋한 사
랑이 샘물처럼 솟구쳐 올랐다. 메넬라오스는 그녀를 데리고 라케다이몬으
로 귀환했다. 귀환길에 많은 고난이 따랐으나 그들은 무사히 돌아왔으며, 헬
레네도 그동안의 편력을 끝내고 집 안에서 덕을 쌓으며 살게 되었다.
  그녀는 죽은 후 그리스인들에게 여신으로 숭상되었다. 그들은 그녀를 헐

뜯으면 천벌을 받는다고 믿었다. 일설에 의하면 호메로스가 눈이 먼 것도 헬레네가 납치된 것이 아니라 제 발로 파리스를 따라 트로이로 간 것이라고 중상했기 때문이라고 한다.

시인은 노래한다.

그때 에게 해 섬들이 온통 떠들썩했지.
이집트인들이 아름다운 이오를 훔쳐가고
그 복수로 그리스인들이 에우로페를 납치하고
이어 콜키스에서 메데이아를 훔쳐갔다. ◆
그러니 이번에는 트로이의 파리스가 그리스 헬레네를 유괴해갈 수밖에.

누구도 예쁜 여자 하나 때문에 10년 전쟁을 하지는 않아.
그저 인구가 늘고 팽창의 욕심에
헬레스폰투스◆◆의 기름진 땅을 거두려 했지.
그러나 남자들이 목숨을 바칠 때는 명분이 있어야지.
권력, 명예, 부보다는 사랑을 위한 전쟁이 훨씬 달콤하지.

트로이의 유민들:
패배한 자들은 새 땅을 찾아 나서고

트로이의 용장 아이네이아스(로마식 이름은 아이네아스)가 트로이에서 출항할 때 많은 트로이인들이 그와 합류했다. 모두 새롭게 정착할 곳을 찾아 새 도시를 세우기를 갈망했지만 그곳이 어디가 될지는 아무도 몰랐다. 그들이 처음으로 도착한 곳은 트라키아 해변이었다. 그들은 그곳에 도시를 세우려 했다. 제물을 올리려고 나뭇가지를 꺾자 그 자리에서 피가 흘렀다. 그리고 땅속에서 속삭이는 소리가 들렸다.

"아이네이아스, 나는 폴리도로스요. 나는 이곳에서 피살되었소. 트라키아 왕에게 배반당했다오. 내가 죽을 때 내 화살들이 내 피를 먹고 싹을 틔워 이렇게 숲이 되었다오."

폴리도로스는 트라키아 왕 폴리메스토르에게 살해되어 바다에 버려졌던 바로 그 트로이 왕자였다. 아이네이아스는 이 끔찍한 배신의 땅을 떠났다. 그리고 힘든 항해를 계속했다. 거친 항해에 지친 그들은 몇 번이나 적당한 곳에 서둘러 도시를 세우려고 했지만 재난이나 불길한 징조에 의해 다시 바다로 쫓겨나기를 반복했다. 그러던 어느 날 그들은 델로스 섬에 상륙했다.

◆ 당시 에게 해 연안의 나라들은 해적질이 기본적인 생계 수단이었다. 다른 나라를 침략하여 약탈하고 여인들을 노예로 데려오는 것은 자랑할 만한 무용담이었다. 그리스와 트로이 모두 초기에는 그렇게 도시의 부를 쌓았다. 한 나라가 약탈당하여 여인들을 빼앗기게 되면 보복을 하게 마련이어서 그리스 본토와 소아시아의 나라들은 이렇게 서로 보복을 반복했다. 트로이 전쟁은 결국 그리스와 소아시아 국가들이 서로 연합하여 자웅을 가린, 당시의 가장 큰 전쟁 중 하나라고 이해하면 좋을 것이다. 이런 크고 작은 전쟁들의 성패는 신화 속에 상징적으로 담겨 있게 마련이다. 제우스는 이오를 납치하여 소로 변하게 한 다음 보스포루스 해협을 건너게 했다. 다음에는 반대로 제우스가 에우로페를 납치하여 그리스로 데려갔다. 에우로페가 방황한 곳이 지금의 유럽이다. 이아손은 황금 양털을 찾으러 갔다가 지금의 흑해 동쪽 지역인 콜키스의 왕녀 메데이아를 데려오지만 곧 버리고 만다. 신화는 역사가 아니라 은유지만 우리는 이 지점에서 신화와 역사가 맞닿아 있는 접점에 이르게 된다. 오랫동안 트로이는 호메로스의 이야기 속에 존재하는 가상의 도시로 여겨졌으나 슐리만은 트로이에서 실제로 보물을 찾아내지 않았던가?

◆◆ 헬레스폰투스는 에게 해와 지금의 터키 이스탄불(콘스탄티노플) 앞바다인 마르마라 바다를 연결하는 다르다넬스 해협을 말한다. 신화 속에서는 헬레 남매가 의붓어머니의 박해를 피해 황금 양을 타고 탈출하다가 헬레가 무서워서 그만 졸도하는 바람에 바다에 빠져 죽었기 때문에 헬레스폰투스, 즉 '헬레의 바다' 라는 이름을 얻게 되었다.

델로스 섬의 아이네이아스(클로드 로랭, 1672년)

이 섬은 원래 에게 해 위를 둥둥 떠다녔었다. 제우스의 사랑을 입고 아폴론
과 아르테미스 쌍둥이 남매를 밴 만삭의 레토가 출산할 곳을 찾아 헤맬 때
유일하게 그 자리를 빌려준 섬이 바로 이곳이었다. 왜냐하면 모든 땅들이 헤
라의 분노를 두려워하여 레토에게 아이 낳을 장소를 제공하지 않았기 때문
이다. 제우스가 배처럼 떠다니는 이 섬을 커다란 쇠사슬로 바다 바닥에 묶어
고정시켜두었다. 이때부터 섬은 그리스 역사의 한가운데 서게 되었다. 아이
네이아스 일행은 델로스 섬에 당도하자 아폴론 신의 신전으로 가 어디에 나
라를 세워야 할지 물었다. 신탁이 떨어졌다.

"너희들의 옛날 모친을 찾아
가라. 그곳에서 너희 종족은 새
나라를 세우고 다른 모든 사람
들을 너희들의 지배 아래 둘 수
있을 것이다."

트로이인들은 기뻐했다. 그러
나 신탁이 뜻하는 바로 그곳이
어디란 말인가? 이때 아이네이
아스의 아버지 안키세스가 자기
들의 조상이 크레타 섬에서 왔
다는 것을 기억해냈다. 그들은
크레타로 향했다. 그리고 그곳

아이네이아스가 크레타 섬을 떠나다(1530년)

에 도시를 세우기 시작했다. 그러나 병이 돌고, 땀 흘려 농사지은 들에서는
한 톨의 곡식도 나지 않았다. 비참한 상황에서 아이네이아스는 자신들에게
예정된 장소는 서쪽으로 멀리 떨어져 있는 고장, 당시에는 헤스페리아로 불
리던 이탈리아라는 신탁을 꿈속에서 얻었다. 크레타 섬에 이주하기 오래전
에 트로이인들의 조상은 그곳에 뿌리를 두고 있었던 것이다. 비록 그 약속된
땅은 미지의 바다를 건너 오랫동안 항해해야 하는 먼 곳이었음에도 언젠가
는 새로운 고향을 가질 수 있다는 희망을 준 것에 감사하며 그들은 다시 항
해를 시작했다. 그것은 참으로 대단한 모험이었다.

아이네이아스 일행이 크레타로부터 서쪽을 향해 항해하면서 처음 다다른
곳은 하르피이아Harpyia들이 살고 있는 섬이었다. 하르피이아라는 말은 '약탈
하는 여자'라는 뜻을 가지고 있다. 하르피이아들은 처녀의 얼굴에 긴 머리카

하르피이아

락과 날카로운 발톱을 가지고 있는, 굶주림으로 창백한 새들이다. 모두 세 마리인데 각각 이름이 있었다. 하나는 아에로, 또 하나는 오키페테 그리고 또 하나는 케라이노였다.◆

항구에 닿자 아이네이아스 일행은 가축 떼들이 들판을 무리지어 다니는 것을 보고 필요한 만큼 가축을 잡아 잔치를 열었다. 그들이 잘 익은 고기를 막 뜯으려고 하자 이 새떼들이 들이닥쳐 긴 발톱으로 그릇에 담긴 고기를 낚아채갔다. 그리고 배설물을 싸기 시작했다. 그 악취는 정말 지독한 것이었다. 트로이인들은 칼을 꺼내 휘둘렀으나 새들이 훨씬 더 민첩했다. 그리고 날개는 강철 같아 칼로 잘리지 않았다. 하르피이아들 중 성깔이 가장 표독한 케라이노가 목청을 돋워 외쳤다.

"이 트로이 놈들아, 우리의 가축을 죽이고 우리에게 칼을 휘두르다니, 죄

◆ 하르피이아는 날개가 달린 정령들이다. 보통은 두 마리로 등장한다. 아에로와 오키페테라는 이름을 가지고 있는데, 각각 '돌풍'과 '비상'이라는 뜻이다. 종종 '폭풍의 먹구름이 몰려드는 하늘과 같은 어둠'을 뜻하는 케라이노가 추가되어 세 마리로 등장할 때도 있다. 이들은 에게 해의 스트로파데스 군도에 살았던 것으로 알려졌다. 베르길리우스는 이들이 다른 괴물들과 함께 하계의 문을 지키는 것으로 묘사했다. 하르피이아들이 아이들과 죽은 자들의 영혼을 약탈해가는 모습이 종종 무덤 위에 새겨져 있기도 하다. 이 새들과 관련된 가장 유명한 이야기는 피네우스Phineus의 전설이다. 그는 트라키아의 왕이었다. 예언의 능력을 가지고 있었던 그는 종종 천기를 누설하여 신들의 미움을 샀다. 그는 오래도록 예언의 능력을 갖기 위해 스스로 장님이 되었다. 그러나 제 자식들을 증거도 없이 부당하게 정죄하여 눈을 멀게 한 대가로 음식을 먹을 때마다 하르피이아들이 달려들어 음식을 채가거나 오물로 더럽혀 먹지 못하게 했다. 나중에 아르고 호의 영웅들이 예언력 있는 피네우스에게 황금 양털이 있는 콜키스로 가는 길을 묻자 피네우스는 길을 알려주는 대가로 하르피이아에게 괴롭힘을 당하는 자신을 구해줄 것을 요청했다. 아르고 호의 영웅들이 이 새들을 쫓아내고 그를 구해주었다. 하르피이아들은 서풍 제피로스Zephyros와 결합하여 바람처럼 빠른 말들을 낳았는데, 아킬레우스의 말 크산토스Xanthos도 하르피이아의 자식들 중 하나다.

없는 우리에게 이 무슨 무도한 짓
이냐? 너희는 약속된 땅에 너희
들 도시의 성벽을 두르기 전에 우
리를 죽이려 했던 불의의 대가로
무서운 허기를 만날 것이다. 너희
는 너무도 배가 고파 입으로 식탁
가장자리를 씹게 될 것이다."

하르피이아와 싸우는 아이네이아스
(프랑수아 페리에, 1646~1647년)

이 끔찍한 새들은 앞으로 닥쳐올 무서운 재난을 예고하고 날아가 버렸다.
아이네이아스는 무리를 이끌고 서둘러 하르피이아의 섬을 떠났다. 에게 해
를 항해하는 사람들이 폭풍으로부터 잠시 쉬어갈 수 있게 하여 '귀로의 섬'
이라고 불렸던 스트로파데스 군도 역시 새로운 도시를 세울 곳이 되지 못했
다. 그들은 다시 바다로 나왔다. 이렇게 새로운 미래를 찾아 바다로 바다로
떠나는 항해는 계속되었다.

아이네이아스 일행이 다음에 상륙한 지역은 에페이로스라는 곳이었다. 그
곳에서 이들은 놀랍게도 헥토르의 아내 안드로마케를 만날 수 있었다. 그녀
는 마침 헥토르의 가묘假墓에 나가 제단 위에 술을 따르며 초혼招魂의 제를 지
내고 있었다. 이때 아이네이아스가 무장한 트로이군을 이끌고 나타나자 그
녀는 믿을 수 없는 기적에 몸이 얼어붙는 듯했다. 그녀가 아이네이아스를 보
고 외쳤다.

"내게 다가오는 그대는 그대가 맞나요? 그대가 내게 정말 소식을 전하러
왔나요? 여신의 아들이여, 그대는 살아 있는 것인가요? 생명의 빛이 이미
그대를 떠나버렸다면 나의 헥토르는 어디 있나요?"

눈물이 그녀의 볼을 타고 사정없이 흘러 내렸다. 아이네이아스 역시 이 뜻

밖의 회우에 감동하여 몸이 떨리고 말이 잘 나오지 않았다.

"나는 살아 있소. 온갖 역경을 헤치고 살아가고 있소. 그대가 보고 있는 나는 진짜 나요. 아, 그대는 그토록 위대한 남편을 여읜 후로 어떤 운명을 만났소, 헥토르의 아내인 안드로마케여?"

트로이가 멸망하자 안드로마케는 아킬레우스의 아들, 네오프톨레모스의 전리품이 되어 그의 아내가 되었다. 그러나 네오프톨레모스는 아름다운 헬레네의 딸인 헤르미오네와 결혼하면서 곧 안드로마케를 버렸다. 그러나 그는 결혼 후 얼마 살지 못하고 죽었다. 아가멤논의 아들인 오레스테스가 죽여버렸기 때문이다. 원래 헤르미오네는 사촌인 오레스테스와 결혼하기로 예정되어 있었는데, 오레스테스가 어머니 클리타임네스트라를 살해하고 복수의 여신들에게 쫓겨 다니게 되자 헤르미오네의 아버지인 메넬라오스가 그녀를 네오프톨레모스에게 시집보냈다. 약혼자를 빼앗긴 오레스테스는 분개하여 신부를 빼앗아간 네오프톨레모스를 죽여버렸다. 네오프톨레모스는 죽으면서 포로의 신분이었으나 예언력을 가지고 그를 도와주었던 트로이의 왕자 헬레노스에게 왕위를 이어받게 했다. 그래서 헬레노스가 안드로마케와 재혼하여 그 도시를 다스리고 있었다. 두 사람은 아이네이아스 일행을 기쁘게 맞이하여 아주 후하게 환대했다. 헤어지기 전에 아이네이아스는 예언력을 가지고 있는 헬레노스에게 앞으로 어떤 시련이 그들을 기다리고 있는지, 어떻게 하면 그 역경을 극복할 수 있는지 조언을 구했다. 그러자 헬레노스는 신전에 수송아지 몇 마리를 제물로 바치고 신들의 축복을 빌어주었다. 그리고 그들의 항해에 대해 아주 요긴하고 유용한 조언을 해주었다.

"여신의 아들, 아이네이아스여, 운명의 여신들이 내게 속삭이는 말들을 들려주겠소. 그대가 새로운 도시를 세워야 하는 이탈리아 땅이 가까이 있지만 쉽게 그 포구에 다가설 수 있다고 믿으면 오산이오. 헤라 여신이 곳곳에서 그대를 막고 있기 때문이오. 거기까지 가는 여정은 길도 없는 먼 길이오. 노가 휘도록 전력 질주를 해야 할 곳도 있고, 저승의 호수들도 건너야 하고, 마녀 키르케의 섬도 지나야 하오. 그대에게 징표를 알려줄 테니 잊지 마시오. 그대가 괴로워하며 머나먼 강가에 이르렀을 때 강가의 떡갈나무 밑에 거대한 흰 암퇘지가 누워 젖을 먹이는데 갓 태어난 새끼 돼지 서른 마리가 바글거리면 그곳이 그대가 새 도시를 세울 터가 될 것이며, 그대의 고난의 종착지가 될 것이오. 두려워하지 마시오. 그대는 운명의 길을 찾아낼 것이오. 이탈리아의 동쪽 해안에 상륙하는 것을 피하시오. 그곳은 이미 그대와 적대적인 그리스인들이 도시를 만들고 성곽을 높이 쌓아두었으니 위험하오. 예정된 안식처는 더 북쪽으로 올라간 서쪽 해안에 있지만 절대 지름길로 가서는 안 되오. 시칠리아 섬과 이탈리아 본토 사이에는 스킬라와 카리브디스가 지키는 가장 위험한 해협이 있다오. 그 해협 사이로 수시로 바닷물이 밀고 들어오는데, 오른쪽에는 스킬라가 그대를 위협하고 왼쪽으로는 카리브디스가 하루에 세 번씩 심연의 깊은 소용돌이를 빨아 마셨다가 하늘을 향해 내뿜을 것이오. 거대한 파도가 하늘의 별들을 물보라로 매질하는 곳이니 절대 그 길을 택하지 마시오. 그 대신 시칠리아를 남쪽으로 길게 우회하여 격랑이 이는 카리브디스의 소용돌이와 모든 배들을 삼켜버리는 스킬라의 검은 동굴을 피해 북쪽으로 항해하면 이탈리아 본토에 있는 쿠마이의 도시에 닿게 될 것이오. 그곳에는 살랑대는 숲 속에 저승의 입구가 감춰진 아베르나 호수가 있소. 거기서 쿠마이의 예언녀를 만나시오. 반드시 이 여인을 만나야 하오. 그녀야말로 그대가 앞으로 치러내야 하는 전쟁과 모험에 대해 알려줄 것이오. 자, 이제 떠나시오. 그대의 행적으로 말미암아 트로이가 다시 하늘까지

우뚝 솟도록 하시오."

안드로마케는 작별을 아쉬워하며, 아이네이아스의 아들 아스카니우스◆를 위해 황금 실로 수놓은 옷들과 외투를 가져왔다. 그녀는 소년에게 말했다.

"소년아, 이것들을 받아라. 그리하여 내 솜씨의 기념물이 되어다오. 너는 내게 남아 있는 내 아들의 모습 그대로구나. 그 아이도 이런 눈을, 이런 손을, 이런 얼굴을 가지고 있겠지. 그 아이도 지금쯤 너와 같은 또래로 자랐겠지."

아이네이아스는 이 운명에서 저 운명으로 끊임없이 부름을 받다가 이제 이곳에 정착하게 된 두 사람의 환대를 뒤로하고, 자신의 운명이 이끄는 대로 이탈리아의 남쪽 끝을 우회하여 헬레노스의 예언대로 시칠리아 섬을 향해 항해했다. 만일 그들이 헬레노스의 조언을 따르지 않고 스킬라와 카리브디스가 버티고 있는 해협을 빠져 가까운 길로 나가려고 했다면 많은 배가 깨지고 말았을 것이다. 오디세우스도 과거에 이 해협에 들어서서 카리브디스가 만들어낸 소용돌이를 피하려다가 여섯 명의 부하들을 스킬라의 손에 빼앗기고 말았다. 그들은 잠시 시칠리아의 아름다운 해안에 정박했다. 다음 날 아침 일찍 창백한 안색과 초라한 옷에 굶주림으로 반은 죽은 사람과도 같은 한 남자가 아이네이아스를 찾아왔다. 그는 오디세우스의 부하로, 오디세우스가 폴리페모스의 동굴에서 탈출할 때 고의는 아니었지만 뒤처지게 되어 그곳에 남을 수밖에 없었다고 말했다. 그 후로 그는 숲 속에서 키클롭스들에

◆ 아이네이아스의 로마식 이름은 아이네아스다. 그는 트로이인이며, 로마의 모태 도시를 건설한 인물이다. 다시 말해 트로이인이며, 동시에 로마인이다. 그래서 아이네이아스 혹은 아이네아스라는 이름으로 혼용되어 쓰인다. 아들인 아스카니우스도 나중에 이울루스라고 불리게 되었다. 아이네이아스는 이탈리아의 남서쪽 도시인 라비니움에 맨 처음 도시를 세우게 된다. 아들 대에 이르러 좁은 라비니움을 떠나 알바 호반에 길게 뻗은 알바롱가로 이주하게 된다. 이로부터 300년 후에 알바롱가 가문에서 로물루스가 태어나 티베리스 강 유역에 도시를 세우고 자신의 이름을 따서 로마라고 불렀다.

게 발각되지 않을까 두려움에 쫓기며 살아왔다고 했다. 그의 말에 따르면 섬에는 전부 100여 명이나 되는 키클롭스들이 있는데, 그들은 폴리페모스처럼 하나같이 키가 크고 무섭다고 했다. 그러니 이 거인들이 눈치채기 전에 어서 여기를 탈출해야 한다고 말했다. 트로이인들은 그의 말에 따라 닻줄을 끊고 신속하고 조용하게 움직였다. 그들이 배를 막 물에 띄웠을 때 오디세우스에게 눈이 먼 거인 폴리페모스가 눈이 있던 움푹 팬 자리를 씻어내기 위해 해변으로 걸어왔다. 폴리페모스는 노가 철썩거리는 소리를 듣자 바로 바다로 뛰어들었다. 그러나 트로이인들은 이미 출발한 지 꽤 되어 폴리페모스가 그들에게 닿기에는 수심이 너무 깊었다.

　아이네이아스 일행은 그렇게 위험에서 벗어났지만 그만큼 커다란 위험이 또 그들을 기다리고 있었다. 위험은 위험에 더해 끊이지 않았다. 시칠리아 부근을 항해하던 도중 전무후무한 거대한 폭풍을 만난 것이다. 파도가 어찌나 높게 솟아오르던지 하늘의 별들을 핥을 정도였고 파도 사이의 소용돌이 아래로는 바다의 바닥이 드러날 정도였다. 이 치명적인 폭풍의 배후에는 늘 그렇듯이 헤라 여신의 증오가 서려 있었다. 헤라는 당연히 모든 트로이인들을 미워했다. 그녀는 결코 파리스의 심판을 잊을 수 없었다. 그녀는 아프로디테에게 가장 아름다운 여신의 자리를 빼앗긴 후 그 상처를 계속 핥고 있었기 때문에 트로이 전쟁 중에도 트로이의 가장 맹렬한 적이었다. 게다가 아이네이아스는 아프로디테의 아들이니 더욱 특별한 증오를 품을 수밖에 없었다. 거기에 더해 헤라는 앞으로 수세대가 더 지나서이긴 하지만 아이네이아스의 후손들에 의해 세워질 로마가 언젠가는 카르타고를 정복하리라는 사실을 알고 있었다. 카르타고는 헤라가 지상에서 가장 사랑하는 도시였다. 그러니 앞으로 이루어질 또 하나의 예언이 다시 자신을 분노하게 하기 전에 헤라는 기필코 아이네이아스를 물에 빠뜨려 죽이기 위해 온힘을 다 바쳤다. 천박한 헤라는 바람의 왕 아이올로스에게 갔다. 그리고 이렇게 말했다.

"아이올로스여, 신들의 아버지이자 인간의 왕인 그분께서 그대에게 바람으로 파도를 달래고 일으키는 권한을 주었으니 내가 싫어하는 민족의 함선을 뒤집고 그 선원들을 흩어버려 바다 위에 그들의 시신을 뿌리시오. 내게는 몸매가 빼어난 요정이 이칠에 14, 14명이 있다오. 그중에서도 가장 예쁜 데이오페아를 그대에게 정해주겠소. 내 청을 들어준 보답으로 그녀는 평생 그대와 함께 귀여운 자식을 낳아 그대를 행복한 아버지로 만들어줄 것이오."

아이올로스는 이전에 오디세우스가 귀환할 때 여러 방향의 바람을 부대에 잔뜩 가두어주고 필요할 때 쓰라고 했던 바로 그 바람의 신이다. 헤라로부터 예쁜 요정을 선물받은 아이올로스는 모든 바람을 다 풀어놓았다. 그래서 엄청난 폭풍이 일어났던 것이니 그 흉포함이 이루 말할 수 없었다. 바다의 신 포세이돈이 바다에서 폭풍우가 노호하는 소리를 듣고 바라보니 아이네이아스의 배들이 침몰하기 직전이었다. 그는 바다에게 그런 명령을 내린 적이 없었다. 그는 헤라가 아이올로스를 꾄 것을 알고 화가 났다. 그는 헤라의 일에 관여할 생각은 없었지만 자신의 영역을 침범한 것은 용납할 수 없었다. 그리하여 모든 바람을 불러 꾸짖어 물리치고 아이올로스를 엄중히 문책했다. 바람이 가라앉자 아이네이아스의 배들은 다시 육지를 찾아 상륙하게 되었다. 그곳이 바로 아프리카 북부의 도시 카르타고였다.

시인은 노래한다.

인간은 이 운명에서 저 운명으로 부름을 받는 것,

부름이 끝나 한곳에 머무는 순간

삶은 저녁처럼 저문다.

그러니 풍랑과 폭우를 두려워할 일이 아니다.

그것은 떨림의 기쁨으로 우리를 살게 하는 것이니.

풍랑이 내던져놓은 새로운 운명의 해변에서

폭우가 지나간 하늘은 다시 푸르게 살게 하나니.

모든 죽음은 영원한 평화, 그러니

살면서 아무 일 없는 무풍의 권태를 참지 마라.

떠나지 못한 모험은 삶에 대한 쓰라린 모독이니.

여왕 디도:
"배신자여, 그대는 말 한마디 없이 나를 떠나는가?"

폭풍이 멎자 아이네이아스 일행은 시칠리아에서 멀리 떨어진 아프리카의
북쪽 카르타고까지 밀려왔다. 방해하는 신이 악을 쓰고 막으니 지척도 먼 곳
이 되었다. 그러나 인간의 운명은 여신 하나의 힘으로 어찌할 수 없는 것, 신
도 인간의 운명을 제 마음대로 할 수는 없는 것. 가혹한 신이 있으면 온정으
로 도와주려는 신도 있는 법. 그렇게 아이네이아스는 파도의 마루 위로 쳐올
려져 배가 깨지고 시신을 바다에 뿌릴 뻔했으나 늠름하게 다시 살아나 카르
타고의 궁정을 걷게 되었다.

카르타고는 티로스의 이민자들이 세운 나라였다. 디도Dido라는 여인에 의

해 세워졌고 그녀의 치세 아래 크게 번성하는 도시로 자라났다. 디도는 원래 페니키아 지역의 도시인 티로스의 왕 벨로스Belus의 딸이었다. 벨로스가 죽으면서 왕국은 아들인 피그말리온Pygmalion이 물려받았고, 공주였던 디도는 당시 그 나라 최고의 갑부이며, 왕 다음가는 권력자였던 숙부 시카르바스Sicharbas와 결혼했다. 피그말리온은 재산이 탐나 숙부이자 매형인 시카르바스를 살해했지만 재물을 빼앗지는 못했다. 디도가 남편의 황금을 모두 배에 싣고 그녀를 따르는 무리와 함께 도망쳐버렸기 때문이다. 도망가면서 디도는 수시로 여러 개의 자루를 바다에 던졌다. 그리고 남편의 영혼을 달래기 위해 황금 자루를 바다에 던진 것이라는 소문을 흘렸다. 그러자 뒤를 추격하던 피그말리온의 군대는 그 황금 자루를 찾느라 지체했다. 자루에 든 것은 모래였다.

그들은 아프리카 해안에 도착하게 되었고 원주민들은 그들에게 우호적이었다. 디도가 그들에게 그곳에서 살 수 있게 작은 땅을 떼어달라고 부탁하자 그들은 "소 한 마리의 가죽으로 둘러쌀 수 있을 만큼의 땅"을 가지라고 했다. 디도는 소 한 마리의 가죽을 실처럼 얇게 잘라 꽤 넓은 면적을 얻어내게 되었다. 디도는 활력이 가득한 도시를 건설했다. 이 도시의 인근 해안으로 아이네이아스 일행이 풍랑에 밀려 도착했다.

바로 이때 아이네이아스의 어머니인 아프로디테는 일을 확실히 하기 위해 제우스를 만나러 올림포스로 올라갔다. 아프로디테는 제우스를 원망하며, 사랑스러운 두 눈에 눈물을 가득 담고 자신의 소중한 아들인 아이네이아스가 다 죽게 생겼다고 푸념을 늘어놓았다. 신들의 제왕인 제우스는 아이네이아스가 언젠가는 온 세상을 지배할 민족의 선조가 되게 해주겠다고 맹세했다. 제우스는 웃으며, 아프로디테의 눈물을 입맞춤으로 닦아주었다. 그리고 자신의 약속, 즉 아이네이아스의 후손이 바로 로마인들이 될 것이며, 그들에게 끝없는 광활한 제국이 예정되어 있다는 약속으로 그녀를 위로했다.

아프로디테는 매우 만족하여 그 자리를 떠났지만 일을 더욱 확실하게 매듭짓기 위해 자신의 아들인 에로스를 시켜 디도가 아이네이아스를 사랑하게 만들었다. 에로스의 도움 없이도 디도가 그에게서 강한 인상을 받을 것이라고 확신했지만 아이네이아스를 사랑하게 될지는 불확실했다. 디도는 남의 영향을 받지 않는 단호한 여인이었다. 그 근처 모든 나라의 왕들이 디도와 결혼하려고 했지만 한 사람도 성공하지 못했다. 그래서 아프로디테는 에로스에게 명령해두었고, 에로스는 디도가 아이네이아스를 보자마자 마음속에 사랑의 불길이 치솟게 만들었다. 그 일은 신나고 재미있는 장난이었으니까.

해안에 상륙한 다음 날 아침 아이네이아스는 충직한 친구 아카테스Achates 와 함께 그들이 도착한 곳이 어디인지 알아보려고 부하들을 남겨둔 채 길을 나섰다. 두 사람이 낯선 고장을 탐사하는 동안 여자 사냥꾼으로 변장한 아프로디테가 그들 앞에 나타났다. 여신은 그들이 지금 있는 곳이 어디인지 알려주고 카르타고로 곧장 가라고 말해주었다. 그곳의 여왕이 분명히 도와줄 것이라면서. 그 말에 용기를 얻은 두 사람은 아프로디테가 알려준 길로 갔다. 여신은 그들을 두터운 안개로 감싸 보호해주었고 두 사람은 아무런 제약도 받지 않고 도시 안으로 들어갈 수 있었다. 궁전 앞에 도착한 그들은 어떻게 여왕을 만날 수 있을지 생각하며 잠시 걸음을 멈추었는데 성벽에 트로이 전쟁이 서사시처럼 벽화로 새겨져 있는 것을 발견했다. 그 순간 아르테미스 여신처럼 아름다운 디도가 수많은 수행원들을 거느리고 다가왔다. 그러자 아이네이아스를 둘러싸고 있던 안개도 일시에 걷혀 그는 아폴론처럼 준수한 모습으로 여왕 앞에 나타났다. 그가 자신이 누구인지 여왕에게 밝히자 디도

디도와 아이네이아스의 만남(너대니얼 댄스 홀랜드)

는 최대한 예우를 갖추어 그를 맞이했고 자신의 도시에 온 것을 환영했다. 디도는 집 없는 사람들이 얼마나 고통스럽고 처량한지 잘 알고 있었다. 디도 역시 자신을 살해하려는 오빠를 피해 아프리카로 도망쳐왔기 때문이다.

디도는 그날 밤 손님들을 위해서 화려한 연회를 준비했고, 거기에서 아이네이아스는 트로이 함락으로부터 자신의 긴 방랑까지 그동안 겪은 일들을 얘기해주었다. 그는 멋지고 감동적으로 말했고, 여기에 에로스의 묘약이 더해져 디도에게 다른 선택이란 있을 수 없었다. 사랑의 정염이 부드러운 그녀의 골수를 파먹었고 불길에 휩싸인 듯이 디도를 견딜 수 없게 했으니, 화살에 맞은 흰 암사슴처럼 그녀는 옆구리에 치명적 상처를 안고 사랑의 길을 질주하기 시작했다. 낮 동안 긴 이야기를 나누다 헤어지고 달도 빛을 잃어 희미해지면 그녀는 그가 떠난 빈 방에서 홀로 외로워하며 그가 머물다 간 긴

의자에 쓰러져 누웠다. 상
사의 정을 이기지 못한 그
녀는 모든 명예심을 버리고
아이네이아스에게 열중하
게 되었다.

부하들이 난파한 배들을
수선하는 동안 아이네이아
스와 디도는 차츰 사랑하는

디도에게 트로이 이야기를 하다(피에르 나르시스 게랭, 1815년)

사이로 발전해가게 되었다. 결국 사냥 대회가 열리던 날 소나기를 피해 동굴
로 들어간 두 사람은 사랑하는 사이가 되고 말았다. 아프로디테뿐 아니라 헤
라 역시 다른 의도를 가지고 두 사람이 사랑에 깊이 빠져들도록 도와주었다.
헤라의 계획은 두 사람을 서로 사랑에 빠지게 해서 아이네이아스의 마음을
이탈리아로부터 돌려 디도와 함께 그곳에 정착하게 하는 것이었다. 그 계획
은 아프로디테가 제우스를 찾아가 부탁하지 않았더라면 훌륭하게 성공했을
것이다. 아프로디테 역시 당분간 디도가 아이네이아스를 열렬히 사랑하기를
바랐다. 그렇게 되면 아이네이아스가 카르타고에 있는 동안은 아무 해도 입
지 않을 것이기 때문이다.

한동안 두 사람은 참으로 행복했다. 디도는 자신이 가진 모든 것을 아끼지
않고 다 주었고, 아이네이아스도 디도를 사랑했기 때문이다. 디도는 자신의
도시가 자신뿐 아니라 아이네이아스의 것이기도 하다는 사실을 이해시켰
다. 디도는 카르타고인들이 아이네이아스를 자신들의 통치자처럼 대우하게
했다. 아이네이아스의 동료들 역시 디도의 특별한 호의를 받았다. 한편 아이
네이아스도 디도가 주는 모든 것을 대단히 만족스럽게 받아들였다. 그는 아

카르타고에서의 디도와 아이네이아스(클로드 로랭, 1675년)

름다운 동시에 강력한 여왕인 디도와 함께 편안하게 살았다. 디도는 아이네이아스를 위해 모든 것을 준비해주었다.

미지의 땅을 찾아 새로운 도시를 세워야 한다는 결심은 더 이상 의미를 갖지 못했다. 다시 풍랑과 폭우와 전쟁 속으로 달려들고 싶지 않았던 것이다. 사랑과 행복 속에서 그의 모험심과 야망은 녹아내리기 시작했다. 헤라는 일이 풀려가는 형세에 매우 만족했지만 아프로디테는 전혀 동요하지 않았다. 아프로디테는 결국 제우스가 아이네이아스를 이탈리아로 보낼 것이라고 확신했기 때문에 디도와 함께 보내는 일 년 정도의 휴식이 자신의 아들에게 조금도 불리할 것이 없다고 생각했다. 때가 되었다. 제우스는 전령의 신 헤르메스를 카르타고로 보내 아이네이아스에게 긴박한 전갈을 보냈다. 헤르메스는 디도가 선물한 눈부신 의상을 걸치고 있던 아이네이아스를 발견했다. 옆구리에는 벽옥이 박힌 근사한 칼을 차고 있고, 양쪽 어깨에는 황금 실을 섞어 짠 멋진 자주색 외투를 걸치고 있었다. 모든 것이 다 디도의 선물이었으며, 특히 외투는 디도가 자신의 손으로 직접 짜준 것이었다.

준엄한 음성이 아이네이아스의 귓전에 울렸다. 아이네이아스가 고개를 돌리자 보기에도 신이 분명한 헤르메스가 그 앞에 서 있었다.

"그대는 자신의 왕국과 운명을 모두 잊었는가? 하늘의 제왕인 제우스께서 직접 나를 그대에게 보내셨다. 바람을 헤치고 달려온 내가 그분의 명령을 전하니, 당장 이곳을 떠나 그대에게 예정된 왕국을 찾으라. 커가는 그대의 아들 아스카니우스의 희망을 생각하라. 이탈리아 왕국과 로마 땅은 그의 몫이니."

그 말과 함께 헤르메스는 허공으로 흩어지는 안개의 소용돌이처럼 사라져버렸다. 아이네이아스는 신의 명령에 복종하기로 굳게 결심했지만 자신이 떠나가면 디도가 얼마나 힘들지 뼈저리게 알고 있었다. 아이네이아스는 부하들을 불러 배를 손보고 당장 출발할 준비를 하되, 모든 것을 비밀리에 진행하라고 일렀다. 그럼에도 불구하고 디도는 그 사실을 알아채고 아이네이아스를 불렀다. 디도는 그가 정말로 자신을 떠나려 한다는 사실을 믿을 수 없었다. 그녀가

헤르메스가 아이네이아스에게 카르타고를 떠나라고 이야기하다
(티에폴로, 1757년)

말했다.

"배신자여, 그대는 정말 말 한마디 없이 나를 떠날 셈인가요? 그대는 나에게서 도망치려는 것인가요? 나는 이 눈물과 그대의 서약과 막 시작한 우리의 결혼에 걸고 간청합니다. 내가 그대에게 어떤 호의를 베푼 적이 있다면, 나의 어떤 것을 그대가 사랑한 적이 있다면, 내 기도가 너무 늦지 않았다면 그대의 계획을 단념하세요."

아이네이아스는 마음속의 괴로움을 애써 억제했다. 그리고 말했다.

"나는 그대가 말할 수 있는 것보다 더 많이 그대에게 신세를 졌다오. 여왕이여, 내 생명의 입김이 나의 사지를 지배하는 동안 결코 당신을 기억하는 일을 그만두지 않을 것이오. 내 운명은 트로이와 아직도 살아 있는 내 동포를 돌보는 것이오. 신께서 내게 위대한 이탈리아를 차지하라 명령하셨소. 그곳이 나의 사랑이며, 나의 조국이오. 이슬 젖은 그늘로 밤이 대지를 덮을 때마다, 불타는 별들이 떠오를 때마다 내 아버지 안키세스께서 괴로워하며 내게 다가와 '어서 여기를 떠나 네 왕국을 세우라'고 말한다오. 내 아들에게 운명 지워진 그의 왕국을 물려주지 못한다면 그에게 못할 짓을 하는 것이오. 제우스께서 친히 사자를 보내 내게 경고하셨소. 그러니 나와 그대 자신을 괴롭히는 일일랑 그만하시오. 내가 그대를 떠나는 것은 내 뜻이 아니라오."

아이네이아스는 떠날 결심을 했기 때문에 마음을 다잡고 얼음처럼 냉정해질 수밖에 없었다. 불길 같은 디도의 열정조차 아무 소용이 없었다. 타오르는 불보다 얼음이 더 춥고 차가웠다.

트로이인들은 그날 밤 아주 조심스럽게 출항했다. 여왕의 명령 한마디면 그들의 출발은 영원히 불가능했기 때문이다. 한편 디도는 그녀의 마지막을 준비하고 있었다. 그녀는 궁전의 맨 안뜰 마당에 소나무와 참나무로 거대한 화장용 장작을 쌓게 했다. 그리고 그곳에 화환을 걸고 죽음의 잎으로 장식했다. 그녀는 그 위에 자신의 침상을 얹었다. 그리고 아이네이아스가 입던 옷가지와 그의 칼과 그를 그린 그림을 올려두었다. 그녀는 아이네이아스의 함대가 떠나가는 것을 지켜보았다. 그리고 자신의 침상 위로 올라갔다. 깊은 회상에 잠시 잠겼던 그녀는 침상에 누워 스스로에게 마지막 작별 인사를 던졌다.

"운명과 신이 허락했던 달콤한 그의 유품들이여, 너희들이 나의 혼백을 받아주고, 이 고통에서 나를 풀어다오. 나는 내 인생을 살았고, 이제 운명이 정해준 모든 노정을 다 마쳤으니 이제 나의 위대한 혼백은 저승으로 내려갈 것이다. 나는 카르타고를 세웠고, 내 자신의 성벽을 보았고, 남편의 원수를 갚았고, 내 오라비를 응징했다. 나는 말할 수 없이 행복했을 것이다. 만일 그의 함선이 내 땅의 해안에 닿지만 않았던들."

그녀는 아이네이아스가 남기고 간 칼 위에 엎어졌다. 칼날 위로 피가 품어져 나오고 그녀의 두 손은 피로 얼룩졌다. 높은 궁전에서 시녀들의 비명이 들리고 하늘은 곡성으로 메아리쳤다. 디도는 세 번이나 팔꿈치를 딛고 몸을 일으켜 세웠으나 세 번 모두 다시 침상 위로 쓰러졌다. 헤라는 그녀의 고통과 힘겨운 죽음을 가엾게 여겼다. 그리고 올림포스에서 무지개의 여신 이리스를 내려보내 그녀의 괴로워하는 넋을 육신에서 풀어주었다. 일시에 모든 온기가 사라지고 디도의 생명은 바람 속으로 사라졌다.

배에 탄 채 카르타고의 성벽을 뒤돌아보던 아이네이아스는 커다란 불길이 솟아오르는 것을 보았다. 자결한 디도를 태우는 화장 불꽃이 하늘로 치올랐다.

시인은 노래한다.

사랑이 타오른다, 불처럼 빨갛게 날름이며

'여자는 남자의 몸에서 머물 산을 찾고,

남자는 여자의 몸속에서 배를 찾는다.

갈 곳을 잃은 밤의 한가운데에서' ◆

미지의 불안으로 가득한 신세계를 그리며.

미친 듯 더듬어 서로 찾아 타오르는 절정에서

사랑의 길은 갈린다, 남자의 사랑과 여자의 사랑으로.

세상 모든 남자의 사랑은 바닷가에 묶인 배,

세상 모든 여자의 사랑은 그 배를 묶어둔 밧줄.

천둥 치는 만남은 잠시, 이내 영원한 엇갈림의 운명이여.

시빌라:
황금 가지를 들고 하데스의 나라로

카르타고부터 이탈리아의 서부 해안까지 가는 여정은 이전에 비하면 훨씬
수월했다. 아이네이아스 일행은 그리스 식민시인 쿠마이 ◆◆ 에서 멀리 떨어
지지 않은 해안에 상륙했다. 아이네이아스는 이탈리아 땅에 도착하면 곧바로
쿠마이로 가서 그곳의 신녀神女 시빌라가 있는 동굴을 찾아가라는, 트로이 예

◆ 옥타비오 파스Octavio Paz의 시 〈서로 찾기〉의 한 대목이다.
◆◆ 쿠마이는 그리스인들이 세운 식민시로 현재의 나폴리 근처로 추정된다.

언자 헬레노스의 말을 잊지 않았다. 그 는 시빌라◆가 지혜 깊은 여인이니 미래 를 예견할 수 있고, 아이네이아스가 앞 으로 무엇을 해야 할지 조언해줄 것이라 고 말했었다. 그녀는 그에게 갈 곳을 알 려줄 것이다.

시빌라(미켈란젤로, 1508~1512년)

아이네이아스는 시빌라의 동굴에 이 르렀다. 그리고 그녀에게 갈 곳을 물었 다. 그러자 그녀는 아이네이아스의 죽은 아버지 안키세스가 그곳을 알고 있을 것이니 그를 찾아 저승으로 내려가야 한다고 말했다. 그리고 그가 원한다면 자신이 길을 안내하겠다고 말했다.

"불행에게 머리를 숙이지 마세요. 그럴 때마다 더 꿋꿋해져야 해요."

아이네이아스가 이 무서운 저승 모험을 시도할 각오가 되어 있다고 말하 자 그녀는 하계의 여왕인 페르세포네에게 줄 선물로 황금 가지를 꺾어오라 고 했다. 아이네이아스는 충실한 친구이자 부하인 아카테스와 함께 황금 가 지를 찾아 떠났다. 두 사람은 광막한 숲으로 들어갔다. 갑자기 아프로디테의

◆ 시빌라는 아폴론의 신탁을 전하는 여사제들이다. 여러 명의 시빌라들이 있지만 그중에서 가장 유명한 시빌라가 바로 쿠마 이의 시빌라다. 그녀는 동굴에서 태어났으며, 태어나자마자 급속하게 성장하여 어른이 되었다. 종려나무에 시처럼 운문으 로 신탁을 받아써서 사람들에게 알려주었다. 아폴론은 그녀를 사랑하여 한 가지 소원을 들어주겠다고 했다. 그러자 그녀는 손으로 모래를 한 움큼 쥐고 그만큼의 햇수를 살 수 있게 해달라고 말했다. 아폴론은 그 소원을 들어주었다. 그래서 그녀는 1000년을 살게 되었다. 그러나 젊음을 함께 원하는 것을 잊었기에 해마다 그녀는 늙어갔고 조금씩 쪼그라들었다. 나중에 는 작은 새장 안에 들어가 살 만큼 작아졌다. 아이들이 "시빌라, 무엇을 원하세요"라고 물으면 그녀는 삶에 지칠 대로 지쳐 "죽고 싶어"라고 대답하곤 했다.

신조인 두 마리의 비둘기가 나타났다. 새들이 천천히 날아가자 두 사람은 비둘기를 쫓아갔고 결국 아베르누스 호수 가까이에 이르게 되었다. 비둘기들은 밝은 황금색으로 빛나는 나무 위로 날아올랐다. 바로 황금 가지가 달린 나무였다. 아이네이아스는 기쁨으로 그 가지를 꺾어 시빌라에게 가져갔다. 비로소 시빌라와 아이네이아스 일행은 저승 여행을 시작할 수 있었다.

　가장 먼저 그들이 해야 할 일은 지하 세계로 들어가는 입구를 찾아내는 것이었다. 시빌라는 베수비오 산의 갈라진 틈, 유황의 불꽃이 튀어나오고 음산한 증기와 신비한 음성이 흘러나오는 아베르누스 호수에 지하로 통하는 동굴이 있다는 것을 알고 있었다. 아이네이아스 일행은 그 입구에 이르러 저승의 왕비 페르세포네를 비롯한 모든 지하의 여신들에게 제물을 올렸다. 한밤

중에 어두침침한 호수의 방죽 위에 있는 컴컴한 동굴 앞에서 시빌라는 숯처럼 까만 황소 네 마리를 무서운 밤의 여신 헤카테◆에게 제물로 바쳤다. 불타는 제단 위에 제물의 일부를 올려놓자 그들의 발 아래에서 땅이 덜거덕거리며 요동 쳤고 멀리 떨어진 개들이 어둠 속에서 울부짖었다. 시빌라가 그 동굴 안으로 뛰어들자 아이네이아스도 대담하게 그 뒤를 따라 들어갔다.

　그들은 곧 양쪽으로 창백한 질병과 복수심에 불타는 걱정, 죄를 짓도록 충동질하는 굶주림과 죽음을 초래하는 전쟁 등 공포를 일으키는 거대한 무리들이 짙은 어둠 속에서 유령처럼 다가오는 길 위에 걸음을 멈추었다. 피로 얼룩진 머리카락이 뱀처럼 넘실대는 미치광이 불화가 다른 모든 끔찍한 저주들과 함께 한꺼번에 험악한 형상을 하고 달려들었다. 아이네이아스가 공포에 질려 칼을 빼들고 휘두르려고 하자 시빌라가 황급히 그를 진정시켰다.

　두 사람은 그 사이를 지나쳐 강가에 당도했다. 어느 노인이 넓게 펼쳐진

◆ 헤카테는 신비로운 존재로 남아 있다. 헤시오도스에 의하면 헤카테는 올림포스 신들 이전인 티탄족의 계보에 속하지만 제우스는 그녀의 권력을 강화시켜주었다고 한다. 그녀는 호의를 가지고 모든 사람의 소원을 들어주었다. 가축을 살찌우게 하고 그물이 고기로 가득 차게 하는 물질적 부는 물론, 정치적 영향력, 스포츠에서의 승리 등 무엇이 되었든 사람들은 그녀에게 온갖 청을 빌었다. 그러다가 그녀는 마법과 마술을 관장하는 모든 여신들의 어머니 신이 되었으며, 죽음의 세계와도 연관되게 되었다. 그녀는 양손에 횃불을 하나씩 들고 암말, 암캐, 늑대 등 갖가지 동물의 모습으로 마법사와 마녀들에게 현시한다. 오디세우스를 사랑으로 억류했던 마녀 키르케의 어머니이기도 하고, 이아손의 아내로 그를 파멸시킨 마녀 메데이아의 할머니로 여겨지기도 한다. 재미있게도 헤카테가 가장 좋아하는 마법의 장소는 십자로로 그녀는 그곳을 지배했다. 사람들은 십자로에 이르러 늘 그녀를 찾곤 했다. 사람들은 세 개의 몸이나 세 개의 얼굴을 가진 여인의 모습으로 그녀를 십자로에 세워두고 봉헌물을 바치곤 했다. 그녀는 왜 교차로의 여신이 되었을까? 후대에 오면서 그녀는 세 가지의 개념이 합쳐진 여신이 되었기 때문이다. 그녀는 원래 어두운 밤하늘에 떠 있는 달이었다. 즉 올림포스 신들의 시대 이전, 거인족이었던 티탄족의 달의 여신 셀레네였다. 올림포스 신들의 시대에 이르러서는 지상의 숲 속에서 쏜살같이 달리는 모든 짐승들의 여신 아르테미스였다. 그리고 지하 세계에서는 달의 어둠, 즉 달이 나타나지 않는 어두운 밤의 여신 헤카테였다. 헤카테는 어둠 속에서 이루어지는 행위와 관련이 있었고, 사악한 마법이 이루어지는 모든 어둠 속에 도사리고 있었다. 세 가지 모습이 모두 들어 있는 이 여신은 그래서 세 갈래 길이 교차하는 교차로에 산다. 그녀는 모든 강한 것을 파괴할 만큼 강하고, 그녀의 사냥개는 온 도시가 울리도록 짖어댄다. 선과 악 사이의 불분명한 지점, 그 교차로에 그녀는 웅크리고 있다.

시빌라와 저승 여행을 떠나다(조지프 말러드 윌리엄 터너, 1814~1815년)

물 위에서 배를 젓고 있었다. 시빌라는 지금 그들이 서 있는 지점이 저승의
두 강인 코키토스와 아케론이 만나는 합류 지점*이라고 말해주었다. 그곳에
서 시빌라와 아이네이아스는 또 다른 처참한 광경을 목격했다. 마치 겨울이
닥쳐 처음으로 불어대는 찬바람에 숲 속에서 나뒹구는 낙엽처럼 수많은 유
령들이 강가에서 팔을 내밀어 음산한 뱃사공에게 애원하고 있었다. 그러나
늙고 볼품없지만 강인한 뱃사공 카론은 그들 중에서 오직 선택된 자들만 배
에 태웠다. 아이네이아스는 시빌라에게 왜 카론이 죽은 이들을 그렇게 차별
하는지 물었다. 그러자 시빌라가 대답했다.

"배를 탈 수 있는 사람들은 적절한 장례 절차를 거친 영혼들이고, 그렇지
못한 나머지 원혼들은 이 강을 건널 수 없기 때문이지요. 그들은 100년 동안

이 강가를 떠돌며 울부짖고 방황
하다가 비로소 건너게 된답니
다."

카론은 아이네이아스와 시빌
라가 배를 타러 내려오자 노한
눈으로 노려보았다. 하지만 황금
가지를 보여주자 카론은 선선히
아이네이아스와 시빌라를 배에
태워주었다. 죽은 유령만 타는
배에 살아 있는 두 사람이 올라
서자 배는 무게를 견디지 못해
가라앉을 듯이 신음 소리를 내며
묵직이 내려앉았다. 맞은편 강둑
에 내리니 입으로 불을 내뿜는

하데스와 페르세포네

사나운 개 케르베로스가 길을 막아섰다. 시빌라가 저승의 개 케르베로스에

◆ 그리스 신화에는 에레보스라는 암흑의 공간이 있다. 이 암흑의 공간에 이승과 저승을 가르는 다섯 개의 강이 흐른다. 그 첫
번째 강이 아케론이다. 슬픔의 강이다. 여기서 뱃사공 카론은 뱃삯으로 동전 한 닢을 받는다. 부귀 귀천에 관계없이 오직 한
개의 동전을 받고 배를 태워준다. 두 번째 강은 코키토스다. 비탄과 통곡의 강이다. 첫 번째 강에서 슬픔을 버리고 두 번째
강에서 비탄과 통곡을 버린다. 그리고 세 번째 강에 이르게 되는데, 그 강의 이름이 플레게톤이라는 불길의 강이다. 죽은 자
들이 불로 자신을 정화할 수 있게 해준다. 그리고 네 번째 강이 유명한 스틱스 강이다. 증오의 강이다. 스틱스는 원래 여신
의 이름인데, 제우스를 대장으로 하는 올림포스의 신들이 티탄족과 권력을 두고 전쟁을 할 때 제우스를 도와주었기 때문에
그 보답으로 신들이 맹세를 할 때는 이 스틱스 강물을 떠다가 그 앞에서 서약을 하게 했다. 다섯 번째 강이 바로 레테로서 망
각의 강이다. 이 물을 마시면 전생의 모든 기억과 번뇌를 잊고 새로운 영혼으로 태어나게 된다. 이 다섯 개의 강을 다 건너면
두 개의 갈림길이 나온다. 오른쪽 길은 엘리시온으로 가는 길이고, 또 하나는 타르타로스라 불리는 지옥으로 가는 길이다.
이곳에 이르러 암흑인 에레보스는 끝나게 된다.

게 마법의 약초를 섞은 빵을 주자 개는 그것을 받아먹고 조용히 잠들었다. 계속 길을 내려간 두 사람은 제우스와 에우로페의 아들인 크레타 왕 미노스가 죽은 자들을 심판하는 엄숙한 장소에 이르렀다. 그는 죽은 자들의 모든 행적을 조사했다. 그리고 그 죄과에 따라 그들이 가야 할 목적지를 정해주었다. 한 줌의 인정도 없었다. 오직 이승에서 어떻게 살았느냐만이 판정의 기준이었다. 그 냉혹한 심판의 현장에서 급히 벗어난 두 사람은 비탄의 들판에 이르렀는데, 그곳은 비참한 운명에 의해 스스로 목숨을 끊을 수밖에 없었던 불행한 연인들이 살고 있는 곳이었다.

은매화 숲으로 그늘진 슬프면서도 아름다운 장소에서 아이네이아스는 디도를 발견했다. 아이네이아스는 눈물을 흘리면서 희미한 모습의 디도에게 말을 걸었으나 그녀는 대꾸도 하지 않았다. 그는 눈물을 흘리면서 애정이 넘치는 어조로 다시 말을 걸었다. 베르길리우스는 《아이네이스》에서 이 장면을 이렇게 묘사했다.

> "아, 불행한 디도여, 내가 떠난 후 그대가 나의 칼 위에서 자진하여 인생을 마감했다고 들었으나 나는 믿지 않았소. 아아, 그러나 그 말이 사실이었구려. 내가 그 원인이었으니 그대를 죽인 것은 바로 나, 이 일을 어쩌한단 말이오. 그러나 내가 내 마음으로 그대를 떠난 것이 아니오. 별들에게 걸고 하늘의 신에게 걸고 맹세하노니 나는 정말 내키지 않는 마음으로 그대의 해안을 떠나올 수밖에 없었소. 여왕이여, 지금 이 버림받은 장소들, 칠흑 같은 어둠을 지나가도록 엄명으로 나를 몰아세우는 신들의 지시로 나는 그대 곁을 떠나올 수밖에 없었소. 내가 떠나는 것이 차마 이렇게 스스로를 죽게 할 크나큰 고통이 될 줄은 몰랐다오. 잠시 발을 멈춰주오. 내게서 도망치지 마시오. 내 마지막 작별의 인사라도 들어주시오."

디도는 얼굴을 돌린 채 눈을 아래로 내리뜨고 마치 나무둥치처럼 서 있다가 그의 하소연이 들리지 않는 듯이 말없이 걸어갔다. 그녀는 홱 돌아서서 대리석처럼 차가운 증오의 눈으로 아이네이아스를 노려보다가 어두운 숲 속으로 천천히 사라졌다.

어떤 사람은 세상이 불로 끝장이 나리라 말하고

어떤 사람은 얼음으로 끝나리라 말한다.

내가 맛본 욕망에 비추어

나는 불로 끝장이 나리라는 사람들 편에 서고 싶다.

그러나 세상이 두 번 멸망한다면

나는 증오의 힘을 충분히 알기에

얼음 또한 충분히 세상을 파멸시킬 수 있다는 것을 믿는다.

증오만으로도 충분하리라. ◆

사랑의 욕망으로 타오르던 디도는 얼음 같은 증오로 아이네이아스를 떠났다. 타오르던 불이 이내 재로 변하듯 디도의 불같은 사랑은 차디찬 얼음으로 바뀌어 스스로를 멸망시켰다. 아이네이아스는 마음이 심하게 요동쳤고 디도가 사라진 후에도 한동안 계속해서 눈물을 흘렸다.

마침내 아이네이아스와 시빌라는 길이 갈라지는 지점에 이르렀다. 왼쪽에서는 무시무시한 소리, 신음 소리, 덜그럭거리는 쇠사슬 소리가 들렸다. 아

◆ 로버트 프로스트Robert Frost의 시 〈불과 얼음〉.

이네이아스는 공포심에 흠칫 멈춰 섰다. 시빌라는 겁내지 말고 교차로를 마주하고 있는 벽에 황금 가지를 붙들어 매라고 말했다. 그곳은 제우스와 에우로페 사이에서 태어난 또 다른 아들인 라다만티스Rhadamanthys가 다스리는 곳이었다. 라다만티스는 형 미노스가 보내준 악인들을 받아서 바로 그곳에서 그 악행에 대한 대가로 가혹하게 벌하고 있었다.

그러나 오른쪽 길은 저승의 낙원 엘리시온 들판으로 가는 길이었다. 엘리시온에 이르자 모든 것이 즐거웠다. 그곳은 부드러운 푸른 초원과 아름다운 작은 숲들, 활기를 띤 상쾌한 공기, 은은한 자주색으로 빛나는 햇빛으로 그윽한 평화와 축복의 땅이었다. 이곳에는 위대한 영웅들과 시인들 그리고 다른 사람을 도와줌으로써 사람들에게 오래오래 기억된 선량한 모든 이들이 살고 있었다. 아이네이아스는 그들 중에서 아버지 안키세스를 만났다. 먼저 아버지가 아들을 알아보고 외쳤다.

"네가 왔구나. 그예 네가 왔구나. 아비가 기대한 대로 네 효성이 여행의 온갖 어려움을 극복하게 했구나. 이렇게 만나게 될 줄을 믿어 의심치 않고 날수를 세고 있었는데, 과연 그 기대에 어긋나지 않았구나."

아이네이아스는 눈물을 비 오듯 흘리며 아버지를 껴안으려 했다. 그러나 살아 있는 사람과 죽은 사람의 운명이 이미 달라졌기에, 죽은 이들은 이미 그 육체를 잃었기에 만질 수도 안을 수도 없었다. 아들이 아무리 애원하며 아버지를 잡으려 해도 아버지의 환영은 아들의 두 팔을 빠져나갔다. 가벼운 바람결처럼, 그 무엇보다도 날개 달린 꿈처럼.

아버지는 아들에게 그 후손 중에서 누가 알바롱가 가문을 이루게 될 것인지, 어떻게 위대한 로마가 건설될 것인지, 그 앞에 놓인 숱한 난관들을 어떻게 피하거나 견뎌낼 수 있는지 가르쳐주었다. 그런 다음 두 사람은 서로 눈물을 흘리며 작별인사를 나눴다. 아이네이아스와 시빌라는 지상을 향해 되돌아왔다. 돌아오는 중에 아이네이아스는 시빌라에게 감사했다.

"당신이 여신이든 사람이든 나는 변함없이 당신을 존경하겠습니다. 당신을 위하여 신전을 세우고 그 신전에 제물을 바치도록 하겠습니다."

그러자 시빌라가 이렇게 대답했다.

"나는 여신이 아닙니다. 그러니 내게 제물을 바칠 필요가 없습니다. 아폴론의 무녀였던 나는 내 손에 잡혔던 모래알의 수만큼 오래 살았답니다. 나는 1000년의 삶을 약속받았지만 이미 청춘과 힘이 사라진 지 오래입니다. 나는 이미 700년을 넘게 살았으니 이제 해마다 내 몸은 쇠약해지고 있습니다. 나중에는 목소리만 남을 것입니다. 후세인들은 나의 목소리, 나의 말을 존경할 것입니다."◆

그리고 그녀는 이야기 속에서 사라져버렸다.

아이네이아스는 배로 다시 돌아갔다. 다음 날 트로이인들은 약속된 새로운 고향을 찾아 이탈리아 해안으로 항해를 시작했다. 황금빛이 찬란한 항해

◆ 루시우스 타르퀴니우스 수페르부스Lucius Tarquinius Superbus가 로마를 다스릴 때 시빌라는 아홉 권의 신탁서를 가지고 와서 왕에게 사라고 했다. 왕은 너무 비싸다고 생각하여 거절했다. 그러자 그녀는 세 권의 신탁서를 태워버렸다. 그리고 남은 여섯 권의 신탁서를 처음 아홉 권의 가격에 사라고 말했다. 왕이 다시 거절하자 시빌라는 다시 세 권을 태워버렸다. 그리고 다시 세 권을 아홉 권의 가격으로 사라고 말했다. 왕은 마음이 바뀌어 그 세 권을 사서 카피톨리누스에 있는 제우스의 신전에 보관했다. 시빌라는 이 일을 끝내자 사라졌다. 그때부터 공화정 시대를 거쳐오는 동안 시빌라의 신탁서는 로마 종교에 지대한 영향을 주었다고 한다. 지진이나 역병 등 초자연적인 사건이나 국가적 불행이 발생할 때마다 로마인들은 시빌라의 신탁서를 찾아보고 그 속에서 해답을 찾아내곤 했다. 쿠마이의 무녀 시빌라는 신화의 시대에 사라졌지만 그녀의 목소리는 기록되어 전해져 내려왔던 것이다. 이 책을 보존하고 참고하는 특별 관리들도 있었다. 처음에는 두 명의 귀족에게 이 책을 잘 관리하라고 일렀다가 나중에는 그 중요성이 커져 이 책만 보호하는 관리자들이 15명에 이르렀다고 한다. 지하 신정 창고에 보관되어오던 이 신탁서는 기원전 83년 대화재 당시 소실되었다고 한다. 로마의 위대한 시인 베르길리우스는 아이네이아스의 지하 세계 안내자로 바로 이 시빌라를 선택했다. 그 후 다시 1000년이 더 지나 단테는 《신곡》에서 자신의 스승이자 안내자로 베르길리우스를 선택했다.

는 흰 배로 푸른 바다를 가르듯 그렇게 계속되었다.

시인은 노래한다.

갈 곳을 알지 못하는 사람들,

앞에 난 길을 멋모르고 달리 듯이 걷다 보면

문득 길이 끊기고 어두운 숲,

거미줄이 얼굴에 걸릴 때쯤 알게 되리

인생은 달리는 속도가 아니라 가야 할 방향이라는 것을.

살면서 가장 큰 모험은

죽음을 미리 겪어보는 것.

황금 가지를 꺾어 손에 들고 700년을 산 시빌라의 안내를 받아

지난 삶을 건너 새로운 포구에 이르면

살아야 할 새 삶이 나타나는 법.

라비니움의 아이네이아스:
로마의 기초를 세우다

그들은 드디어 이탈리아의 티베리스 강 하구에 정박하게 되었다. 힘든 항해
는 끝났다. 바다도 저승도 아이네이아스의 모험을 막지 못했다. 그들은 바다
에 지친 몸을 푸른 풀밭에 눕히고 쉬었다. 대지의 단단함은 끊임없이 흔들리
는 바다의 요동과 멀미를 가라앉혀주었다. 풀밭 위에서 그들은 간단한 음식

을 먹었다. 모처럼 그날은 딱딱한 빵 위에 숲 속에서 따온 먹음직한 열매들을 얹었다. 그리고 먼저 열매들을 먹은 뒤 빵조각을 마저 먹고 식사를 마쳤다. 이때 아이네이아스의 아들인 이울루스가 농담을 했다.

"오, 우리는 마침내 식탁까지도 먹어치웠습니다."

그 말을 듣자 아이네이아스는 문득 하르피아들이 그들을 저주하여 했던 말, "기아에 몰려 식탁까지도 먹어치우게 될 때야 비로소 새 땅을 찾게 될 것"이라던 말을 기억해냈다. 아이네이아스는 크게 소리를 질렀다.

"만세, 만세, 여기가 바로 약속의 땅이다. 우리의 땅, 우리의 새 나라에 드디어 도착했다. 예언이 이루어졌다. 저주가 풀려 축복이 되었다."

그런 다음 아이네이아스는 그곳의 원주민이 누구이며, 누가 지배자인지를 알아보게 했다. 이 땅은 라티움이라는 도시였고, 늙은 왕 라티누스Latinus가 다스리고 있었다. 라티누스는 아이네이아스가 도착하기 전에 너무도 생생한 꿈을 꾸었다. 꿈속에 그의 아버지 파우누스Faunus의 유령이 나타나 자신의 손녀이며, 라티누스의 외동딸인 아름다운 라비니아Lavinia를 곧 도착하게 될 이방인과 결혼시키라는 계시를 주었다. 유령은 그 두 사람의 결합으로 온 세계를 지배할 운명을 지닌 민족이 태어날 것이라고 말했다. 잠에서 깨어난 라티누스는 딸과 결혼하게 될 그 이방인이 누구이며, 언제 찾아올 것인지 궁금했다. 질문이 생기면 답이 찾아오듯, 바로 그때 아이네이아스의 사신이 나타나 떠도는 그들에게 해변의 작은 쉴 곳을 주고 물을 마음대로 쓸 수 있게 해달라고 요청했다. 라티누스는 아버지 파우누스가 예언해준 사윗감이 바로 이 이방인들의 지도자일 것이라고 짐작했다. 그래서 라티누스는 커다란 기쁨으로 그들을 맞아들였다. 사신에게는 자신이 살아 있는 동안 그들 모두를 친구로 대해줄 것이라고 말했다. 그리고 자신에게는 하늘에 의해 피가 다른 이방인 외에는 다른 어떤 남자와도 결혼이 금지된 딸이 하나 있는데, 트로이인들의 지도자가 바로 그 운명의 남자라고 믿는다는 전갈을 아이네이아스에게 보냈다. 모든 일이 순풍을 타고 항해하듯 유쾌하게 잘 풀려가는 듯했다. 그러나 아직 모험은 끝나지 않았다. 고달픈 해상의 풍랑에서 벗어나자 이번에는 육지에서의 싸움이 그를 기다리고 있었다. 그들 앞에는 여전히 거칠고 힘든 시련들이 기다리고 있었던 것이다.

파리스의 사과 사건 이후 가장 아름다운 여신의 자리를 아프로디테에게 빼앗긴 헤라의 증오는 마지막 절정에 다다라 있었다. 아직도 피 흘리는 상처를 가슴에 안고 있던 그녀는 아프로디테의 아들인 아이네이아스가 위대한 제국의 모태를 만들어내는 것을 그대로 보고 있을 수 없었다. 헤라는 복수의 여신들 중 하나인 알렉토Alecto◆를 불러내 이탈리아 땅 위에 격렬한 전쟁을 풀어놓으라고 명령했다. '끊임없는 분노'로 잘 알려진 알렉토는 먼저 라티누스의 아내인 왕비 아마타Amata가 딸의 결혼을 맹렬히 반대하도록 부채질했다. 원래 그녀는 인근 루툴리족의 젊은 왕인 투르누스Turnus에게 자신의 딸을 시집보내려고 마음먹고 있었다. 투르누스는 라비니아와 결혼하기를 바라는 수많은 구혼자들 중에서 가장 유력한 후보였다. 그런데 남편이 근본을 알 수 없고, 그저 떠도는 유민에 불과한 이방인에게 딸을 시집보내려고 하자 결사적으로 반대하게 된 것이다. 그다음 분노의 여신 알렉토는 투르누스에게 찾

◆ 알렉토는 복수의 여신들인 에리니에스들 중 하나로 '끊임없는 분노'라는 의미를 가지고 있다. 밤의 여신 닉스Nyx의 딸이라고도 하고, 우라노스의 아들 크로노스에게 낫으로 성기를 잘렸을 때 땅에 흘러내린 피에서 태어났다고도 한다. 저승에 살기 때문에 저승을 지배하는 하데스와 페르세포네의 딸이라는 설도 있다. 주로 친족 살해를 한 사람들의 뒤를 놓치지 않고 따라다니며 반드시 응징해서 미치게 하는 역할을 맡고 있다. 어머니를 죽인 오레스테스나 아버지를 죽인 오이디푸스의 뒤를 끝까지 따라다닌 것도 바로 이 알렉토와 그 자매들인 에리니에스들이었다. 나머지 두 자매의 이름은 티시포네Tisiphone와 메가이라Megaera이며, 그들은 뱀의 머리카락과 핏물이 흐르는 눈으로 유명하다.

아가 그의 마음에 질투와
분노를 듬뿍 불어넣었다.
사실 그럴 필요도 없었다.
자기의 아내로 미리 점찍
어둔 라비니아가 다른 남
자와 결혼한다는 것은 참
을 수 없는 일이었기에 이
미 투르누스는 선불을 맞
은 황소처럼 격분해 있었
다. 라티누스가 트로이 유
민들에게 호의를 베풀고
기쁜 마음으로 친구가 되

라티누스의 법정에 선 아이네이아스(페르디난드 볼, 1661~1663년)

어줄 뿐 아니라 라비니아와의 결혼까지 제안했다는 말을 전해 듣자마자 투
르누스는 당장 군대를 라티움으로 진격시키고 성 밖에서 무력시위를 했다.
라티누스가 엉뚱한 이방인과 딸을 결혼시키기 위해 어떠한 우호적인 협정도
맺지 못하도록 압박하기 위해서였다.

　무자비하고 교활한 알렉토의 공작은 이것으로 끝나지 않았다. 마지막 쐐
기를 박아두는 것이 필요했다. 세 번째 방해 공작은 아주 교묘했다. 왕의 귀
중한 재산인 가축들을 관리하는 총책임자에게는 몹시 아끼는 수사슴이 한
마리 있었다. 그 사슴은 늠름하고 아주 아름다운 데다 잘 길들여져 있었으므
로 낮에는 자유롭게 숲 속을 쏘다니다가도 밤이 되면 항상 주인의 집으로 찾
아왔다. 그는 그 사슴을 사랑스러운 손길로 돌보았다. 그는 사슴의 털을 빗
겨주고 뿔에는 화관을 걸어주었다. 그 근방에서 누군가가 이 신성한 사슴을

해치는 날에는 친족이라도 가혹한 처벌을 받게 되어 있었다. 어느 날 아이네이아스의 젊은 아들인 이울루스가 친구들과 함께 사냥을 나가게 되었는데, 분노의 여신 알렉토는 그들을 그 아름다운 수사슴이 누워 있던 숲으로 이끌었다. 이울루스는 이 아름다운 수사슴을 보자 활을 당겨 화살을 쏘았다. 수사슴은 치명적인 부상을 입고 간신히 집에 도착해 주인이 보는 앞에서 쓰러져 죽고 말았다. 그는 통곡했다. 모든 사람들이 아끼는 신성한 수사슴이 이방인의 화살에 죽었으니 당장 싸움이 벌어지게 되었다. 성난 라티움의 농민들은 이울루스와 그 친구들을 죽이려고 덤벼들었다. 이울루스와 그 친구들은 도망쳤다.

분노한 농민들이 무장하고 버티고 있고, 투르누스의 군대는 성문 앞에 진을 친 채 무력시위를 벌이고 있고, 안에서는 왕비가 가세해 아이네이아스와 라비니아와 결혼을 반대하고 있으니 라티누스 왕도 어쩔 수 없게 되었다. 아이네이아스는 결국 미래의 장인에게서는 아무런 도움도 기대할 수 없게 된 것이다.

이 도시에는 전쟁을 시작할 때 특별한 의식이 있었다. 그들이 섬기는 야누스Janus 신전의 정문은 두 짝으로 되어 있는데, 왕이 이 문을 활짝 열어젖혀야 비로소 전쟁이 시작되었던 것이다. 아버지의 혼령이 점지한 결혼이 어렵게 되자 심사가 뒤틀린 라티누스 왕이 궁전 안에 칩거해 있었으므로 그 신성한 전쟁의 의식은 거행되지 못했다. 투르누스의 군대가 빨리 트로이 유민들을 쓸어버리기 바랐던 헤라는 더 이상 참을 수가 없었다. 화가 난 헤라 자신이 올림포스에서 달려 내려와 자신의 손으로 직접 문의 빗장을 내리쳐 대문을 활짝 열어젖혔다. 야누스 신전의 문이 열리자 드디어 전쟁이 시작되었다. 라틴인들과 루툴리인들은 힘을 합쳐 트로이 유민들을 바다로 밀어붙였다.

이울루스가 사슴에 활을 겨
누고 있다
(클로드 로랭, 1682년)

라티누스 왕의 호의적인 전갈을 받고 안심했던 아이네이아스 일행은 매우 당황했다. 어찌할 바를 모르는 위급한 상황에서 그들의 진영 가까이에 흐르던 큰 강의 신인 티베리누스가 꿈속에서 아이네이아스를 찾아왔다. 그는 지금은 하찮은 작은 도시에 불과하지만 언젠가는 하늘 높이 탑이 우뚝 서게 될, 세상에서 가장 자랑스러운 도시가 건설될 땅을 찾아 강의 상류로 올라가 보라고 말했다.

"여신의 아들이여, 장차 라틴의 지배자가 될 운명을 가진 이여, 이곳이 그대의 약속의 땅이 되리니 고난을 견디도록 하라. 꿋꿋한 자에게는 결국 신들의 적의도 조만간 풀리게 될 것이다. 이곳에서 멀지 않은 곳에 그대의 동맹군이 있다. 먼저 아르카디아의 왕 에반드로스Evandros를 찾아가라. 배를 준비하여 이 강을 건너라. 그는 오랫동안 투르누스와 사이가 좋지 않았으니 기꺼이 그대의 편에 서리라. 헤라에게 서약을 하고 여신의 분노를 잠재우라. 그러면 승리는 그대의 것이다. 그때 나를 잊지 말아다오."

다음 날 아침 여신 헤라의 분노를 잠재울 제물을 바치고 나서 아이네이아스는 충실한 전우 아카테스와 일단의 전사들을 태운 배를 티베리스 강에 띄웠다. 그리고 강의 상류를 향해 나아갔다. 그들은 노왕 에반드로스와 그의 아들 팔라스Pallas를 만났다. 그들은 반가이 아이네이아스 일행을 맞이했다. 늙은 에반드로스는 일행을 자신의 소박한 오두막으로 초대했다. 아이네이아스는 잎으로 만든 침상에서 곰가죽을 덮고 밤을 지새웠다. 다음 날 아침 에반드로스 왕은 자신의 유일한 수행원이자 호위대인 커다란 두 마리 개를 거느리고 찾아왔다. 왕은 아이네이아스가 알고 싶은 조언을 해주었다. 그리고 나중에 위대한 로마가 탄생하게 될 구석구석을 둘러보도록 안내했다. 아직 로마는 세워지지 않았기에 그때 그 빈한한 토지 위에는 그저 덤불이 무성한 황무지 외에는 아무것도 없었다. 그러나 그곳이 바로 나중에 로마가 세워질 일곱 개의 언덕 중 가장 유명한 카피톨리누스 언덕이었다.

에반드로스의 작은 왕국은 이 싸움을 승리로 이끌 동맹국이 되기에는 너무도 빈약했기 때문에 아이네이아스가 투르누스와 전쟁을 벌일 때 별 도움이 되지 못했다. 실망한 아이네이아스에게 에반드로스는 차분하고 친절하게 도움이 될 만한 이야기를 들려주었다. 에반드로스의 말에 따르면 강둑 먼 곳에는 부유하고 강력한 민족인 에트루리아인들이 살고 있었다. 그들의 통치자는 메젠티우스Mezentius라는 왕이었는데, 그는 대단히 잔인한 사람이었다. 사람들을 괴롭히며 즐거워했고, 매일 더욱더 끔찍하게 사람들을 죽일 방법을 궁리해냈다. 죽은 사람과 산 사람을 손과 얼굴을 맞대게 하여 한데 얽어놓은 후 시체에서 나온 독이 산 사람에게로 퍼져 서서히 죽어가게 하는 짓도 서슴지 않았다. 폭정을 견디다 못한 에트루리아인들은 메젠티우스에게

항거해 봉기했다. 메젠티우스는 결국 쫓겨나 투르누스에게 몸을 의탁하고 있었다. 에트루리아인들은 메젠티우스를 어떻게든 붙잡아 마땅한 처벌을 하고 싶었을 뿐 아니라 그가 투르누스와 결탁하여 그들에게 보복할 것을 두려워하고 있었기 때문에 전쟁에서 아이네이아스의 편을 들어줄 가능성이 높았다. 그래서 에트루리아인들을 찾아가 동맹을 요청하라고 당부했던 것이다. 그리고 나서 에반드로스는 정예 기사단인 일군의 전사들을 자신의 아들인 팔라스에게 딸려 보내며, 아이네이아스 휘하에서 그를 도와 전쟁을 수행하게 했다. 힘을 얻은 아이네이아스는 에트루리아인들을 찾아가 동맹을 요청했다. 그들도 기꺼이 아이네이아스의 동맹군이 되어주었다.

한편 아이네이아스가 친구이며 믿을 수 있는 부하인 아카테스와 더불어 전사들을 데리고 동맹을 맺기 위해 떠나온 동안 트로이 진영은 젊은 이울루스의 지휘를 받고 있었다. 아이네이아스는 아들에게 절대로 선제공격을 삼가고 오직 진지 방어에만 집중하라는 명령을 남기고 떠났다. 그사이 야누스의 신전이 열리고 전쟁이 선포되자 투르누스의 부대가 맹렬하게 공격해왔다. 트로이인들은 죽음으로 방어해내는 데 성공했다. 이렇게 첫날이 지나갔다. 하지만 그들은 수적으로 상대가 되지 않았다. 얼마나 버틸 수 있을지가 관건이었다. 먼저 투르누스의 공격을 아이네이아스에게 알리고 그의 군대가 밖에서 투르누스를 공격한다면 승산이 없는 것도 아니었다. 문제는 트로이인들의 요새가 온통 루툴리인들에게 포위된 상태에서 아이네이아스에게 이 급박한 사정을 알리는 일이 쉽지 않다는 점이었다. 포위망을 뚫고 아이네이아스에게로 달려가려면 죽음을 무릅써야 한다. 이때 두 사람의 전사가 나섰다. 바로 니소스Nisus와 에우리알로스Euryalos였다. 니소스는 창을 잘 쓰고 발이 빠른 대단히 민첩한 용사였다. 그의 옆에는 언제나 나이 어린 친구 에우리알로스가 바짝 붙어 싸웠다. 아이네이아스의 군사들 중에서 에우리알로스만큼 잘생긴 용사는 없었다. 그는 아직 면도한 적도 없고 이제 막 청춘의 꽃이 피어오르는 소년이었다. 이 둘은 서로 절친했기에 항상 붙어 다녔다. 그날도 같이 보초를 서고 있는데 니소스가 말했다.

"에우리알로스, 신들이 어째서 이런 열정을 내 마음속에 넣어주셨을까? 아니면 나의 뜨거운 욕구가 내 속에서 신이 되는 것일까? 내 마음은 조용히 쉬는 것으로 만족하지 못하는구나. 아까부터 싸움터에 뛰어들어 뭔가 큰일을 해내야 한다고 외치고 있구나. 루툴리족은 수가 많음을 믿고 자신들의 행운을 확신하고 있지. 드문드문 화톳불을 피워놓고 술과 잠에 곯아떨어졌단 말이지. 지금 가장 중요한 것은 아이네이아스에게 급한 상황을 전해 우리를 구하게 하는 것이야. 나는 이 일을 해내고 싶어. 그러나 이 일은 위험하니 그대는 뒤에 남아 있다가 혹시 재앙이 나를 낚아채거든 내 시신이나 거두어다오. 내 시신을 찾지 못한다면 그래도 좋아. 빈 무덤이나 하나 만들어주면 돼. 그리고 나를 잊지 말아줘."

그러자 젊디젊은 에우리알로스가 얼른 찬동하고 자신도 따라나서겠다고 말했다. 니소스는 그의 어머니에게 커다란 고통을 주고 싶지 않다고 말렸지만 에우리알로스의 결심은 확고했다. 그들은 지휘관이자 친구인 이울루스를 찾아가 포위망을 뚫고 아이네이아스에게 급한 상황을 알리는 전령관으로 떠나겠다고 말했다. 니소스의 자원을 받자 용사를 찾고 있던 이울루스의 마음은 기쁘기도 하고 슬프기도 했다. 아버지 아이네이아스에게 급한 상황을 알려 원군을 청할 수 있게 되었으나 그 일이 목숨을 걸어야 하는 위험한 일이었기에 이것이 친구의 모습을 보는 마지막이 될지도 몰랐기 때문이다. 이때 착잡한 이울루스에게 어린 에우리알로스가 말했다.

"한 가지 부탁이 있습니다. 어머니가 이 진영에 계십니다. 나는 어머니께 작별 인사를 드리지 못하고 떠납니다. 어머니의 눈물을 보면 내 가슴이 찢어져 만류하는 손길을 뿌리칠 자신이 없기 때문입니다. 어머니를 부탁합니다. 그러면 나는 두려움 없이 불길 속에 뛰어들 수 있습니다."

이울루스도 눈물을 흘리며 에우리알로스의 손을 잡고 말했다.

"걱정 마라. 너의 어머니가 나의 어머니이니. 너에게 혹시 불행한 일이 생겨서 내가 너를 볼 수 없게 된다면 그대 어머니께 내가 아들이 될 것이다. 약속하마."

그리하여 두 명의 용사는 어둠을 틈타 조용히 포위망을 뚫고 길을 떠났다. 먼저 두 사람은 참호를 통과하여 적들이 둘러싼 진지로 들어섰다. 적진에 들어가 보니 주위의 모든 병사들이 잠들어 있었다. 니소스는 에우리알로스에게 속삭였다.

"나는 앞으로 갈 길을 헤치고 나갈 테니 자네는 망을 보게."

니소스는 자고 있는 적군을 한 사람 한 사람 신음 소리 한 번 내지 못하도록 능숙하게 죽여 나갔다. 에우리알로스도 곧 그 피비린내 나는 일에 동참했다. 두 사람이 적진 끝에 도착하자 그들이 지나온 길은 죽은 시체들이 널린 채 대로처럼 깨끗하게 뚫려 있었다. 그러나 그들은 너무 지체하고 말았다. 벌써 새벽의 여신 에오스가 사프란색 침상을 떠나 대지에 새 날의 빛을 뿌리기 시작했다. 새로 전장에 투입된 적의 기마 부대가 새벽 햇살에 빛나는 에우리알로스의 투구를 보고 누군지 물어왔다. 이내 그들이 적이라는 것을 알아챈 기마 부대가 숲을 에워쌌다. 에우리알로스가 먼저 적의 기마 부대에 잡혀버렸다. 혼자 남은 니소스가 창을 휘두르며, 기마 부대에 단신으로 덤벼들었다. 사자와 같은 포효와 결사적인 용기로 덤벼들었다. 그러자 적군은 먼저 사로잡은 에우리알로스의 가슴에 깊게 칼을 박았다. 에우리알로스가 쓰러졌다. 니소스가 친구를 죽인 바로 그 적에게 달려들어 깊숙이 창을 찔러 넣었다. 청동 창날이 분노로 떨며, 적의 살 속으로 파고들었다. 친구를 죽인 적이 쓰러지는 것을 보았으나 수많은 화살이 빗발치듯 니소스의 몸을 꿰뚫었다. 니소스도 친구 옆에 쓰러졌다. 두 사람은 그렇게 장렬하게 지고 말았다.

두 사람의 죽음을 시작으로 전쟁이 숨을 헐떡이며 산마루를 치달아 오르기 시작했다. 용맹한 에트루리아 군대와 함께 아이네이아스는 너무 늦지 않게 자신의 전사들을 구하기 위해 돌아왔다. 격렬한 전쟁이 피의 절정에 이르렀다. 그때 이후로 이야기는 서로 죽이고 죽는 사람들에 대한 기록이 전부다. 헤아릴 수 없이 많은 전사들이 죽어갔고 땅은 그들이 흘린 피로 흠뻑 젖어갔으며 요란한 나팔소리가 울려 퍼지고 성난 말들의 말굽은 피범벅이 된 시체들을 짓밟고 다녔다. 승리자도 패배자도 똑같이 죽고 죽이며 쓰러졌고, 이 편도 저 편도 도망칠 생각은 추호도 없었다. 오직 의미 없는 분노와 복수와 광기의 여신들이 창백한 얼굴로 바람처럼 이 전장을 휩쓸고 다녔다. 한쪽에서 아프로디테가, 그리고 또 한쪽에서는 헤라가 미쳐 날뛰는 인간들을 지켜보고 있었다.

광폭한 지배자였던 메젠티우스는 거대한 창을 들고 회오리바람처럼 들판을 휩쓸고 다녔다. 아이네이아스가 그를 발견하여 두 사람은 대치하게 되었다. 먼저 메젠티우스가 거대한 창을 던졌으나 아이네이아스는 방패를 들어 창을 옆으로 흘려보냈다. 빗나간 창은 옆에 서 있던 병사를 맞혀 절명시켰다. 분노한 아이네이아스가 창을 들어 던지니 창은 세 겹의 청동과 세 겹의 아마포와 세 겹의 소가죽으로 만든 방패를 뚫고 메젠티우스의 아랫배를 찔렀다. 메젠티우스가 쓰러졌다. 아이네이아스가 넓적다리 칼집에서 칼을 빼내더니 비호처럼 적에게 달려들어 목숨을 거두려고 했다. 그때 메젠티우스의 젊은 아들 라우수스가 다급히 아버지를 구하기 위해 둘 사이로 뛰어들었다. 그러나 그것으로 그는 끝나고 말았다. 젊은이는 백전의 장수 아이네이아스의 칼을 피할 수 없었다. 몸뚱이 깊이 칼자루가 다 들어갈 정도로 칼에 찔린 아들은 절명하고 말았다. 아이네이아스가 탄식했다.

"가련한 소년이여, 그대가 자랑스럽게 여기는 무구들을 벗겨 빼앗지 않을 것이니 그대로 무장을 한 채 목숨을 받은 그곳으로 돌아가도록 해라. 오늘 그대가 비참하게 죽기는 했지만 위대한 자의 손에 쓰러졌다는 것이 위로가 될 것이다."

그런 다음 라우수스 주위에서 어쩔 줄 모르고 떨고 있던 그의 병사들을 꾸짖어 라우수스의 시신을 장사지낼 수 있게 그들의 본영으로 돌려보냈다. 메젠티우스는 자신을 구하기 위해 적에게 덤벼들었던 아들이 죽어서 방패 위에 실려 돌아오자 절규했다.

"내 아들아, 늙은 아비가 너의 상처로 구원되고, 너의 죽음으로 살아남아야 한단 말이냐? 이제야말로 나에게 비참한 종말이 다가오고, 이제야말로 더 갈 곳 없이 상처가 깊어졌구나! 내 잘못으로 내 백성에게 벌 받고 미움을 사 선조의 왕홀에서 쫓겨났으니 스스로 자진하여 죄 많은 목숨을 넘겨주어야 했거늘, 나는 아직 살아 있고 아직도 떠나지 못했구나. 그러나 기다리거라. 나도 떠나리라."

메젠티우스는 상처를 딛고 일어섰다. 그리고 날카로운 창들을 양손 가득히 집어 들었다. 그리고 싸움판의 한가운데로 뛰어들었다. 그는 그곳에 서서 크게 세 번 아이네이아스의 이름을 불렀다. 아이네이아스와 메젠티우스가 다시 만났다. 메젠티우스가 외쳤다.

"나는 죽으러 왔다."

그리고 적에게 첫 번째 창을 던졌다. 메젠티우스는 아이네이아스 주위를 돌며 모두 세 개의 창을 연이어 던졌으나 아이네이아스는 모두 방패로 쳐냈다. 갑자기 그는 이 모든 일들이 귀찮아졌다. 빨리 끝내고 싶었다. 그는 창을 던져 메젠티우스가 타고 있는 말의 눈 사이 움푹 팬 곳을 꿰뚫었다. 말은 몸을 곧추세우고 앞발로 허공을 차서 기수를 내동댕이치더니 거꾸로 곤두박질치며 그 위로 넘어졌다. 아이네이아스는 천천히 다가가 메젠티우스의 목을 겨누었다. 메젠티우스는 자신을 아들과 함께 묻어달라고 부탁했다. 그리고 그는 목구멍에 칼을 받았고, 그의 목숨은 피의 물결을 타고 평소 그가 늘 반짝이도록 닦아두었던 무구 위로 흘러내렸다. 사악한 메젠티우스는 자신을 보호하려던 용맹한 젊은 아들이 죽고 난 후에야 종말을 맞이했다. 자신을 구하려던 아들을 먼저 앞세웠으니 그의 사악함도 눈물로 동정받을 수 있게 되었다.

전쟁은 나이와 성별을 가리지 않는다. 전장에서는 증오와 분노와 잔인함만이 필요할 뿐이다. 소녀 카밀라Camilla의 슬픈 이야기 또한 빠뜨릴 수 없다. 그녀의 아버지◆는 작은 나라의 왕이었는데 백성들이 반기를 들고 그를 쫓아내자 갓 태어난 어린 딸을 품에 안고 숲 속으로 도망쳤다. 그를 쫓는 무자비한 창과 칼들이 점점 조여오는데, 그만 강이 그 앞을 막아서니, 범람한 강물은 강둑을 넘어 거품을 일으키고 있었다. 당황한 그는 험한 강을 헤엄쳐 건너려 했으나 어린 딸 때문에 그럴 수가 없었다. 사랑이 짐이 되어 생명을 위협했다. 그는 잠시 망설이다가 어린 카밀라를 나무 잎사귀로 여러 겹 둘러싼 후

◆ 베르길리우스의 《아이네이스》에 따르면 카밀라의 아버지는 메타부스다. 그는 볼스키족의 왕이었다. 카밀라의 어머니는 카스밀라였는데, 그는 아내의 이름을 따서 딸의 이름을 카밀라로 붙였다고 한다. 그는 내란으로 왕좌에서 쫓겨나 도망치다가 아마제누스라는 작은 강에 이르게 되었고 바로 이 강 앞에서 큰 창에 어린 딸을 묶어 강 건너로 던졌다.

들고 있던 커다란 창대에 단단히 묶었다. 그리고 하늘을 향해 기원했다.

"숲 속에 사는 자애로운 처녀신이시여, 아르테미스여, 나는 이 딸을 당신의 시녀로 바칩니다. 여신이여, 믿을 수 없는 바람에 맡기는 이 아이를 부디 거둬주소서."

이렇게 말하고 강력한 오른손으로 창을 쥐고 젖 먹던 힘까지 다해서 강 건너편을 향해 던졌다. 아래로 강물이 으르렁거리는 가운데 윙윙거리는 바람을 뚫고 불쌍한 카밀라를 묶은 창이 건너편 풀밭에 꽂혔다. 적군이 몰려들자 카밀라의 아버지는 강물 속으로 뛰어들어 유유히 강을 건너 숲 속으로 들어갔다. 그는 숲 속에 은둔하며 말 젖으로 카밀라를 길렀다. 아이가 두 발로 걷기 시작하자 날카로운 창으로 무장시키고 작은 어깨에는 활과 화살통을 걸어주었다. 그녀는 호피로 옷을 해 입고, 숲 속을 뛰어다녔으며, 끈을 꼬아 만든 투석기로 학과 백조를 쏘아 떨어뜨렸다. 근처의 모든 어머니들이 숲의 여신 같은 그녀를 며느리로 삼고 싶어 했으나 카밀라는 오직 숲 속의 처녀신 아르테미스를 따르고 그렇게 살기를 원했다. 그러다가 그녀는 이방인에 맞서 싸우는 투르누스 군대의 여전사가 되어 아이네이아스의 적이 되고 말았다.

사나운 소녀 카밀라는 아마존의 여인처럼 한쪽 젖가슴을 드러낸 채 나긋한 창을 잇달아 던져대는가 하면 묵직한 양날의 도끼를 휘두르며 살육의 한가운데서 여신처럼 싸웠다. 가장 덩치 큰 사내가 가슴받이와 투구 사이에 훤히 드러난 목에 그녀의 창을 맞았다. 산이 무너지듯 거구가 쓰러지자 또 한 사내는 등을 보이고 도망가다가 그녀의 도끼에 맞아 무구와 뼈가 박살 나면서 쓰러졌다. 또 한 사내는 바람을 탄 매처럼 추격하는 그녀에게 걸려 비둘기처럼 내장을 쏟으며 죽었다. 모든 사내들이 그녀를 두려워했다. 모두들 넘어지고 도망치며 그녀를 피했다. 그러나 한 비열한 사내가 멀리 숨어서 그녀

여전사 카밀라 (지아코모 델 포, 17세기)

의 목숨을 호시탐탐 노리고 있었다. 기회가 왔다. 날카로운 창이 힘줄로 가
득 부풀어 오른 오른팔 위에 잠시 머물더니 이내 카밀라의 가슴을 향해 날았
다. 카밀라는 창이 날아오는 소리를 듣지 못했다. 창이 날아와 카밀라의 가
슴에 깊숙이 박히더니 쉭쉭거리는 뱀처럼 처녀의 피를 빨아먹었다. 그 사내
는 목표물을 맞히자 자신이 큰일을 해냈다는 흥분에 휩싸였으나 카밀라의
시선과 멀리서 마주치자 덜컥 겁이 나서 얼른 군사들 속으로 몸을 숨겨버렸
다. 마치 커다란 암양을 죽인 늑대가 의기양양해져서 승리의 기쁨으로 우우
거리다가 막대를 들고 추격하는 목자를 피해 떨리는 꼬리를 내려 배 밑에 붙
이고 숲 속으로 숨어들 때와 같았다. 카밀라는 죽어가면서 창을 잡아당겼다.

그러나 그녀는 의식을 잃어가고 있었다. 잔혹한 상처가 힘을 빼앗아가고 싸늘한 죽음이 두 눈에서 빛을 거두어갔다. 주위의 모든 것들이 어두워지기 시작했다. 이윽고 그녀는 죽음에 사로잡힌 머리를 떨구었다. 그녀의 목숨이 신음하고 원망하며 그림자의 세계로 끌려 내려가더니 이내 황금의 별이 되어 하늘에 걸리게 되었다. 전사들이 미쳐 날뛰는 전장을 굽어보던 카밀라의 수호 요정은 그녀의 비참한 죽음을 슬퍼하면서 한숨을 쉬며 말했다.

"아아, 소녀여! 숲의 여신 아르테미스는 아무 명예도 없이 너를 버리지 않을 것이다. 네 죽음은 너의 민족들 사이에서 유명해질 것이니, 아무도 너를 위해 복수해주지 않았다는 말을 듣지 않을 것이다. 너를 죽인 자는 말할 것도 없고, 너의 시신에 불경한 손을 대는 자 역시 죽음으로 대가를 치르게 할 것이다."

그리고 나서 수호 요정은 카밀라를 죽인 아룬스Arruns가 자신의 공을 침을 튀기며 자랑하자 황금의 화살통에서 화살을 꺼내 활에 메겼다. 활시위를 뒤로 힘껏 잡아당기자 활의 양끝이 구부러져 서로 닿을 듯했다. 시위를 떠난 화살은 바람을 가르며 날아가 아룬스의 목을 꿰뚫었다. 동료들이 두려워 그의 시체를 버리고 달아났다.

카밀라가 죽은 후 싸움은 더 거칠어졌다. 많은 사람들이 죽었다. 그리고 전쟁은 대단원을 향해 치달았다. 마침내 투르누스와 아이네이아스가 일대일로 맞붙게 되었다. 이 무렵 아이네이아스는 이상하고도 무서운 존재로 변해 있었다. 라티움의 전쟁터에 선 아이네이아스는 더 이상 연약한 인간이 아니라 신처럼 두려운 존재가 되어 있었다. 아이네이아스는 아토스 산처럼 광대하고, 거대한 참나무들을 흔들며 눈으로 뒤덮인 봉우리를 하늘로 밀어 올리는 아펜니노 산맥처럼 웅대했으며, 50개의 입에서 불길을 뿜어내고 100개의 손에 50개의 단단한 방패를 들고 50개의 예리한 칼을 휘두르는 아이가이온Aegaeon처럼 그렇게 온 들판 위로 승리의 맹위를 떨치고 있었다. 그런 아이네이아스가 마지막 대결에서 투르누스와 맞설 때 그 결과는 너무도 뻔한 것이었다. 투르누스가 아이네이아스와 싸우는 것은 번개나 지진에 맞서는 것과 마찬가지였다. 베르길리우스는 이 전투 장면을 이렇게 묘사했다.

두 사람은 앞으로 내달아 멀리서 서로 창을 던지고 나서 마구 덤벼들어 청동 방패를 요란하게 맞부딪쳤다. 그러자 대지가 신음했다. 이어서 두 사람은 서로 어지럽게 칼로 내리치기 시작했다. 요행과 용기가 하나로 섞여 구별되지 않았다. 그 모습은 언덕 위에서 두 마리 황소가 서로 뿔로 떠받으며 사생결단의 싸움을 할 때와 같았다. 힘을 다해 서로 부상을 입히고 뿔로 떠받아 어깨와 목에서 피가 줄줄 흘렀다. 황소들이 울부짖는 소리가 온 산에 메아리쳤다. 바로 그렇게 그들은 싸웠다. 맞부딪치던 투르누스의 칼이 부러지자 그는 뒤로 물러설 수밖에 없었다. 아이네이아스는 추격하는 사냥개처럼 울부짖으며 투르누스를 몰았다. 아이네이아스를 응원하는 함성이 강둑과 호수에 메아리치고 하늘이 으르렁거렸다. 투르누스는 커다란 바위를 들어 올려 적에게 내던졌다. 그러나 목표물을 맞히지 못했다. 이번에는 아이네이아스가 체중을 모두 실어 적을 향해 창을 던졌다. 창은 끔찍한 파멸을 가져다주는 검은 회오리바람처럼 날아갔다. 그리고 청동 방패를 뚫고 이내 가슴받이 아랫부분을 찢어놓더니 쉿 소리를 내며 투르누스의 허벅다리에 박히고 말았다. 드디어 산 같은 거구의 투르누스가 무릎을 꺾었다. 투르누스가 눈을 내리깔고 적에게 오른손을 내밀어 탄원했다.
"그대에게 관용을 빌지 않겠소. 그대의 행운을 마음껏 이용하시오. 그러나 목숨을 빼앗긴 내 육신을 내 가족에게 돌려보내주시오. 그대가 이겼소. 라비니아는 그대의 아내요. 그대는 더 이상 나를 증오하지 마시오."

투르누스와 아이네이아스의 싸움(지아코모 델 포, 17세기)

아이네이아스는 그를 살려주고 싶은 마음이 들었다. 그러나 그는 투르누스의 어깨에 걸쳐져 있는 단추 달린 칼집을 보는 순간 그것이 젊은 팔라스의 유품임을 알게 되었다. 에반드로스의 아들로 자신을 돕기 위해 군사를 이끌고 참전한 젊은 팔라스는 전쟁이 시작되자마자 투르누스와 일대일로 겨루다가 살해당하고 말았다. 투르누스는 팔라스를 죽이고 전리품으로 그의 칼집을 빼앗아 자신의 어깨에 자랑스럽게 메고 다녔던 것이다. 인간은 한때의 행운이 떠받쳐주면 절제할 줄 모른다. 곧 따라 죽어야 할 운명인 것을 모르고 승리의 기쁨으로 빼앗아 과시한 전리품이 그가 한 짓을 증명하고 말았다. 팔라스의 유품을 보자 아이네이아스는 미칠 것 같은 잔인한 고통으로 분통이 터졌다.

"지금 그대는 내 전우를 죽여 빼앗은 전리품을 기념으로 어깨에 두르고서

투르누스와 아이네이아스의 싸움
(아우렐리아노 밀라니)

여기서 벗어나려고 하는가! 지금 이 칼을 내리치는 것은 팔라스이며, 팔라스가 그대를 죽이는 것이다. 팔라스가 자신을 죽인 살해자에 대해 피로 복수하는 것이다."

아이네이아스는 이렇게 외치며 적의 가슴 깊숙이 칼을 꽂아 넣었다. 그러자 투르누스는 사지가 싸늘하게 풀리며 신음 소리와 함께 불만에 가득 차서 지하의 그림자들 사이로 내려갔다.

전쟁이 끝나고 아이네이아스는 팔라스를 라티움의 한 언덕에 묻어두고 그 구릉을 팔라티누스 언덕이라고 불렀다. 그리하여 젊은 용사 팔라스의 이름은 로마의 일곱 언덕◆ 중 하나로 남게 되었다.

베르길리우스의 서사시 《아이네이스》는 투르누스의 죽음과 함께 끝났다. 아이네이아스는 라비니아와 결혼하여 그녀의 이름을 딴 라비니움이라는 도시를 세웠다. 그리고 3년 동안 이 도시를 통치하다가 세상을 떠났다. 그의 아들 아스카니우스, 즉 이울루스는 늘어난 인구를 수용할 수 있는 더 커다란 공간이 필요했다. 그는 가까운 곳으로 이주하여 알바롱가 시를 세우고 아이네이아스를 계승했다. 그리고 그의 자손들이 300년 동안 알바롱가를 지배했다.

레아 실비아:
그녀의 꿈에서 제국은 시작되었다

아이네이아스의 아들 아스카니우스 이후 알바롱가 13대 왕의 이름은 프로카Proca(혹은 프로카스Procas)라고 했다. 그에게는 두 명의 왕자가 있었다. 형 누미토르Numitor와 아우 아물리우스Amulius였다. 형의 당연한 권리를 동생이 찬탈하여 왕이 되었다. 형을 쫓아낸 뒤 형의 아들은 부하를 시켜 죽여버리고

◆ 로물루스가 도시 로마를 건설했던 최초의 자리는 티베리스(티베르) 강 하구의 팔라티누스 언덕 주변이었다고 한다. 고대 로마의 도시들은 주로 언덕 위에 세워졌다. 포룸이 건설되고, 공원과 기념물들이 건립되고, 이들 중심지를 둘러싸는 성곽이 이 도시를 보호하게 된다. 가장 중요한 기능을 하는 로마의 포룸은 일종의 공공복합장소였다. 포룸은 처음에는 시장의 기능을 가지고 있었지만 매일 사람들이 모여들면서 만남의 장소, 정치적 토론과 논쟁의 장소로 쓰이게 되었다. 그리스의 아고라와 같은 기능을 가지고 있던 포룸은 후에 이탈리아에서 피아차piazza로 발전하게 되고, 다시 플라자plaza라는 세계의 공통 언어로 자리 잡게 되었다.

로마의 일곱 언덕들은 현재도 이탈리아 시내의 지명이나 건물의 이름으로 사용되고 있다. 예를 들어 카피톨리누스(이탈리아말로는 카피톨리노) 언덕에는 카피톨리노 박물관이 서 있다. 티베리스 강 주위의 팔라티누스 언덕을 중심으로 바로 옆 서북쪽으로 카피톨리누스 언덕이 있고, 남쪽으로 아벤티누스와 카일리우스 언덕이 자리 잡고 있다. 그리고 북쪽으로 퀴리날리스, 비미날리스 그리고 에스퀼리누스 언덕이 위치하고 있다.

마르스와 레아 실비아(루벤스, 1620년)

강도에게 죽었다는 소문을 퍼트렸다. 쫓겨난 누미토르는 알바롱가의 한적한 시골에 살면서 자식들에게 가해지는 살해와 박해를 참을 수밖에 없었다. 누미토르에게는 레아 실비아Rhea Silvia라는 딸이 있었는데, 삼촌인 아물리우스는 질녀를 죽이지는 않았지만 그녀가 아들을 낳지 못하도록 강제로 베스타Vesta 여신의 여사제로 만들어버렸다. 베스타는 로마의 신 중 부엌과 화로의 여신으로 알려진 처녀신으로 그리스 신화의 헤스티아와 같다.◆

어느 날 실비아는 제사 도구를 씻기 위해 물을 뜨러 갔다. 작은 언덕에 다다른 그녀는 피곤한 몸을 쉬기 위해 머리의 항아리를 내려놓았다. 땀이 흐르는 가슴께를 풀어 젖히고 미풍이 드나들게 했다. 그녀는 버드나무 그림자와 새의 지저귐 그리고 졸졸 흐르는 시냇물 소리에 그만 잠이 쏟아져 내려 깜빡 졸게 되었다. 그 사이에 전쟁의 신 마르스Mars(그리스 신화의 아레스)가 그녀를 보고 욕정이 끓어올라 그녀를 자신의 것으로 만들어버렸다. 꿈에서 깨어났지만 너무도 확실했다. 실비아의 독백을 통해 이 유명한 꿈에 대해 들어보자.

마르스와 레아 실비아(자크 블랑샤르, 1630년)

"꿈에서 본 환영이 부디 감사한 것이기를……. 꿈이라고 하기엔 너무도 확실한 그것. 내가 이리온(트로이)의 불을 지키고 있을 때 내 머리 위에서 털실로 짠 머리끈이 미끄러져 내려와 존엄한 불 앞으로 굴러떨어졌어. 그 머리끈의 양끝에서 하나씩 두 그루의 종려나무가 자라났지. 그중 한 그루가 쑥쑥

◆ 헤스티아는 화로의 여신이다. 크로노스와 레아의 장녀로 제우스의 누이이며 헤라의 자매다. 그녀는 아폴론과 포세이돈으로부터 구혼을 받았지만 영원히 처녀신으로 남았다. 제우스는 그녀에게 이례적인 영광을 부여하여 모든 인간의 가정에서 숭배받게 했다. 한 번도 인간 세상에 내려온 적 없이 올림포스에만 머물렀기 때문에 헤스티아에 얽힌 이야기는 별로 없다. 그러다 보니 개별적인 신이라기보다는 집 안의 종교적 중심지인 화로라는 추상적 개념을 신으로 의인화하게 되었다. 보통은 올림포스 12신에 포함되지만 헤스티아 대신에 디오니소스를 포함시키기도 한다. 호메로스의 기록에 따르면 올림포스 12신은 제우스, 헤라, 포세이돈, 데메테르, 헤스티아 등 제우스의 남녀 형제 다섯 명과 아폴론, 아르테미스, 아테나, 헤르메스, 아레스, 헤파이스토스 등 제우스의 자녀 여섯 명 그리고 계보가 복잡한 아프로디테를 더하여 열둘이다. 플라톤은 여기에 하데스를 집어넣지만 하데스의 거처는 올림포스가 아니라 지하 세계이므로 점차 올림포스 12신에서는 빠지게 되었다.

로물루스와 레무스(세바스티아노 리치, 1708년)

자라나서 그 우람한 나뭇가지들이 전 세계를 뒤덮고 꼭대기의 우듬지는 하늘을 감싸 높은 별에 닿았지. 내 삼촌 아물리우스가 그 두 그루의 종려나무에 도끼질을 하고 있었어. 난 너무 무서웠지. 마르스 신의 상징인 딱따구리와 암늑대가 쌍둥이 나무를 살리기 위해 삼촌과 싸워 두 나무를 지켜냈지. 그 덕분에 둘 다 살아나게 되었어."

고대 그리스인들에게 꿈은 곧 신탁에 버금갔다. 트로이가 함락되던 날 밤 아이네이아스의 침대 곁으로 영웅 헥토르의 환영이 찾아왔다. 이후 아이네이아스는 신성한 헤스티아(로마의 베스타)의 신상과 여신의 이마를 장식할 끈과 영원히 타오르는 불을 챙겨 트로이를 빠져나왔던 것이다. 실비아의 꿈에 나타난 불이 바로 이 불이다. 털실로 짠 머리띠는 베스타의 여사제인 실비아가 머리에 두르고 있는 제관과 같은 것이다. 그것이 굴러떨어졌다는 것은 전쟁의 신 마르스와의 교합을 통해 처녀성을 잃음으로써 여사제로서의 자격을 상실했음을 의미했다. 떨어진 머리끈으로부터 자라난 두 그루의 종려나무는 로물루스와 레무스다. 우듬지가 하늘에 닿은 바로 그 종려나무는 형 로물루스가 로마를 일으켜 그 장대한 발전이 하늘을 뒤덮을 것을 예언한 것이었다. 이 쌍둥이 형제와 아물리우스의 격돌, 그리고 딱따구리와 암늑대는 이 이야기를 전개해가는 중요한 상징 장치들이었다.

그 후 레아 실비아는 어떻게 되었을까? 처음에는 몸이 아프다고 의식에 참

가하지 않았다. 그러자 아물
리우스가 의심하기 시작했
다. 그는 왕비를 시켜 실비아
를 철저히 감시하게 했다. 달
이 차면서 임신한 사실을 숨
길 수 없게 되었다. 아물리우
스는 산달이 가까워오는 실
비아를 아무도 모르는 곳에
감금하여 출산하게 했다. 그
는 이 문제를 해결하기 위해
의원들을 소집했다. 그리고
형인 누미토르를 소환하여

로물루스와 레무스(루벤스, 1615~1616년)

딸을 임신시킨 남자를 인도하라고 종용했다. 아무것도 모르는 누미토르는 딸
에게서 들은 이야기를 했다. 아물리우스는 이 이야기를 믿지 않았고 의원들
역시 왕의 심기를 살펴 왕에게 영합했다. 결국 쌍둥이가 태어나자 바로 티베
리스 강에 버리게 했고 어머니인 레아 실비아는 감금했다. 쌍둥이들은 팔라
티누스 언덕 근처에서 발견되었고 암늑대 루페르칼Lupercal이 잔뜩 불은 젖을
먹여 키웠다. 늑대가 젖으로 키운 쌍둥이 아이들은 그 후 양치기들에게 발견
되어 궁전 목장의 양치기인 파우스툴루스Faustulus의 집에서 자라게 되었다.

　로물루스와 레무스는 아주 우애 깊은 형제로 자랐다. 양아버지 파우스툴
루스는 이 두 형제를 도시로 보내 공부하게 했으나 이들은 장성하여 겨우 강
도짓이나 하는 건달이 되어버렸다. 어떤 운명이 그들을 이끌어주기까지 그
들의 인생은 그저 그런 하류 잡배의 인생에 지나지 않았다.

어느 날 레무스는 왕의 가축을 약탈하다가 잡혀서 알바롱가의 왕에게 끌려가 심문당하게 되었다. 마침 출타 중이었던 로물루스가 돌아오자 파우스툴루스는 그에게 출생의 비밀을 털어놓으며 동생 레무스를 구해오라고 말했다. 로물루스는 친구들과 함께 왕궁에 잠입하여 왕을 죽이고 레무스를 구했다. 그리고 자신들의 할아버지 누미토르를 왕으로 앉혔다.

모험심이 강한 두 젊은이는 오래된 왕위를 이어받는 것으로는 만족하지 않았다. 그들은 자신들의 도시를 세우기 위해 살던 곳을 떠났다. 그들은 자신들이 구출된 곳에 나라를 세우기로 했으나 말로만 전해 들은 그곳이 어디인지는 정확하게 알 수 없었다. 형인 로물루스는 우선 팔라티누스 언덕에 자리를 잡았고, 동생 레무스는 아벤티누스 언덕에 자리를 잡았다. 그들은 하늘에서 신성한 전조가 나타나면 그곳을 자신들의 도시로 삼기로 했다. 그러자 레무스는 여섯 마리의 독수리를 보았고 로물루스는 열두 마리의 독수리를 보았다. 하늘이 팔라티누스 쪽을 선택한 것을 알고 로물루스는 그곳에 새로운 도시의 경계를 그리기 시작했다. 황소 두 마리에 쟁기를 매단 후 앞으로 몰자 고랑이 생겼고, 그 고랑을 도시의 경계로 삼았다. 하늘이 자신을 선택하지 않자 화가 난 레무스는 쉽게 건너뛸 수 있는 고랑으로 도시의 경계를 정한 형을 비웃으며, 고랑을 훌쩍 뛰어넘어 들어갔다. 로물루스는 모욕을 당하자 분개하여 칼을 뽑아 레무스를 찔렀는데 그만 동생이 죽고 말았다. 그는 곧 자신이 한 일을 깊이 후회하고 동생을 아벤티누스 언덕 아래에 묻어주었다. 로물루스는 나중에 알바롱가의 땅을 흡수 통합하여 로마 시를 만들었다. 제국 로마는 이렇게 시작되었다.

후세의 로마 시인 베르길리우스*는 로마를 찬양했다. 그는 "로마 민족은 다른 민족들에게 예술과 과학을 남겼고, 그들의 제국 아래에 온 세상의 사람들을 복속시켜 겸허한 자들에게는 관용을 베풀고, 오만한 자들은 가차 없이 진압하는 절대복종 무저항의 통치를 이끌도록 운명 지어진 민족"이라고 기록했다.

불멸의 번영, 팍스로마나Pax Romana, 제국의 고난과 비탄, 광기 어린 황제들, 로마 시민의 쾌락, 영원의 도시를 찾아온 위기와 그 극복. 2000년간 화려하게 살아 숨 쉰 로마 제국의 흥망성쇠는 이렇게 시작되었다. 싸움에 져서 떠나온 자가 고난을 이기고 자신만의 제국을 건설하고 그들의 자식들이 다시 그 나라를 떠나 또 새로운 나라를 건설하면서 인류의 위대한 역사는 만들어져왔다. 그들은 한때 이름 없는 사람들이었으나 자신의 모험을 떠남으로써 자신의 이름으로 나라 하나를 건설했다. 모든 시작은 초라하다. 그것은 하나의 꿈에서 시작한다. 꿈속의 씨앗 하나가 자라 하늘의 별에 닿을 때 새로운 제국 하나가 생겨났다. 로마는 한 여인의 고단한 꿈에서 태어났다.

◆ 베르길리우스는 기원전 70년 북이탈리아의 만투아(현재의 만토바)에서 태어나 네아폴리스(현재의 나폴리)에 묻혔다. 그가 임종 직전 불러주었다는 묘비명에는 이렇게 쓰여 있다.

"만투아가 나를 낳아주고 칼라브리아가 나를 채어갔다. 지금은 네아폴리스가 나를 붙잡고 있다. 나는 목초지와 농토와 영웅들을 노래했노라."

그는 기원후 400년부터 비르길리우스로 불리다가 영어의 버질Vergil로 통용되었다. 이렇게 불리게 된 이유는 크게 두 가지로 해석된다. 라틴어의 virga는 '지팡이'라는 뜻인데, 신화 속에서 헤르메스(로마 신화의 메르쿠리우스Mercurius)가 죽은 자를 저승으로 이끌 때 이 지팡이를 사용한다. 베르길리우스의 장편 서사시인 《아이네이스》에서 아이네이아스가 아버지 안키세스를 찾아가 그로부터 로마의 미래와 영광을 미리 보게 한 것과 연관하여 지팡이와 베르길리우스를 연관시켜 비르길리우스라고 불렸다는 해석이다. 또 하나의 해석은 그의 성격과 관련 있다. 라틴어의 비르고virgo는 '처녀'라는 뜻인데, 베르길리우스가 워낙 숫기가 없고 수줍음을 많이 탔기 때문에 붙은 이름이라는 설이 있다. 그는 키가 크고, 얼굴색이 검고, 체격이 단단하여 마치 건강한 농부처럼 보였지만 유난히 수줍음을 많이 탔다고 한다.

그는 전원시와 농경시를 써서 로마의 대표적인 문예후원가인 마이케나스Gaius Maecenas의 동아리에 가입하게 된다. 그리고 자연스럽게 그 회원이었던 옥타비아누스와 가까워지게 되었다. 그 후 악티움 해전을 통해 정권을 장악한 옥타비아누스가 '존엄한 자' 아우구스투스가 되자 그는 가장 위대한 제국의 탄생을 노래하는 서사시를 쓰게 되었다. 결국 트로이의 장군 아이네이아스는 유민을 이끌고 이탈리아에 오게 되고, 그의 아들 이울루스는 알바롱가 가문을 만들어내고, 그 피는 카이사르와 아우구스투스가 속한 율리아 '이울루스'라는 이름으로부터 파생되었다 가문의 근원이 되었다는 것이다. 이렇게 하여 아우구스투스의 피는 신화와 맞닿게 되었다.

아프로디테
• Aphrodite •

사랑의 여신 아프로디테는 사랑 자체가 그렇듯이 언제 어디서 어떻게 태어났는지 출생부터 계보까지 모두 분분하나 보통 두 가지 설이 있다. 첫 번째 설은 우라노스의 딸이라는 설이다. 우라노스의 아들 크로노스가 아버지의 성기를 낫으로 잘라 바다에 버리자 거품이 일고 그 거품 속에서 여신이 태어났다는 것이다. 그래서 여신은 아프로디테, 즉 '물거품에서 태어난 여신'이라고 불렸다. 그녀가 바다에서 태어나자 서풍 제피로스가 그녀를 키프로스 해안으로 인도하고 계절의 여신 호라이^{Horai}들이 그녀를 맞아 옷을 입히고 치장하여 불멸의 존재들에게 안내했다. 그래서 그녀의 터전은 키프로스 섬이다. 그런가 하면 또 하나의 탄생 신화는 제우스가 디오네^{Dione}를 사랑하여 그 사이에서 아프로디테를 낳았다는 것이다. 플라톤은 두 가지 성격의 아프로디테를 설정했는데, 디오네의 딸로서의 아프로디테를 세속적 사랑의 여신, 즉 '아프로디테 판데미아'라고 불렀다. 그리고 우라노스의 딸로서의 아프로디테를 순수한 사랑의 여신, 즉 '아프로디테 우라니아'라고 불렀다.

그녀는 제우스의 명으로 림노스의 절름발이이며 대장장이의 신인 헤파이스토스와 결혼했다. 그리고 전쟁의 신 아레스를 정부로 두었다. 화가 난 헤파이스토스는 거미줄처럼 가는 청동실로 만든 그물을 침대 위에 미리 설치해두고 두 남녀가 그 위에서 사랑을 나눌 때

아프로디테

아프로디테의 탄생(보티첼리, 1487년)

냉큼 낚아채버려 모든 신들의 웃음거리가 되게 했다(266페이지 '헤파이스토스' 편 참고). 사랑의 여신답게 그녀의 사랑은 단순한 욕정에서부터 숭고한 사랑에 이르기까지 매우 스펙트럼이 넓다. 욕정에 가장 가까운 원초적 사랑은 마초 아레스와의 사랑이었다. 반면 가장 숭고한 사랑은 아도니스Adonis에 대한 여신의 사랑이었다. 헤시오도스에 따르면 미르라Myrrh(혹은 스미르나Smyrna)라는 아시리아의 왕녀가 매우 아름다웠다고 한다. 그녀는 아버지와의 근친상간으로 아도니스를 낳았다. 미르라의 어머니가 자신의 딸이 아프로디테보다 더 아름답다고 자랑한 벌로 아프로디테는 미르라가 아버지에 대한 욕정에 시달리게 만들었다. 끔찍한 불륜의 절망에 빠진 미르라는 나무로 변해버렸는데, 열 달이 지나 부풀어 오른 나무껍질이 갈라지면서 아기가 태어났다. 그것이 아도니스다. 여신은 예쁜 아도니스에게 반해 아기를 지하의 왕비 페르세포네에게 몰래 맡겨 기르게 했다. 그러나 페르세포네가 아도니스를 사랑하여 돌려주지 않자 아프로디테는 제우스에게 판결을 해달라고 했다. 제우스는 일 년의 3분의 1은 페르세포네와 지내고, 또 다른 3분의 1은 아프로디테와 지내고, 나머지 3분의 1은 아도니스가 마

아프로디테와 아도니스(벤저민 웨스트, 1768년)

아도니스의 죽음(루카 조르다노, 1684~1686년)

음대로 선택하게 했다. 아도니스는 아프로디테를 선택했다. 나무에서 태어난 아이가 일 년의 3분의 1은 땅속에서 지내고, 나머지 3분의 2는 땅 위에 올라와 봄과 사랑의 여신과 함께 지내는 이야기는 식물 생장의 신비를 의인화한 것으로 점점 미화되고 보완되었다. 아프로디테가 사랑한 미소년 아도니스는 들과 산에서 사냥을 하고 가축을 키우면서 자유롭게 살았는데 어느 날 멧돼지에 받혀 죽고 말았다. 아레스가 질투하여 보복했다는 설이 유력하다. 아도니스의 죽음으로부터 꽃이 피어나 핏빛 아네모네가 되었다. 전원시인 비온Bion은 이렇게 읊었다.

아도니스가 흘린 피만큼
아프로디테가 눈물을 흘렸다네.
눈물방울마다 붉은 장미가 피어나고,
핏방울마다 아네모네가 피었네.

장미는 아프로디테를 상징하는 꽃이다.

아시리아의 여인들은 매년 봄 아도니스를 추모하는 추모제를 벌였다. 추모의 방식이 특이하다. 단지나 궤짝에 씨를 뿌린 후 식물이 빨리 자라나도록 더운 물을 뿌렸다. 인위적으로 빨리 자란 식물은 땅 위로 솟아나면 곧 죽어버렸다. 그러면 여인들은 제의적인 통곡을 하여 이 청년의 영혼을 달랬다. 이것은 아도니스의 운명을 상징하는 것이다. 이와 같은 추모식으로부터 '아도니스의 정원'이라는 속성 식물 재배법이 생겨났다.

아프로디테의 분노와 저주에 대한 또 하나의 특이한 이야기가 있다. 제우스가 메티스를 삼키고 자가 생식으로 아테나를 낳자 헤라 역시 홀로 자가 생식을 시도하여 헤파이스토스를 낳았다(266페이지 '헤파이스토스' 편 참고). 낳고 보니 너무 못생겼기 때문에 헤라는 자식을 버려버렸다. 버림받은 헤파이스토스는 림노스 섬에서 자랐다. 림노스는 헤파이스토스의 고향인 셈이다. 그래서 그런지 림노스의 여인들은 아레스와 바람이 나서 남편인 헤파이스토스를 버린 아프로디테를 싫어하고 미워했다. 당연히 섬기지도 않았다. 화가 난 아프로디테가 이 섬의 여인들을 벌했다. 여자들에게서 역한 냄새가 나게 만들어버렸다. 그러자 모든 남자들이 림노스의 여인들을 멀리하고 트라키아 지방에서 납치해온 여인들을 취하게 되었다. 림노스의 여인들은 잠자리를 빼앗긴 모욕을 참지 못하고 남자들을 다 죽여버리고 림노스를 여인들의 섬으로 만들었다. 사랑의 여신다운 보복이다. 후에 아르고 호의 영웅들은 이 섬에 도착하여 이 여인들에게서 아이를 얻게 된 다음에야 여인의 섬에서 벗어날 수 있었다.

아프로디테의 여러 사랑 중에서 트로이 안키세스와의 사랑은 그 후손에 대한 대표적인 이야기를 만들어냈다. 여신은 안키세스와의 사이에서 아이네이아스라는 트로이

아프로디테와 안키세스(안니발레 카라치, 1597년)

용사를 낳게 되었다. 그는 트로이가 함락될 때 늙은 안키세스를 업고 탈출하여 오랜 방랑 끝에 이탈리아 로마 인근에 라비니움이라는 도시국가를 세우게 되었다. 아들 이울루스(혹은 아스카니우스)가 늘어난 인구를 수용할 수 있는 알바롱가를 세우게 되고, 이 왕조의 마지막 왕녀에게서 로물루스와 레무스 쌍둥이 형제가 태어나 로마가 건국되었다(429페이지 '레아 실비아' 편 참고). 로마가 아프로디테 베누스를 수호신으로 삼은 이유다. 이울루스의 후손들은 그 이름을 따서 율리아 가문을 이루게 되었다. 카이사르와 옥타비아누스(후에 아우구스투스)가 바로 이 율리아 가문 태생이므로 카이사르도 베누스의 가호를 빌며, 수호신 아프로디테에게 성전을 지어 바쳤다. 아프로디테를 상징하는 새는 비둘기이며, 비둘기들이 그녀의 마차를 끌었다.

아레스
• Ares •

아레스는 전쟁의 신으로 제우스와 헤라의 아들이다. 아폴론이나 아르테미스 그리고 헤르메스처럼 제2 세대 올림포스 신으로 젊은 신들 중 하나다. 제우스와 정실부인 사이에서 제대로 태어난 아들이지만 '피를 마시고 사는, 신 가운데 가장 더러운 신'이며, 신조차도 싫어하는 신이다. 광폭하고 시끄럽고 살육과 유혈을 즐기는 잔인하고 제멋대로인 마초신이다. 아레스는 늘 투구를 쓰고 갑옷을 입고 방패와 창 그리고 검으로 무장한 모습으로 등장한다. 보통 사람들보다 월등하게 큰 덩치로 무시무시한 소리를 질러대며 전장을 내닫는다. 간혹 네 마리의 말이 끄는 전차를 타기도 하지만 전장에서 보통 아무것도 타지 않은 보병으로 등장해 온몸에 유혈이 낭자하게 무자비한 살육을 자행한다. 자신을 섬기는 하위신이자 두 명의 자식인 근심의 신 데이모스Deimos와 공포의 신 포보스Phobos를 늘 데리고 다닌다.

아레스가 등장하는 장면은 거의 언제나 전쟁터다. 그렇다고 마초 아레스가 전투에서 항상 승리를 거두는 것은 아니다. 그리스인들은 힘만 좋은 아레스가 지혜로운 아테나에게 당하는 장면을 즐겨 그렸다. 그가 망신 당한 사례 몇 건을 소개한다. 트로이 전쟁에서 그는 트로이 편에 서서 싸웠다. 그리스 쪽 용

아레스

사인 디오메데스^{Diomedes}에게 달려들어 그를 죽이려고 했다. 이때 아테나는 하데스의 투구를 쓰고 그리스군을 위해 싸우고 있었다. 하데스의 투구를 쓰면 몸을 감출 수 있기 때문에 다른 사람들의 눈에는 보이지 않는다. 아테나는 디오메데스에게 날아드는 아레스의 창을 빗나가게 했다. 이때 디오메데스가 오히려 반격하여 아레스에게 상처를 입혔다. 모든 군대에게 다 들릴 만한 비명을 지르며 아레스는 도망갔다. 그뿐만이 아니다. 아레스는 헤라클레스에게 두 번이나 상처를 입고 도망가는 모욕을 당했다. 신기하게도 아레스가 상처를 입는 취약 부위는 모두 허벅지였다. 그는 허벅지 방어에 약한 모양이다. 필로스에서 벌어진 헤라클레스와의 첫 번째 싸움에서는 무기까지 빼앗기는 수모를 겪었다. 또 있다. 아레스가 겪은 가장 수치스러운 패배는 알로아다이 형제에게 당한 것이었다. 알로아다이 형제는 바다의 신 포세이돈과 이피메데이아 사이에서 태어난 쌍둥이 형제들이다. 두 형제는 거인으로 매년 몸이 커졌다. 키는 해마다 1.6미터씩, 몸 둘레는 50센티미터씩 커졌다. 그들은 아홉 살 때 이미 키가 17미터에 몸 둘레는 4미터에 달했다. 이 두 거인 형제는 사냥에서 아레스가 아도니스를 죽이자 화가 나서 아레스를 잡아끌고 다니다가 청동 항아리 속에 가두어두었다. 아레스는 이 속에 13개월이나 빈사 상태로 갇혀 있었다. 제우스가 번개로 두 형제를 죽이고 헤르메스를 보내 그를 구해주었다.

전쟁 외에 아레스가 잘하는 것이 또 하나 있다. 바로 연애다. 눈이 삔 여인들이 마초 아레스를 좋아했다. 그중 가장 대표적인 여신이 바로 아프로디테다. 그는 인간의 여인들과도 사랑을 나누어 많은 자식들을 낳았는데 대체로 그의 자식들은 그를 닮아서 난폭하고 잔인했다. 예를 들어 피레네라는 여인과의 사이에 세 명의 아들을 두었는데, 모두 난폭하여 헤라클레스의 손에 모두 죽임을 당하고 말았다.

아레스는 로마 시대에는 마르스로 불렸고 베누스(아프로디테)와 더불어 경배받은 것을 보면 해상 세력이었던 그리스인들에 비해 로마인들이 훨씬 더 상무적이었던 것을 알 수 있다. 우리가 쓰고 있는 열두 달의 영어 이름 중에서 전쟁의 신 마르스Mars에게서 March가 유래되었다. 왜 전쟁의 신 마르스가 3월의 신이 되었을까? 3월은 봄의 시작이다. 봄에 생물이 약동하기 시작하면 겨울 동안 움츠리고 있던 사람들이 다시 전쟁을 시작한다. 고대 로마인들에게 전쟁은 '낡은 벌집을 떠나는 벌떼' 처럼 신성한 젊음의 행위였다. 작은 도시국가에서 인구가 늘면 늘 새로운 땅을 찾아 새로운 도시를 건설해야 했기 때문이다. 그래서 일정한 연령층의 젊은이들을 모두 군신 마르스에게 바치는 풍습이 있었는데, 이들은 봄이 되면 신성한 원정을 떠나게 되었다. 이때 이들을 인도하는 상징적인 동물이 있었는데, 바로 늑대였다. 늑대는 군신(軍神) 마르스의 동물이기도 하다. 늑대 같은 마르스에게 딱 어울리는 동물이다. 매우 그럴듯하다. 로마의 창시자인 로물루스와 레무스가 태어나자마자 산에 버려져 아버지인 군신 마르스의 신성한 동물인 암늑대의 젖으로 자라난 건국신화는 그런 상징 구조 아래에서 만들어진 것이다.

그리스 로마
주요 신들의 대조표

그리스어	라틴어	영어	참고
크로노스	사투르누스	새턴	제우스의 아버지
레아	키벨레	시빌레	크로노스의 아내, 제우스의 어머니
제우스	유피테르	주피터	올림포스 12신의 우두머리, 신들의 왕
헤라	유노	주노	제우스의 누이이며 아내, 최고의 여신
포세이돈	넵투누스	넵튠	바다의 신, 제우스의 형제
하데스	플루톤	플루토	저승의 신, 제우스의 형제
데메테르	케레스	세레스	대지의 여신, 페르세포네의 어머니
헤르메스	메르쿠리우스	머큐리	제우스의 아들, 상업과 도둑의 신, 신들의 전령
헤스티아	베스타	베스터	부엌과 화로의 여신
헤파이스토스	불카누스	벌컨	대장장이의 신, 헤라의 아들
아폴론	포에부스	아폴로	태양과 예술의 신, 제우스와 레토의 아들
아프로디테	베누스	비너스	아름다움과 사랑의 여신, 복잡한 계보를 가진 여신
아르테미스	디아나	다이애나	달과 숲의 여신, 제우스와 레토의 딸, 아폴론의 누이
아레스	마르스		전쟁의 신, 제우스와 헤라의 아들
네메시스	포르투나	포천	'신의 보복'을 의인화한 복수의 여신
디오니소스	바쿠스	배커스	포도주의 신, 제우스와 세멜레의 아들

에로스	큐피드	큐피드	사랑의 신, 주로 어린아이로 묘사되나 복잡한 계보를 가진 신
아테나	미네르바		전쟁과 지혜의 여신, 제우스의 딸
페르세포네	프로세르피네		저승의 여신, 데메테르의 딸이며 하데스의 아내
프시케	프시케	사이키	'영혼'이라는 의미를 지닌 에로스의 연인
에오스	아우로라	오로라	새벽의 여신, 헬리오스의 누이
헬리오스	솔		태양신, 아폴론 이전 세대인 티탄족
셀레네	루나		달의 여신, 헬리오스의 누이, 아르테미스 이전의 티탄족
레토	라토나		아폴론과 아르테미스의 어머니, 제우스의 연인

호메로스 시대 이후 그리스 시대의 신화 관련 저작 속에는 모두 그리스어로
된 신들의 이름이 나온다. 예를 들어 호메로스의 《일리아스》와 《오디세이아》 그
리고 3대 그리스 비극 작가인 아이스킬로스, 소포클레스, 에우리피데스의 작품
속에 등장하는 신들은 모두 그리스어로 표기된다. 그러나 로마 시대로 넘어가
로마 작가들이 쓴 책들에는 로마의 고유 신들과 그리스 신들이 혼합되어 라틴어
로 표기되어 있다. 예를 들어 베르길리우스의 《아이네이스》 혹은 오비디우스의
《변신 이야기》 등에 등장하는 신들은 모두 라틴어로 되어 있으니 서로 연결되는
이름을 기억해야 쉽게 읽힌다. 여기에 영어식 표기까지 끼어들어 혼동을 준다.
이 표는 혼동을 정리하기 위해 만들어진 그리스 로마 신화의 주요 신들에 대한
대조표다. 예를 들어 가장 익숙한 이름인 비너스는 영어다. 로마인들은 라틴어
로 베누스라고 불렀다. 그리스인들은 아프로디테라고 불렀다. 모두 같은 신을
지칭하는 다른 이름들이다. 이런 연결고리를 찾아주면 혼동을 피하고 신화를 읽

는 재미가 배가된다. 복잡하다고? 그렇다. 복잡하다. 그러나 100개쯤 신의 이름을 알아두면 살살 읽는 재미가 늘어난다. 100개씩이나? 100개를 어떻게 외우냐고? 절대 억지로 외우지 말고 이야기를 기억하라. 이야기를 기억하면 자연히 주인공의 이름은 외워지게 마련이다. 영어단어를 100개 외우는 것보다 1000배의 효과가 있다. 왜냐하면 그리스 신화를 모르면 서양 고전을 읽을 수 없기 때문이다. 여기가 신화 읽기의 최초 관문이니 신의 이름 하나마다 이야기를 연결할 것, 그럼 행운을!

에필로그

키가 자라 머리가 별에 닿았네

· 1 ·

멕시코의 시인 옥타비오 파스가 자신이 시인이 된 이유에 대해 말한 적이 있다. 그는 어린 시절 멕시코시티 교외에 있는 할아버지 집에서 자랐다. 그 집은 낡고 컸으며, 책과 나무가 많았다. 그는 그중에도 정원에 있는 무화과나무를 좋아하여 늘 그 가지에 올라가 놀곤 했다.

그 무화과나무는 세월의 흐름을 간직하고 있었다. 가을부터 6개월 동안은 해골처럼 검게 시들어 있다가 다시 푸르러졌다. 무화과의 검은 껍질 속에는 빨간 꽃이 감춰져 있었다. 그는 무화과를 먹는 것은 태양을 먹는 것이며, 동시에 어둠을 먹는 것이라고 생각했다. 그는 걸터앉은 무화과 가지가 마치 범선의 돛대인 것처럼, 그 위에서 영웅을 흉내냈다. 그는 어릴 적부터 자신의 운명은 말의 운명이라 생각했다. 그는 어린 시절 들은 알렉산드로스 대왕의 일화를 잊을 수 없었다. 누군가 커서 호메로스가 되고 싶은지, 아니면 영웅 아킬레우스가 되고 싶은지를 묻자 알렉산드로스는 이렇게 대답했다.

"그 질문은 나에게 나팔이 되고 싶은지, 아니면 나팔이 찬양하는 영웅이 되고 싶은지를 묻는 것인데, 그렇다면 나는 영웅이 되고 싶다."

알렉산드로스는 영웅이 되었다. 그러나 옥타비오 파스는 호메로스가 되고 싶었다. 그는 시인이 영웅과 위인을 찬양하는 나팔이라고 생각하지 않았다. 시는 인간의 불행과 불운도 노래하기 때문이다.

시인에게 말과 사물은 같은 것이다. 그는 《활과 리라》에서 '말이 상처를 입고 피를 흘리면 사물도 똑같이 피를 흘린다',라고 했다. 시인은 사물에 대한 공감력을 가진 사람들이다. 이 유려한 시인의 이야기는 참으로 인상적이다. 그는 호메로스가 되고 싶어 했고, 그렇게 시인으로서의 운명은 어느 날 그에게 찾아왔다. 그는 그 운명을 기꺼이 받아들였다.

· 2 ·

어린 소년이었을 때 나는 장화를 가지고 싶었다. 비 오는 날 장화를 신고 빗속을 뛰어다니고 싶었기 때문이다. 우산도 변변찮은 시절에 장화는 엄청난 사치였다. 나는 아버지를 졸랐다. 아버지는 생일 선물로 장화를 사준다고 말씀하셨지만 생일마다 늘 빈손으로 그냥 오시곤 했다. 나는 눈치를 보아 종종 장화 이야기를 했다. 생일 며칠 전에도 흘리고 생일 바로 전날도 흘리고 생일날 아침 아버지가 출근하기 전에도 말해두었다. 아버지는 그때마다 늘 쉽게 그러마고 하셨지만 밤에는 술 한잔을 하시고 그냥 들어오곤 하셨다. 그렇게 몇 년이 흘렀지만 나는 장화의 꿈을 접지 못했다.

그러던 어느 생일날 아버지는 장화 대신 책 두 권을 선물로 주셨다. 한 권은 《한국명장전》이었고, 또 한 권은 《희랍신화집》이었다. 나는 두 권을 매우 열독했고 수없이 보았다. 두 책은 아무 상관도 없는 듯했으나 기막힌 연관

관계를 가지고 내 안에서 서로 연결되었다. 나는 신화 속의 영웅들이 한국으로 와서 훌륭한 장군들이 되었다고 믿곤 했다. 그 책들은 어린 시절 내 책장에 꽂혀 있던 가장 빛나는 심심풀이 땅콩이었고 멋진 친구였다. 그 후 나는 매우 놀라운 발견을 하게 되었다. 자라나면서 책을 읽으려고 펼치기만 하면 그 책들 속에서 그리스의 신들과 영웅들의 이름들이 활자로 된 벼룩처럼 툭툭 튀어나왔던 것이다. 메두사는 뱀이 넘실대는 머리를 풀어헤치고 빛나는 안광으로 나를 쳐다보고 페가소스는 날개를 휘저으며 내가 올라타기를 바랐다. 아프로디테는 희고 풍만한 가슴을 열고 내 머리를 젖가슴에 묻어 숨막히게 했고 아테나의 부엉이는 어두운 밤 나직하고 기괴한 목소리로 지혜의 소리를 들려주었다. 그렇게 신화와의 인연은 시작되었다. 그러나 신화와 나 사이에 아무런 일도 일어나지 않았다. 그렇게 긴 세월이 흘렀다.

나는 대학에서 역사학을 전공했는데 그때는 좋은 역사학자가 되고 싶었다. 그러나 그렇게 되지 못했다. 운명은 나를 역사학자로 선택하지 않았다. 나는 직장인이 되었다. 그리고 지극히 평범하고 지루한 삶을 살았다. 가끔 내가 가보지 못하고 끝나버린 역사학자의 길을 한숨 쉬며 되돌아보곤 했다. 그렇게 20년이 흘렀다. 나의 삶도 제 갈 길을 가듯 그렇게 흘러갔다. 우연히 나는 작가가 되어 있는 나를 발견하게 되었다. 작가라는 삶은 내게 꼭 맞았다. 나는 작가가 된 다음에야 비로소 나를 진심으로 사랑하게 되었다. 세상은 다르게 다가왔고 내 시선도 달라졌다.

작가가 된 다음에야 나는 역사학자가 나에게는 잘 맞지 않는다는 것을 알게 되었다. 가장 치명적인 것은 내가 외적 사건들을 대수롭지 않게 생각하는 경향이 매우 심하다는 것을 알게 된 것이다. 역사학은 사실에 기초한 해석이다. 그런데 나는 사실에 대한 충성심이 없는 사람이다. 언제 어디서 누구에 의해 그 일이 생겼는지는 내게 중요하지 않다. 내게 중요한 것은 그 일이 내게 어떤 감흥과 충격을 주었느냐는 것이다. 외적 사건보다는 그 사건이 내 마음속에 만들어낸 파장, 즉 내적 사건에 훨씬 민감하게 반응하는 사람이다. 나는 사실과 허구를 버무려 감동을 주는 작가는 될 수 있지만 사실을 집요하게 추적해야 하는 역사학자로서는 실격이었다. 사실을 떠날 수 없는 역사적 상상력보다는 아무 제한도 없는 시적詩的 상상력이 내게는 훨씬 재미있었다. 우연히 신화학자 조셉 캠벨Joseph Cambell의 책을 읽으면서 몇 년 전부터 신화라는 이야기와 상징체계에 관심을 갖게 되었다.

나는 오랫동안 변화라는 키워드를 가지고 살아왔다. 스스로를 변화경영전문가라 불렀다. 변화를 나의 삶에 적용하는 순간부터 변화는 자기 계발과 자아 경영과 연결되게 되었다. 자기 경영의 요체는 왜곡되고 강요된 껍데기의 삶을 버리고 진정한 나를 찾아가는 여정이며 모색이다. 나의 세계를 찾아내 그 주인이 되는 것이 가장 중요한 자기 혁명인 것이다. 나는 오랫동안 이 분야에서 연구하고 책을 쓰는 저작 활동을 해왔다. 그리고 스스로 만들어낸 변화의 개념을 나에게 적용하는 실험적인 삶을 살아왔다. 나는 세상에서 가장 작은 규모의 기업인 1인 기업을 만들었고, 30년 가까이 몸담아온 현장을 중심으로 변화이론을 만들어온 전문가이며, 일 년에 한 권의 책을 써내는 작가로 살아왔다. 자기 혁명을 꿈꾸는 직장인들을 대상으로 대학원을 만들어 제자를 키우고 함께 공부하고 노는 기쁨을 얻었다. 이 과정에서 신화야말로 자기 경영의 요체를 담고 있는 거대한 상징체계라는 것을 알게 되었다. 신화는 평범한 삶을 살고 있는 누군가가 어느 날 자신이 평범한 사람이 아니라 특별한 역할과 운명을 가지고 태어났음을 자각하고는 시련과 고난을 이기고 주어진 과업을 완수하는 과정을 통해 자신의 내적 에너지를 이끌어내는 법을 수련하여 드디어 평범한 사람은 결코 해낼 수 없는 과업을 성취하고, 그 과정에서 얻게 된 힘을 가지고 자신의 세계를 만들어 그 속으로 다른 사람들을 초대하게 되는 이야기다. 신화란 그 이야기 속에 자기 혁명의 진수와 핵심을 뼈와 살로 품고 있는 비서秘書임을 알게 된 것이다.

　나는 신화를 연구하여 신화학자가 되고 싶은 생각은 없다. 나에게는 학자의 근성, 무언가를 들입다 깊이 파고들어가는 땅벌레 같은 성향이 결여되어 있다. 나는 책에 뒤덮인 채 다른 사람들이 과거에 이미 다 해놓은 지식의 텃밭에서 무언가 새로운 것을 찾아내는 학자의 삶에 매력을 느끼지 못한다. 내가 학자가 되었다면 틀림없이 날라리가 되고 말았을 것이다. 나는 삶을 그렇게 쓰고 싶지 않다. 나는 삶을 시처럼 살다 가고 싶다. 책이 보고 싶으면 책을 즐기고, 비가 내리면 비를 즐기고, 눈이 오면 눈을 맞으며 걷고, 여인을 만나 사랑하고, 자식을 낳아 그들이 커가는 것을 보고, 내 세계 하나를 만들어 그 속에서 사람들과 삶의 기쁨을 나누고 싶을 뿐이다. 나에게는 살아 있음의 흥분과 떨림이 중요하다. 나에게 있는 특별한 장점은 이렇게 감흥이 도도하게 일어나는 삶의 체험들을 책 속의 지식들과 뒤섞어 그 속에서 무엇인가 진득한 스프를 끓여내는 것이다. 신화에 대하여 몇 년간에 걸친 책읽기와 글쓰기를 통해 나는 어떻게 영웅이 자기를 구현해가는 과정을 밟아갔는가를 들여다볼 수 있는 도구와 모델을 찾고 싶었다. 그것은 변화경영사상가이며 작가인 내게 꼭 맞는 임무였다. 이 일은 즐거움이고 기쁨이었다.

　시인은 말한다.

　꿈속 미풍에 실려 온 홀씨 하나

땅에 묻히더니 이내 종려나무 싹이 되었네.

우듬지가 쑥쑥 하늘을 향해 커가더니

어느새 머리가 별에 닿았네.

머리카락에 별을 잔뜩 달고 내려다보네.

문득 내 속에 울리는 《파우스트》 속 외침,

"저 문을 열어젖혀라, 사람마다 통과하기를 주저하는 저 문을."

푸른 바다를 향한 열망이 나를 이미 선원으로 키웠으니

나는 독에 매어둔 배에 올라 묶어둔 줄을 풀고

두려움과 기쁨으로 가득 차 바다로 나서네, 나의 세상을 찾아서.

찾아보기

구본형의 그리스인 이야기

지은이 | 구본형

초판 1쇄 발행일 2013년 1월 4일
초판 2쇄 발행일 2013년 1월 11일

발행인 | 박재호
편집 | 이둘숙
종이 | 세종페이퍼
인쇄 | 우진제책
출력 | ㈜상지피앤아이

발행처 | 생각정원 Thinking Garden
출판신고 | 제 25100-2011-320호(2011년 12월 16일)
주소 | 서울시 마포구 동교동 165-8 LG팰리스 1207호
전화 | 02-334-7932 팩스 | 02-334-7933
전자우편 | pjh7936@hanmail.net

ⓒ 구본형 2013 (저작권자와 맺은 특약에 따라 검인은 생략합니다)
ISBN 978-89-967929-7-0   03100

만든 사람들
기획 | 박재호
편집 | 윤정숙
디자인 | 이석운, 최윤선
독자 북펀드(가나다순) | 강문숙 강미영 강민정 강영미 강주한 고명재 고성훈 김교윤 김기원 김대수 김민숙 김새누리 김
영필 김은비 김종인 김진선 김철민 김혜영 김희곤 나준영 남인순 남현성 민동섭 박경희 박기선 박나윤 박병하 박선애 박
수정 박신영 박영준 박진희 신윤희 신정훈 양경수 양지연 양지은 유미정 유소영 유인창 이동희 이명재 이명호 이석배 이
성노 이소담 이수진 이수희 이윤미 이재설 이주효 이철민 이하나 이호금 이홍주 장경훈 정재엽 정진우 정현덕 조동주 조
미연 진윤서 차윤서 최경호 최우성 최재혁 최호영 한상열 한승욱 허준호 홍승완 황성일 황지희